^{14}C 测年及科技考古论集

仇士华　蔡莲珍　著

文物出版社

2009 年 7 月

封面设计：程星涛
责任印制：梁秋卉
责任编辑：张小舟

图书在版编目（CIP）数据

^{14}C 测年及科技考古论集/仇士华，蔡莲珍著.
—北京：文物出版社，2009.7
ISBN 978－7－5010－2525－1

Ⅰ.1⋯ Ⅱ.①仇⋯②蔡⋯ Ⅲ.①年代测定（考古）－
文集②科学技术-考古-文集 Ⅳ.K854－53

中国版本图书馆 CIP 数据核字（2009）第 036785 号

^{14}C 测年及科技考古论集

仇士华　蔡莲珍　　著

文物出版社出版发行
北京东直门内北小街 2 号楼

http：//www.wenwu.com
E－mail：web@wenwu.com

北京圣彩虹制版印刷技术有限公司印刷
2009 年 7 月第 1 版　2009 年 7 月第 1 次印制
787×1092　16 开　印张：21.25
ISBN 978－7－5010－2525－1
定价：98.00 元

目　　录

自　序 ………………………………………………………………… （ 1 ）

1. 放射性碳素断代介绍 ……………………………………………… （ 1 ）

2. 放射性碳素测定年代报告（一） ………………………………… （ 8 ）

　　　附：^{14}C 断代实验室设施图例 ……………………………… （15）

3. ^{14}C 年代的误差问题 ………………………………………… （22）

4. ^{14}C 年代数据的统计分析 …………………………………… （29）

5. ^{14}C 年代—树轮年代校正曲线问题摘选 …………………… （37）

　　（一）关于刺果松年代的说明 ………………………………… （37）

　　（二）^{14}C 年代的树轮年代校正 …………………………… （38）

　　（三）树轮年代校正研究的新进展及其应用 ………………… （41）

6. 骨质标本的 ^{14}C 年代测定方法 ……………………………… （48）

　　　附：关于骨头、泥炭等 ^{14}C 标本的制备方法 …………… （53）

7. 用 ^{13}C 值校正 ^{14}C 年代的条件及其应用于考古 ………… （59）

8. 关于 ^{14}C 测定的互校对比和质量保证问题 ………………… （69）

9. ^{14}C 数据报告中需要注意的问题 …………………………… （77）

10. ^{14}C 测定年代用"中国糖碳标准"的建立 ………………… （82）

11. 液闪 ^{14}C 断代法及其在考古学中的应用 ………………… （87）

12. ^{14}C 断代的加速器质谱计数法 ……………………………… （106）

13. 关于加速器质谱 ^{14}C 数据的 δ^{13}C 校正 …………… （113）

14. ^{14}C 测定年代与考古研究 ………………………………… （115）

15. 人工烧制石灰始于何时？^{14}C 方法可以判定 …………… （120）

16. 铁器标本的 ^{14}C 测定 ……………………………………… （122）

17. 我国古代冶铁燃料的 ^{14}C 鉴定 …………………………… （125）

18. 有关所谓"夏文化"的 ^{14}C 年代测定的初步报告 ……… （130）

19. ^{14}C 方法应用于海岸线研究中的一些问题 ……………… （137）

20. 关于全新世底界年龄的 ^{14}C 测定 ………………………… （142）

21. AMS ¹⁴C 法在地学中应用的发展近况 …………………………… （146）

22. ¹⁴C 测定与环境科学 …………………………………………… （154）

23. 香港地区环境¹⁴C 水平研究 …………………………………… （157）

24. 利用炼铁炉渣测定炼铁遗址年代 ……………………………… （161）

25. 长白山天池火山最近一次大喷发年代研究及其意义 ………… （163）

26. ¹⁴C 断代技术的新进展与"夏商周断代工程" ……………… （169）

27. 解决商周纪年问题的一线希望 ………………………………… （175）

28. "夏商周断代工程"与¹⁴C 年代测定 ………………………… （182）

29. 贝叶斯统计应用于¹⁴C 系列样品年代的树轮校正 ………… （187）

　　附：系列样品¹⁴C 年代测定方法中数据处理研究 ………… （196）

30. 晋侯墓地 M8 的¹⁴C 年代测定和晋侯稣钟 ………………… （202）

31. 夏商周断代工程中的¹⁴C 年代框架 ………………………… （206）

32. 琉璃河西周墓葬的高精度年代测定 …………………………… （224）

33. 夏商周年表的制定与¹⁴C 测定 ……………………………… （246）

34. 关于考古系列样品¹⁴C 测年方法的可靠性问题 …………… （251）

35. ¹⁴C 测定判别武王克商年代范围始末 ……………………… （254）

36. 夏商周断代工程中的多学科合作 ……………………………… （262）

37. 郑州商城和偃师商城的¹⁴C 年代分析 ……………………… （268）

38. 关于二里头文化的年代问题 …………………………………… （278）

39. 考古断代方法述评 ……………………………………………… （286）

40. 现代自然科学技术与考古学 …………………………………… （295）

41. 陶器的热释光测定年代介绍 …………………………………… （303）

42. ¹³C 测定和古代食谱研究 …………………………………… （313）

43. 科技方法在考古学上的应用 …………………………………… （322）

Contents

The Author's Dreface ·· (1)

1. Introduce to Radiocarbon Dating ··· (1)

2. Radiocarbon Dating Report I ··· (8)

    Add 2: Photographs of the Equipments and Systems in ^{14}C Laboratory ······ (15)

3. Errors Problem on Radiocarbon Dating ······································· (22)

4. Statistics Analysis on Radiocarbon dates ··································· (29)

5. ^{14}C—Dendrochronology curve ··· (37)

    (1) Dendrochronology of Bristlecone Pine ······························· (37)

    (2) Dendrochronological Calibration of the ^{14}C dates ················· (38)

    (3) Advanced Research on ^{14}C Data Calibration by Dendrochronology curve and its Practice ·· (41)

6. Radiocarbon Dating on Bone Samples ······································· (48)

    Add 6: Preparing Bone and Peat Samples for Radiocarbon Dating ·········· (53)

7. The Requirements when Calibrating ^{14}C Dates by δ^{13}C Measurement and its Utilization in Archaeology ··· (59)

8. Inter-laboratory Crosscheck and Comparison as well as Quality Control of ^{14}C Dating ··· (69)

9. Attention to Some Problems in the ^{14}C Dating Report ··················· (77)

10. Report on the Chinese Sucrose Charcoal Standard for ^{14}C Dating ·········· (82)

11. Liquid ^{14}C Dating Method and its Use in Archaeology ···················· (87)

12. AMS ^{14}C Dating Method ·· (106)

13. δ^{13}C Calibration for AMS ^{14}C Dates ···································· (113)

14. Radiocarbon Dating and Archaeology Studies ····························· (115)

15. Since When the Man-made Limestone Was Used in Ancient time? ·········· (120)

16. Radiocarbon Dating on Iron Samples ······································· (122)

17. Ancient Fuel for Iron Smelting to be Examined by Radiocarbon Dating ········ (125)

18. Primary ^{14}C Dating Report on the "Xia Culture" Samples ················· (130)

19. Some Questions on the Coastline Research with ^{14}C Dating ················· (137)

20. Radiocarbon Dating for the Lower Boundary Year of Holocene Epoch ········· (142)

21. Recent Advance in the Geological Research Using AMS ^{14}C Dating ············ (146)

22. Radiocarbon Dating and Environment Science ································ (154)

23. A Survey of Environment ^{14}C Level in Hong Kong ···················· (157)

24. ^{14}C Dating of Slag Sample Unearthed from Iron Smelting Site ················ (161)

25. Research on the Date of Recent Major Eruption of Changbaishan Volcano and its Meanings ······································· (163)

26. Advances of Radiocarbon Dating Technique and "Xia-Shang-Zhou Chronology Project" ···································· (169)

27. New Light on Question of Shang and Zhou Date Recording ·············· (175)

28. Radiocarbon Dating and "Xia-Shang-Zhou Chronology Project" ············ (182)

29. Using Bayesian Approach to Dendrochronological Calibration of ^{14}C Series Samples ··· (187)

   Add 29: Analyzing Method of ^{14}C Dates of the Series Samples ············· (196)

30. Radiocarbon Dating on M 8 within Jin Marquis Tomb Site and its Su Bell ········· (202)

31. ^{14}C Chronological Framework of "Xia-Shang-Zhou Chronology Project" ······ (206)

32. Precision ^{14}C Dating of Samples unearthed from Xi-Zhou Tomb in Liulihe site ···································· (224)

33. Working out the Table of Xia-Shang-Zhou Chronology and ^{14}C Dating ········· (246)

34. Reliability of ^{14}C Dating on Series Samples ························· (251)

35. The Whole Story of Discriminating the Year of King Wu's conquest of Shang Dynasty by ^{14}C Dating ····························· (254)

36. Intellectual Co-operation on "Xia-Shang-Zhou Chronology Project" ············ (262)

37. ^{14}C Dates Analyses on Zhengzhou Shang City and Yanshi Shang City ········· (268)

38. On the Year of Erlitou Culture ····························· (278)

39. Introduce to Some Dating Methods ····························· (286)

40. Modern Nature Science and Archaeology ························· (295)

41. Introduce to Pottery TL Dating Methods ························· (303)

42. ^{13}C Measurement and Ancient Recipe Studies ···················· (313)

43. Archaeometry to be Used in Chinese Archaeology ···················· (322)

自　序

　　1955 年我们从复旦大学物理系毕业后，即被分配到中国科学院高能物理研究所（原近代物理所）。这是一个从事原子能基础科学研究的研究所，由钱三强先生任所长，有一批国外留学回来的科学家担任各研究室主任和课题负责人，带领年轻学者做研究工作。杨承宗先生就是从法国居里实验室回来、担任第五（放射化学）研究室主任。何泽慧先生是第二研究室主任。我们进所后，分配在第二研究室，边工作边参加原子能培训班听课。1956 年号召青年向科学进军，我们自然全神贯注一心投入到工作和学习中去。谁知好景不长，1957 年春夏之交风云突变，晴天霹雳，我们双双被划为右派。老师们非常焦心，但也爱莫能助。不久，被下放劳动，从此改变了我们的命运。没有想到的是，在此关键时刻，杨先生出于对青年的爱护和对科学事业的热心、忠诚，把我们推荐给时任考古研究所副所长的夏鼐先生。当时他们是友邻，交往密切。原来夏先生早就呼吁要在国内建立 ^{14}C 测年实验室，但苦于没有条件，更找不到合适的人选。杨先生也曾想在物理所建此项目，当然是排不上队。正好，夏先生借此机会，向钱三强所长点名要人，说：你们的工作保密性强，不能用了，我们考古工作不保密，可以用。于是，我们便调到了考古所。

　　1959 年初，我们来到考古所，夏所长拿给我们 W. F. Libby 著的 1955 年版 *Radiocarbon Dating* 一本书，要求我们负责建立 ^{14}C 断代实验室。当时国内没有参照的实验室，没有这一类的仪器工厂，市场上无线电元件也不齐备。考古所的办公室要靠我们自己烧煤炉取暖，更谈不上实验室的条件。显然摆在我们面前的是一项比较复杂繁难的科技工作。科研工作是实事求是的，不能有一点浮躁和侥幸心理。因此，我们首先要做好文献调研工作，除了研读这本 *Radiocarbon Dating* 以外，还要了解国外最新技术的发展情况，然后才能根据国内的条件和我们自己的技能，包括我们通过学习能够掌握的技能来制定和创造条件建立设备，进行各种试验和策划。

　　考古研究所的 ^{14}C 测年实验室，因为是白手起家建成的国内第一个测年实验室，所以其原理和技术的研究是建立实验室的科学基础，是年代数据的可靠性和正确应用的依据。年代数据的应用还必须同应用学科相结合才能对该学科的研究发展发挥影响力。夏、商、西周的年代测定是用系列样品方法进行的，使年代数据的误差大为缩小。可以说是 ^{14}C 测年技术及研究应用达到了当前一个新的境界。此外，由于考古研究对自然科学技术的需要，我们对其他科技考古研究也有所涉及。所以这本文集选辑了：一、建立实验室以来关于 ^{14}C 测年的基本原理及实验技术的研究文章 13 篇；二、结合史前考古及其他应用学科的研究文章 12 篇；三、有关夏商周断代工程的研究文章 13 篇；四、有关其他科技考古的文章 5 篇。

我们两人的研究工作完全是一起的，很难分彼此。即使各有侧重，但其思路和观点方法也是共同研究过的。所以这本文集名为：仇士华、蔡莲珍著《^{14}C 测年及科技考古论集》。

饮水思源，我们能做出一点研究工作成果，首先要感谢原中国科学院近代物理研究所钱三强、何泽慧和带领我们工作的先生们，他们对我们科研工作的启蒙，时间虽短，却使我们受益匪浅。更要感谢考古研究所夏鼐先生对我们工作的指导和支持，王仲殊先生对我们的许多关照。还要感谢考古研究所 ^{14}C 实验室的冼自强、薄官成、钟建等同志同我们一起做了大量工作。最后，我们感谢中国社会科学院考古研究所为本书的出版给予了资助。没有各方面的支持和合作，就不可能形成和出版这本书。

2007 年 12 月

放射性碳素断代介绍

仇士华　蔡莲珍

1955 年《考古通讯》第 4 期夏鼐先生的《放射性同位素在考古学上的应用》，已经对放射性碳素断代作了比较全面的介绍，本文着重在原理和技术方面作进一步的阐述。

一

自然界存在三种碳的同位素，其中 ^{14}C 占 98.9%、^{13}C 占 1.1% 都是非放射性的，只有约占 10^{-10}% 的 ^{14}C，具有放射性。放射性碳素（^{14}C）最早是在实验室里用人工方法将中子打进氮核，发生了下列反应而发现的。

$$^1_0n（中子）+ ^{14}_7N（氮核）\longrightarrow ^{14}C（碳核）+ ^1_1H（质子）$$

^{14}C 放射 β^- 射线蜕变为 ^{14}N：

$$^{14}C \longrightarrow ^{14}N + \beta^-$$

它的半衰期为 5568 ± 30 年[1]。

中子发现以后不久，宇宙射线物理学家就在高空大气中发现了中子，它们是外来宇宙射线与大气作用的产物，其密度随高度而增加，至 40,000 呎左右达最大，然后渐渐降低。因为大气成分主要是 ^{14}N 和 ^{16}O，宇宙射线中子必然和它们发生作用。根据实验室测定，低能中子与 ^{14}N 发生作用的机会要比 ^{16}O 大 1000 倍左右。所以宇宙射线中子与大气作用的结果，主要生成了自然放射性 ^{14}C。新生的大气中 ^{14}C 原子势必与氧化合成二氧化碳，经过扩散而和大气中原有的二氧化碳混合，这样大气中二氧化碳就有了放射性 ^{14}C，成为自然 ^{14}C 的一个交换储存库。植物吸取大气中二氧化碳进行光合作用，所有植物因此都带有放射性 ^{14}C。动物是靠植物生活的，所有动物也因此都带有放射性 ^{14}C。这样全部生物界都带有放射性 ^{14}C，成为自然 ^{14}C 的另一个交换储存库。此外大气中二氧化碳，还和溶解在海洋中的二氧化碳及含碳盐类发生交换，海洋中还有生物的活动等，因而海洋中溶解的二氧化碳、含碳盐类、有机物以及海洋生物等都带有放射性 ^{14}C，海洋中所含的可交换的碳量是非常巨大的，这样海洋便成为自然 ^{14}C 最大的交换储存库了。

由于宇宙射线中子强度随高度而变化，且不同纬度地区差别也很大，如两极地区差不多比赤道地区大好几倍。这就很自然会想到：不同高度、不同纬度地区的物质，是否会因

1

此而使它们的碳的放射性比度（即每克碳的放射性）也因地不同呢？事实上，自然^{14}C 主要在高空形成，借洋流、气流等运动，使^{14}C 循环一周的时间，不会超过 1000 年；而^{14}C 的平均寿命则有 8000 年左右，即在^{14}C 生存期间可以循环好多次；这样交换运动的结果，就会使世界各地碳的放射性比度获得一致。同时实验测定结果也证明：不同高度、不同纬度地区的标本，它们的碳的放射性比度没有多大差别。

各交换储存库中的^{14}C，不断地按放射性衰变规律蜕变而减少；同时高空中宇宙射线中子与^{14}N 作用，又不断地产生新的自然^{14}C，经过交换运动而补充入各储存库。假定宇宙射线自古以来或至少几万年以来就存在，且强度也无变化，这样自然^{14}C 的产生和蜕变必处于平衡状态，即产生率和蜕变率是相等的。经过交换运动，各储存库中碳的放射性比度，必定保持恒定值。即使短时期内宇宙射线强度有某些起伏，因为^{14}C 平均寿命很长，又有像海洋这样大的交换储存库的调制作用，可以认为对碳的放射性比度没有多大影响。

根据已测定的宇宙射线中子强度和各交换储存库中总碳量的估计，可以粗略地计算出碳的放射性比度。这样根据上述假定计算出来的数字与实际测定数据大致是符合的。这就意味着上述假定的正确性。因为如果宇宙射线仅是近代现象，则计算值要比测定值大很多。反之，如果以前宇宙射线强度比现在强得多，则根据现在中子强度计算出来的碳的放射性比度，就会比测定值小很多。

上面谈到了自然^{14}C 的来源，并且假定宇宙射线强度近几万年内没有变化，以及交换运动的结果，使各交换储存库中所有参加交换的含碳物质都具有恒定的碳放射性比度。但是如果某些物质一旦停止了与外界进行交换，例如生物死亡以后，就不能借交换运动得到新的补充，而其原有的^{14}C 则按放射性衰变规律逐渐减小，即其放射性比度减低。死亡年代愈久，其放射性比度就愈低；每隔 5568 年左右，减少为其原有的一半。

根据^{14}C 衰变规律，可计算年代如下：

$$t = T \ln (Ao/As)$$

其中 t——停止交换年代

T——8030 年——^{14}C 的平均寿命

Ao——处于交换运动中的碳（现代碳）的放射性比度

As——停止交换 t 年以后碳的放射性比度

因此只要测出标本碳的放射性比度（A$_s$），或现代碳和标本碳的放射性比度之比（Ao/As），即可计得标本的绝对年代。

这就是放射性碳素应用于断代的基本原理，是由 W. F. Libby 等人所阐明[2]，提出可以应用于断定考古学和地质学等标本的绝对年代。并且他们首先利用固体计数方法，测定了已知年代的多种样品，结果符合很好，证实了此法应用于断代的确实可靠性。近十多年来很多国家都建立了放射性碳素断代实验室。经各国科学家的努力，技术上更有了显著的进步，做出了大量可靠的数据，并广泛应用于考古学、人类学、第四纪地质学、地球化学，海洋学等各个科学领域。

测量碳的放射性比度时，需要注意同位素分提效应，即 ^{14}C 在有机碳和无机碳中所占的比例是不完全相同的。因此两种碳的放射性比度也稍有不同，无机碳为有机碳的 1.05 倍。所以对有机碳标本和无机碳标本在计算年代时应分别对待。

近百年来，由于工业的发展，大量使用煤和石油等燃料，使大气中非放射性的二氧化碳含量增加，因为煤和石油是不含 ^{14}C 的，即使它们在形成时含有 ^{14}C，经过数十万年以上的时间，^{14}C 也衰变完了，所以现在碳的放射性比度要比几十年或一百年以前降低一些。根据 H. E. Suess 等[3] 人的测定，降低约 1~4%，这就是所谓"工业效应"。

近几年内原子能的利用，特别是核武器试验的结果，使最近几年的现代碳的放射性比度有显著增加，根据 T. A. Rafter 等测定，约增加了 2%。尤其在 1956 年以后特别明显[4]。

这些因素都不能不影响到放射性碳素断代方法。幸好，这都是近几十年间发生的事情，如果采用一百年以前的物质（如木头）做现代碳的参考标本，就可以完全避免这些影响。

放射性碳素断代方法适用的范围也很广，只要被测标本中含有碳，曾处于碳素交换平衡状态，就可以确定该标本停止交换的年代。如泥炭形成的年代、生物死亡的年代等。可取用的标本有：木炭、木头、动植物遗体、毛发、织物、泥炭、贝壳、骨头等，而以木质标本最佳。取量多少需视物质的含碳量及所采用的方法而定。例如气体计数方法所需的最小量约为：

纯木炭	木头	泥炭	贝壳	骨头
5 克	15 克	25 克	60 克	150 克

由于标本往往长期埋在地下，经过几千年甚至几万年的地下水和盐类的侵蚀，不但在标本缝隙间会嵌入不同年代的碳，且很可能使标本碳和不同年代的碳发生交换作用，以致不能测出标本原来的年代。有机碳与周围碳交换的机会要比无机碳小许多，倘使标本原来生长的环境含有较多的古老碳，它会吸收较多的非放射性碳而使放射性比度降低，这样就测定不出正确的标本年代。因此要获得正确的标本年代，首先在收集和保存处理标本的过程中，必须十分小心；务使其保持原来的碳分而不致渗入任何不同年代的碳分（如嵌入木头的植物幼根必须去除，标本来源清楚，不要作不适当的修整等）。

利用放射性碳素断代的根本特点是：它所确定的年代是绝对年代，不依赖于任何假说或臆测。它的准确度决定于测量方法的精确度和放射性 ^{14}C 的衰变规律。放射性 ^{14}C 衰变服从于统计规律，因此应用放射性碳素方法确定的年代数据中包含着统计误差。这种误差的来源，并非测量上的过失，即使用最理想的测量设备和条件，也祇能缩小误差的影响而并不能将其完全消除。事实上，用放射性碳素方法确定的年代数据上的误差，主要是统计误差。一般采用标准误差制。统计误差还不同于一般的误差。例如用标准误差表示的年代数据是 5000±100 年，却不能说真实的年代一定在 4900 年～5100 年之间。按照统计规律的解释，祇能说真实年代有 68％的机会在此范围内。一般的说如果用标准误差表示的年代数据是 N±ΔN 年，则可以说真实年代有 68％的机会在（N－ΔN）年～（N＋ΔN）年之间，有 95％的机会在（N－2ΔN）年～（N＋2ΔN）年之间，有 99％以上的机会在（N－3ΔN）年～（N＋3ΔN）年之间。因此在使用或参考放射性碳素方法确定的年代数据时，对其误差必须有正确的理解。

二

放射性碳素断代的原理还是比较简单的，可是要进行实际测定，技术上就相当复杂。因为自然¹⁴C 在碳中所占比例极小，¹²C 与¹⁴C 原子数之比约为 10^{12}：1.2。因此碳的放射性比度也非常小，即使每克现代碳每分钟也仅有约 15 个¹⁴C 原子蜕变。而且随标本年代的增加，还要按放射性衰变定律迅速减小，例如 2 万年以上的标本，就降至每克每分钟一次以下。而一般探测器的本底约达每分钟几百次，并有严重的统计性涨落现象。其次，¹⁴C 放射的 β 射线能量很弱，平均只有 5 万电子伏特，最高仅 15.6 万电子伏特。所以面临的困难是要准确地测定¹⁴C 的量少而能量很弱 β 射线。因此要求使用现代可能建立的最完善的仪器设备，进行长时间精细的测定。十多年来各国科学家对此进行了大量的研究，已有显著的改进。

要使测定¹⁴C 的放射性成为可能，必须提高探测效率，降低外来本底，并进行精确测量。首先为了提高探测放射性的效率，须使样品成为探测器中的一部分。这样对样品制备和纯化要求就非常严格，特别要小心避免放射性原子和不同年代碳，尤其是现代碳原子的沾污。

各国实验室采用的探测放射性¹⁴C 的方法基本上有三种类型：

一、固体计数方法　　二、气体计数方法　　三、液体计数方法

今简单介绍如下：

（一）固体计数方法

由 W. F. Libby 首先应用于测定标本年代获得成功。将标本物理化学清洁处理除去污物和不同年代含碳物质等，然后将有机物标本在真空系统中通氧气燃烧，或用盐酸处理无机物标本，生成二氧化碳被氨水吸收后，加氯化钙生成碳酸钙分出，经清洗、干燥后再用盐酸分解出二氧化碳，用镁粉还原成碳，以简式表示如下：

$$\left.\begin{array}{l}\text{有机物}+O_2\searrow\\[4pt]\text{无机物}+HCl\nearrow\end{array}\right\}\ CO_2\xrightarrow{+NH_4OH}(NH_4)_2CO_3\xrightarrow{+CaCl_2}CaCO_3\xrightarrow{+HCl}CO_2\xrightarrow{+Mg}C$$

将纯净的固体碳样品，塗在网壁式盖革计数管的管壁上做阴极，测量其放射性。此法可断定的年代最高约达 25000 年。

（二）气体计数方法

将标本用化学方法制备成所需的计数管气体，经充分纯化后充入计数管，测量其放射性。这样使计数效率大为提高。各实验室已选用的适用于断代测量的计数气体有：乙炔（C_2H_2），甲烷（CH_4），乙烷（C_2H_6），CO_2等。

CO_2制备最方便，但它在充正比计数管时纯度要求极高，因即使含微量的不纯气体（如O_2，H_2O等），也能使正比计数管性能显著变坏。一般在初步纯化后，须通过高温的铜、银、铬酸铅等纯化，或由高温氧化钙吸收纯化，才能达到要求。整个过程可以在完全不暴露于空气的条件下完成，减少了玷污的可能性。且操作安全，可应用于充高气压计数管，提高了效率，因此较适宜于放射性碳素断代的日常工作[5]。de Vries 等用约 200 立升 CO_2 经热扩散浓缩后测量^{14}C的放射性，更可测定远至七万年以前的标本，但操作十分繁难，一般很难采用[6]。

乙炔的制备可用简式表示如下：

$$\begin{matrix} 有机物 + O_2 \searrow \\ \\ 无机物 + HCl \nearrow \end{matrix} CO_2 \xrightarrow{+NH_4OH} (NH_4)_2CO_3 \xrightarrow{+SrCl_2} SrCO_3 \xrightarrow{+Mg} SrC_2 \xrightarrow{+H_2O} C_2H_2$$

乙炔经固体吸收剂纯化后充入正比计数管测量，因每个乙炔分子含有二个碳原子，故其效率比同样条件的CO_2提高一倍，且是良好的计数气体，对纯度要求不如CO_2严格，故也是常用的一种方法。但它不如CO_2安全，不能应用于高气压状态[7]。

甲烷是将纯净的CO_2和H_2在475℃时通过触媒在耐压的反应器中合成．充正比计数管性能良好，操作也尚方便[8]。

乙烷是将纯净的乙炔和氢气在室温时通过触媒合成。充正比计数管性能良好，且可采用较低的测量电压。操作安全亦可用于高气压状态[9]。

CO_2充盖革计数管时，纯度要求较低。但它同时需充CS_2有毒气体，操作不便，且使用的测量电压高，不灵敏，时间很长，使准确度降低[10]。

气体计数方法一般可断定的年代极限约 4 万年左右。

（三）液体计数方法

是将标本用化学合成方法合成液体闪烁器的溶剂或稀释剂，成为液体闪烁器的组成部分而测量其放射性。这种合成物要具有稳定性和抗熄灭性，不大影响液体闪烁器的发光效率，同时含碳量越多越好，这样^{14}C的β射线在液体闪烁器中发生闪光，可用光电倍加管和电子线路测量。

目前各实验室采用的合成物有：甲醇、甲苯、苯、乙苯、液体二氧化碳等。一般都需用较复杂的合成方法，尤其如甲苯[11]、苯[12]等；甲醇的合成比较简单，但性能又不如甲苯等。性能良好且合成较易，宜于日常工作中应用的是乙苯，它的合成方法是将标本碳制成乙炔后，用铝粉和三氯化铝作触媒，温度60℃～70℃，在氯化氢气流中和古老的苯合成乙苯[13]：

$$C_6H_6 + C_2{}^*H_2 \longrightarrow C_6H_5C_2{}^*H_5 \qquad (C{}^* 为标本碳)$$

经纯化分馏后作为溶剂，加入液体闪烁器中测量其放射性。

液体计数方法可断定的年代极限约5至6万年。

上面提到自然14C的放射性比起本底来极小，所以单从提高探测效率，仍不能实现自然14C放射性的测量，必须尽量降低探测器的本底计数。即在探测器外围加一屏蔽层，这首先由 W. F. Libby 等所建立，而经 Kulp，de Vries 等不断改进得到完善。一般实验室所采用的屏蔽层图示如图1：

最外层是几十公分厚的重金属铅或铁，除去实验室和大气中的放射性和大部分宇宙射线，其中夹一层约90公分厚的75%石蜡加25%硼酸层，可除去宇宙射线在重金属层中产生的中子。在固体及气体计数方法，应用宇宙射线计数管，使其计数与样品计数管计数经过反符合线路除去高能宇宙射线本底。在液体方法，往往在液体闪烁器两端用两只光电倍加管进行符合计数，以降低光电倍加管的噪音本底。最靠近探测器的一层是几公分厚的水银层，以去除屏蔽层中所产生的放射性。最后仅剩下水银层和探测器本身的放

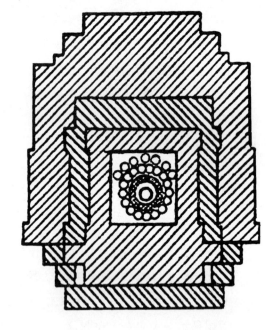

图 1

屏蔽依次为：—铅或铁

—75％石蜡 + 25％硼酸

—宇宙射线计数管

—水银

中心：—正比计数管

射性，为进一步改善，必须选择放射性最低的材料制作探测器。对于闪烁计数器和正比计数管一般都采用宽门鉴别器进一步除去14C的β谱以外的剩余本底。结果例如 de Vries 应用正比计数管的情况，最后能使本底从每分钟180次降至每分钟1次以下。

由于放射性14C衰变规律是统计性的，为获得良好的准确度，必需积累足够量的计数，为此测量工作往往需要连续24～48小时以上。这就不但要正确地记录每一次衰变事件，不能渗入任何外来的或仪器本身所引起的伪计数，且要求连续24～48小时的测量过程保持稳定。

固体计数方法所用的电子线路比较简单，因不需要精密的放大线路，鉴别器等；盖革计数管的气体方法亦与之相似，但需用很高的高压电源。

正比计数管气体方法所用的电子线路示意图参见本书 19 页图 13。

液体闪烁计数器液体方法所用的电子线路示意图参见本书 19 页图 14。应用二只光电倍加管符合去除噪音本底，电子线路需较为复杂。

最先采用的固体碳计数方法，由于测量效率低，使用的标本碳量多，化学制备过程既不方便，又容易受空气中放射性元素沾污。因此实际上已几乎完全被淘汰。目前气体正比计数管方法被广泛采用，做出的数据亦较多。它的优点是测量效率高，使用的标本碳量少，化学制备过程较简单，但其体积大，且须使用宇宙射线计数管反符合圈装置，因而屏蔽层庞大；测量线路也较复杂。虽然如此，它仍然是最实用的方法，尤其在采用高气压计数管以后，测定的精确度更加提高，可测定的年代范围也更扩大了。液体闪烁计数器方法的特点是屏蔽层较小，因可省去反符圈装置。化学制备比较困难，合成效率还不够高，因而需要的标本碳量比气体方法多；做出的数据还不很多。但在标本碳量许可的情况下，可测定的年代极限要比气体方法高。尤其是近年来合成方法有显著进步，在合成乙苯作为液体闪烁器的溶剂时，化学制备过程已大为简化，合成效率也较高，已适用于日常的测量工作，可以期望今后闪烁计数器方法将更多地被应用于放射性碳素断代。

（原载《考古》1962 年第 8 期）

[1]　^{14}C 半衰期于 20 世纪 60 年代初期重新审定为 5730±40 年。

[2]　W. F. Libby, 1955, Radiocarbon Dating.

[3]　H. E. Suess, 1955, *Science*, 122, 415.

[4]　T. A. Rafter, A. J. Ferguson, 1957, *Science*, 126, 557.

[5]　Hl. de Vries, G. W. Barendsen, 1953, *Physics*, 19, 987.

[6]　A. Haring, A. E. de Vries, Hl. de Vries, 1958, *Science*, 128, 472.

[7]　H. E. Suess, 1954, *Science*, 120, 5.

[8]　W. H. Burke, W. G. Meinschein, 1955, *R. S. I.* 26, 1137.

[9]　А. П. Виноградов 等, 1961, Определение Абсолютного Возраста по при помощи пропорционалъного счетчика.

[10]　W. Moscicki, 1958, *Acta physica polonica*. 17, 311.

[11]　B. L. Funt, R. W. Pringle, *R. S. I.*, 1958, 26, 859.

[12]　Х. В. Протопопов, С. В. Бутомо, 1959, Советская Археология, 1959, 2, 7.

[13]　И. Е. Старик, 等, 1961, Родиохимия, 3, 1.

放射性碳素测定年代报告（一）

中国科学院考古研究所实验室

天然放射性碳（^{14}C，C—14，碳—14，碳十四）是宇宙射线中的中子与大气作用而产生的。它扩散于整个生物界及与大气发生交换关系的一切含碳物质中。这些物质中的^{14}C，一方面按放射性衰变规律减少，同时又不断从大气中吸收新的^{14}C，因此保持相对的平衡，即^{14}C在碳素中所占的比例几乎保持恒定。

但是某一物质一旦与大气停止交换，例如生物的死亡，则该物质中的^{14}C只能按放射性衰变规律减少，大约每隔5730年减少为原有值的一半。这样，根据含碳标本中^{14}C放射性的减少程度，即可测知该标本死亡的年代。

这种方法对于考古学、人类学、第四纪地质学、地球化学、海洋学等学科的研究是很有帮助的。因此受到人们重视[1]。

我国是一个历史悠久、文化发达的国家。利用古代遗址和墓葬里出土的木头、木炭、骨头、贝壳等动植物残骸做放射性碳素实验，以确定遗址和墓葬的年代，这对于考古学和古代史的研究都是十分必要的。

^{14}C在碳中的含量是微乎其微的（小于一万亿分之一）。必须建立专门的实验室，应用相当精确的仪器设备，经过对标本的仔细处理和耐心的测量，才能测得可靠的年代。

我们遵照伟大领袖毛主席关于"自力更生、艰苦奋斗"的方针，边干边学，自己动手设计试制仪器，建立各项必要的设备，在没有进口任何仪器和器材的情况下，建成了碳素断代实验室。并于1965年底至1966年初，测定了第一批标本的年代。

一　实验过程概况

我们采用的是正比管计数方法。

（一）将标本制成可供测量的气体

由于标本中^{14}C的含量是微乎其微的，而且^{14}C放射的β射线穿透能力很小，必须把标本变成探测器的内部组成部分，才能测量出来。正比管计数方法就是将标本制成计数气体如二氧化碳（CO_2）、甲烷（CH_4）、乙炔（C_2H_2）、乙烷（C_2H_4）等充入计数管，将计数管的工作点放在正比区进行测量。

我们对二氧化碳和乙炔都曾做过制备试验，两种气体的纯度都能达到测量的要求。第一批测定的标本是木头或木炭，都制备成乙炔。先用毛刷、净水洗去标本表面及缝隙中沾附的污泥和异物，并反复用净水煮洗、烘干。经检查确无异物，然后依次用一克当量稀盐酸、5％氢氧化钠溶液、一克当量稀盐酸煮沸，去除碳酸盐及腐殖酸。最后用净水洗净烘干。洗净的木头或木炭在氮气流中加热干馏成纯净的炭，并研成粉末。将纯净的炭末和金属钙装入不锈钢反应器，在石英管中加热至1000℃合成碳化钙，再将碳化钙放入真空系统中加水制成乙炔，通过低温活性炭冻入液氮冷阱中，并抽高真空进行纯化。纯化反复多次，最后储存在储气瓶中准备测量。

高真空玻璃系统动态真空度可达$2×10^{-5}$毫米汞高。附有2～3升的储气瓶12个，储存四个被测标本气体和一个"本底碳"[2]、一个"现代碳"[3]标本气体，可依次循环测量。测量完了的标本气体，通过标准磨口，转移到真空系统外面的储气瓶中保存。每次经纯化后的标本气体充入正比管，利用介子计数测坪。坪长＞500伏，坪斜每100伏＜2.5％，即认为合格。

（二）屏蔽设备

为了使^{14}C计数不受外来射线的干扰，必须用屏蔽设备。干扰来源主要是成分复杂的宇宙射线。用壁厚10厘米以上的铅或20厘米以上的铁构成的屏蔽室，可以挡住其中穿透能力不太强的部分。对于穿透能力特强的介子，就要采取反符合的方法。在正比管外面围一圈盖革管，当介子穿过正比管发生计数时，必然同时穿过外围的盖革管发生计数。遇到这种情况，便通过反符合装置使这次计数不记录在^{14}C计数中。

我们使用的屏蔽室主要由1厘米厚的低碳钢板叠成。钢板是经过仔细擦洗干净的。屏蔽室底层厚25厘米，左右两侧均为26厘米，上盖层有40层钢板。在第10层和第11层中间夹有10厘米厚的硼酸石蜡层（重量比为1∶2），硼酸石蜡的四周用铅砖作框。前后门用铅砖堵严，厚10厘米。除前后门外，屏蔽室的内外表面都有铝板覆盖，以保持清洁。屏蔽室总重约10吨，容积为$46×48×100$立方厘米，可容纳两组计数管同时进行测量。正比管和一圈盖革管装在小车架上，可以直接推入屏蔽室。

反符合用的盖革管的管壳是玻璃的。总长为76厘米，直径为4厘米，石墨阴极长64厘米，中心丝直径为0.1毫米。这种管子原是研究宇宙射线用的，由有关厂方供应半成品，实验室充气制成。管子性能良好，坪长＞300伏，坪斜每100伏约2％，起始电压控制得基本上一致。但可惜本底很大，在屏蔽室中仍然达800次/分，比正常本底大了许多倍，很可能是玻璃成分中含有钾。这就非常严重地影响了正比管的本底，我们决定在以后的测量中不再使用这种管子。

（三）正比计数管

用于测量标本的计数管要求低本底、高效率、有适当大的体积。我们这次测量用的正比管，管壳是用低碳钢做成，长 45 厘米，内径 10 厘米，壁厚 2 厘米。管内外表面全部镀镍，两端用法兰盘将聚四氟乙烯盖板压紧，中心丝是直径 0.07 毫米的不锈钢丝，中心丝的一端装有一个小金属丝弹簧，藏在保护管内，装配时将丝拉紧。计数管的一端用金属玻璃接头和高真空玻璃系统连通，另一端的中心丝引出头和电子测量仪器的线路联接。整个计数管用高级橡皮裹住，装在壁厚 0.8、内径 15、长 95 厘米的无缝钢管内。无缝钢管放在车架上，外面密排一圈盖革管。安装妥当后，将小车推入屏蔽室的预定轨道上停稳，然后将计数管的引出玻璃管和高真空系统连接并抽真空。

计数管的真空性能不够理想。动态真空可达 $\sim 10^{-4}$ 毫米汞高，但不能长时间保持。充气后不久测量的坪曲线尚好，过几天以后坪显著变坏。但在充气后 24 小时内进行测量，影响不会很大。

计数管的有效体积约 2.8 升，充气量保持恒定，相当于 20℃、80 厘米汞高乙炔的量。本底碳用无烟煤，本底计数率约 23 次/分。现代碳取自 1960 年海南岛五指山砍伐的松木，相当于 1934 年～1945 年的年轮部分。纯计数率为 38.73 次/分。

（四）电子测量仪器

电子测量仪器，如方框图（参见本书 19 页图 13）* 所示，绝大部分是实验室自制的。正比管用的高压电源是 6000 伏直流稳压电源。由正 3000 伏、负 3000 伏在同一仪器盒内组合而成。高压变压器也和其他仪器用的变压器一样，都是按实际需要，由实验室自绕的。当交流输入变化 10% 时，输出电压实际上观察不到变化。长期使用时漂移将近 0.1%，因而稳定度是足够的。前置放大器放大倍数为 35 倍。主放大器的放大倍数为 500 倍，具有很优越的抗过载特性。主放大器后面的鉴别成形电路，可以接受超过阈值的不同形状和幅度的任何波形而不发生异常情况。这一点非常必要，因为 ¹⁴C 放射的 β 射线产生的脉冲，大小很不一致，因而主放大器输出的脉冲幅度和波形也很不一致。

从方框图中可以看到：有通过反符合去除 α 脉冲的装置。因为一般 α 射线的能量比起 ¹⁴C 放射的 β 射线的能量大许多倍，所以 α 脉冲可以从前置放大器分离出来进行反符合去除。这样设计可以把正比管的工作点放在坪区，而不是放在坪曲线的膝盖部。既能去除可能发生的污染的 α 射线计数，又可以使 ¹⁴C 放射的 β 射线几乎全部记录下来。工作点放在坪区，比放在坪曲线的膝盖部分的另一显著的好处是：对于不论何种原因发生工作点漂移时，对 ¹⁴C 计数率的影响较小。

全部仪器预先用毫伏脉冲发生器校准，用示波器观察各部分的情况，直到调整到需要的状态。

在测量过程中，还必须随时观察各仪器工作是否正常。我们的办法是每隔 10 分钟记录一次盖革管圈的计数，正比管的总计数和正比管的反符合计数，以判定盖革管圈的工作是否正常，看正比管的反符合计数是否符合统计误差的规律。

每次测量记录表明，反符合计数都符合统计误差的规律。以标本 ZK－3 的一次实际测量为例（参见本书 21 页图 18）＊：测量 720 分钟，共 72 次读数。σ 是标准偏差，在 ±σ 以内应有 48.9 个，实测数 49 个。在 ±2σ 以内，应有 68.6 个，实测数为 69 个。在 ±3σ 以内，应有 72 个。表示符合很好。

（五）测量与年代换算

标本气体制成后至少储存一个月以上才能进行测量。每次测量时间为 700 分钟。时间相对固定，在每天夜间进行测量。四个标本气体顺次测量，每隔二个标本测一次本底碳和现代碳计数率。共循环三次取标本平均计数率换算成年代。

换算年代时所取的 ^{14}C 半衰期是 5730 年[4]。年代以公元前（B. C.）或公元（A. D.）计。距今计年（B. P.）以 1965 年为起点。

所示年代误差是标准偏差，仅计入统计误差。

二 放射性碳素年代测定结果

全套仪器设备装置完成，经反复测试检验可靠后，即开始进行标本年代的测定。我们在 1965 年 11 月和 1966 年 3 月间对四个已知年代标本进行了测定。作为对仪器设备的全面检查。在测定之前，实验人员并不知道标本来源，而考古工作者根据历史文献和出土情况完全可以肯定该标本的确切年代。测定所得年代与考古确定的年代对照如表 1。

表 1　　　　　　　　　　　　　　"盲测"样品测定结果

标本号	提供者	标本名称	^{14}C 测定的年代	考古断定年代
ZK－5	考古所资料室	1950 年安阳武官村大墓木炭	距今 3050±100 年（公元前 1085）	殷晚期（公元前 11 世纪）
ZK－1	考古所资料室	1951 年长沙 406 号墓木俑	距今 2410±90 年（公元前 445）	战国早期（公元前 5 世纪）
ZK－3	考古所资料室	1950 年辉县固围村 2 号墓木椁	距今 2255±80 年（公元前 290）	战国晚期（公元前 3 世纪）
ZK－6	考古所资料室	1951 年长沙 201 号墓木船片	距今 2000±80 年（公元前 35）	西汉晚期（公元前 1 世纪）

所示年代误差，主要指统计误差，不同于一般误差的意义。例如 ZK－5 测定年代为公元前 1085±100 年，表示真实年代有 68％ 的可能在公元前 1185 年～985 年间，95％ 的可能在公元前 1285 年～885 年间，有 99.7％ 的可能在公元前 1385 年～785 年间。而根据考古工作者推定的年代为公元前 11 世纪。以上说明测定年代与考古年代都是符合的。

接着又测定了一些标本，测定结果列于表 2。

表 2 第一次测定的考古标本

标本号	提供者	标本名称	¹⁴C 测定的年代
ZK－15	考古所 甘肃队	甘肃永靖大何庄齐家文化房子（F7） 柱洞内的木炭，稍有炭化	距今 3690±95 年 （公元前 1725）
ZK－21	考古所 甘肃队	甘肃永靖马家湾村马家窑遗址房子（F3） 出土木炭	距今 4150±100 年 （公元前 2185）
ZK－25	北大考古队	甘肃兰州青岗岔半山类型房子（F1） 出土炭化木柱	距今 4030±100 年 （公元前 2065）
ZK－17	新疆民族所 考古队	新疆维吾尔自治区伊犁哈萨克自治州昭苏县 夏塔地区墓葬填土内木炭	距今 2030±90 年 （公元前 65）
ZK－19	中科院 地质所	四川资阳黄鳝溪与资阳人同一地层内 的木头	距今 7500±130 年 （公元前 5535）
ZK－23	考古所 甘肃队	甘肃永靖大何庄齐家文化房子（F7） 柱洞内的木炭（同 ZK－15）	距今 3660±95 年 （公元前 1695）

我们在建立实验室的过程中，得到了中国科学院各有关研究所的支援，并同地质研究所进行了协作。现在的这套设备还存在一些缺点，如本底较高[5]，标本需要量较多等。今后我们一定要遵照毛主席关于"人类总得不断地总结经验，有所发现，有所发明，有所创造，有所前进"的教导，继续努力，克服存在的缺点，使¹⁴C 测量水平不断提高，更好地满足我国考古学及其他研究工作的需要。

（原载《考古》1972 年第 1 期）

---

* 所有图示都列在附篇（见本书 15～21 页）中统一显示。

[1] 关于放射性碳素测定年代的原理和技术方面的介绍，可参阅《考古通讯》，1955 年第 4 期；《考古》1962 年第 8 期。目前各国实验室概况和所需各学科方面的年代数据，都发表在 1959 年创刊的专门杂志《Radiocarbon》上。

[2] 本底碳即是没有放射性的碳。用这种碳制成气体充入计数管，仍然出现计数，这种计数称为本底计数。在测量标本时，必须减去本底计数，才能得到准确的标本计数。

[3] "现代碳"是指处于交换平衡状态的碳，假定自古以来处于交换平衡状态的含碳物质中¹⁴C 所占比例是不变的，则用现代碳的计数率同标本的计数率作比较，即可计算出标本的年代。

[4] 最初采用的¹⁴C 半衰期是 5568±30 年，后来证明¹⁴C 的半衰期用 5730±40 年更为精确。凡用 5568 年计得的年代，均需作 +3％校正。

[5] 正比计数管的本底高了，会使统计误差增大。例如，标本 ZK－21 的年代数据中标出的统计误差是±100年，但若设法使正比计数管的本底降低，这个误差还可以相应的缩小。

附录：

关于采集标本的说明

采集标本时工作要仔细，这直接关系到测定年代的准确程度。在采集标本时务须注意以下各点：

（一）采集什么样的标本

凡是含碳的物质，曾一度处于交换状态（动植物残骸等），都能用^{14}C断代法测定年代。这种标本的物质如：木头、木炭、草木灰（未燃尽的）、骨头、毛发、编织物、贝壳、墙上白灰、腐殖土、泥炭等。采集的标本必须与古遗址和古墓葬有明确的关系。

^{14}C断代法能测定的年代上限，一般可达三、四万年。

（二）所需标本的数量

各类标本所需要的最低数量（净重）为：

木头	木炭	贝壳	骨头	泥炭	毛发、织物
60 克	20 克	200 克	500 克	200 克	100 克
1.2 两	4 钱	4 两	1 斤	4 两	2 两

但这类标本往往杂有泥土等物，在清洗时会有损耗，同时考虑到多次测定的需要，希望能够采集数倍于最低值的量。但重要标本，无论多少，均需采集。

上述各类标本中，以块状木头和木炭标本为最好，所测年代准确度较高。骨头、贝壳等含碳量极少，所测年代的可靠性较差。

（三）标本的保存和邮寄方法

标本可以用金属盒或玻璃瓶盛放。邮寄时，凡属大块的多量的标本，可用塑料袋包装。凡是粉末状或少量的标本，应避免与含碳物质如纸片、碎布等接触。标本应尽量少带泥土，保持干燥，以免在保存、邮寄过程中霉烂。

（四）标本的登记

每个标本都需要填写一张登记表（表3），以便测定后讨论研究。

表 3		碳素断代标本登记表		
标本名称	房柱残片		重量	55 克
原编号	59KG3 F7（2）		实验室编号	
收集者	考古所甘肃队		收集日期	1959 年 10 月
联系人姓名机关 及通讯地址	北京人民路 27 号 中国科学院考古研究所			
标本说明	物质	木头（稍有炭化）		
	出土地点	甘肃永靖大何庄齐家文化遗址		
	经纬度			
	地层及 环境说明	出自齐家文化第 7 号房子的第 2 号柱洞，遗址在黄河南岸的台地上，面积约 5 万多平方米。灰层厚约 3－4 米。		
	时代	齐家文化		
	其他	发掘简报见《考古》1960 年 1 期		
测定目的	测定齐家文化的年代			
标本鉴定者				

1962 年 11 月 20 日

附：

^{14}C 断代实验室设施图例

中国社会科学院考古研究所实验室

（一）屏蔽室、计数管装置

1. 屏蔽室

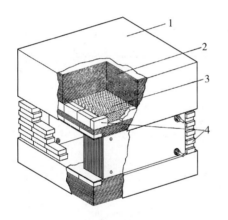

图 1　重金属屏蔽装置图

1. 铝板盖　2. 铁板层

3. 硼酸石蜡层　4. 铅砖

2. 计数管

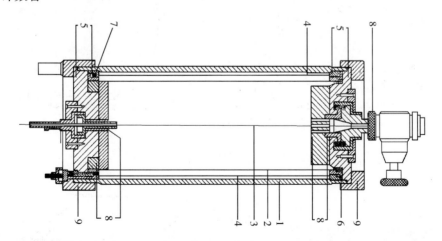

图 2　连通式环心计数管（H—O 型）

1. 计数管壁　2. 镀铝聚乙烯薄膜　3. 标本管的阳极丝　4. 反符合管的阳极丝　5. 聚四氟乙烯圈
6. 贴薄膜的圈　7. 金属圈　8. 中心管阳极丝绝缘体　9. 金属旋盖

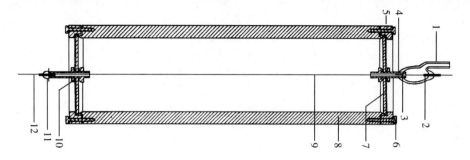

图 3　厚壁低碳钢计数管

1. 充气管口　2. 玻璃柯伐接头　3. 弹簧　4. 保护管　5. 盖盘　6. 螺丝　7. 聚四氟乙烯封垫

8. 低碳钢管身　9. 不锈钢中心丝　l0. 螺母　11. 玻璃柯伐绝缘子　12. 中心丝引出端

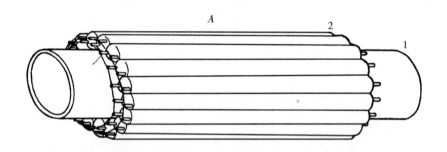

A. 屏蔽计数管圈　1. 无缝钢管　2. 屏蔽计数管

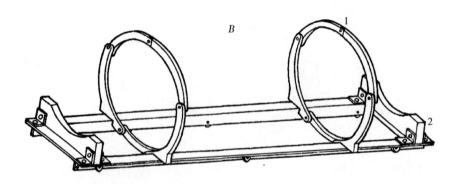

B. 载计数管车架　1. 有机玻璃托架　2. 带轮车架

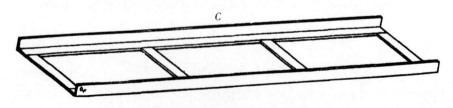

C. 车轨底座

图 4　屏蔽计数管装配图及车架

（二）制样系统装置

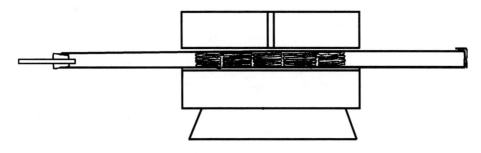

图 5　干馏木质标本装置

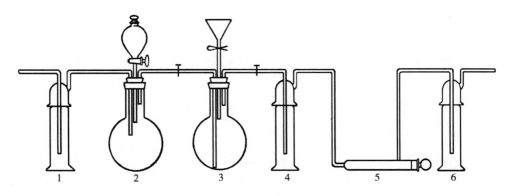

图 6　酸化装置

1. 2%NaOH 液　2. 标本瓶滴加 6NHCl 液　3. NH₄OH 吸收液

4. NH₄OH 吸收液　5. CaO 容器　6. 2%NaOH 液

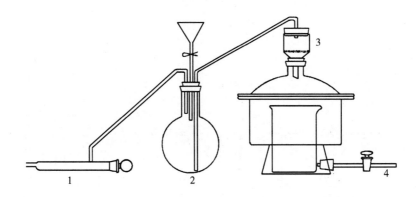

图 7　沉淀清洗装置

1. CaO 容器　2. NH₄OH + SrCO₃混合液　3. SrCO₃沉淀　4. 接水流抽气计

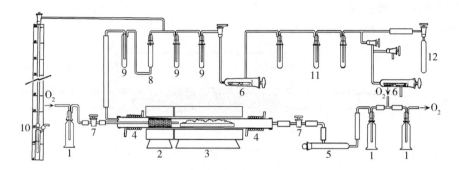

图 8　燃烧系统

1. 2‰NaOH 液　2. 高温炉（800℃）　3. 燃烧炉　4. 冷却水套　5. KOH 过滤器　6. P_2O_5 干燥器
7. 控制气流活塞　8. 过滤器　9. 干冰—丙酮阱　10. 水银压力计　11. CO_2 收集阱　12. CO_2 收集管

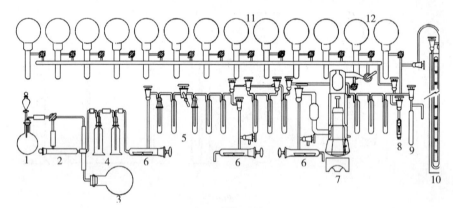

图 9　制气系统

1. 碳化物水解瓶　2. KOH 过滤器　3. 大储气瓶（5 立升）　4. KOH 过滤器　5. 捕集阱

6. P_2O_5 干燥器　7. 油扩散高真空抽气机　8. 真空计　9. 充气用指状管　10. 水银压力计

11. 储气瓶（2 立升～3 立升）　12. 量气瓶

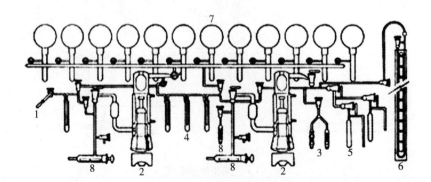

图 10　充气系统

1. 外接储气瓶接口　2. 油扩散高真空抽气机　3. 测真空计　4. 捕集阱

5. 充气用指状管　6. 水银压力计　7. 储气瓶（5 立升）　8. P_2O_5 干燥器

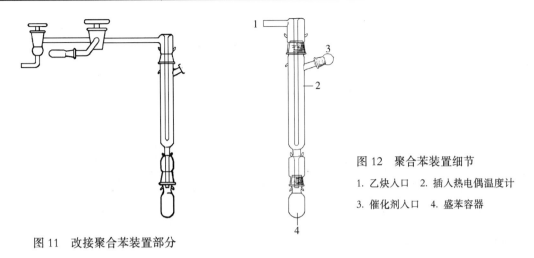

图 12　聚合苯装置细节

1. 乙炔入口　2. 插入热电偶温度计

3. 催化剂入口　4. 盛苯容器

图 11　改接聚合苯装置部分

（三）测量线路方框图

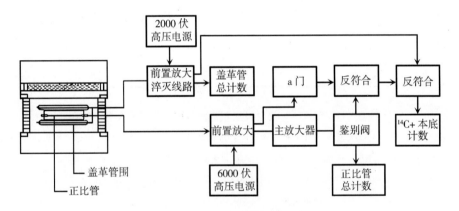

图 13　气体法测量线路方框图

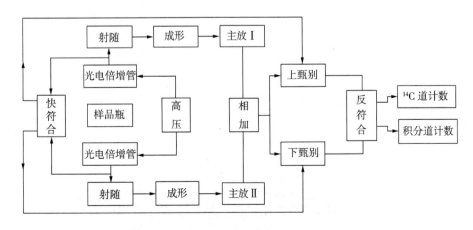

图 14　液体闪烁计数法测量线路方框图

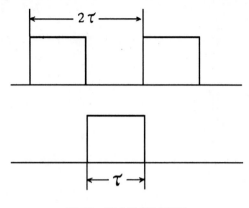

图 15　符合计数示意图

（四）其他

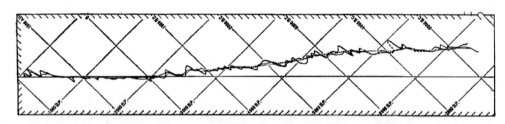

图 16　¹⁴C 年代——树轮校正年代曲线图（坐标轴夹角 45°）

树轮校正年代以公元（AD）及公元前（BC）表示，¹⁴C 年代以距今 BP1950 年为起点，¹⁴C 半衰期按 5568 年计

粗线——休斯曲线　细线——拉尔夫曲线　虚线——克拉克曲线

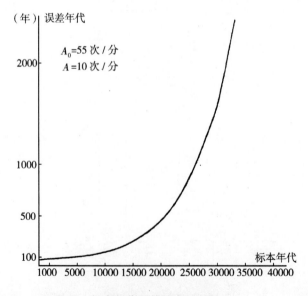

图 17　标本年代及其相应的误差

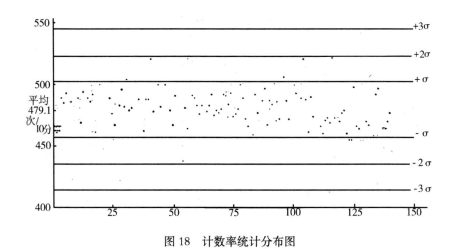

图18　计数率统计分布图

（本篇集中刊载有关的实验室设施和图例，以节省篇幅。内容均原载于《中国考古学中碳十四年代数据集（1965—1981)》，文物出版社，1983年）

^{14}C 年代的误差问题

中国科学院考古研究所实验室

自从 1950 年应用放射性碳素（^{14}C、碳 - 14 或 C - 14）测定年代获得成功以来[1]，二十多年间，全世界已建立了 100 多个 ^{14}C 实验室，为考古学、人类学、第四纪地质学、地球化学、地理学、海洋学等许多学科提供了数以万计的年代数据，并于 1959 年创办了这方面的专业刊物[2]。^{14}C 测定年代的方法已成为各有关学科研究最近数万年内自然历史现象的一种不可缺少的工具。

中国科学院考古研究所实验室已经建立了 ^{14}C 测定年代的技术设备并陆续公布 ^{14}C 年代数据[3,4]，开始为考古工作者进一步研究我国原始文化分期问题提供帮助。

^{14}C 年代究竟在多大程度上同历史的真实年代一致？这是人们一直关心的问题。随着技术的发展，^{14}C 测量的精确度越来越提高，通常的 ^{14}C 年代与历史真实年代之间的差别逐渐显露出来。仔细研究和了解这些差别的大小和来源将更有利于应用 ^{14}C 测定年代，并使人们对于过去公布的 ^{14}C 年代数据及其误差有一恰当的认识。本文试图将这方面的目前状况作一概括性的简单介绍，以供目前人们引用和分析 ^{14}C 年代数据时作为参考。

^{14}C 年代数据给出的误差仅仅是根据放射性衰变规律引入的统计误差，因为在测量强度很小的放射性时，衰变率的统计性涨落特别明显，使得统计误差成了测量误差中的主要误差。事实上 ^{14}C 年代的误差不仅是对放射性的测量误差，让我们从 ^{14}C 测定年代的基本原理和基本假定开始对 ^{14}C 年代误差的来源和大小作一全面的分析。

宇宙射线中子是初级宇宙射线的产物，它与大气中氮核作用产生了 ^{14}C。新生的 ^{14}C 被氧化成二氧化碳，参加自然界碳的循环，扩散入整个生物界以及与大气发生交换关系的一切含碳物质中，其中以海洋中含碳量最大，占 90％以上。这些物质的 ^{14}C 含量，一方面按照放射性衰变规律减少，一方面又不断从大气中获得补充而保持动态平衡。^{14}C 在碳素中所占比例几乎保持恒定，但某一物质一旦与大气停止交换如生物死亡，则该物质中 ^{14}C 只能按放射性衰变规律减少，大约每隔 5730 年减少为原有量的一半。这样测含碳标本中 ^{14}C 减少的程度即可算出该标本与大气停立交换的年代。用数学式表示为：

$$A = \tau \ln (N_0/N_A) \qquad \tau = T_{1/2}/\ln 2$$

式中 A 为标本停止与大气交换的年代，N_A 为标本计数率，N_{0-} 为处于交换平衡状态

22

即现代碳标本的计数率，τ 为 ^{14}C 原子的平均寿命，$T_{1/2}$ 为 ^{14}C 的半衰期，ln 表示自然对数。

根据上述公式计算年代时我们已经作了一些基本的假定。

1. 处于交换状态的碳中，^{14}C 含量自古以来是恒定的，即宇宙射线强度自古以来不变，处于交换状态的总碳量不变。

2. 处于交换状态的碳中，^{14}C 含量不随地区变化、不随标本物质变化，即 ^{14}C 从大气中迅速均匀地扩散到各交换物质中去。

3. ^{14}C 的半衰期（$T_{1/2}$）或平均寿命（τ）已经仔细精确测定。

上述这些假定在一定程度上是成立的。当测定精确度不很高，统计误差较大时，显不出有什么问题。这就是以前 ^{14}C 测定年代的基本状况。随着测定精确度的提高和大量 ^{14}C 年代数据的积累，问题逐渐显露出来。因为 ^{14}C 年代的误差绝不止是统计误差，有许多因素使 ^{14}C 年代和历史真实年代间出现差别。目前有些因素已经清楚并有公认的校正办法，有的虽已做了大量研究工作积累了数据，但还有待进一步研究，以确定公认的校正办法。下面逐项加以讨论。

一　根据放射性衰变的统计规律引入的统计误差

标本中的 ^{14}C 含量是根据标本中 ^{14}C 的放射性衰变率确定的。标本的计数率就是仪器记录的放射性衰变率。单个原子核的衰变具有偶然性质，足够多的原子核衰变时衰变率服从统计规律（它不受温度、压力、化学变化的影响）。本底碳标本、现代碳标本和被测标本的计数率都存在着统计误差，在计算年代误差时按统计误差的规则进行处理[5]，一般用标准误差表示。这种误差就是 ^{14}C 年代数据中标出的误差。若用 A 表示 ^{14}C 测定的年代，σ 表示年代的标准误差，则年代数据标为 $A \pm \sigma$。按照统计理论，它的意义在于被测标本的真实年代有 68％的机会在 $A \pm \sigma$ 年间内，有 95％的几率在 $A \pm 2\sigma$ 年间内，有 99.7％的几率在 $A \pm 3\sigma$ 年间内。这种误差只能用降低探测器本底、增加标本量、增加测量时间使它缩小，但不能完全消除。测量误差百分之一相当于年代误差 80 年。目前测量精确度比较好的实验室可将统计误差缩小到千分之几。对于 5000 年内的标本，误差可缩小到 30 年左右。

二　使用半衰期值不同引起的年代差别

从年代计算公式可以看出，计算所得的年代与所采用的半衰期数值有关。最初建立 ^{14}C 测定年代方法时，^{14}C 的半衰期值限于实验水平，测定得不够精确。当时应用了三个测定值：5580 ± 45，5589 ± 75，5513 ± 165 加以权重平均得 5568 ± 30 年作为计算 ^{14}C 年代的半衰期值。随后许多实验室相继沿用了这个半衰期值，并在 1962 年第五届 ^{14}C 测定年代会议上规定继续使用 5570 ± 30 年[6]。到目前为止绝大多数实验室仍沿用这个半衰期值计算 ^{14}C 年代。但是测量精确度提高以后，测量已知年代的古埃及标本表明，这个半衰期值稍偏小，后来又重新进行了¹⁴C 半衰期的精确测定，得 5730 ± 40 年[7]。目前被认为这是比较准确的¹⁴C 半衰期值。用这两个半衰期值计算得出的年代相差约百分之三，前者转为后者仅需乘以 1.03 即得。因此在引用各实验室的年代数据时必须注意它所取的半衰期值。

三　不同实验室测定同一标本可能产生的年代差别

同一标本不同实验室测出的年代可能存在超出统计误差范围的差别，尤其在统计误差缩小到千分之几以后。产生这种差别的原因相当复杂。实验过程中产生误差的因素相当多，如标本的处理制备方法不同，电子线路的稳定程度，充气温度、压力、气体纯度以及宇宙射线强度的瞬时变化影响到剩余本底的变化等，各实验室控制条件不同，处理误差的方法不同，都会影响所测年代的差别。此外，各实验室选择的现代碳标准不同，会直接影响到计算的年代。由于工业革命以后，大量燃烧煤和石油，使大量不含¹⁴C 的二氧化碳进入大气，以致使大气中二氧化碳的¹⁴C 含量相对降低[8,9]。核试验以后又使大气中¹⁴C 含量显著增加[10]。因此选择现代碳标准要考虑到各方面的因素。目前大多数实验室都采用美国标准局制备的 1950 年草酸放射性的 95% 作为现代碳标准值[11]。也有少数实验室各自建立现代碳标准，这就可能产生系统误差。不过各实验室在实验过程中都是非常严格、非常仔细的，这些差别并不很大，并且可以用同样的标本由各实验室测定相互比较，统一标准以后加以消除。

四　同位素分提效应引起的误差

在同大气交换的各物质中，碳的同位素组成和大气中二氧化碳的同位素组成稍有不同，例如陆生生物比海洋生物的¹⁴C 含量要低，而贝壳中的¹⁴C 含量比一般物质要高些[1]。这是因为轻同位素在热运动中表现得比重同位素要活泼些。碳有三种同位素：¹²C（碳 - 12），¹³C（碳 - 13），¹⁴C（碳 - 14）。植物吸收大气中的二氧化碳时，相对说来¹²C 被吸收得快一些，而碳酸盐中¹⁴C 含量则高些。不同环境生长的植物也可能稍有差别。这种现象称为同位素分提效应，在实验室内制备标本的过程中也会发生。因此同一时代不同物质标本的¹⁴C 放射性可能不一样，算出的年代就不相同。校正的方法是用质谱仪测定已经制备好的标本中¹³C 含量。¹³C 是稳定同位素，在自然碳中约占 1.1%，可用质谱仪精确测定，测定了¹³C 的分提效应就可以推算出¹⁴C 的分提效应，从而作相应的校正。¹³C 的实际测量是以美国标准局的 Solnhofen 石灰石或芝加哥的石灰石（即 PDB 标准）中的¹³C 含量为标准，其差别表示为：

$$\delta^{13}C = \left\{ \frac{(^{13}C/^{12}C)_{样} - (^{13}C/^{12}C)_{标准}}{(^{13}C/^{12}C)_{标准}} \right\}$$

现代碳标准草酸的¹³C 为 - 19.0‰，¹⁴C 的分提效应相当于¹³C 分提效应的两倍，19 世

纪木头标准的 δ^{13}C 为 $-25.0‰$，因此各实验室测出的 ^{14}C 放射性应作如下校正[12]：

草酸放射性（校正值）＝草酸放射性（测定值）× $\{1-[2(19.0+\delta^{13}C_{草酸}/1000)]\}$

样品放射性（校正值）＝样品放射性（测定值）× $\{1-[2(25.0+\delta^{13}C_{样品})/1000]\}$

有人测量过某些热带植物如玉米、粟、甘蔗等其 ^{14}C 含量比大豆、小麦等高出 $2.6\sim2.9\%$，相当于年代偏近 200 多年[13,14]。最近研究结果认为，植物中碳同位素成分因植物光合作用固定碳的途径不同而不同，大体分成三种类型。对于没有用质谱仪分析 ^{13}C 含量的 ^{14}C 实验室可以根据标本的植物种类对标本年代作同位素分提效应的年代校正。

五 标本生长年代与考古年代的差别

^{14}C 测定的标本年代是指标本停止交换的年代，如树木的年轮，每年生长一轮，长成后即停止交换。大的树木可能有几百个年轮，外圈和中心的 ^{14}C 年代就要相差几百年；古墓中的棺木，大建筑的木料，特殊的情况还可能在后来的建筑物中使用了先前老建筑物的木料，这种标本的 ^{14}C 年代比墓葬、建筑物的年代可能老很多。遇到类似的情况需要注意由此产生的年代差别的范围。

六 标本受到污染或特殊环境生长的标本引起的误差

植物在生长期间内只能从大气中吸收二氧化碳，不受从根部吸取养料的影响，但却可能因环境因素的差别使 ^{14}C 含量不同。如火山地区或石灰岩地区生长的植物，^{14}C 含量偏低，^{14}C 年代则偏老。原因是火山活动使大气 ^{14}C 含量减少或石灰岩地区水域中 ^{14}C 含量偏低，例如，有人测量活火山地区新砍下的树木，年代偏老达到两千多年。在测量火山地带的遗址时，上下层的年代明显地颠倒等[15]。因此收集标本时还需要注意标本生长环境的影响。

标本长期埋在地下经历过各种变化，可能受到不同时代碳的污染，如腐烂发霉，地下的碳酸盐，腐殖酸，新生植物的根、芽都可能使不同年代的碳混入标本中去。贝壳等碳酸盐类标本表面的分子，还容易与外界交换。这在实验室处理过程中必须十分仔细地将污染物清除干净。对有机物标本通常要经过酸碱溶液交替煮沸清洗，多次清除腐殖酸和混入的碳酸盐。对贝壳则必须将表面的一层完全除去。对于骨头标本则取其有机部分，因为有机分子中的碳与外界不易发生交换，比较可靠。实验表明，经过仔细处理后，标本的污染问题可以解决。

七 ^{14}C 浓度变化引起的误差

^{14}C 测定年代的最基本假定就是处于交换状态的碳中 ^{14}C 含量自古以来保持恒定。五十年代初期，通过理论计算和实验测定，在当时的误差范围（$\approx10\%$）内是符合的。随着测

量精确度的提高，发现这个假定不是严格符合的。最先发现这一差异的是 de Vries[18]。他发现 17 世纪生长的树木比 19 世纪生长的树木¹⁴C 含量约高 2‰，证明¹⁴C 浓度在过去是有起伏的。这种现象被称为如 de Vries 效应。1959 年在测定古埃及标本时也发现公元前 2～3 千年间，标本的¹⁴C 年代与历史年代相差几百年[19、20]。引起¹⁴C 浓度变化的原因相当复杂，如宇宙射线强度的变化，太阳黑子的活动，地球冰期，海洋温度，海洋的扩缩，地磁变化等，集中表现为¹⁴C 的产生率和参与交换的碳的总量的变化。因此弄清楚过去¹⁴C 浓度的变化，不但可以校正¹⁴C 测定的年代，而且可以对研究过去有关的地球物理参数，太阳物理，宇宙射线等提供线索。

研究¹⁴C 浓度变化的方法是和树木年轮相比较。因实验表明：只有当年生长的树轮木质与当年大气二氧化碳处于交换平衡状态。（由于¹⁴C 在大气中扩散混匀的速度很快，世界不同地区同一年代的树木的¹⁴C 含量差别很小，基本上是一致的）。树木年轮提供的"真实"年代，目前已推至公元前 5000 多年[21]。用相应的树轮木片作¹⁴C 年代测定，比较其差别。例如，假定用 4400 年的树轮木片作¹⁴C 年代测定，测出的年代是 4000 年，则一般 4000 年的¹⁴C 年代数据均需作增加 400 年的校正，并依此类推。根据已测定的结果，2000 年内最大差别约 160 年，3000 年以上到 7000 年范围内逐渐增加。整个趋向是年代越老，¹⁴C 年代越偏近，最大可达 800 年，但有不同程度的起伏。几个实验室测定的结果表明，趋向是一致的。校正方法有 Suess 的校正曲线，Damon 的校正年代和误差计算表，Ralph 的校正曲线及表。但至今还未能作出公认的校正曲线或校正数值，因此目前各实验室公布的¹⁴C 年代数据中，尚未作此项校正，只在对某些年代数据的应用和研究时加以引用[22]。例如按照美国宾夕法尼亚大学¹⁴C 实验室 Ralph 等公布的基于三个实验室测定值的树轮年代校正曲线及表，根据此表则 ZK－121（西安半坡遗址出土木炭）的¹⁴C 年代应由公元前 3955±105 年校正到公元前 4490～4690 年。又 ZK－110（陕县庙底沟遗址出土木炭）的¹⁴C 年代应由公元前 3280±100 年校正到公元前 3750～4000 年。相信经过进一步研究和测定以后，将能确定一个统一的校正曲线或校正表，过去的¹⁴C 年代数据都要作出相应的校正。并且免除了采用那一个半衰期值更合理的争论。所以经过树轮校正的¹⁴C 年代应该是比较真实可靠的。

归结起来，要获得标本的确切年代，实验室应该做到：1. 统一现代碳标准；2. 作同位素分提效应校正；3. 作树轮年代校正。¹⁴C 年代与历史真实年代间的显著差别，使人们发生了怀疑，似乎应用¹⁴C 测定年代的方法发生了危机。应该承认过去由于测量精度的限制，在应用¹⁴C 测定年代的基本假定和方法上比较粗糙或不够完善。随着测量精度的提高和各方面研究工作的开展，使得问题越来越清楚。在全面了解了¹⁴C 年代的误差来源和范围以后，我们对¹⁴C 年代误差就会有一个恰当的认识，¹⁴C 方法将建立在更加可靠的基础上经过各项校正，尤其是树轮年代校正以后，¹⁴C 年代将更加符合历史的真实年代。

自然界的现象是互相关联的，¹⁴C 是自然界的产物，它分布的范围相当广阔，与许多学科的关系都很密切；它的衰变不依赖于任何外界条件，可以作精确测定，致使它成为各有关学科方便可靠的研究工具。过去 ¹⁴C 方法对各有关学科的发展作出了有益的贡献，今后必将获得更广泛的应用。

（原载《考古》1974 年第 5 期。此文被翻译成日文，见《考古学ジヤーナル》，The Archaeological Journal，1977，No. 143，11－15，由奈良大学山中一郎翻译，并定为日本考古 ¹⁴C 界研究生必读文）

[1] Libby W F，1955，*Radiocarbon dating*；（2nd ed：Chicago）.

[2] *Radiocarbon*，Vol. 1－Vol. 14，（1959—1972）.

[3] 仇士华、蔡莲珍《放射性碳素断代介绍》，《考古》1962 年第 8 期。

[4] 中国社会科学院考古研究所实验室《放射性碳素测定年代报告（一）》，《考古》1972 年第 1 期；《放射性碳素测定年代报告（二）》，《考古》1972 年第 5 期。

[5] Виноградов，А. П.，1961，"Опредение Абсолютного Возрастапо ¹⁴C При Помощи Пропорционального Счётника。" 59.

[6] Godwin，H.，1962，Radiocarbon. Dating，5th International Conference，*Nature*，Vol. 195，943－946.

[7] Godwin，H.，1962，Half－Life of Radiocarbon. *Nature*，Vol. 195，984.

[8] Suess，H. E.，1955，Radiocarbon Concentraction in Moden Wood. *Science*，Vol. 122，415－417.

[9] Houtermans，J.，Suess，H. E.，Munk，W，Effect of Industrial Fuel Combustion on the Carbon－14 Level of Atmosphertie CO_2. 1967，*Radioactive Dating and Method of Low-Level Counting*，（International Atomic Energy Agency，Vienna），57－68.

[10] Rafter，T A.，1955，C－14 Variations in Nature and the Effect on Radiocarbon Dating，*New Zealand Journal of Science and Technology*，Sec. B. Vol. 37，20－38.

[11] Craig，H.，1957，Isotopic Standards for Carbon and Oxygen and Correction Factors for Mass Spectrometric Analysis of Carbon Dioxide. *Geochimica et Cosmochimica acta*，Vol. 12，133－149.

[12] Olsson，L. U.，（editor），1970，Radiocarbon Variations and Absolute Chronology，*Proceedings of the Twelfth Nobel Symposium*，Uppsala，Sweden，August 11－15，1969. Almquist and Wiksell，Stockholm（Wiley Interscience Division. John Wiley and Sons，New York）.

[13] Bender，M. M.，1968，Mass Spectrometric Studies of Carbon－13 Variations in Corn and Other Grasses. *Radiocarbon*，Vol. 10，468－472.

[14] Lowdon，J. A.，1969，Isotope Fractionation in Corn，*Radiocarbon*，Vol. 11，391－393.

[15] 中村嘉男《半坡类型の影响》，《考古学杂志》1972 年，第五十七卷第四号。

[16] Berger，R.，Horney，A. G.，Libby，W F，1964，Radiocarbon Dating of Bone and Shell from their Organic Components. *Science*，Vol. 144，999－1001.

［17］ 浜田达二、镇西清高《化石骨の¹⁴C 年代测定の问题点》,《化石》1971 年 3 月。

［18］ de Vries, HI. , 1958, Variation in Concentration of Radiocarbon with Time and Location on Earth. *Konink Nederlandse Akad. Wetensch. Proc.* , *Sec* B, 6l, 1－9.

［19］ Ralph. E. K. and Stuckenrath, R, Jr. , 1960, Carbon－14 Measurements of Know age Samples. *Nature*, Vol. 188, 185－187.

［20］ Ralph, E. K. , 1959, University of Pennsylvania Radiocarbon Data III. , *Radiocarbon*, Vol. l, 45－58.

［21］ Ferguson, C. W, 1970, Dendrochronology of Bristlecone Pine, Pinus Aristata. *Proceedings of the Twelfth Nobel Symposium*, *Uppsala*, Sweden, August 11－15, 1969, Almquest and Wiksell, Stockholm (Wiley Intersceince Division, John Wiley and Sons, New York), 237－260.

Ferguson, C. W, Huber, B. , Suess, H. E. , 1966, Determination of the Age of Swiss Lake Dwellings as an Example of Dendrochronologically-Calibrated Radiocarbon Dating. *Zeitschrift für Naturforschung*, Band 21. a, Heft 7, 1173－1177.

Ralph, E. K. , Michael, H. N. and Han, M. C. , 1973, Radiocarbon Dates and Reality. MARCA Newsletter, vol. 9, 3－20. ′

Lerman, J. C. , 1972, Carbon－14 Dating: Origin and Correction of Isotope Factionation Errors in Terrestrial Living Matter. *Proceedings of the 8ᵗʰ International Conference on Radiocarbon Dating*, The Royal Society of New Zealand, Wellington, vol. 2, 613－624.

Damon, P. F, Long, A. and Wallick E. L. , 1972, Dendrochronologic Calibration of the Carban－14 Time Scale. *Proceedings of the 8th International Conference of Radiocarbon Dating*, The Royal Society of New Zealand and, Wellington, vol. 1. 44－59.

^{14}C 年代数据的统计分析

蔡莲珍　　仇士华

由于利用^{14}C测定年代方法，使全世界的史前考古学进入了一个新的时代。从前对史前期各种文化的年代只能根据地层关系和器物对比作出相对早晚的判断。至于绝对年代则几乎是建立在主观臆测和推论上面。现在根据^{14}C的测定便可以独立地得出绝对年代。因此使史前考古年代学的面貌为之一新。

但是，任何科学方法都不可能是完美无缺的，^{14}C断代法也不例外。关于这个方法的原理和技术，它的误差问题以及应用的局限性，《考古》上都曾有专文介绍和讨论[1]，这里不再赘述。根据考古上的推断，在应用^{14}C年代数据时加以分析取舍是必要的。这在《考古》上也曾有专文对已公布的^{14}C年代数据作了系统的分析和评价[2]。本文的目的是根据^{14}C年代数据的统计特性，用一般数理统计方法，以河南、陕西、山西地区已测定的^{14}C年代数据为例，做一些分析，并得出相应结论，供考古工作者研究讨论和应用数据时参考。

一般的^{14}C年代数据都标出了年代标准偏差。这是在实验室测定时根据统计理论给出的误差。假定年代为 A，误差为 σ，则表示真实年代值约有 68％的机会落在 $A\pm\sigma$ 范围内，约有 95％的机会落在 $A\pm2\sigma$ 范围内。随着公布的^{14}C年代数据越来越多，在考古上认为是属于同类文化应为同时代的年代数据往往有好多个。这些年代数据仍然服从统计分布，经过统计性检验，可作出取舍的决定，并进行适当的平均以后，年代误差就可以缩小，数据的精确度就提高了。检验的方法一般有下列几种[3]：

1. t－检验法：^{14}C衰变的计数服从泊松（Poisson）分布。一般计数量足够大，可以按正态分布处理。两个或两组同时代的年代数据之间的一致性问题可以用 t－检验法。

$$t = \frac{|A_1 - A_2|}{\sqrt{\sigma_1{}^2 + \sigma_2{}^2}}$$

式中 A_1，A_2分别为测定的两个标本的年代值，标准误差分别为 σ_1，σ_2。算出 t 值后，可用一般数学手册从 t 的数值表上自由度为∞的一行中查出两个标本的同时代性的概率。如 t 值为 0.674 时，即可查出同时代的概率为 50％。下面附一 t 值对应概率的简表：

计得 t 值	0.063	0.126	0.253	0.674	0.842	1.036	1.282	1.645	1.960
同时代概率	95%	90%	80%	50%	40%	30%	20%	10%	5%

2. F－检验法：对于两个以上年代数据的一致性，用 F－检验法比较方便。设有一系列 n 个应为同时代的年代数值分别为 A_1，A_2，A_3……A_n。标准误差分别为 σ_1，σ_2，σ_3……σ_n。则：

$$F = \left[n \sum_{i=1}^{n} (A_i)^2 - (\sum_{i=1}^{n} A_i)^2 \right] / \left[n^2 (n-1) \sigma^2 \right]$$

其中 $\sigma = 1 / \sqrt{\sum (1/\sigma_i^2)}$ $i = 1, 2, 3, \cdots\cdots n$

如果算出的 F 值小于 1，则可以认为差别不显著。如 F 值大于 1，则可查对 F 单侧界限值表最底行（n-1）列的值。通常用置信水平 P＝0.05 的表，若算出的 F 值大于表中所列的值，则说明此组数据太分散，同时代的可能性小于 5%，即有 95% 以上的可能在时代上有先后。下面是置信水平，P＝0.05 的 F 值简表：

n＝	2	3	4	5	6	7	8	9	10
F＝	3.84	3.00	2.60	2.37	2.21	2.19	2.01	1.94	1.88

3. 舍弃法则：有时一群数据中有个别的异常值离平均值太远，不应参加平均，必须舍弃。可根据 Chauvenet 标准规定：当个别数据偏离平均值而出现的概率小于（1/2n）时，n 为参加平均的数据数目，即将其舍弃。例如，当 n＝5 时，将出现概率小于 10% 的数据舍弃，即个别 ^{14}C 年代数据超出 $A \pm 1.65\sigma$ 范围时舍弃。当 n＝50 时，将出现概率小于 1% 的数据舍弃，即个别 ^{14}C 年代数据超出 $A \pm 2.58\sigma$ 范围时舍弃。这样规定是合理的，因为当数据数目不多时，出现概率小的数据一般不应出现，偶然出现了也不应参加平均。年代数目与舍弃限度简表为：（此处 σ 应是算术平均值，$\sigma = (\sigma_1 + \sigma_2 \cdots) / n$，不是平均后 σ）

n	5	10	15	20	30	50
舍弃限度	1.65σ	1.96σ	2.13σ	2.24σ	2.40σ	2.58σ

4. 权重平均：   经上述检验合格的数据，即被认为是一群同时代标本的年代数据，通常采取权重平均方法获得年代平均值。

$$平均年代 \ddot{A} = \sum_{i=1}^{n} A_i W_i / \sum W_i \quad i = 1, 2, \cdots\cdots n, (所有 \sum 均为 \sum, 下同)$$

其中 W_i 称为权重因子，与 σ_i^2 成反比。

平均年代 $\ddot{A}$ 的标准偏差则为

$$\sigma = 1 / \sqrt{\sum (1/\sigma_i^2)}$$

若各个数据的误差相同，即 $\sigma_1 = \sigma_2 = \sigma_3 = \cdots\cdots = \sigma_n$ 则：

$$\ddot{A} = \sum A_i / n \qquad \sigma = \sigma / \sqrt{n}$$

总而言之，在处理属于同类文化应为同时代的年代数据时，若是两个数据或两组各自平均后的数据，使用 t－检验法最方便；若是多个数据则用 F－检验法；对个别远离平均值的数据根据 Chauvenet 标准舍弃；最后采用权重平均即可得出精确度和可靠性较高的年代值。

根据统计的观点及上述检验方法，现在对河南、陕西、山西地区仰韶文化的 37 个年代数据和龙山文化直至商文化的 40 个年代数据作一简单分析。所有数据已按 1972 年达曼表[4]作了树轮年代校正，以距今 1950 年为起点计和公元前（BC）表示列于表 1，并按年代顺序绘成图 1，黑线长度表示统计误差（±σ）。

表 1　　　　河南、山西、陕西地区龙山、仰韶等文化遗址¹⁴C 年代数据表*

序号	代号 出土层位	实验室 编号	文化性质	测定 物质	树轮校正年代 （BP，BC）	备注
1	XDH15	ZX－339	早商（中）	木炭	3260±170（1310）	（五）
2	XDH9 东区	BK76039		木炭	3365±190（1415）	（B 二）
3	XD4B	ZK－340	早商（晚）	术炭	3485±170（1535）	（五）
4	XDH105	BK76040		木炭	3440±160（1590）	（B 二）
5	XDH1	ZK－342	早商（早）	木炭	3541±155（1590）	（五）
6	XDH9	ZK－338		木炭	3530±145（1580）	（七）
7	XDH12 东区	BK76037		木炭	3555±130（1605）	（B 二）
8	XDT213A	BK7Nt38	二里岗期	木炭	3620±135（1670）	（B 二）
9	XDT501 扩方	ZK－388	上层	木炭	3610±135（1660）	（五）
10	XDT501	BK76042		木炭	3885±100（t935）	（B 二）
11	XDT501	ZK－382		木炭	3950±130（2000）	（五）
12	XDT2084	AZK－387	龙山	木炭	3900±100（1950）	（五）
13	XDT509 城基	ZK－435		木炭	3930±165（1980）	（六）
14	XDT509②	ZK－436		木炭	3815±140（1865）	（六）
15	XDF551 城堡	ZK－531		木炭	4145±120（2195）	（六）
16	LCH5	ZK－353	二里头型	木炭	3960±145（20l0）	（五）
17	LEVTl04⑥⑦	ZK－212－Ⅰ	早期	蚌片	3870±115（1920）	（三）
18	LE 窑场 H3	ZK－285	一期	木炭	3850±130（1900）	（四）
19	LEⅧT22H73③	ZK－257	三期	木炭	3400±155（1450）	（三）
20	LEVT13FH87	ZK－286	四期	木炭	3575±135（1625）	（四）
21	ZLH26	ZK－199	早商	木炭	3440±180（1490）	（五）
22	ZET7③	ZK－177	商	木炭	3545±140（1595）	（四）
23	ZET7⑦	ZK－178	商	木炭	3570±140（1620）	（四）
24	LMF6（上）	ZK－349	龙山晚	木炭	3955±120（2005）	（五）
25	LMT133b	ZK－386	龙山	木炭	4240±160（2291）	（五）
26	LWH79	ZK－126	龙山晚	木炭	4340±140（2390）	（二）
27	AHH2	ZK－133	龙山	木炭	4290±145（2340）	（三）
28	TBT5②H31	ZK－441		木炭	4105±120（2155）	（六）

序号	代号 出土层位	实验室 编号	文化性质	测定 物质	树轮校正年代 （BP，BC）	备注
29	TBT29 隔梁	ZK－442		木炭	4170±110（2220）	（六）
30	TBT55②F42	ZK－443		木炭	4195±150（2245）	（六）
31	TBT2F，T2F5	ZK－570		木炭	4540±135（2590）	（七）
32	TGT48 奠基坑	ZK－581		木炭	4415±140（2465）	（七）
33	YHT1③	ZK－456		木炭	4365±155（24l0）	（六）
34	YWT29③	ZK－541		木炭	4380±150（2430）	（六）
35	YWT83b	ZK－457		木炭	4455±150（2505）	（六）
36	YWH16F	ZK－458		木炭	4340±140（2390）	（六）
37	YWH2	ZK－459		木炭	4400±160（2450）	（六）
38	YWT24H40	ZK－538	河南龙山	木炭	4405±185（2455）	（六）
39	YWT24H46	ZK－539	河南龙山	木炭	4900±195（2950）	（六）
40	SMH558⑤	ZK－111	龙山	木炭	4730±145（2780）	（二）
41	HKH60	ZK－115	仰韶	木炭	4910±200（2960）	（五）
42	HXH62	ZK－116	仰韶	木炭	5215±150（3265）	（五）
43	ZDT2l④	BK76001	仰韶晚	木炭	5080±190（3130）	（B一）
44	ZDT21⑧	BK760013	仰韶中	木炭	5375±130（342S）	（B一）
45	ZDTl5F2	BK76004	仰韶晚	木炭	5020±2l0（3070）	（B一）
46	ZDF2	ZK－185	仰韶	木炭	5635±125（3685）	（三）
47	ZDT21F22	ZK－520	仰韶	木炭	5740±125（3790）	（七）
48	LWH21 底层	ZK－144	仰韶	木炭	5340±150（3390）	（五）
49	AHTl，5	ZK－76	仰韶	木炭	6135±140（4185）	（二）
50	AHH5	ZK－t34	仰韶	木炭	6340±200（4390）	（三）
51	SMH558③	ZK－110	仰韶	木炭	5860±125（3910）	（二）
52	SMH324③	ZK－112	仰韶	木炭	5500±185（3550）	（五）
53	DST4①	ZK－381	仰韶早	木炭	6440±215（4490）	（五）
54	DST1，－0.991m	BK75054	仰韶早	木炭	6990±210（5040）	（B一）
55	DST4，－1.4m	BK75020	仰韶	早木炭	6510±130（4560）	（B一）
56	DSTl，－1.4m	BK750t9	仰韶早	木炭	7020±170（5070）	（B一）
57	LJT57②	F17ZK－264	仰韶	木炭	6405±220（4455）	（五）
58	LJT36③	F14ZK－265	仰韶半坡	橡炭	6495±185（4545）	（五）
59	LJF29	BK77041	仰韶半坡	木橡	6625±135（4675）	（B一）
60	LJM238	ZK－454－0	仰韶史家	人骨	5640±110（3690）	（七）
61	WSM43	ZK－453－0	仰韶晚	人骨	5605±125（3655）	（七）
62	AB 深沟③Ⅱ	ZK－166	仰韶	木炭	5260±190（3310）	（五）
63	XBTIAF 柱孔	ZK－148	仰韶	木炭	6140±185（4190）	（五）
64	XBF3K42	ZK－127	仰韶	木炭	6240±200（4290）	（二）
65	XBFI	ZK－121	仰韶	木炭	6560±130（4610）	（一）
66	XB 西部断崖	ZK－122	仰韶	木炭	6510±130（4560）	（二）
67	XB	ZK－38	仰韶	木炭	6720±145（4770）	（二）

序号	代号 出土层位	实验室 编号	文化性质	测定 物质	树轮校正年代 (BP，BC)	备注
68	BBTl③	ZK－555－0	仰韶晚	骨	5745±110（3795）	（六）
69	BBT3F3，－1.5m	ZK－498	仰韶中层	木炭	6035±140（4095）	（六）
70	BBT2④－1.95	ZK－499	仰韶中层	木炭	6120±140（4170）	（六）
71	BBT2④，－2.2	ZK－500	仰韶中层	木炭	6320±195（4370）	（六）
72	BBT1H2④	ZK－536	仰韶中层	木炭	6420±210（4470）	（六）
73	BBT1H3	ZK－515	仰韶中层	木炭	6445±195（4495）	（六）
74	BBT2⑤	ZK－50t	仰韶中层	木炭	6590±145（4640）	（六）
75	BBTlH6	ZK－S16	仰韶中层	木炭	6790±145（4840）	（六）
76	BBTlH5④	ZK－534	仰韶下层	木炭	6970±145（5020）	（六）
77	BBT4⑦	ZK－519	仰韶下层	木炭	7100±140（5150）	（六）

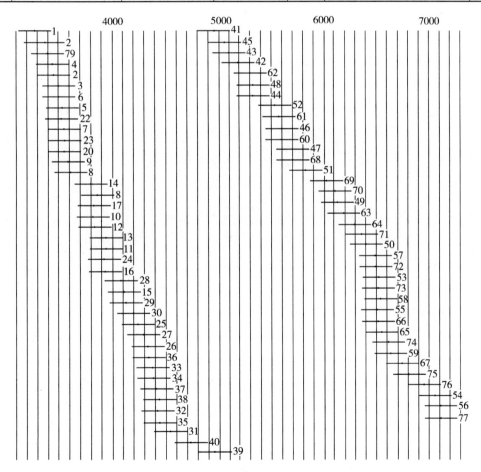

图 1　中原地区史前遗址¹⁴C 年代系列图

（已按 1972 年达曼表作了树轮校正）

线段长度表示年代的标准误差范围　数据说明请按号查附注　BP 指距今（1950 年）年代

33

从表1和图1粗略观察一下，尽管其中有一些标本的年代与地层关系不完全一致，但可以看出这个地区的仰韶文化大约前后延续了 2000 多年，龙山文化大约前后延续了不到 1000 年。两种文化的交替年代可能处在距今 4900 年前后。但是在距今 4500 年～5000 年间所测定的标本还太少，要弄清这一段的情况，还需要提供和测定更多的标本。同样年代上相当于夏晚期的年代数据也太少。

对陕西省宝鸡县北首岭遗址[5]总共测定了上下层 10 个年代数据。年代的顺序基本上同层位的顺序是一致的。遗址的上层属当地的仰韶文化晚期堆积，中层基本上与西安半坡仰韶文化类型相当，下层是早于半坡类型的仰韶文化遗存。这样有 10 个¹⁴C 年代数据同地层关系、器物对比三者结合起来分析说明问题，大致可以说清楚。这个遗址的仰韶文化早晚大约延续了 1300 多年。

关于东下冯遗址总共测定了 13 个标本，15 个年代数据，其中 BK76039 与 ZK－338 是出于同一灰坑，BK76042 与 ZK－382 是同一份标本。13 个标本的年代数据中有 8 个年代数据在商代范围，4 个年代数据在夏代范围，1 个标本年代数据近乎超过夏代的上限。应用 t－检验法：BK76039（3365±190 年）与 ZK－338（3530±145 年）的 t 值是 0.690，BK76042（3885±100）与 ZK－382（3950±130 年）的 t 值是 0.396，同时代性概率接近或超过了 50%，说明实验室间误差不太显著。但由于数据的年代误差较大，数据的年代顺序同地层并不太一致，因此要作细致的判断，还需要测量更多的可靠标本的数据。

由于¹⁴C 标本不是古器物本身，地层中¹⁴C 标本的年代不能百分之百的情况下代表古文化或古遗址的年代，偶然混入较老的碳有时是可能的，也偶然会有其他的不可靠性。再考虑到¹⁴C 年代的统计误差，所以用一个¹⁴C 年代数据去说明一个遗址或文化的年代，不是很有把握的。如果要确定某个考古层位的年代或某个类型文化较短间隔期的年代，就要收集和测定较多的标本。将数据作上述同时代性检验，然后再作权重平均，就可以得出比较可靠，误差较小的年代值。举例如下：

1. 河南省汤阴县白营龙山文化晚期的村落遗址测定了三个考古上认为是同时代的年代数据：ZK－441，4105±120；ZK－442，4170±110；ZK－443，4195±150。利用 F－检验法计算：

$$\sigma = 1 / \left[\sqrt{(1/120)^2 + (1/110)^2 + (1/150)^2} \right] = 71.33$$

$$F = 3 \left[(4105^2 + 4170^2 + 4195^2) - (4105 + 4170 + 4195)^2 \right] /$$
$$\left[3^2 \times (3-1) \times 71.33^2 \right] = 0.141$$

F 值远小于 1，可以作权重平均

$$\text{平均年代} = \left[4105 \times (150/120)^2 + 4170 \times (150/110)^2 + 4195 \right] /$$
$$\left[1 + (150/120)^2 + (150/110)^2 \right] = 4152.7$$

所以汤阴白营村落遗址的年代经权重平均得：4153±71 年。

2. 河南省永城县王油坊遗址[6]被认为属于龙山晚期，总共测定了 6 个标本的数据。分别是：ZK－457，4455±150；ZK－458，4340±140；ZK－459，4400±160；ZK－538，4405±185；ZK－539，4900±195；ZK－541，4380±150。显然除 ZK－539 应另当别论必须舍弃外，其余 5 个数据作 F－检验：

$$\sigma = 1/\left[\sqrt{(1/150)^2+(1/140)^2+(1/150)^2+(1/160)^2+(1/185)^2}\right]=69.31$$

$$F=5\left[(4455^2+4340^2+4400^2+4405^2+4380^2)-(4455+4340+4400+4405+4380)^2\right]$$
$$/\left[5^2(5-1)\times6931^2\right]=0.073$$

F 值远小于 1，可以作权重平均。

平均年代＝4393.47（算法如上例）

所以永城王油坊遗址的年代经权重平均得：4393±69 年。

从以上的例子可以看出，对某些重要类型的文化遗址多收集一些同层位或同时代标本作年代测定，经检验和权重平均后可得出比较准确可靠的年代值。再从考古的地层和器型对比，用插入和外推方法估算另外一些相近类型文化遗址的年代，这对考古工作者来说不是不可能做到的了。

目前寻找和探讨夏文化是考古学界的重点课题之一。能否利用¹⁴C 测定配合寻找和分析相当于夏代纪年范围的文化遗址，也就是能否确定哪些文化遗址在年代上属于夏代，由于¹⁴C 年代的误差较大，人们持怀疑态度是可以理解的。但应用统计分析方法，只要多收集和测定有关的标本，提高数据的精确度和可靠性，是可以有把握解决问题的。

最后应当强调说明，¹⁴C 年代数据的统计分析决不能离开考古的内容和分析。一个没有考古内容的¹⁴C 年代数据是不能说明任何考古问题的。将考古层位不清、文化性质相互无关的一批年代数据作统计分析只能使问题混淆不清。严格说来，¹⁴C 年代数据误差的分析和处理中实际上存在的问题还要更复杂一些[7]。这里只是向考古工作者提供如何结合考古内容来分析和利用¹⁴C 年代数据的一种简单可行的方法。

本文内容曾和北京大学¹⁴C 实验室陈铁梅同志进行了讨论，在此表示感谢。

（原载《考古》1979 年第 6 期）

[1] 中国科学院考古研究所实验室《碳－14 年代的误差问题》，《考古》1974 年第 5 期。

[2] 夏鼐《碳－14 测定年代和我国史前考古学》，《考古》1977 年第 4 期。

[3] A. Long and B. Rippeteau, Testing Contemporaneity and Averaging Radiocarbon Dates, *American Antiquity*, Vol. 39，No. 2，pp. 205－215，1974.

［4］ P. E. Damon，A. Long and E. I. Wallick，Dendrochronologic Calibration of the Carbon‐14 Timc Scale，*Proceedings of thc 8th International Conference on Rodiocarbon Dating*，Vol. 1，pp. 44－59，1972. ［树轮年代校正表，包括 1974 年作了修订的达曼表（Amcrican antiquity Vol，39，No. 2，pp. 350－364，1974‐），目前有好几种，但国际上未统一。以前国内的年代数据常用 1972 年的达曼表作校正，故本文仍沿用此表作树轮年代校正］。

［5］ 发掘简报见《考古》1979 年第 2 期。

［6］ 发掘简报见《考古》1978 年第 1 期。

［7］ G. K. Ward and S. R. Wilson，1978，Procedures for Comparing and Combining Radiocarbon age determination：a Critique，*Arehaeometry* Vol. 20，part 1，19－31.

＊ 表格将原表格作了简化处理，代号如下：

1. 实验室代号：ZK‐，中国社会科学院考古研究所；

         BK，北京大学历史系考古专业

2. T‐探方；H‐灰坑；F‐房址；M‐墓葬

3. 报告：（一）—《考古》1972，l；（二）—《考古》1972，5；（三）—《考古》1974，5；（四）—《考古》1977，3；（五）—《考古》1978，4；（六）—《考古》1979，l；（七）—《考古》1980，4；（B一）—《文物》1976，12；（B二）—《文物》1978，5

4. 遗址代号：XD‐山西夏县东下冯；LC‐河南洛阳煓李；LE‐河南洛阳二里头；ZL‐河南郑州洛达庙；ZE‐河南郑州二里岗；LM‐河南临汝煤山；LW‐河南洛阳王湾；AH‐河南安阳后岗；TB‐河南汤阴白营；DG‐河南登封告成；YH‐河南永城黑堌堆；YW‐河南永城王油坊；SM‐河南陕县庙底沟；DS‐河南登封双庙沟；HX‐陕西华阴西关堡；ZD‐河南郑州大河村；LJ‐陕西临潼姜寨；WS‐陕西渭南史家；AB‐陕西安康柏树岭；XB‐陕西西安半坡；BB‐陕西宝鸡北首岭

^{14}C 年代—树轮年代校正曲线问题摘选

（一）关于刺果松年代的说明

蔡莲珍

美国加利福尼亚州海拔 3000 米的白山区生长着一种长寿命树种—刺果松（Bristlecone Pine），最老的活树年龄达 5000 年。

树干木材春长冬止，在横断面上表现出木质疏密相间的年轮，靠近树皮的最外一轮为当年生长轮，向内可顺序数出逐年生长的年轮。年轮的宽狭与当地气候环境相关，一定气候区域内同一树种的年轮宽狭序列是相同的。根据这个原理，可以将不同时期生长的活树或死树按年轮宽狭序列的规律，互相衔接出不同时期生长的年轮，就长寿树种—刺果松按公历年代排列的年轮序列已达 8000 年～10000 年。

刺果松年代学是六十年代建立的，当时是为了校正 ^{14}C 年代。^{14}C 年代测定方法是考古学、第四纪地质学中常用的绝对年代测定法，它根据宇宙射线与大气作用产生的 ^{14}C 进入全球碳的循环圈，使处于同大气 CO_2 交换状态的碳都具有一定的放射性，而在停止交换后 ^{14}C 放射性按衰变规律减少，因而根据古物中剩余 ^{14}C 的多少可以算出古物的死亡年代。这个方法的前提曾假定过去几万年内大气 CO_2 的放射水平不变，但事实上由于宇宙射线强度等会有一定变化，大气中 CO_2 的放射性水平是有变化的，因此 ^{14}C 年代需要校正。由于树木年轮的木质是吸收当年大气中 CO_2 而形成，反映了当年大气中 CO_2 的放射性水平，用该木质测出的 ^{14}C 年代即可用刺果松年代学定出的该轮年代进行校正。这样八千年内的 ^{14}C 年代就可以通过这样的校正得出真实年代。

刺果松年代学的建立同时也为研究该地区过去八千年来气候变化规律，以及宇宙射线、太阳辐射变化规律等提供手段；还可以根据其年轮疏密序列确定该地区古木的年代。

（原载《活页文史丛刊》1981 年第 37 期）

（二）¹⁴C 年代的树轮年代校正

蔡莲珍

碳十四（¹⁴C）年代需要进行树轮年代校正才能符合真实年代。在我国考古学应用中使用树轮年代校正已有多年，对它有关的问题也有过介绍[1]。但最近在讨论"夏文化"的¹⁴C 年代[2]时，使用了不同于以前的树轮年代校正新表，为此有必要做一些说明并对新表的制作和使用以及意义等作简单介绍。

¹⁴C 年代测定原先假定几万年以来¹⁴C 在大气中浓度基本稳定，但事实上大气¹⁴C 浓度的变化最大可达 10％。因此，¹⁴C 年代需要用更为精确的计年方法进行校正，才能反映样品的真实年代。树木年轮每年生长一轮，可以通过清数年轮精确确定出每一轮的生长年代；同时该轮木质又可以通过¹⁴C 年代测定精确测出它的¹⁴C 年代；两者结合即可将¹⁴C 年代比较可靠地校正到真实年代。

从五十年代发现大气¹⁴C 浓度的变化现象开始，许多实验室进行了大量的对比测定树轮的¹⁴C 年代工作，已建立了几种校正曲线和校正表。这些结果主要是利用美国长寿命树——刺果松树轮测定获得的。最近利用欧洲橡树也获得了基本上连续的年代系列[3]。

所有的校正曲线和表都指出了比较一致的总趋势，即大气¹⁴C 浓度有一周期约 10000年的长期变化，最大幅度达 10％（≈800 年），呈正弦波形。但它们之间由于有以下分歧而尚未统一：（1）采用的原始对应数据不同；（2）处理数据的方式不同；（3）校正后表示年代和误差的方式不同；（4）对大气¹⁴C 浓度的中周期变化（周期约 150 年，幅度约 1％～2％）的反应不同。

我国目前采用的是 1972 年第八届国际¹⁴C 会议上发表的"达曼表"。它的表示方式仍保持原来¹⁴C 年代的表示方式，容易为使用者理解；它和其他曲线或表校正所得的差别约有 10 年～50 年，个别情况可能更多些。

但严格地讲，各种校正都存在一些缺点，尚不能确切反映真实年代，难以达到完全可靠。因此，几年来各方面都迫切要求有一个国际统一的、能可靠地为单个¹⁴C 年代进行校正的或者反映过去大气¹⁴C 浓度变化的校正曲线或校正表。于是，1978 年由几个著名的¹⁴C实验室组织座谈，发起联合进行建立统一校正表的工作，包括建立单个¹⁴C 年代校正表、为反映过去大气¹⁴C 浓度变化的校正表以及将过去发表的¹⁴C 年代进行统一校正等。1984

年实现了第一步,发表了新的、可应用于校正单个¹⁴C 年代的树轮校正表[4](以下简称新表)。

下面简单介绍新表的特点、使用和它的意义。

一   数据可靠

新表采用的¹⁴C 年代和树轮年代对照数据是由五个比较权威的¹⁴C 实验室(他们的代号分别为 A,GrN,LJ,P,L[5])测定的,并经过重新审核的,共 1154 对。还进一步确定了各实验室相互间的系统偏差,其中除了 LJ 有较大系统误差(≈6‰,相当于 50 年)外,其他各室都在实验误差范围内符合。树轮均取自刺果松(bristlecone pine)和巨松(Giant sequoia),每个树轮标本的年代不超过 20 年。¹⁴C 年代从距今 10 年~7240 年,可校正到6050BC,总共 8000 年,比过去扩展了 500 年以上。

二   数据经过严格的统计处理后编制成表

首先正确估计了¹⁴C 年代的年代误差。因各实验室发表数据时只标明计数的统计误差,但实际误差要扩大些,因此处理时按所标误差略有增加。1000 年以内¹⁴C 年增加 60 年误差,大于 6000 年的增加 115 年误差,介乎两者之间的,缓慢增加一些误差。然后用多项式回归法处理几千年长周期的大气¹⁴C 浓度变化规律,随后对多项式回归后的残差作分段的傅里叶分析处理一二百年周期的变化,并估计校正后的误差,最后列成校正表。

三   列表格式方便使用

可以从¹⁴C 年代和误差直接查到校正后年代范围。

(1)¹⁴C 年代从 10 年~7280 年(距今以 1950 年为起点,¹⁴C 半衰期用 5568 年),每 10 年间隔递增。¹⁴C 年代误差标有 20,50,100,150,200,300 年六档,相应的¹⁴C 年代误差范围为 0~35,36~75,76~125,126~175,176~250,251~350 年。从竖列中找到¹⁴C 年代值后,从横列中查出该年代误差的一列,交义处数字即为校正后年代范围。

(2)对于大气¹⁴C 浓度变化较大时期的个别年代,标以 * 号,其校正年代要从附加的明细表中查出。

(3)对于大于 350 年误差的年代校正,要在原标误差中减去 60 年,然后分别与¹⁴C 年代相加、减得上下限¹⁴C 年代,再从年代上限的 20 年误差一列中找出校正年代上限,同样在年代下限的 20 年误差一列中找出校正年代下限。

(4)超出校正表年代范围的(大于 6050BC),由于近几万年的大气¹⁴C 浓度变化总的趋势一般不超过 ±10%,相当 800 年误差,因此用 5730 年半衰期计算出¹⁴C 年代并标出1000 年的误差就可以了。

四　校正后年代表示方法

以公元纪年的年代间隔表示，负号表示公元前（BC），正号为公元（AD），因为事实上年代误差并不对称，以间隔表示更为合理。同时采用了 95％ 置信度，比过去惯用的 68％ 置信度扩大了一倍误差范围。这意味着样品的真实年代有 95％ 的把握是在所列的范围内。表一（略）举几个实例比较新表和达曼表校正所得年代范围，并将新表所得也转换成达曼表表示法，置信度取 68％。（由于误差分布不对称，这样转换与实际情况稍有出入，暂不计）。

事实上新表校正所得的年代范围并不比达曼表所得的更扩展，但两者的中心值有差别，这是由于误差不对称和大气 ¹⁴C 浓度的短周期变化所致。

根据上述情况，新表虽有特点和方便之处，《考古工作手册》[6] 所附的达曼表仍然可以继续使用。而新表的校正年代范围使可校正的 ¹⁴C 年代已扩展到距今 7450 年，这样正好将我国新石器时代早期的磁山、裴李岗等类型的文化年代包括进去了。将这部分数据按新表校正列于表二（略），但请注意在使用校正的年代数据作比较时，新表给出的年代范围其置信度为 95％（2σ），而达曼表给出的年代范围其置信度是 68％（σ），必须将后者的误差范围扩大一倍才能相比较。惯用 ¹⁴C 年代超过距今 7240 年的，则以 5730 年半衰期计算年代，其误差一概改成 1000 年即可使用。如新郑裴李岗的年代数据 ZK－434 为 7885±480，在研究作比较时可改为 7885±1000（6935～4935BC）。

（原载《考古》1985 年第 3 期）

[1]　中国社会科学院考古研究所《中国考古学中碳十四年代数据集（1965—1981）》295－298 页，文物出版社，1983 年。

[2]　仇士华等《有关所谓"夏文化"的碳十四年代测定的初步报告》，《考古》1983 年第 10 期。

[3]　参见第 11 届国际 ¹⁴C 会议文集，刊于《Radi0carbon》，1983，Vol. 25，No. 2.

[4]　《Radiocarbon》，1982，Vol. 24，No. 2，103－150.

[5]　A——美国阿利松那大学 ¹⁴C 实验室

GrN——荷兰格罗宁根大学 ¹⁴C 实验室

LJ——美国加利福尼亚州大学 ¹⁴C 实验室

P——美国宾夕尔凡尼亚大学 ¹⁴C 实验室

L——美国哥伦比亚大学莱蒙脱实验室

[6]　中国社会科学院考古研究所《考古工作手册》439－463 页，文物出版社，1982 年。

（三）树轮年代校正研究的新进展及其应用

蔡莲珍　仇士华

由于大气^{14}C 浓度变化，^{14}C 年代必须进行树轮年代校正，对此考古学家极为关注。1982 年发表的树轮校正新表是基于历年来各实验室发表的数据精选而成的，使用的^{14}C 数据可靠，但误差稍大。1985 年 6 月在挪威召开的国际^{14}C 会议上又正式发表了高精度^{14}C 校正曲线，使这项工作再向前推进了一步。

一　最新进展的几个方面

1. 建立了高精度的校正曲线

高精度年代校正曲线是区别于过去唯一依刺果松树轮木质而建立的^{14}C 年代校正曲线。树轮校正曲线客观地反映了近万年来大气^{14}C 浓度的起伏变化，而这种变化与地磁场、宇宙射线强度以及各交换贮存库的容量等的变化情况密切相关。因而^{14}C 测定也就提供了研究这些因素的历史变化的手段。要正确、精细地反映这种变化，有必要建立高度精确的^{14}C年代树轮校正曲线来反映大气^{14}C 浓度在近万年内的变化细节，这也是 1978 年专题会议提出的进一步目标。1985 年第 12 届国际^{14}C 会议上发表了截至当时为止的几条高精度^{14}C年代校正曲线，它们是：

（1）QL 和 UB[1]共同建立的从 AD1950～500BC，从 500BC～2500BC 校正曲线和以 20 年间隔的校正表，并提供了加以平滑了的曲线，以适应考古应用。

（2）QL 和 Becker, B. [2]共同建立的从 AD1950～2500BC 校正曲线和以 20 年间隔的校正表。

（3）UB 建立的从 AD1840～5210BC 校正曲线[3]。

这些校正曲线由测点连接起来呈锯齿形，中间线为实际校正线，二条外线表示 $\sigma_{偏差}$。校正方法很简单，首先求出^{14}C 年代误差 $\sigma_{样}$ 和曲线误差 $\sigma_{曲线}$ 的均方根值为总误差 σ。在样品^{14}C 年代$\pm\sigma$处划二道平行于横轴的线，它们的截点读数范围即为校正年代值。在有二个以上截点时，校正后年代范围增大。

前二条曲线都同时提供了单值^{14}C 年代的校正表，每 20 年间隔，对 8 种不同^{14}C 年代误差（20，40，60，80，100，120，160，200 年）列出了校正后的年代范围。采用了 1σ误差，使用方便。对多截点区域的校正，年代意义比以前精确，有利于问题研究。为了更适于考古学的要求，第一条曲线用统计方法加以平滑。第二条没有进行平滑。第三条则既没有平滑也没有提供单值校正表。例如，图 1（略，参见《第四纪冰川与第四纪地质论文集》第六集（碳十四专集）145 页，地质出版社，1990 年）为 QL 和 UB 建立的曲线中¹⁴C 年代 1800 年～2700 年（相应于校正年代 AD100—600BC）一段。若¹⁴C 年代为 2300±20 年计入 σ样和 σ曲线的总 σ 为 21 年，在 2300±21 年处划二道平行于横轴的直线与曲线相截得校正年代范围为 2345 年～2335 年。亦可从附表查出；若¹⁴C 年代为 2300±100 年，总误差 σ 为 101 年，二道横线的截点所对应的校正年代范围在 2360 年～2300 年和 2260 年～2185 年。同样亦可从附表中查得。图 2（略，同上 146 页）为平滑后校正曲线中¹⁴C 年代 1800 年～2700 年一段。¹⁴C 年代 2300±20 年对应的校正范围为 2340 年～2325 年，而 2300±100 年对应的校正范围为 2385 年～2185 年。

2. 进行了精确的对比

所有曲线都是在充分对比的基础上建立的，保证了曲线的精确可靠和具有普遍适用的性质。

（1）不同地区、不同树种的年轮测量比较

采用的树轮木质不再是唯一的美国加州白山的刺果松树的，而有冷杉、红杉、松、橡等，产地有美洲、欧洲的北爱尔兰、苏格兰、多瑙河、莱茵河、美因河等各地区，它们相互之间，与刺果松之间的年轮¹⁴C 浓度都作了比较测定。表 1 是 QL 和 UB 二室所作的树轮比较测定。

表 1   **QL 室和 UB 室测量对比**

实验室代号	QL	UB
方法	CO_2 气体法	C_6H_6 液体法
精度	1.5％～2.5％（12 年～20 年）	1.5％～2.5％
K 值＝实际误差/泊松误差	1.23	1.6
树种	冷杉、红杉、橡树	橡树（爱尔兰、苏格兰、英格兰）
年轮数	10 年	20 年
实验室间系统误差（n 次平均值，负值为 QL 偏老）	QL—UB： －0.6±1.6（n=214） AD：－2.6±2.3（n=90） BC：－3.4±2.1（n=124）	UB（爱尔兰橡）—QL（橡树）： －4.2±2.4（n=106） UB（爱尔兰橡）—QL（美国杉）： －2.4±2.3（n=89） 平均：－3.2±6（n=7）
单次测量标准偏差	14.7 年	18.5 年
估计综合标准偏差	22.9 年	
实际综合标准偏差	25.6 年	

（2）不同实验室测定结果对比

作为统一校正表必然广采各实验室测定的数据，各室的相对测量误差必须精确确定。表 2 是 1982 年有关实验室的对比结果。

表 2　　　　　　　　　　　　　　　　五个实验室的测量对比

实验室代号	相对于平均值的平均偏差（δ％）
A	3.0±1.7
N	2.7±1.5
LJ	−3.2±1.1
P	3.4±2.5
Y	3.2±2.0

3. 延伸了校正范围或提高了校正精度

Vogel 等使用了 1 轮～4 轮木质，测得 1930BC～3100BC 范围内的高精度校正结果[4]。

（2）延伸的方法可以是清数年轮依其特征谱向前扩展年代范围，亦可以用 ¹⁴C 测定漂浮年代，从已有的校正曲线找出相应区段定出日历年代。

此外还可以用纹泥法等其他断代方法延伸。表 3 是目前所延伸的年代范围。

表 3　　　　　　　　　　　　　　　　几种延伸范围说明

作者	校正范围	采用树种或方法
Linick 等[5]	6084～6554BC	刺果松，松
Kromer 等[6]	4400～7200BC	橡树（多瑙河、美茵河）
Becker 等[7]	8800～10100BP	橡树，松（莱茵河、多瑙河、美茵河）
Stuiver 等[8]	—　～13300BP	橡树、刺果松、松，纹泥法

4. 南—北半球的差别和有储存库效应区域的 ¹⁴C 年代校正

（1）目前的树轮校正年代方法都只适用于北半球，南半球样品的 ¹⁴C 年代要偏老约 30 年。对于南半球样品进行校正前应减去 30 年再使用校正曲线或表。

（2）有贮存库效应的区域校正前要消除该效应的影响后才能进行。

（3）海洋区域的 ¹⁴C 年代研究进行得较为细致广泛，根据目前资料编制的校正曲线可以适用于浅海混合层和深海层。许多海岸和海区已从已知年代的贝壳样品测定中确定了该区的校正因素 δR* 值，由样品 ¹⁴C 年代减去 δR 值，然后查树轮年代校正曲线得出校正值。未曾确定 δR 的区域可以假定 δR＝0，直接使用校正曲线进行校正[9]。

二　高精度校正曲线应用于中国考古学中 ¹⁴C 年代的校正

由上可见，无论哪一条校正曲线总的趋向都较为一致。如近期校正后年代稍偏近，以后又趋远，直到偏差值达最大（≈800 年）后又逐渐减小；并且都出现有校正后年代为单值的区域和校正后年代为多值的区域，相应时段也较为相近等。对于地球物理等学科中的应用，精确反映这种¹⁴C 浓度逐年细微变化的曲线是很需要的，但对于考古学或其他某些地学等研究领域的测年应用来说，由于样品本身不可能有如树轮木质那样精确的生长年代，将校正曲线加以统计性平滑处理后应用则更为切合实际。

曲线使用方式已如前述，将¹⁴C 年代从纵坐标上读出，然后读出曲线截点横坐标所示的树轮校正年代值。由于各时期大气¹⁴C 浓度变化幅度不一，校正后年代误差范围并不总是加大的。在某些年代范围内，如果¹⁴C 年代测量精度可以与校正曲线的精度相比较的话，对于来源可靠，生长年代明确的样品，¹⁴C 测定年代就可以达到相当精确的程度。这无疑会对考古学研究带来相当益处。

目前，达到的校正范围内具有多值校正较为严重的区域是在近期清代、春秋时期和战国晚期。清代不属考古范围，测定的样品不多，一般不重要。战国晚期较短，不影响早晚期分辨。唯有春秋时期的样品年代跨度近 300 年，而相当于¹⁴C 年代的范围却只有 80 年左右。考虑到¹⁴C 年代的误差范围，偏早、偏晚的可能性就相当大了。

表 4   中国历史年代相当的¹⁴C 年代

时代\历史	公历年代（年）		¹⁴C 年代（5568 年）	
	起讫（AD—BC）	范围	起讫（BP）	范围
新石器时代晚期	2450～2100BC（校正上限）	350 年	3920～3695	225 年
夏	2100～1600BC	500 年	3695～3300	395 年
商	1600～1100BC	500 年	3300～2905	395 年
西周	1100～770BC	330 年	2905～2500	405 年
春秋	770～475BC	295 年	2500～2420	80 年
战国	475～220BC	255 年	2420～2160	260 年
西汉	206～8BC	198 年	2150～1995	155 年
东汉	25～220AD	195 年	1965～1805	160 年
唐	618～907AD	289 年	1430～1130	300 年
宋	960～1279AD	319 年	1080～650	430 年
元	127l～1368AD	97 年	650～600	50 年
明	1368～1644AD	276 年	600～240	360 年
清	1644～191lAD	287 年	267～115	152 年

表 4 根据校正曲线[1]比较了我国历史朝代的公历年代范围和反映到¹⁴C 年代值的范围。由于¹⁴C 测定都有一定误差，可以理解¹⁴C 测年结果必然有可能偏早、偏晚的情况。表 5 列举几组年代值，说明如下：

遗址	实验室编号	层位（文化）	^{14}C 年代（5730）	^{14}C 年代（5568）	校正年代（达曼表）	校正年代（高精度曲线）
河南安阳武官村	ZK－5	大墓（殷）	3035±100	2950±10	3205±160	3295～2965
河南辉县固围村	ZK－3	M2（战国晚期）	2240±80	2175±80	2240±95	2320～2080
湖南长沙	ZK－1	M406（战国早期）	2395±90	2330±90	2420±100	2425～2310
	ZK－6	M203（汉）	1985±80	1930±80	1950±85	1970～1795
陕西长安县	ZK－2106	M1（西周）	3020±75	2935±75	3185±145	3090＋150，－110
张家坡	ZK－2107	M121（西周）	3020±75	2935±75	3185±145	3090＋150，－110
	ZK－2108	M163（西周）	3000±75	2915±75	3160±110	3075＋125，－125
	ZK－530－Ⅰ	M115（西周）	2740±85	2660±85	2835±115	2800±50
	ZK－1370	M104（西周）	2780±90	2700±90	2885±120	2800＋95，－40
	ZK－2022	M170（西周）	2850±70	2770±70	2970±105	2870＋80，－65
湖北大冶铜绿山	ZK－297	露采二矿体	2485±75	2415±75	2530±85	2370＋230，－20

表5 　　　　　　　　　　　　几组年代校正值的比较

（1）考古研究所 ^{14}C 实验室在 1965 年底到 1966 年初测过四个已知历史年代的样品，它们是 ZK－5、ZK－3、ZK－1、ZK－6，分别为殷代、战国晚期、战国早期和汉代。当时采用 5730 年 ^{14}C 半衰期计算，认为与考古年代十分符合。其中战国早、晚期的 ^{14}C 年代可以分辨。目前使用的校正表比达曼表校正更加适合。

（2）陕西长安张家坡六个墓葬出土样品，ZK－2106（M1），ZK－2107（M121），ZK－2108（M163），依达曼表校正后年代都偏高。现用新曲线校正，可达到西周早期年代范围。ZK－1370 和 ZK－2022 也同样按高精度校正曲线校正后，处于西周中期范围，较达曼表校正明显符合于考古资料。

（3）湖北省大冶铜绿山炼铜遗址出土一枚铜斧木柄经 ^{14}C 年代测定（ZK－297），树轮校正年代（达曼表）为 2530±85 年（距今），乃处在春秋时期。而考古学家则认为应属于战国时期比较合适。今用高精度校正曲线校正后年代范围在距今 2600 年～2350 年，完全可能在战国早期范围。初步验证说明经高精度校正曲线校正后年代范围均比较合适。

三　^{14}C 方法应用于商周历史纪年的探讨

1. 我国历史纪年，从西周共和行政元年即公元前 841 年起，才有比较确凿的编年材料。在此之前的历史年代都是根据古籍中记载的帝王世系片段推算出来的。史学界历来众说纷纭。例如对西周元年武王克殷的年代推算就有很多不同的说法，上下最大相差可达100 多年。各种推算似乎都有其根据，但都无法确证其年代绝对可靠。对西周铜器铭文的研究肯定会对西周纪年有所帮助，但很难解决绝对纪年问题。有些学者根据史籍记载的天文现象进行年代推算，无疑增强了推算的科学性。但因史籍记载资料不很齐全，因此仍然难以得出肯定的结论。在甲骨文发现以前，许多学者仅把夏、商王朝看成是传说时代，当然也谈不上可靠的历史纪年。殷墟的发掘、甲骨文的发现确证了商王朝世系的存在，同时也增加了夏王朝传说史的可靠性。但对于商王朝的历史纪年，也还只能是由史学家们．根据古籍中或甲骨上的片言只语进行不完全的推算或估算而已[10]。

14C 测年由于它自身不可避免地存在误差，一般不能对历史纪年发挥作用。但由于商周纪年中有近百年的不确定性，给利用14C 测年留下了余地。

2. 过去积累的14C 年代数据，商周时期的虽然也有不少，但并没有专门系统地测定过，且由于误差太大，尚无法得出肯定的结论。我们曾配合考古发掘有意对陶寺类型和二里头类型等文化遗址层位的年代作过比较系统的测定。根据测出的结果统而观之，陶寺类型早晚大约在公元前 1800 年～2400 年，二里头类型早晚大约在公元前 1500 年～1900 年。这与遗址的发掘者认为陶寺类型是夏文化，二里头文化早期属于夏代，晚期属于商代，是相当吻合的。对于寻找夏文化在年代上也可以起到配合作用。但距用于历史纪年的要求还相差甚远。

3. 目前14C 测年方法的进展已有希望可能对商周历史纪年之分歧作出自己的判断。

（1）低本底仪器的出现使高精度测量成为可能，目前仪器的本底已降到 1cpm 以下。因此采用高精度测定，商周时期的14C 年代数据有可能使14C 年代测定误差达到 20 年以内。

（2）高精度的树轮年代校正曲线已经制定出来，可以使14C 年代数据作较细致的校正。但由于树轮校正曲线呈锯齿形，使14C 年代对应的日历年代是多值的，这是个困难的问题。

（3）加速器质谱测定14C 方法的出现，使测定微量样品成为可能，过去不能取样测定的商周甲骨现在可以取样测定了。而甲骨样品在年代上往往与某个王的关系非常密切，即具有明确的历史纪年的价值，虽然加速器质谱测定的误差还有待改进，但可重复制样测定。

（4）商周时期遗址中往往会有与遗址关系密切的木头出现，如有年轮很多的木头可以按年轮来做一系列的14C 测定，观其14C 浓度变化的特征与高精度的树轮校正曲线相比较，有可能得出误差较小的木头的绝对年代。根据木头与遗址的关系，可推出遗址的绝对年代，这种方法得出的年代将更为可靠，误差也较小。

4. 具体的做法可以从可靠的历史纪年时期开始，观察测定结果同历史真实年代实际相吻合的程度，再往西周早期以至商代类推。这就要按上述要求采集与历史事件或某个王的前后年代关系明确的样品进行仔细的测定和分析研究。可供采集的样品如墓葬中的人骨，保存完好，可数年轮的较大的棺椁木，与朝代关系密切的牛胛骨（甲骨）等等。总之，根据目前的技术水平和可能收集到的样品，此项课题的研究已经提到日程上来，虽然并非是轻而易举的事，但有希望得出对我国历史纪年有重大意义的成果。

（原载《第四纪冰川与第四纪地质论文集》第六集（碳十四专集），地质出版社，1990
年）

---

* Stuiver 等[9]利用校正数据和模式计算得出了适用于海洋（包括浅海混合层和深海层）的[14]C 年代校正曲线，
  从已知年代样品测出的[14]C 值与该曲线查出的年代值之差为校正因素 δR。

[1] Stuiver, M. and Pearson, G. W., 1986, High-precision calibration of the radiocarbon time scale, AD1950—
    500BC, *Radiocarbon*, 28 (2B), 805. Pearson, G. W. and Stuiver, M., 1986, High-precision calibration of the
    radiocarbon time scale, 500—2500BC, Radiocarbon, 28 (2B), 839.

[2] Stuiver, M. and Becker, B., 1986, High-precision decadal calibration of the radiocarbon time scale, AD
    1950—2500BC, *Radiocarbon*, 28 (2B), 863.

[3] Pearson, G. W., Pilcher, J. R., Baillie, M. G. L., Corbett, D. M. and Qua, F., 1986, High-preci-
    sion ^{14}C measurement of Irich Oaks to show the natural ^{14}C variation from AD 1840—5210BC, *Radiocarbon*,
    28 (2B), 911.

[4] Vogel, J. C., Fuls, A. and Visser, E., 1986, Radiocarbon fluctuations during the third millennium BC,
    Radiocarbon, 28 (2B), 935.

[5] Linick, T. W., Long, A., Damon, P. E. and Ferguson, C. W., 1986, High-precision radiocarbon dat-
    ing of Bristlecone Pine from 6554 to 5350BC, *Radiocarbon*, 28 (2B), 943.

[6] Kromer, B., Rhein, M., Bruns, M., Schoch-Fischer, H., M nnich, K. O., Stuiver, M. and Becker,
    B., 1986, Radiocarbon calibration data for the 6th to the 8th millennia BC, *Radiocarbon*, 28 (2B), 954.

[7] Becker, B. and Kromer, B., 1986, Extension of the Holocene dendrochronology by the Preboreal Pine se-
    ries, 8800 to 10100B. P., *Radiocarbon*, 28 (2B), 961.

[8] Stuiver, M., Kromer, B., Becker, B. and Ferguson, G. W., 1986, Radiocarbon age calibration back to
    13300 years B. P. and the ^{14}C age marching of the German Oak and U. S. Bristlecone Pine chronologies, *Ra-
    diocarbon*, 28 (2B), 969.

[9] Stuiver, M., Pearson, G. W. and Braziunas, T. F., 1986, Radiocarbon age calibrati0n of marine samples
    back to 9000 cal. yr B. P., *Radiocarbon*, 28 (2B), 980.

[10] 郑光《谈谈我国古史上的年代学问题》，《第四纪冰川与第四纪地质论文集》第六集（碳十四专集），地质
     出版社，1990 年。

骨质标本的^{14}C年代测定方法

中国科学院考古研究所实验室

中国科学院古脊椎动物与古人类研究所实验室

骨质标本的^{14}C年代测定问题一直为考古学和古人类学研究工作者所重视，但因其含碳量少和所测定年代不准而很少采用。最近，我们对山顶洞、峙峪和蒋家梁遗址中的骨质标本作了^{14}C年代测定，现就骨质标本的测定方法和这次测定的结果作一介绍。

一

放射性碳测年方法，是目前考古学、古人类学、地质学等方面经常采用的测定年代方法之一。测定所用标本，一般以与遗址有关联的木质、炭质标本最为适宜，所得^{14}C年代也最可靠。但是，这类标本仍存在一定的局限性，例如树木砍伐年代与使用年代会存在较大差别；有些地层中木质、木炭标本与遗址并没有明确的关联，所得^{14}C年代就不能确切代表遗址的年代。而大多数人类早期活动的遗址，根本采集不到任何木质或木炭标本供^{14}C测定。这类遗址中除污泥外[7]，骨质标本是唯一可用来测定^{14}C年代的物质。动物和人类的生命期一般都只有几十年，与遗址年代最为相近，数量也较多，因此测骨质标本的^{14}C年代对研究人类早期活动十分重要。

但骨质标本的^{14}C年代测定却一直存在着困难。首先，骨头中含碳量极少（仅百分之几或千分之几），五十年代初期用固体法测定需纯碳量较多而不适用。以后改用气体法需碳量较少，开始用骨头测^{14}C年代，所得结果往往年代偏晚而不可靠。将骨质中无机碳成分和有机碳成分分别测定，则结果有时一致，有时不一致[2]，所以大都认为利用骨头测定年代的可靠性较差。

由于必需应用骨质标本，而其^{14}C年代却存在着问题，各实验室相继对此作了多次研究，探讨问题的所在和解决的办法[1-6]。目前已可利用骨质标本测得比较可靠的^{14}C年代。

分析得出现代骨头的组成较为复杂，其中无机盐占绝大部分，主要为磷酸钙（约占50％）、碳酸钙（约占10％），以及少量的镁、钠、钾、氟等。有机部分由类蛋白质组成。骨胶原占25％，脂肪约占5％～10％。各不同部位的骨质成分略有不同。

在埋葬期间有机部分中脂肪等已被细菌腐蚀掉，仅骨胶原是抗腐蚀的[7]，可能最后保留下来。但残留多少与地下条件有关，不同地区相差很大。在同一地区有可能用骨胶原残留量来估计其埋葬年代[1]。

骨胶原残留量可以用微量基耶达法测得，先用少量骨头定其含氮量，然后根据骨胶原中氮和碳的含量比例估算含碳量，由此可以决定必须采集的原始骨头标本的重量。

地下水中溶有古老的 CO_3^{2-}、HCO_3^- 和大气 CO_2，骨头中无机碳在埋葬过程中容易与土壤、地下水中碳原子交换。实验证明[2]固体碳酸盐能与大气 CO_2 交换碳原子，而与 CO_3^{2-}、HCO_3^- 交换碳原子的可能性则极少。骨胶原中碳原子则不会发生交换而能使原有的碳保留下来。

由此可以发现，分别测定骨头中各种成分年代不一致的来源，是由于无机盐中碳原子与土壤或地下水中大气 CO_2 的碳原子发生交换的结果。从无机盐中提出碳测定，所得年代根本没有任何可靠性。提取骨胶原作¹⁴C测定，则效果与木头木炭相近，年代比较可靠。而无机碳没有清除干净的标本，由于燃烧中有部分 $CaCO_3$ 分解，所得年代为有机碳和无机碳两种年代的权重平均，结果则不可靠。

腐殖酸也会引入偏晚的误差，古老碳酸盐则引入偏老的误差，但这都不是主要来源，并可在清洗过程中消除掉。骨头标本的多孔性终带有许多泥土不能清除尽，所以也会受不同年代碳的污染。

由此可见用骨头标本测出可靠的¹⁴C年代的关键在于将骨头中碳酸盐清除干净或提出纯骨胶原物质。

碳酸盐溶于酸，清除办法是将骨头碎成碎末，用足够量的稀 HCl 充分酸化，$CaCO_3$ 分解放出 CO_2 而除去；或用 6N HCl 酸化一段时间后，用稀酸充分浸洗[6]。

提取纯骨胶原是将骨头全部溶于浓酸后蒸发至干，再加溶液恢复全部有机部分，方法比较复杂不便采用。因此，大多数实验室都采用充分酸化去除 $CaCO_3$ 的方法[1]。

所得结果几乎是一致的：无机部分没有任何准确性，特殊条件保存的骨头（如木乃伊）可能测得可靠年代。清除尽无机碳后的骨胶原有机部分，所得年代是可靠的，但处理不好仍有偏晚的可能。

二

根据上述情况，我们对骨头标本采用了较为复杂的预处理过程，并对某些标本同时提取其中有机和无机两种碳分别测定，所得结果与上述结论是一致的。

今将骨头预处理过程和镁法制备标本气体的步骤阐述如下：

（一）预处理过程：

1. 机械清洗标本　细察骨头外形、去掉石灰状物质，缝隙中泥土用水冲洗，或用稀酸泡几分钟清除表层 $CaCO_3$。

2. 烘干及砸成小块（ϕ3mm 左右）。

3. 酸化提取 CO_2 用足够量 6N HCl 酸化约 4 小时～8 小时后，加水稀释过夜，清洗、烘干。需要提取无机碳作测定时，则在封闭系统中滴加 6N HCl，放出的 CO_2 由 NH_4OH（1：1）吸收，制备成 $SrCO_3$，方法如下列步骤（三）中所述。

4. 清洗，烘干   经 6N HCl 酸化后标本清洗、烘干，砸成粉末（$\phi250\mu$ 左右）。

5. 除尽无机碳   加 1N HCl，减压下去除无机碳，至无气泡后倾去上层清液，再次加入 1N HCl，减压放置，直至无气泡发生。

6. 碱洗   加热 2% NaOH 浸约半小时后加 1N HCl 酸化，再用热蒸馏水清洗至无 Cl^-，烘干。

（二）燃烧过程：

$$C + O_2 \longrightarrow CO_2 \uparrow$$

骨头中的骨胶原部分含碳量极少，防止在制备过程损失有用碳量最重要。我们采用封闭式燃烧方法以保证过程中没有损失。

标本燃烧温度维持左 600℃ 以上，控制氧气流入速度，水银气压计读出内部气压，接近一大气压时使标本燃烧几分钟，生成物通过铂石棉（800℃ 以上）保证燃烧完全，通过纯化管（内盛铜丝，银丝，氧化铜，维持在 500℃）、干冰丙酮阱后，CO_2 冻入液氮阱，其余气体由机械泵抽定。反复上述过程直至不再有 CO_2 发生。

标本 CO_2 全部移入指状管，接至吸收、沉淀系统。

（三）吸收、沉淀过程：

全部在氮气流中进行。CO_2 被 NH_4OH 吸收生成（NH_4）$_2CO_3$

过量 NH_4OH 以酚酞作指示剂加 HCl 中和。加热溶液近 70℃ 时倒入沸腾的 $SrCO_3$，溶液以生成颗粒较大的 $SrCO_3$ 沉定。沉淀用热蒸馏水清洗至无 NH_4^+，无 Cl^-，烘干的 $SrCO_3$ 在密封的磨口瓶中保存。

（四）镁粉还原反应：

$$2SrCO_3 + 5Mg \longrightarrow SrC_2 + 5MgO + SrO$$

镁粉是强烈的还原剂，达融熔温度后夺取 $SrCO_3$ 中 O_2 生成 MgO，使 C 由 C^{2+} 还原成 C^{-1}，同时放出大量热而达高温，高温可能使 $SrCO_3$ 分解而产生高气压。高温高压促使反应加剧进行，几乎是瞬间完成的。反应不完全会形成碳元素而损失产量。若控制不当就有炸裂反应器的危险。

标本 $SrCO_3$ 和镁粉按 2：1 重量比例混匀，装入不锈钢反应器内，放在不锈钢管中抽成初级真空，用管状电炉加热。500℃ 预热去除残留水分和 NH_4OH，600℃～700℃ 范围内反应，最后加热至 850℃ 使反应完全。

应用适当的反应器和一定的加热步骤，可以保证反应顺利完成。由于反应器不能直接放入水解反应瓶，产量有些损失，一般稳定在 85% 左右。

（五）制成气体：

$$SrC_2 + H_2O \longrightarrow SrO + C_2H_2 \uparrow$$

将 SrC_2 水解制备成 C_2H_2 的过程与钙法相同[8]。只是水解过程的操作必须十分小心。钙法合成中含过量钙较少，因此产生 H_2 量少，迅速加水没有爆炸危险。而镁粉还原反应中必须有过量镁使 $SrCO_3$ 反应完全。合成物中含过量镁，与冷水不起作用而与热水剧烈反应生成 H_2 并放出大量的热。SrC_2 加水生成 C_2H_2 属放热反应，可使水温升高至足以与过量镁作用，反应非常剧烈。玻璃反应瓶受热不均匀有炸裂的危险。因此必须控制滴水速度，缓慢加水。开始滴入时产生 C_2H_2 多但水量不足以与镁起作用。C_2H_2 放出较多后有过量水又不足以使水温升高至与镁起作用。这样即可避免水解过程中的爆炸危险。

制备成标本 C_2H_2 后，在储气瓶中储存待测量。测量过程与《报告（一）》[8] 所述相同。

三

首先试用这一步骤测定的骨质标本是：

ZK-67-0 山西侯马乔村战国墓出土人骨。原编号 69H16M21[8]。

有机部分 ^{14}C 年代为：2260±85 年　（公元前 310 年）

历史估计年代范围：公元前 400 至 200 年。

应该认为应用骨头的有机部分测定年代是可靠的。

接着又测定了山顶洞遗址、峙峪遗址和蒋家梁遗址的骨化石标本，并收集其无机部分测定作比较，所得结果如下：

ZK-136 北京市周口店山顶洞遗址出±的斑鹿（Pseudaxis horulonum Swinhoe）骨化石。原编号：UC：F9：34：44。

有机部分年代为：18340±410 年　（公元前 16390 年）

无机部分年代为：4485±100 年　（公元前 2535 年）

ZK-109　山西省朔县峙峪遗址出土的王氏水牛（Bubalus wansijocki Boule）骨化石。

有机部分年代为：28135±1330 年　（公元前 26185 年）

无机部分年代为：4330±130 年　（公元前 2380 年）

ZK-295 河北省阳原县西水地蒋家梁遗址出土的动物化石。原编号：73108。

有机部分年代为：5800±115 年　（公元前 3850 年）

无机部分年代为：805±100 年　（公元 l 145 年）

换算年代所用的 ^{14}C 半衰期为 5570 年，距今计年以 1950 年为起点。测定结果说明无机部分的 ^{14}C 年代不可靠。有机部分年代可以接受，但亦不排斥年代仍有可能偏晚，需今后积累数据进行探讨。

（原载《考古》1976 年第 1 期，蔡莲珍执笔）

［1］　Berger，R.，Hogney，A. G.，Libby，W. F.，1964，Radiocarbon dating of bone and shell from their organ-
ic components，*Science*，144，999－1001.

［2］　Tamers，M. A. and Pearson，P. J.，1965，Validity of radiocarbon dates on bone，*Nature*，208：1053－
1055.

［3］　Kruege，H. W.，1965，The preservation and dating of collagen in ancient bones，*Proc. 6th intern. Conf.
Radioc. & Tri. Dat.*，332－337.

［4］　Sellatendt，H.，Engstrend，L.，and Gejvall，K. G.，1965，New application of radiocarbon dating of colla-
gen residue in bones，*Nature*，212：572－574.

［5］　Haynes，C. V.，1967，Bone organic matter and radiocarbon dating，Proc. *Symp. Radioc. Dat. & Method of
Low level Counting*，163－167.

［6］　浜田达二、镇西清高《化石骨の年代测定の问题点》，《化石》，1971 年 3 月刊 21 号。

［7］　Tamers，M. A.，1972，Radiocarbon dating of kill sites，*Archaeometry*，14（1）：21－26.

［8］　中国科学院考古研究所实验室《放射性碳素测定年代报告（一）》，《考古》1972 年第 1 期；《报告（二）》，
《考古》1972 年第 5 期；《报告（三）》，《考古》1974 年第 5 期。

附：

关于骨头、泥炭等^{14}C 标本的制备方法

中国科学院考古研究所实验室

在^{14}C测定年代的工作中，标本制备工作是其重要环节。它的任务是从各类^{14}C标本中提取尽量多的适宜于测定年代的碳，在保证不受任何其他碳污染的情况下，合成为适宜于测量其放射性的物质。国内各实验室利用正比计数管测量的大都合成为乙炔，利用液体闪烁方法测量的则合成为苯，而合成苯则必须先合成乙炔。因此，从各类^{14}C标本中提取碳合成乙炔是各实验室共同关心的问题。通常^{14}C标本有木质、炭质标本，贝壳、骨头、泥炭、淤泥等各种类型。其中木头、木炭这类标本比较易于处理，所测年代最为可靠，其他类型的标本则往往有一些问题需要研究。现介绍一下我室从骨头、泥炭等标本中提取碳制备成乙炔的方法，并讨论利用骨头标本测出年代的可靠性问题。

一 骨头标本

现代骨头的组成比较复杂，无机盐占大部分，主要成分为磷酸钙约占50％，碳酸钙约占10％，以及少量镁、钠、钾，氟等。有机部分由类蛋白质组成，骨胶原约占25％，脂肪约占5％～10％。不同部位骨质成分略有不同，埋葬年久的骨头有机成分的脂肪已被细菌腐蚀，仅骨胶原能抗腐蚀而保留比较长久。有人企图用骨胶原的残留量来推测骨头被埋葬的年代，但骨胶原的残留多少不仅与年代有关而且与地下的条件有关，不同地区差别很大[1]。

从含碳的角度看，骨头中的碳存在于碳酸钙、骨磷灰石和有机物中，年代久的骨头含碳量是很少的，尤其是有机部分更少，有时只有千分之几。骨胶原的残留可以用微量－基耶达（Kjeldahl）法测定。先定出含氮量，再根据骨胶原中氮和碳的比例关系（1∶3）计算其含碳量。骨胶原的重量约为含碳量的一倍，由此可以估计需用的骨头标本量。提取骨头中的碳合成为乙炔的具体过程如下：

1. 预先处理

（1）机械清洗去骨头隙缝中泥土，表层白灰状的可疑物质等，或在稀酸中泡几分钟清除表层 $CaCO_3$。

53

（2）烘干后砸成直径 3mm 左右小块。

（3）用足够量的 6N HCl 酸化约 4 小时～8 小时后，加水稀释过夜，清洗烘干。需要提取无机碳作测定时则在充氮的封闭系统中滴加 6N HCl，放出 CO_2 由 NH_4OH（1∶1）吸收，加 $SrCl_2$，制备成 $SrCO_3$。

（4）酸化的标本经清洗、烘干，砸成直径 250μm 粉末。

（5）加 lN HCl 后在减压系统中再除无机碳，放置至无气泡后倾去清液，并反复多次直到加酸也再无气泡发生。

（6）用 2% 的热 NaOH 浸约半小时去除腐殖酸，再加以酸化、清洗、烘干后燃烧。

1977 年后，以上（3）至（5）步改用 lN HCl 充分酸化，使骨质全溶，分离出不溶部分（骨胶原）。溶液部分加 NaOH 中和，使骨质重新沉淀析出。两部分物质分别清洗、烘干，这样可以最大可能地保留骨化石中有机碳。

2. 燃烧有机碳成 CO_2

通过燃烧使有机碳成为 CO_2。骨头中骨胶原部分含量极少，防止在燃烧过程中损失有用碳最为重要，我们采用了封闭式燃烧方法，以保证过程中没有任何损失（图 1）。

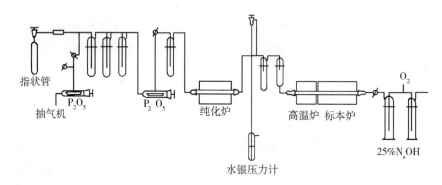

图 1　燃烧系统示意图

标本置不锈钢管内，抽真空去气，400℃开始通 O_2，燃烧温度维持 600℃以上，控制氧流速度，约 1 大气压时截去氧流。1977 年后，通氧从 200℃开始，并在燃烧管另一端另通入一股氧流到标本处，以辅助燃烧完全。燃烧生成物通过高温铂石棉区完成氧化，经纯化炉、干冰丙酮阱、CO_2 冻入液氮阱，杂气抽走，并反复上述过程直到不再有 CO_2 发生。标本 CO_2 全部移入指状管，接至吸收、沉淀系统。

3. 吸收、沉淀过程

全部过程在 N_2 流中进行，CO_2 被 NH_4OH 吸收生成 $(NH_4)_2CO_3$。有过量 NH_4OH 时，加 HCl 中和至略带碱性并以酚酞作指示剂。加热溶液在近 70℃时，倒入沸腾的 $SrCl_2$ 溶液，生成 $SrCO_3$ 沉淀。沉淀过滤，用热蒸馏水清洗至无 NH_4^+ 和 Cl^-。烘干的 $SrCO_3$ 在密封瓶中保存（图2、3）。

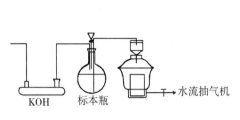

图2 吸收系统示意图

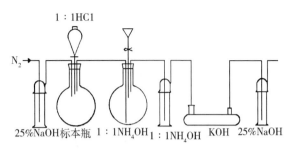

图3 清洗、沉淀系统示意图

4. 合成 SrC_2

合成 SrC_2，以镁粉作还原剂。因为镁粉是强烈的还原剂，达到融熔温度后，能夺取 $SrCO_3$ 中的 O_2 而生成 MgO，使 C 由 C^{4+} 还原成 Cl^{1-}，其反应式如下：

$$2SrCO_3 + 5Mg \rightarrow SrC_2 + 5MgO + SrO$$

反应的同时能发出大量的热而达高温，并可能使 $SrCO_3$ 分解产生高气压。高温高压使反应加剧进行，反应不完全会形成元素碳而损失 SrC_2 的产量，如果控制不当则有炸裂反应器的危险。

标本 $SrCO_3$ 和镁粉按 2 比 1 重量比例混匀，装入厚壁不锈钢反应器，然后放在长不锈钢管中抽空、加热，500℃时预热除去残留水分和 NH_4OH，加热至 600℃~700℃范围内进行反应，至 700℃时稍有停留使加热充分，最后加热至 850℃使反应完全。

应用适当的仪器和一定的加热步骤，可以保证反应顺利完成，由 $SrCO_3$ 至 C_2H_2 总产量一般稳定在 85% 左右。

5. 水解过程

水解碳化物制备成乙炔标本的系统和过程与钙法相同，只是水解过程的操作必须十分小心。钙法合成物中含过量钙较少，产生的 H_2 量少，迅速加水没有爆炸危险。镁法还原反应中必须有过量镁使反应持续进行，它与冷水不起作用，而只与热水反应生成 H_2。SrC_2 水解属放热反应，当水温升高至足以与过量镁作用生成 H_2 时，镁即可夺取水中的氧使反应剧烈进行。此时，玻璃容器受热不均匀，就有炸裂的危险。因此，必须控制滴水速度，开始时产生 C_2H_2 多而水量不足以与镁起作用，C_2H_2 放出较多后，虽有过量的水，但又不足以使水温升高到与镁粉起反应。这样就完全避免了水解过程中的爆炸危险。

制备得标本乙炔后，在储气瓶中保存半月以上再测量 ^{14}C 放射性；测量过程与我室1972 年放射性碳素测定年代报告[2]中所述相同。

骨头标本在 ^{14}C 年代测定中占有相当重要地位，因为人骨和动物骨化石定出的年代是直接表示了人类或动物生长的年代，而且往往有的遗址或墓葬除了有骨头以外再也没有其他合适的标本。但因骨头中含碳量很少，制备标本比较困难，加以过去利用骨头测定年代常常偏差较多，应用较少。究其根源，主要在于骨头中的无机碳在埋葬过程中容易与土壤和地下水中溶解的大气 CO_2 相交换而使年代偏近。因此，利用骨头中的无机碳，或者用无机碳和有机碳混在一起制备的标本所测出的年代大都偏近，是可以理解的[3]。

我们测定了一些骨头标本，为了弄清楚年代的可靠性，我们把骨头中的有机碳和无机碳分别提取，分别测定。有机碳是在充分酸化，完全去除无机碳后，利用全燃烧的办法收集提取的。这样既避免了一般提纯骨胶原的困难，又防止了有机碳的可能损失，有关测定结果如下：

山西省侯马乔村战国墓出土人骨

有机部分 ZK－67－O 测定结果 2260±85 年（公元前 310 年）

¹⁴C 测定年代与历史估计年代（公元前 400 至 200 年）相符。

北京市周口店山顶洞遗址出土斑鹿（Pseudaxis hortulonum Swinhoe）骨化石（原编号 UC：F 9：34：44）

有机部分 ZK－136－O 测定结果 18340±410 年（公元前 16390 年）

无机部分 ZK－136－I 测定结果 4485±100 年（公元前 2535 年）

山西省朔县峙峪遗址出土王氏水牛（Bubalas wansijocki Boule）骨化石

有机部分 ZK－109－O 测定结果 28135±1330 年（公元前 26185 年）

无机部分 ZK－109－I 测定结果 4330±130 年（公元前 2380 年）

河北省阳原县蒋家梁遗址出土动物化石

有机部分 ZK－295－O 测定结果 5800±115 年（公元前 3850 年）

无机部分 ZK－295－I 测定结果 805±100 年（公元 1145 年）

越南海防市吉婆县吉婆社遗址（属下龙文化以前的新石器时代中期）出土鱼骨标本

有机部分 ZK－328－O 测定结果 5645±115 年（公元前 3695 年）

树轮校正年代[4]为 6475±205 年（公元前 4525 年），与历史估计年代相符。

上述 ¹⁴C 年代计算都以 AD1950 年为起点，所用 ¹⁴C 半衰期为 5570 年。

从上面结果可以看出，取无机碳测定的年龄是很不确定的，因此很不可靠，而利用有机碳测定的年代是比较可靠的。

二 泥炭标本

泥炭、淤泥、土壤的成分比较复杂，但从含碳的角度看，一般不外乎有碳酸盐、腐殖酸、腐殖酸以外的其他有机物以及游离状碳等成分。这类标本的含碳成分是很不确定的，通常在酸性土壤中不存在碳酸盐而腐殖酸则易于保留。在碱性土壤中则相反，腐殖酸很少而碳酸盐则较多。对于各种成分中的碳可以分别提取，分别测定。其大致过程是在拣出较大的（直径大于 2mm）木炭颗粒之后，再按以下步骤对其他成分进行处理。

1. 有些浅层泥土标本中夹杂许多现代草根幼芽，这对测定影响极大，必须要清除干净。发现混有这类细小芽根的标本，我们首先设法压碎，然后稀溶于水中成悬浊液再过筛除去。因近代物质的纤维比较坚韧，在泥土悬浊液中易于分离出来。

2. 泥炭、土壤、淤泥标本中往往含砂砾较多，体积甚大，使碳的提取和燃烧等方面造成麻烦。我们采用了机械搅拌方法，使标本中比重较大的砂砾沉于底部并与含碳较多的部分分离。

3. 用少量标本加少量酸、碱液试溶，观察其含碳酸盐及腐殖酸成分的多少，以确定处理的方案。碳酸盐成分多用酸化提取，腐殖酸成分多则碱溶提取。

碳酸盐成分的酸化提取系统及其过程，与从骨头中提取无机碳方法完全相同（见骨头的预先处理中第③步骤）。

腐殖酸的提取可用 2％的 NaOH 液清洗标本，然后取其碱溶部分用 HCl 酸化，使之沉淀出来。这样提取多次，可以完全恢复腐殖酸部分，但须注意腐殖酸必须在 pH 值≤1 时才能沉淀完全，否则将会在清洗过程中损失相当部分。这样提取的腐殖酸烘干后需再用蒸馏水洗去 Cl^{1-}，然后用前面所述的燃烧方法取出其中的碳。

对于含碳量较少的土壤标本，可以先用容量法测定其腐殖酸含量，以此来确定标本的需用量。

4. 除去了外来干扰物质及无用的砂砾，并分离出碳酸盐和腐殖酸以后的沉淀物中所含的有机碳，可用全燃烧方法提取碳样测定（合成，制气方法同前）。

利用泥炭标本测定年代在地质方面是最常用的。由于泥炭中的各种含碳成分来源各有不同，碳酸盐中的碳容易与外界的碳发生交换，泥沙中还可能混入少量矿物碎屑而使无机部分的年代偏老很多，腐殖酸也有可能是由上层向下层淋漓渗透，还有可能后来的植物根系混入泥炭层。因此，为了定出确切的地质年代，如何采集标本，提取那种成分的碳更合适，需要作具体分析。

（原载《全国同位素地质会议文集（贵阳）》第一集，179－183 页，地质出版社，1979 年。蔡莲珍执笔）

---

[1] Bergcr, B. R., Horney, A. G., Libby, W. F., 1964, Radiocarbon dating of bone and shell from the organic components, *Science*, 144：999－1001.

[2] 中国科学院考古研究所实验室《放射碳素测定年代报告（一）》,《考古》1972 年第 1 期。

[3] Tamers, M. A. and Pearson, F. J., 1966, Validity of radiocarbon dates on bone, *Nature*, 208：1053－

1055.

[4] 由于过去大气中^{14}C 的浓度有变化，致使^{14}C 年代不同程度地偏离真实年代。目前可以用树木年轮测定年代方法来对^{14}C 年代作出校正。所得树轮校正年代应为标本的真实年代[5]。可校正范围在 8000 年以内。ZK－67－O 的树轮校正年代为 2340±95 年（公元前 390 年），ZK－295－O 的树轮校正年代为 6620±135 年（公元前 4670 年）。

[5] 中国科学院考古研究所实验室《碳－14 年代的误差问题》,《考古》1974 年第 5 期。

用^{13}C值校正^{14}C年代的条件
及其应用于考古

蔡莲珍　仇士华（中国社会科学院考古研究所）

张仲禄（国家地震局地质研究所）

引　言

　　自然界存在着碳的交换循环运动。碳的组成在交换循环运动过程中发生同位素分馏效应。因而使得各种含碳物质中的碳同位素组成稍有差异。在利用^{14}C测定年代时要对^{14}C年代作同位素分馏效应的校正。因为^{14}C含量太少，而且在不断衰变，它的分馏效应是无法测定的，只好利用对^{13}C分馏效应的测定结果去推算^{14}C的分馏效应。所以在^{14}C测定年代工作中这种校正亦称δ^{13}C校正。这是众所周知的事。然而这种δ^{13}C校正是否普遍使用？或者是否每一个样品都需要做δ^{13}C测定才能作出校正？如果我们对^{14}C的交换运动和同位素分馏效应的来龙去脉作一较全面的考察就会一目了然，而且可以看到δ^{13}C值还具有更广泛的应用范围和重要意义。

一　植物的碳同位素分馏效应

　　1. 光合作用途径的研究

　　植物利用日光能使大气CO_2的碳还原并结合进入碳水化合物，形成化学能储存下来，成为一切生命的依据。可简单表示如下：

$$CO_2 + H_2O \xrightarrow[能量]{h\upsilon} O_2 + (CH_2O)x$$

　　由大气CO_2与水结合转化为有机养料和植物器官，中途产生各种中间产物，有各种转化过程。这种固定碳的途径称为光合作用途径。不同的途径其同位素分馏效应不同，形成了各种植物的δ^{13}C值差异。

　　最早研究光合作用途径获得成功的是1962年诺贝尔奖金获得者卡尔文（Melvin Calvin）博士[1]。他利用^{14}C放射性示踪原子作研究，首先将藻类植物浸入$H^{14}CO^{1-}$中，取出后将活组织杀死。然后将各类化合物分别离析到纸上，用X－照相底片覆盖，显示出化合物分布的位置，同时用盖革管测放射性，最后分别洗出各种化合物检定成分，检定其中标记碳原子。然后分别改变浸 $H^{14}CO_1^-$ 时间，或使在阳光中，或在黑暗中各一段时间后同法处理、分析，得出示踪原子的行动过程，从而确定光合作用时中间产物转化过程。结果证明：大多数植物光合作用中吸收 CO_2 首先形成的产物是 3-磷酰甘油酸（3-Phosphoglyceric acid，3-PGA），通过 1，5-二磷酸阿东糖（Ribulose-1.5-diphosphate，RUDP），PEPA（Phosphoenolpyruvic acid）形成天冬氨酸（Aspartic Acid）和苹果酸（Malic Acid），最后形成葡萄糖（Glucose）和果糖（Fructose），以至蔗糖（Sucrose）。这个过程称为卡尔文途径（或循环）。因 3-PGA 中含有 3 个碳原子，为 C_3 化合物，因此遵循卡尔文循环的植物亦称 C_3 植物。大多数植物如乔木，大部分灌木和部分牧草以及稻、麦、大豆等主要农作物属于此类。

1966 年～1967 年哈奇（Hatch，M. D.）和斯莱克（Slack，C. R.）研究了甘蔗叶的光合作用后，发现了另一种光合作用途径[2]。他们同样采用 ^{14}C 放射性示踪原子作研究，首先将甘蔗叶在大气中曝晒后立即转入 $^{14}CO_2$ 气体中，取出后分别杀死组织，用色层分析分离其中化合物，鉴定各种物质，测定放射性强度。并改变试验条件以观察标记原子 ^{14}C 到达各种中间产物的时间及分布，以及有光或无光时的不同结果。结果证明：首先形成的是苹果酸、天冬氨酸和草酰乙酸（Oxaloacetic acid），然后转成 3-PGA，单磷酸己糖（Heose monophosphate）和蔗糖。同时发现放射性 ^{14}C 首先在二羧基酸的 C-4 上，然后由此转到 3-PGA 的 C-1 上。二羧基酸化合物（苹果酸和天冬氨酸等）含 4 个碳原子，为 C_4 化合物，因此遵循哈—斯循环的植物称为 C_4 植物。这一过程固定碳的效率较高，主要是耐干旱性热带植物如部分牧草，玉米，小米，高粱等农作物属于此类。

另外，有少数多汁植物遵循 CAM（Crassulacean Acid Metabolism）循环，如菠萝蜜等[3]。

2. 光合作用中的碳同位素分馏效应

（1）大气 CO_2 扩散入植物体内被吸收时，对 C_3、C_4 植物的碳同位素分馏效应不同。大气 CO_2 的 δ^{13}C 为 $\approx -6.3‰$，C_3 植物直接吸收 CO_2 气体扩散入植物，产生分馏效应 $-11‰$，C_4 植物由于酶的作用吸收了水中 HCO_{3-} 的碳，只产生分馏效应 $-2‰$。

（2）由气体 CO_2 向细胞间液体转移时分馏效应 C_3、C_4 物均为 $-0.5‰$。

（3）羧基（COOH）化作用产生的分馏效应，C_3 和 C_4 植物均为 $-4（-8)‰$。

（4）呼吸作用时 C_3 和 C_4 植物由于本身 δ^{13}C 值不同，效果不同。在夜间呼吸时因无光合作用，呼出 CO_2 的 δ^{13}C 值与植物体的相同，而在日间呼吸时呼出的 CO_2 在日光作用下又返回植物体，因此改变了吸入 CO_2 的 δ^{13}C 值。C_4 植物无此效应而 C_3 植物则有 $-5.25‰$ 的分馏效应。因此两类植物总的分馏效应值可列表如下[4]：遵循 CAM 循环的植物的 δ^{13}C 植介乎其间，为 $-12‰～-23‰$。

表 1 两类植物各种过程的碳同位素分馏

过 程	$\delta^{13}C$ （‰，C₃植物）	$\delta^{13}C$ （‰，C₄植物）
空气中 CO_2	− 6.3	− 6.3
扩散入体内	− 11	− 2
成液体	− 0.5	− 0.5
25℃时光呼吸效应	− 5.25	
羧基化	− 4（− 8）	− 4（− 8）
总效应	− 27～− 31	− 12.8（～− 16.8）

3. 植物的 $\delta^{13}C$ 值分类

植物依其碳同位素组成分成三类，它不同于植物的科、种、属的分类，需经 $\delta^{13}C$ 值的实际测定而得出。如：

(1) 1971 年本德（Bender，M. M.）[5]测定了 98 种各科、属植物，结果 $\delta^{13}C$ 值分成两组，一组为 − 10‰～ − 20‰，平均 − 13.5‰，属 C4 植物范围，另一组为 − 22‰～ − 33‰，平均 − 27.7‰，属 C₃ 植物范围。有少数植物属 CAM 类。

(2) 1971 年史密斯（Smith，B. N.）等[6]测定了 104 种代表 60 族植物的¹³C 值，结果也分成三组：C₃植物的范围是 − 24‰～ − 34‰，C₄植物的范围是 − 6‰～ − 19‰，CAM 植物的范围是 − 1.2‰～ − 23‰。

(3) 1972 年特劳顿（Troughton，J. H）等[7]测定了 250 种不同单子叶和双子叶植物的 $\delta^{13}C$ 值，结果也明显分成两组：C₄植物是 − 10‰～ − 19‰，C₃植物是 − 21‰～ − 35‰。

4. 植物的 $\delta^{13}C$ 变异范围

各种植物的 $\delta^{13}C$ 值由于各种因素的影响有一定变异范围，一般在 1‰～3‰以内，质谱测定的精度可以分辨。形成这种差异的因素有：

(1) 同一种植物的不同器官如叶、种子、茎等。
(2) 同一种植物的同一器官在老、幼阶段。
(3) 同一株植物中的不同成分如脂肪、纤维。
(4) 生长环境，包括光照、温度、含 CO_2 量、含 O_2 量等。

表 2 各种因素造成 $\delta^{13}C$ 分馏值差异范围[4]

同一种植物	$\delta^{13}C$ （‰）差别范围
不同器官	～3
不同 CO_2 浓度和光照	～2
新老组织	1.5～5
不同化学组成	～5
生长温度	～3
大气 O_2 浓度	～5
不同地区的	～2

因此总的来说，每种植物的 δ^{13}C 值都有千分之几的差异范围，但是上述三类（C$_3$、C$_4$、CAM）植物的 δ^{13}C 平均值相差达千分之十几，而与人类活动关系密切的主要植物（农作物）往往只限于少数几种，它们的 δ^{13}C 测定已比较确定，因此同样可以通过测定植物的 δ^{13}C 值来确定农作物的种类。列举几种主要农作物的 δ^{13}C 值见表 3。

表 3 主要农作物的 δ^{13}C 值[4]

作物	δ^{13}C（‰）	
高粱	$-12.1 \sim -12.6$ ↘	
小米	$-13.3 \sim -14.8$	C$_4$植物，平均-14‰
玉米	$-11.1 \sim -13.2$ ↗	
大豆	$-25.4 \sim -27.2$ ↘	
小麦	$-27 \sim -30$	C$_3$植物，平均-26‰
稻米	-27	
土豆	$-25.4 \sim -27.9$ ↗	
树木	$-25 \sim -27$	
甘蔗	-13.7	C$_4$植物
植物甜菜	$-18 \sim -19$	CAM 植物

二 动物的碳同位素分馏效应

人类和动物都直接或间接摄取各种植物而形成各自机体，因此其 δ^{13}C 值依赖于食谱的 δ^{13}C 值和形成各组织时的同位素分馏效应。为此需要研究动物组织的分馏效应：

1. 1978 年德尼罗（DeNiro，M. I.）等[5]以固定食谱喂养了 13 种动物，食谱中有海藻、细菌、玉米芽、马肉、小麦、混合饲料等，并分别测定了各种食谱的 δ^{13}C 值。随后分离出各动物的各种组织成分，有脂肪，肝脏素，蛋白质，角质，贝壳的不溶有机物，骨胶原等，也分别测定其 δ^{13}C 值；两者对照可得出各种组织成分的同位素分馏效应。结果表明：

（1）就全部组织而言，相对于食谱 δ^{13}C 平均加丰了 1‰，大多数因呼出的 CO_2 相应稀释而两者平衡。

（2）用不同食谱喂食同一动物，分馏值相同，最大差别达 1‰。

（3）同一食谱喂食同一种类动物，个体间的差别，就全体组织而言可达 2‰，而某一组织与食谱的关系，则视各组织与该食谱的分馏效应而定。

（4）同一食谱喂食不同动物的分馏效应，或不同食谱喂食同种动物的分馏效应，两者间关系是类似的。

因此，动物的肉质部分相对于食谱的分馏效应很少（1‰～2‰）。而古代骨质遗骸中的骨胶原保存原有碳最好，作为测定标本最为可靠。它相对于食谱的同位素分馏效应约为 +5‰～+6‰，而骨磷灰石的分馏效应约为 +12‰～+13‰。

2. 1959 年以来的二十多年间，"放射性碳"《Radiocarbon》杂志[8]上发表了大量骨胶原测定的 $\delta^{13}C$ 值，标本的年代跨越了几千年，它们都比 C_3 或 C_4 植物加丰了～5‰，毛发和角质也相同。过去仅作为 ^{14}C 年代的分馏效应校正应用，这对于古代动物组织，相对于食谱的同位素分馏效应研究是个有力的旁证。

3. 1983 年德尼罗（DeNiro，M. J.）等[9]用单一食谱喂养兔和貂研究骨同位素分馏效应，结果表明对于古代人骨的 $\delta^{13}C$ 测定，误差可能达 1‰，但与个体，性别无关，并且只取部分骨骸也能得出一致结果。

三 用 $\delta^{13}C$ 值校正 ^{14}C 年代需要探讨的问题

1. 在对 ^{14}C 年代作 $\delta^{13}C$ 校正时规定以木头的 $\delta^{13}C$ 值 -25‰为标准。实际上还假定了大气中的 $\delta^{13}C$ 值自古以来是不变的。这个假定是否成立呢？近百年来由于大量煤炭、石油等矿物燃料烧成 CO_2 进入大气，而大气的 $\delta^{13}C$ 值为 -6.3‰，矿物燃料的 $\delta^{13}C$ 值一般小于 -25‰，相差悬殊，但测定结果表明，由于交换迅速大气中 $\delta^{13}C$ 值仅下降了 0.6‰。过去 8000 年树木的 $\delta^{13}C$ 值变化也不超过 1‰；古老的海相成因的石灰岩其 $\delta^{13}C$ 值也变化甚微。因此可以认为大气中的 $\delta^{13}C$ 值基本上不变或变化甚微，在作 ^{14}C 年代校正时可以忽略不计。

2. 在利用 ^{13}C 的分馏效应去推算 ^{14}C 的分馏效应时使用了分馏运动规律韵公式：$A_1/A_2 = [R_1/R_2]^b$，A_1/A_2 为 ^{14}C 的分馏值，R_1/R_2 为 ^{13}C 的分馏值。通常以 b=2 计算，因此 $2\delta^{13}C = \delta^{14}C$。但 1980 年拉德内尔（Radnell）等研究指出[11]：根据实验得出的 b 可能比 2 大，它同反应途径，标本种类和分析方法有关。为此威格利（Wigley）等（1981）[10]特别研究这一结论对 ^{14}C 年代校正的影响。他们推导了包括各种因素的年代计算公式，估计了年代公式中各个量因 b≠2 而对年代的影响，同时检验了精度要求甚高的树轮标本测定结果，最后指出即使 b=2.4，对年代的影响并不显著，对于树轮标本在实际测量中也不明显。

3. 用 $\delta^{13}C$ 的分馏效应去推算 $\delta^{14}C$ 的分馏效应，其前提是 ^{13}C 与 ^{14}C 的运动必须经过同样的过程。CO_2 从大气经过光合作用进入植物体，再进入动物体的情况，正如前面所述，基本上是符合这个条件的。因此一般动植物样品都可以用样品 $\delta^{13}C$ 值按常规校正 ^{14}C 年代。如果样品是某种单一的植物则不必每次都做 $\delta^{13}C$ 测定，而可以根据已经测定的该种植物的 $\delta^{13}C$ 值进行年代校正[12]。但动物样品最好都要做 $\delta^{13}C$ 测定，因为动物个体的食谱往往不固定，尤其同地区和历史时期有关，$\delta^{13}C$ 值容易变化不定。

4. 陆生蜗牛、水下生物等特殊环境下的样品，它们所吸取的碳的来源不完全是大气中的 CO_2，而且各种来源的比例也不固定。因此，^{14}C 和 ^{13}C 的运动过程不再是完全相同的[13]。其他环境中的样品也有类似的复杂情况：例如土壤中的 CO_2，有来自大气的或植物腐烂分解放出来的；也有是碳酸盐矿物风化放出来的；地下水中的 CO_2，石灰岩地区的钙华板或石灰华也是如此。海水中含的碳可能与大气的交换比较充分，情况会比较好，但原则上也不如一般动植物的情况那样明确。尤其是在近海靠河流注入的地方，含碳物质来源比较复杂。因此在对上述各类样品的 ^{14}C 年代作 δ^{13}C 校正时，要根据具体情况而定。在绝大多数情况下，这类标本的起始浓度因受死碳渗入的影响需要作重大修正。因而 δ^{13}C 校正已降为很次要的地位或者可以忽略不计了。只是在考虑这类样品碳的各种来源的比例，和与大气的碳交换是否充分时，δ^{13}C 值才是重要的参数。

四　碳同位素分馏效应的应用范围扩展

上述动植物的碳同位素分馏的研究和 δ^{13}C 的测定，不但使 ^{14}C 年代的同位素分馏效应校正，可以根据测定物质的种类查表得出；同时也为研究古代农业发展，古代植被演变，古代人类和动物的食谱提供了难得的科学手段。目前已获得不少有用的成果。下面是几个实际应用的例子。

1. 农作物变更时代

玉米起源于南美，公元 700 年前后输入北美，使北美人食谱内容变更。1977 年沃格尔（Vogel，J. C.）等[14]测定了纽约州居民在玉米输入前后反映在食谱中 δ^{13}C 值的变化。在 2500BC～100BC 属玉米前期的采集、狩猎时代，出土人骨的骨。胶原测得 δ^{13}C 值平均为 −19‰～−21‰。按 C_3 植物的 δ^{13}C = −26‰（平均），骨胶原分馏 +6‰，说明食谱中没有 C_4 植物成分。在 AD 1000—1450 属于玉米输入期，测得人骨的 δ^{13}C 平均为 −16.6‰～−13.5‰。按 C_4 植物的 δ^{13}C = −13.0‰，设 B 为实测标本的 δ^{13}C 值，X 为食谱中 C_4 植物所占百分比，即 X = (20 + B) /13，计得食谱中玉米成分约占 24%～47%。同样 1978 年本德（Benden，M. M.）[15]测定威斯康星州某古文化墓地出土的五具葬骨（^{14}C 年代为 2600 ± 250BP）的 δ^{13}C 值为 −21.1‰～−23.1‰，说明食谱中没有玉米成分。但在输入了玉米的时代，位于密西西比中部的遗址中出土的葬骨，其 δ^{13}C 值为 −17.0‰～−19.2‰，从该遗址中出土的各种食物有玉米、栗子、鱼、鸭、猴、鹿等；其中除玉米的 δ^{13}C 为 −11.3‰外，其余的植物为 −25‰，动物为 −21‰～−24‰，可见当时人类食谱中明显有了玉米。其他地区也有类似结果。

2. 反映古代社会中高低阶层和男女老幼间食谱的区别

上述遗址中有单独墓葬出土的人骨，应属于高阶层人物的遗骸，而灰坑中被遗弃的碎骨，可能是被杀殉或掠食的遗骨，属于低阶层的，分别测定 δ^{13}C 值结果为：高阶层为 −17.0‰～−19.2‰，而低阶层为 −14.4‰～−18.5‰[15]。被解释为高阶层食用玉米量较低阶层为少，这同历史事实也是相符的。

同样，在北美伍德兰德陶期晚期遗址中测得男性人骨的 δ^{13}C 值为 -14.7‰～-16.5‰，女性和小孩的为 -17.0‰～-19.8‰。显示出有差别，被解释为食玉米比例不同的缘故。

3. 动物驯养

动物的驯养与农业的发展有密切关系。美洲厄瓜多尔地区 3000BC 时就种植玉米，1000 年后秘鲁也种植玉米。当时养狗作为肉食的来源之一。据伯利（Burleigh，R.）研究[16]，厄瓜多尔地区 3000BC 的狗，其 δ^{13}C 值反映了食谱中的玉米成分约占 63%，秘鲁 850BC 后的狗，食谱中的玉米成分占 21%～60.5%（平均 46%），而作为对比用伦敦的活狗和野生的狐、豺测得的 δ^{13}C 值都在 -20‰左右，毫无 C$_4$ 食物的反映。

4. 动物的摄食习性

1978 年德尼罗（De Niro，M. J.）等[17]研究两种生活在坦桑尼亚相同环境中的蹄兔（Heterohyrax brucei 和 Procavia johnstonal），一种喜食牧草，另一种喜食嫩叶。据测定当地 217 种牧草中有 22 种属于 C$_4$ 植物，而 64 种灌木嫩叶中有 54 种属于 C$_3$ 或 CAM 植物。根据骨胶原的 δ^{13}C 测定得出前者的食谱在潮湿季节（5—11 月）牧草占 78%，干旱季节，牧草占 43%。后者的食谱在潮湿季节牧草占 19%，干旱季节占 9%。因此兔骨的 δ^{13}C 测定完全反映了它们的摄食习性。

1981 年埃里克森（Ericson，J. E.）等[18]研究非洲埃塞俄比亚二百万年前的上新世哺乳类动物长颈鹿和三趾马，分别测定其骨磷灰石中的 δ^{13}C 值，表明长颈鹿多食高大树木的树叶等，C$_4$ 植物只占 9.5%，而三趾马以食牧草为主，C$_4$ 植物占 60%。

5. 古代植被研究

非洲鸵鸟广泛摄食各类植物，食谱中有种子，果实，草莓，灌木嫩叶，多汁果实等，而鸵鸟蛋壳又常被古人用作盛器而保存在遗址中。古代植被因气候等条件改变而变化时，鸵鸟食谱也会有相应改变。1982 年希恩（Schirnding，Y.）等[19]研究指出鸵鸟蛋壳中的有机碳和无机碳都来自体液，可以反映食谱变化。测定结果表明：在 C$_3$ 植物为主的地区（Machia veld）鸵鸟多食 C$_3$ 植物，不吃多汁的 CAM 植物，而在灌木多的地区（Karm），繁殖季节的干燥月份食谱中没有 C$_4$ 草，在灌木缺少草多的地区（Karoo veld）食谱中包括 45% 的 C$_4$ 植物成分。这不但可以看出鸵鸟的食性倾向，而且可以为估计干旱地区灌木覆盖面积提供依据。

五　在我国考古研究中的应用

上述研究表明各类动植物遗骸标本都可能因同位素分馏效应而对 ^{14}C 年代产生不同影响。我国是小米的世界原产地之一，早在 8 千年前河南新郑裴李岗遗址中就发现了小米遗迹，整个黄河流域地区以及东北平原在考古发掘中小米遗迹都屡有发现，时间一直延续到战国以后，即使在近代华北有些地区小米在食谱中也仍占相当部分。小米是典型的 C$_4$ 植物，它在食谱中的组成必然会影响骨骸的同位素组成从而对^{14}C 年代造成影响。为了研究古代人类的食谱组成和农业发展，同时也为了精确校正^{14}C 年代，我们采集了部分遗址的骨骸标本作 δ^{13}C 测定。

实验过程：我们选择骨胶原部分的碳做 δ^{13}C 值及 ^{14}C 年代测定。骨胶原在骨骸中含量甚微，大部分是无机磷酸钙和碳酸盐，为提取尽可能多的骨胶原而完全不受无机碳的污染，我们采取了弱酸溶去无机碳的方法，既防止了浓酸会溶丢骨胶原，又完全消除了无机碳的干扰。

步骤如下：I NHCl 浸泡骨碎块（$<\phi3mm$）至无气泡，倒出液体和溶出的骨胶原部分，再加 1NHCl 浸泡，如此反复到全部溶去骨碎块。然后分离出骨胶原部分并清洗烘干。最后通氧燃烧生成 CO_2，并通入 NH_4OH 吸收，用 $SrCl_2$ 沉淀出 $SrCO_3$，过滤、清洗，烘干后，称取少量 $SrCO_3$ 加磷酸生成 CO_2，纯化后作 δ^{13}C 测定用。

这次测定的标本，有属于我国新石器时代仰韶时期典型的文化遗址—陕西西安半坡遗址和宝鸡北首岭遗址出土的人骨标本；有属于龙山时期的陕西武功浒西庄、山西襄汾陶寺遗址的标本；山东地区的有莒县陵阳河、烟台白石村等遗址的标本；还有甘肃地区的庄浪徐家碾遗址以及吉林、河北、四川等地出土的人骨标本为作比较还收集了山西襄汾陶寺遗址出土的谷炭，猪骨、河北临西吕寨的近代人骨等测定结果讨论如下（数据见表4）：

表 4 δ^{13}C 测定结果

遗址名称（层位）	测定物质	测定 δ^{13}C 值	平均 δ^{13}C 值	含 C_4 %
西安半坡 M1	人骨	−18.1		≈15
西安半坡 M8	人骨	−13.6	−13.7	≈48
西安半坡 M132	人骨	−13.3		
西安半坡 M323	人骨	−14.2		
宝鸡北首岭 M8	人骨	−14.6	−13.8	≈48
宝鸡北首岭 T2M12	人骨	−12.9		
宝鸡北首岭 T2M10	人骨	−14.0		
武功浒西庄 T3H3	人骨	−13.7		≈48
襄汾陶寺 M2001	人骨	−13.1		
襄汾陶寺 M2092	人骨	−10.0	−11.3	≈67
襄汾陶寺 M3141	人骨	−10.9		
襄汾陶寺 M3141	猪骨	−10.7		≈71
襄汾陶寺 T423（4D）	谷炭	−11.8		
庄浪徐家碾 M18	人骨	−11.1		≈68
莒县陵阳河 M12	人骨	−16.8		≈25
烟台白石村 MH1（3）	人骨	−20.3	−19.8	0
烟台白石村 G2（3）	人骨	−19.4		
永吉杨屯 M5	人骨	−8.5		≈88
普格 B 区 M2	人骨	−20.4		0
临西吕寨 M64	人骨	−16.8		≈25

1. 陕西省无论是仰韶文化时期的西安半坡遗址，宝鸡北首岭遗址，还是龙山文化时期的武功浒西庄遗址出土的人骨，其 $\delta^{13}C$ 值均在 $-13.5‰$ 左右，相当于食谱中已植物（小米）约占一半量，$\delta^{13}C$ 校正年代 $\Delta t = +200$ 年。这个结果同考古的发现是互相印证的。考古发掘研究的结果说明仰韶时期以来农业已经相当发展，粟是主要农作物之一。

（参加这次制样、测定的同志还有冼自强、薄官成、杜秀敏、刘北辅等）

2. 山西省襄汾陶寺遗址出土的谷炭，其 $\delta^{13}C = -11.8‰$，与一般平均值接近。猪骨和人骨的 $\delta^{13}C = -11‰$ 相当于食谱中的 C_4 成分（小米）占 $60\%\sim70\%$，$\Delta t = +235$ 年。山西省在历史上一直是我国著名小米产地。现在可以说：早在 4500 年前就已经是著名的小米产地了。

3. 甘肃省庄浪徐家碾遗址出土人骨标本的 $\delta^{13}C = -11‰$，相当于 C_4（小米）成分占 70%，$\Delta t = +235$ 年。吉林永吉杨屯遗址出土唐代渤海国时期的人骨标本的 $\delta^{13}C = -8.5‰$，相当于 C_4 成分（小米）约占 90%，$\Delta t = +293$ 年。这说明我国整个北方地区从新石器时代以来粟一直是主要农作物之一。

4. 山东省莒县陵阳河出土人骨的 $\delta^{13}C = -17‰$，相当于食谱中的 C_4 成分约 25%，$\Delta t = +130$ 年。但 5000 年前的烟台白石村出土人入骨的 $\delta^{13}C = -20‰$，无 C_4 成分，$\Delta t = 80$ 年。这是否意味着当时尚处在渔猎时期。又据考古调查，附近龙山文化时期遗址中曾发现过稻谷的痕迹，这值得注意。

5. 四川普格县战国时期人骨的 $\delta^{13}C$ 值没有反映 C_4 成分，与这个地区的主要农作物是水稻，没有粟的情况是一致的。河北省出土的近代人骨反映出约有四分之一的 C_4 植物成分这同河北省出产小麦、玉米、小米，而河北人以这些粮食为主食的混合食谱相一致的。

综上所述人骨中 $\delta^{13}C$ 值反映的古代人类食谱内容与考古发掘研究的结果是相吻合的。同时也表明用人骨测定的 ^{14}C 年代必须作 $\delta^{13}C$ 年代校正。今后在 $\delta^{13}C$ 测定的同时有目的地配合一些考古中存在的问题，选择合适的标本作 $\delta^{13}C$ 值的测定，为考古研究工作积累资料，提供证据，是有相当广阔的应用前景。

（原载《第四纪冰川与第四纪地质论文集》第四集（碳十四专集），179－187 页，地质出版社，1987 年。蔡莲珍执笔）

[1] Calvin, M. and Basshan, J. A., 1962, The photosynthesis of Carbon Compounds, New York, Benjamin.

[2] Hatch, M. D., Slack, C. R, and Johnson, H. S,, 1967, Further studies on a new Pathway of photosynthetic Carbon oxide fixation in sugarcane, and its occurrence in other species, *Biochemical Journal*, 102: 417－422.

[3] Osmond，C. B. ,！978, Crassulacean acid metabolism: a curiosity in content, *Annual Review of plant physiology*, 29: 379 - 414.

[4] Troughtov, J. H. , 1972, Carbon Isotope Fractiontion by plants, 8th ¹⁴C Conf. Proc. , Wellington, New Zealand, E39 - E57.

[5] Bander, M. M. , 1971, Variation in the ¹³C/¹²C radios of plants in relation to the pathway of photosynthetic carbon dioxide fixation, *photochemistry*, 10: 1239 - 1244.

[6] Smith R. N. and Epstein, S. , 1971, Two categorios of ¹³C/¹²C ratios for higher plants, plant, *physiol.* , 47: 380 - 384.

[7] DeNiro, M. J. and Epstein, S. , 1978, Influence of dies on the distribution of carbon - isotopes in animals, *Geochimica et Cosmochimica Acta*, 42: 495 - 506.

[8] Radiocarbon , 1959 - 1988, vol, 1 - 25.

[9] DeNiro, M. J. and Schoeniger, M. J. , 1983, Stable carbon and nitrogen isotope ratios of bone collagens variation within populations raised on monotonoua diets, *Archaeological Science*, 10: 199 - 203.

[10] Wiley, T. M. L. and Muller, A. B. , 1981, Fractionation corrections in radiocarbon dating, *Radiocarbon*, 23: 173 - 190.

[11] Radnell , C. J. , 1980, The isotopic fractionation of ¹⁴C and ¹³C relativo to ¹²C, Internat. symposium on Archaeometry and Archaeol. Prospection, 16th, Proc. , 360 - 392.

[12] Stuiver, M. and Polaeh, H, 1977, Disccutiion reporting of ¹⁴C data. *Radiocarbon*, 19 (3): 355 - 363.

[13] Goodtriend G. A. and Hood, D. G. , 1983, Carbon. isotope analysis of land snail shells implications for carbon sources and radiocarbon dating, *Radiocarbon*, 25: 810 - 830.

[14] Vogel, J. C. and van der Merwe, N. I. ,！97！, Isotope evidence for early maize cultivation in New York State, *American Antiquity*, 42: 238 - 242.

[15] Bender, M. M. , Barrels, D. A. and Steventon. R. L. , 1981, Futher light on carbon isotopes and Hopewell agriculture, *American Antiquity*, 46: 346 - 353.

[16] Barleigh R. and Brothwell, D. , 1978, Studies on Amerindian dogs, it Carbon isotopes inrelation to maize in the diet of domestic dogs from early Pera and Eeauador, *J. Arch. Sei.* , 5: 355 - 362.

[17] DeNiro, M. J. and Epstein, S. , 1978, Carbon isotopic evidence for different feeding patterns in two Harax species occupying the same habitant, *Seience*, 201: 906 - 908.

[18] Ericson, J. E, Sullivan, C. H. and Boaz, N. T. , 1981, Diets ot Pliocene Mammals from Omo, Ethiopia deduced from carbon isotopic retiios in tooth apatite, *palaeogeography palaeoclimatology*, *palaeoccology*, 36: 69 - 73.

[19] van Sehirnding Y, ven der Merwe, Nikolaas, N. J. and Vogel, L C. , 1982, Influence of diet and age on carbon isotope ratios in ostrish eggshell, *Archaeometry*, 24: 3 - 20.

[20] 蔡莲珍、仇士华《碳十三测定和古代食谱研究》,《考古》1984 年第 10 期。

关于^{14}C 测定的互校对比和质量保证问题

蔡莲珍

^{14}C 测年方法使全世界范围近几万年内的历史和地质事件有了统一时间尺度的可能。如果每一个实验室测出的^{14}C 年代数据都很可靠，标出的误差都符合实际，则对于同一样品，所有实验室测出的结果都是可以相互比较，而且在误差范围内保持一致，这样的^{14}C 年代才有真正的统一时间尺度意义。因此，对于任何一个已建成的^{14}C 实验室，保证每一个测定数据的质量水平是首要问题。但是造成^{14}C 年代误差不一致的原因是多方面的，多少年来为消除误差进行的各种技术改进、统一标准、各类校正、检验的工作一直在不断发展。事实上由于各实验室发展不平衡和存在着各种问题，上述要求并不能事事、处处都达到。^{14}C 测定过程可以归纳为以下几个步骤，形成误差的主要来源可能来自其中一个或几个步骤：

1. 采集适合于测定、能反映正确年代的样品
2. 样品前处理，清除污染，提取合适成分
3. 化学制备成适于测量^{14}C 放射性的化合物
4. 测量出准确的^{14}C 放射性
5. 校正实验误差，计算年代和误差
6. ^{14}C 测定原理方面有关误差的校正

^{14}C 测定的精确度和可靠性取决于实验室的设施水平和测试水平。设施水平指仪器设备能够达到的水准，如真空度，计数本底，长期稳定性等。测试水平则除了已有的设施基础外，还包括使用和了解所有设施，操作过程以及发现和解决问题、处理误差的能力水平，实际上是它最终决定给出年代范围的大小及其准确程度。一个可靠的实验室测定出数据，不但要求单次测量、重复测量准确可靠，而且前后测定始终一致，并且利用其他方法客观检验或与其他可靠实验室之间的互校对比都能符合要求。要达到上述水平主要在于实验室内部有严格的操作规程，互校对比则是客观、有效的检验手段。

目前^{14}C 测定已可达到高度精确[2]，全世界实验室数目有 200 多个，每年测定数据数以万计，广泛应用在许多学科的研究工作中。因此，通过互相校验、对比测定，普遍检验实验室测试可靠性水平的活动日益受到重视。采用相同样品按一定目的测试，将结果统一处理，比较各室内部和各室之间的测定精确度，不但可以客观了解各室的实际测试水平，

而且可以发现并了解各种测试方法和各步骤产生的问题所在，为质量保证措施提供依据。但是较大规模的普遍性互校对比活动并非轻而易举。

首先要求有足够量的相同样品分发给各实验室，同时对测试目的和检验标准有明确的规定，而且要在公布测试结果时为自愿参加者严格保密。近十年来国际上正式开展的互校对比活动有过三次，国内也有过类似的小规模活动，同时质量保证建议书的推行也随之开展了。以下介绍上述活动的概况。

一　第一次国际对比活动[3]

由英国原子能委员会和英国博物馆¹⁴C实验室组织发起，提供已知¹⁴C放射性的苯样共六份，棕色瓶装约15ml/瓶。用100倍现代碳放射性标记的苯液稀释成5个档次的放射性活度，连同一个用以稀释用的不含¹⁴C的本底苯液。相当的年代是：1. 本底；2. 两倍现代碳标准；3. 2000a；4. 5000a；5. 10000a；6. 20000a。测试报告应标明：（1）本底和现代碳计数值；（2）计数效率；（3）总计数（或纯计数率和计数时间）；（4）计数轮次；（5）液闪仪型号和道宽（如用气体法则详细说明）；（6）样品量；（7）若分别测定则报告单次值而非平均值；（8）样品池和闪烁液配比。按统一标准方式处理数据[4]，年代误差按 1σ 计（68％置信度），允许范围为：5000a 以内，≈±50a；10000a 以内，≈±100a；20000a 以内，≈±250a；

对比结果，参加者基本都达到要求，我国有 5 个实验室参加。但这次对比只检验了C¹⁴测定技术中一个步骤——计数过程。其结果仅代表液闪仪和测量水平，并不能反映¹⁴C测定的总体水平，而且这是已知年代的测量，可以小心进行以接近预期值。

二　第二次国际对比活动[5]

由英国格拉斯哥大学¹⁴C室组织发起，20 个¹⁴C室成员参加成立的国际研究组主持。英国威尔士大学 H. Heyworth 准备树轮鉴定过的样品：一段采自英国 Stolford 森林（N51.12'，W3.6'）的橡树木，生长期约 200a，木质保存良好。从中取 8 份样品，每份占 10 个年轮宽度，并仔细核对保证一致。用 NaClO/HCl 漂洗，KOH 蒸煮得木质纤维部分测定。从前处理开始到完成误差计算历时约 8 个月。报告内容包括：（1）$\delta^{13}C$ 值；（2）$d^{14}C$ 和 $D^{14}C$ 值；（3）¹⁴C 年代（5568 年，半衰期计）；（4）计数误差和总误差（2σ 计）。

测试结果见图 1。以 5200a。5000a，4800a B. P.（距今）为参考线，分别将各室提供的¹⁴C年±2σ作点，图上角 A—T 为各室代码。个别实验室内部年代相差在 190 和 690 年间，各室之间个别点的年代相差在 316 和 724 年间。显然说明了¹⁴C测定中无论是实验室内部或实验室之间都存在着系统偏差或其他偏差，有必要进一步开展互校对比活动，在样品品种、年代范围、检验方法等方面广泛比较。

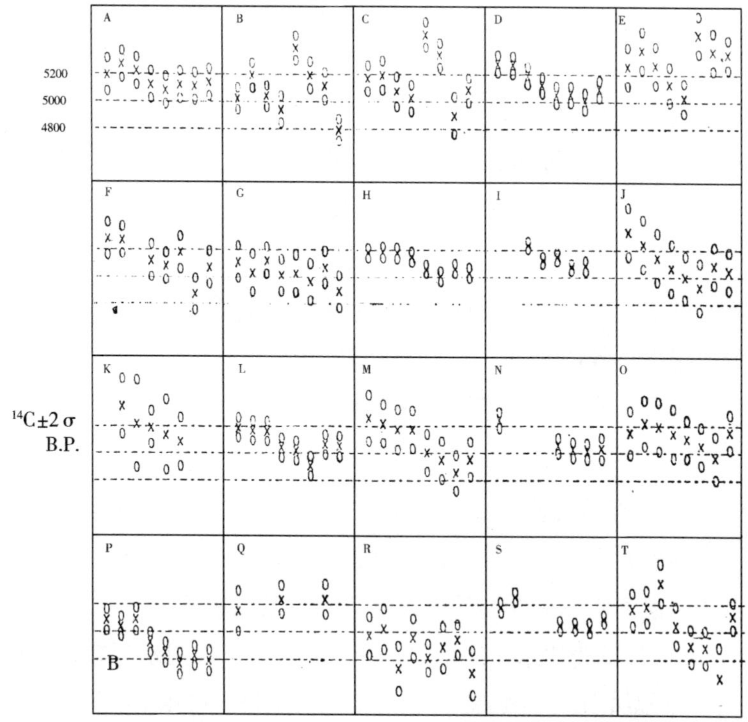

图 1 第二次国际对比活动结果（左上角 A—T 为各室代号）

三 第三次国际对比活动[6]

由英国苏格兰大学研究和反应堆中心（SURRC）、英国自然环境研究协会、格拉斯哥大学统计系共同发起并组织，得多方资助。目的是全面地分阶段分样品，分别检验各实验步骤、各类分析技术的实验室内部和实验室之间系统的和其他的实际误差。这是迄今规模最大、检测最完全的一次，经历了四年（1985 年～1988 年），分三个阶段实践完成。其互校对比方法如下：

1. 测试技术 按测试技术分三类，（1）气体法（GPC）用 CO_2、C_2H_2、CH_4 等样，（2）液闪法（LSC）用 C_6H_6 样；（3）加速器质谱法（AMS）用石墨样

2. 测试目的 第一阶段要求获得尽可能接近计数过程中的实际偏差。第二阶段要求获得合成、制样（包括水解、聚合等）和计数过程中的实际偏差。第三阶段要求获得样品前处理过程中的实际偏差。

3. 测试样品 根据各阶段测试目的分发样品，按日常操作步骤制备、测量。第一阶段备室可得 4 份样品，LSC 法有 2 份 100％现代碳苯样，2 份 50％现代碳苯样；GPC 和 AMS 法有 2 份 100％现代碳 $CaCO_3$ 样，2 份 50％现代碳 $CaCO_3$ 样。

第二阶段分发 3 种样品，每种 2 份，都已经前处理。一块均匀的海藻（Lithothamnion），采自苏格兰 Arqull 自然沉积；一块腐殖酸，从苏格兰中部 20cm 厚泥炭层深部、均匀性较好的泥炭中抽取出，该泥炭为第三阶段样品；一块清数过年轮、在 241—260BC 段的 20 轮橡树木，已处理成纯纤维。

第三阶段共 8 份样品，2 份泥炭样，即上述原始泥炭；2 份双壳纲软体动物贝壳〔bivalve molluska（Anadara. antiquata）〕；2 份木头样，221—240BC 年轮段；单份木头样，ADl521—1550 年轮段；单份木头样，AD1841—1870 年轮段。

4. 检测标准和方法　正确年代值：树轮木质实际上是已知年代样品，其他年代各室测定结果统计分析得出一公认值。

误差分析指标用三个量表示：（1）内部误差倍数（IEM）

$$IEM = （\mid Y_1 - Y_2 \mid）/ \sqrt{\sigma_1{}^2 + \sigma_2{}^2}$$

Y_1、Y_2 为重复测定样品年代，σ_1、σ_2 为相应年代误差（95％置信度）。如 lEM＞1 则所引误差偏小，实际误差大。（2）外部误差倍数（EEM）同上法计算，相对于公认值。如 EEM＞1 则表示所引误差偏小，存在其他误差。（3）系统偏差。

这次参加的 ¹⁴C 室数目按技术方法列于表 1。测试结果用图示比较，见图 2～图 4。图 2 是各种方法、各种样品，在 3 个阶段所得结果总的比较。采用 t 值检验，

表 1　　　　　　　　　　参加对比的 ¹⁴C 室数目

技术＼阶段	1	2	3
GPC	23	10	20
AMS	8	6	5
LSC	20	14	13

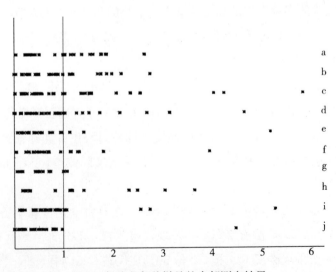

图 2　各阶段各种样品的全部测定结果

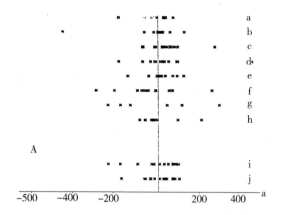

A：气体法各阶段测定结果

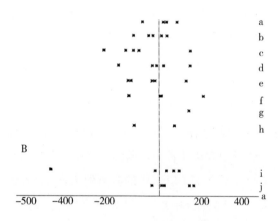

B：AMS法各阶段测定结果

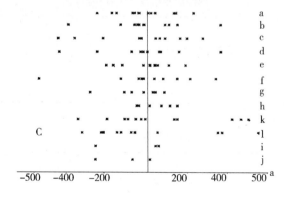

C：液闪法各阶段测定结果

图 3

a：第 3 阶段，泥炭。b：第 3 阶段，贝壳。c-d-e：第 3 阶段，木头。F 第 2 阶段，纤维。

g：第 2 阶段，腐殖酸。h；第 2 阶段，藻类。i-j：第 1 阶段，碳酸盐。k-i：第 l 段阶，苯。

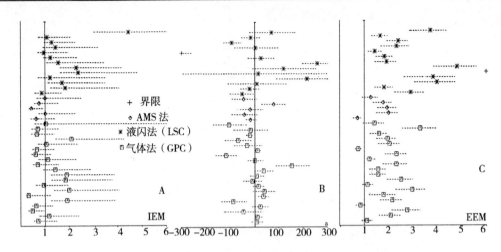

图 4　各种技术方法的 IEM 比较，系统误差，EEM 值比较

A. IEM 值比较　B. 系统误差比较　C. EEM 值比较

$$t = = (\mid Y_1 - Y_2 \mid) / \sqrt{\sigma_1^2 + \sigma_2^2}$$

Y_1、Y_2 和 σ_1、σ_2 分别为两组年代值和相应的误差值。$t > 1$ 时表示实验室所列误差偏小，而实际误差大。图中多数数据在 $t < 1$ 范围，但有相当数据分散在外。图 3A、3B、3C 分别为 GPC，AMS，LSC 三种方法在各阶段的测定结果，其中 GPC 法分散程度较小，液闪法最大，相差可达 ±600 年。IEM 和 EEM 的差异列于表 2、表 3。表 2 是各种方法在各阶段的 IEM（中值），表 3 为 EEM（中值）。可见 EEM 明显偏大，而且以液闪法问题最多。图 4A、4B、4C 分别为各种方法的 IEM、系统误差和 EEM 比较。

表 2　　　　　　　　　　　　内部误差倍数（IEM 中值）

方法＼阶段	1	2	3
LSC	1. 08	1. 28	1. 30
GPC	0. 64	0. 75	0. 80
AMS	0. 31	0. 49	1. 14

表 3　　　　　　　　　　　　外部误差倍数（EEM 中值）

方法＼阶段	1	2	3
LSC	1. 82	1. 96	2. 41
GPC	1. 16	1. 17	1. 42
AMS	0. 60	0. 55	1. 08

由上述图表说明目前测定中所引误差偏小的情况并非罕见，统计认为不合格的实验室数目列于表 4，误差来自各阶段的百分比列于表 5。其中液闪法和气体法在计数过程中造

成的误差大，而 AMS 法误差的主要来源则在于取样不均匀，这对确定¹⁴C 测定技术存在的问题，从而加以改进方面有帮助。总的结果说明进一步开展对比活动和推行¹⁴C 测定质量保证制度十分必要。

表 4 不合格实验室数目

方法 \ 阶段	IEM	系统误差	EEM
LSC	6	5	13
GPC	5	6	14
AMS	0	1	3

表 5 各阶段占误差来源的百分比

方法 \ 阶段	1	2	3
LSC	67	8	35
GPC	67	–	33
AMS	13	12	68

四 国内互校对比活动

1981 年由中国第四纪研究委员会¹⁴C 年代学组组织选用了两份样品，A－1 和 A－2。A－1 为木头样品，劈成细条混匀，统一前处理后分发至各室，一般要求干馏以后制样、测定。A－2 为木炭样品，统一前处理以后粉碎混匀，分装入袋分发至各室制样、测定。共有 15 个实验室参加，测定结果于 1982 年第 2 次全国¹⁴C 学术会议上公布（见图 5）。对比结果说明实验室之间发展不平衡导致的误差确实存在，数据离散度大，有的室测定不稳定。近十年来新建¹⁴C 室成倍增加，统一检测以提高总体水平的客观要求就更加迫切了。

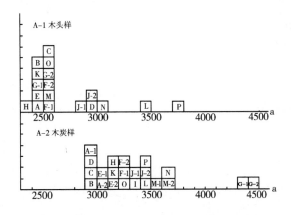

图 5 国内对比样 A－1，A－2 制定结果

方框内 A—G 为各室代号，－1、－2 为两次测定。引自陈铁梅在 1982 年全国¹⁴C 学术会议上报告

五 建立质量保证和质量控制制度[7]

经过互校对比的有效检验，要求获得精确的¹⁴C 测定，还要依靠实验室内部严格的操作规程和检验制度。一份完善的质量保证书内容应包括：

1. 样品登记表填写。从样品进室开始记录其来源、重量、物质、原编号、室编号、提供单位、样品描述、处理经过等一应俱全，均有案可查。

2. 本底和现代碳标准所采用物质、制备方法、测定情况以及长期稳定性检验，室内外对比等。

3. 样品测定从前处理、化学制备、测量放射性到计算年代和误差的全过程详细记录。

4. 定期检验确定内部测定的长期稳定性、统计误差、实验误差等，并统计图示各种标准物质、参考样品的测定结果。

5. 实验室之间的系统误差和外部误差检验，图示统计结果。

6. 确定报告制度，定期公布检验结果。

总之，对比结果说明¹⁴C 测定实验室发展不平衡有一定普遍性，存在问题是多方面的。因此建议：（1）国内有条件的实验室认真参加国际对比活动，提高测试水平。（2）有组织、有步骤开展国内对比活动，持之以恒，逐步解决问题。（3）通过对比活动了解问题症结所在，在广泛交流、提高水平的基础上推行质量保证制度，以期进一步普遍提高全国¹⁴C测试水平。这不仅仅是几个实验室本身的问题，它同样关系到许多有关学科的研究水平，希望得到有关各方的重视和支持。

（原载《海洋地质与第四纪地质》1992 年第 2 期）

[1] 仇士华等主编《中国¹⁴C 年代学研究》（第一篇），科学出版社，1990 年。

[2] Stuiver, M. and Pearson, G. W., 1986～High-precision calibration of the radiocarbon timescaleA. D. 1950—500B. C., *Radiocarbon*，28（2B）：805－838.

[3] Otlet, R. L., Walker, A, J., Hewson, A. D. and Burleigh, R., 1980：¹⁴C interlaboratory comparison in the UK：experiment design, preparation and preliminary results, *Radiocarbon*，22（3）：936－946,

[4] Stuiver, M. and Polach, H. A., 1977：Discussion reporting of ¹⁴C data, *Radiocarbon*，19（3）：355－365.

[5] International Study Group, 1982：An interlaboratory comparison of radiocarbon measurements in tree rings, *Nature*，298：619－623.

[6] Scott, E. M., Aichison, T. C., Harkness, D. D., Cook, G. T. and Baxter, M. S., 1990：An overview of all three stages of the international radiocarbon intereomparison, *Radiocarbon*，32（3）：309－320.

[7] Long, A. and Kalin, R. M., 1990：A suggested quality assurance protocol for radiocarbon dating laboratories, *Radiocarbon*，32（3）：329－334.

^{14}C 数据报告中需要注意的问题

仇士华

由于两个不同的半衰期值的使用，现代碳标准和标本的同位素分馏效应校正，以及作为地球化学参数时的表述方法等等，需要有一个科学的统一的不致引起混乱的报告^{14}C 数据的方式。实际上过去确实存在过一些混乱，也有过多次说明。1977 年 M. Stuiver 和 H. A. Polach[1]为此作了关于统一数据报告方式的建议，并且提出了关于^{14}C 年代和作为地球化学参数时的计算程序。现综述如下：

有关符号及其意义：

    Aox   是国际标准草酸放射性的实际测定值。

    A_{ON} 是经同位素分馏效应校正后草酸放射性的 95%。

    A_{ABS} 是绝对国际（现代碳）标准放射性值。

    A_S 是标本放射性测定值。

    A_{SN} 是经同位素分馏效应校正后标本放射性值。

    $d^{14}C$ 是标本放射性实际测定值（As）与 A_{ON} 相比差值的千分数。

    $D^{14}C$ 是经同位素分馏效应校正后的标本放射性值（A_{SN}）与 A_{ON} 相比差值之千分数。

    PM   是经同位素分馏效应校正后的标本放射性值（As）与 A_{ABS} 相比的百分数。

    $\delta^{14}C$ 是经年代校正后的标本原始放射性与 A_{ABS} 相比差值之千分数。当不能校正年代时（如海洋标本），则表示标本放射性测定值与 A_{ABS} 相比差值之千分数。

    $\Delta^{14}C$ 是经同位素分馏效应校正后标本放射性与 A_{ABS} 相比差值之千分数。

    Δ 是经年代校正到采集时标本放射性再经同位素分馏效应校正后的值与 A_{ABS} 相比差值之千分数。

    x，y   是分别用公元表示的标本生长或采集年代和测定年代。

1）根据国际会议规定：标本的惯用年代（t）

$$t = 8033 \ln \left[A_{SN} \left(1950 \right) / A_{ON} \left(1950 \right) \right] \tag{1}$$

草酸和标本实际测量当然不在 1950 年，但只要两者同时测量则其比值不变，所以

$$t = -8033 \ln (A_{SN}/A_{ON}) = 8033 \ln (A_{ON}/A_{SN})$$

这样计算的意思是：

a. 用 5568 年半衰期值。

b. 假定过去大气的 ^{14}C 水平是恒定不变的。

c. 以 NBS 草酸 1950 年的放射性的 95％为标准。

d. 同位素分馏效应校正相对于 PDB，以 δ^{14}C = -25（标本）为标准。

c. 距今纪年以 1950 年为起点。

2）年代的统计误差包括标本、草酸、本底各项测定的标准偏差及 ^{14}C 校正的误差等之总和，但不包括半衰期值之误差，所给误差规定是一个标准偏差。

3）惯用 ^{14}C 年代和误差的计算均不包括贮存库效应的校正。若要作贮存库效应的校正，则必须描述标本所在的贮存库情况，并把惯用 ^{14}C 年代和误差与贮存库效应的校正同时分别列出。

4）未经和已经 ^{14}C 校正的标本放射性对草酸标准差值表示法：

$$d^{14}C = [(As - A_{ON})/A_{ON}] \times 1000 = [(As/A_{ON}) - 1] \times 1000 \tag{2}$$

$$D^{14}C = [(A_{SN} - A_{ON})/A_{ON}] \times 1000 = [(A_{SN}/A_{ON}) - 1] \times 1000 \tag{3}$$

5）百分数表示法

$$PM = A_{SN}/A_{ABS} \times 100 = A_{SN}/A_{ON} e^{\lambda(y - 1950)} \times 100 \tag{4}$$

其中 y 为草酸测量的年代，$\lambda = 1/8267$。如标本的采集年代和测量年代不同则要作年代校正。

6）作为地球化学参数（例如研究海洋标本）时，δ^{14}C，Δ 和 Δ^{14}C 的意义及其相互之间的关系如下：

$$\Delta = [(A_{SN} e^{\lambda(y - x)}/A_{ABS}) - 1] \times 1000 = [(A_{SN} e^{\lambda(1950 - x)}/A_{ON}) - 1] \times 1000 \tag{5}$$

$$\delta^{14}C = (As/A_{ABS} - 1) \times 1000 \tag{6}$$

$$\Delta^{14}C = (A_{SN}/A_{ABS} - 1) \times 1000 \tag{7}$$

因为以 δ^{14}C = -25 为准，^{14}C 的分馏效应是 ^{13}C 的 2 倍，应有

$$[(A_{SN} - As)/As] \times 1000 = -2 (\delta^{13}C + 25)$$

则

$$A_{SN} = As [1 - 2 (\delta^{13}C + 25)/1000] \tag{8}$$

代入（6）得

$$\Delta^{14}C = \{As/A_{ABS} [1 - 2 (\delta^{13}C + 25)/1000] - 1\} \times 1000 \tag{9}$$

从（1）得

$$As/A_{ABS} = (1 + \delta^{14}C/1000) \tag{10}$$

代入（9），所以

$$\Delta^{14}C = \{\,(1+\delta^{14}C/1000)\,[\,1-2\,(\delta^{13}C+25)\,/1000\,]\,-1\}\,\times 1000 \tag{11}$$
$$= \delta^{14}C - 2\,(\delta^{13}C+25)\,(1+\delta^{14}C/1000)$$

同理

$$D^{14}C = d^{14}C - 2\,(\delta^{13}C+25)\,(1+d^{14}C/1000) \tag{12}$$

$$\Delta = \delta^{14}C - 2\,(\delta^{13}C+25)\,(1+\delta^{14}C/1000) \tag{13}$$

$\Delta^{14}C$ 和 Δ 之间的区别是前者所用的 $\delta^{14}C$ 不能作年代校正，后者所用的 $\delta^{14}C$ 是经过年代校正的。根据以上所述 M. Stuiver 和 H. A. Polach 建议，从测量数据计算惯用^{14}C 年代和地球化学参数的程序列表如下：

表 1 　　　　　　　　　　　　**年代和地球化学参数的计算过程**

	标　本	草　酸
纯放射性测定值（cpm）	A_s	A_{ox}
经分馏效应校正δ^{13}C相对于PDB	$A_{SN}=A_s\left[1-\dfrac{2(25+\delta^{13}C)}{1000}\right]$	$A_{ON}=0.95A_{ox}\quad A_{ON}=0.95A_{ox}\left[1-\dfrac{2(19+\delta^{13}C)}{1000}\right]$
绝对国际标准（草酸放射性）（经衰变校正至1950 年）		$A_{ABS}=A_{ON}e^{\lambda(y-1950)}$
x＝生长年代　y＝测量年代	λ 在表中永远是 $\dfrac{1}{8267}$/年	

	地质年年代标本	地化标本未经年代校正	地化标本经年代校正
相对于标准的千分差值等式	$d^{14}C=\left[\dfrac{A_s}{A_{ON}}-1\right]\times1000‰$	$\delta^{14}C=\left[\dfrac{A_s}{A_{ABS}}-1\right]\times1000‰$	$\delta^{14}C=\left[\dfrac{A_s e^{\lambda(y-x)}}{A_{ABS}}-1\right]\times1000‰$
			$\delta^{14}C=\left[\dfrac{A_s e^{\lambda(1950-x)}}{A_{ON}}-1\right]\times1000‰$
同位素分提校正及相对于标准的千分差值等式	$D^{14}C=\left[\dfrac{A_s}{A_s}-1\right]\times1000‰$	$\Delta^{14}C=\left[\dfrac{A_{SN}}{A_{ABS}}-1\right]\times1000‰$	$\Delta=\left[\dfrac{A_{SN}e^{\lambda(y-x)}}{A_{ABS}}-1\right]\times1000‰$
			$\Delta=\left[\dfrac{A_{SN}e^{\lambda(1950-x)}}{A_{ON}}-1\right]\times1000‰$
近似关系	$D^{14}C=\delta^{14}C-2(\delta^{13}C+25)+(1+\dfrac{d^{14}C}{1000})$	$\Delta^{14}C=\delta^{14}C-2(\delta^{13}C+25)+(1+\dfrac{\delta^{14}C}{1000})$	$\Delta=\delta^{14}C-2(\delta^{13}C+25)+(1+\dfrac{\delta^{14}C}{1000})$
按 55668 年半衰期计算得^{14}C 惯用年代	$t=-80331\ln\dfrac{A_{SN}}{A_{ON}}$		
总报告	δ^{13}C 和惯用^{14}C 年代	$\Delta^{14}C,\ \delta^{14}c$ 和 $\delta^{13}C$	$\Delta,\ \delta^{14}C$ 和 $\delta^{13}C$
任意的	$d^{14}C$ 和 $D^{14}C$	$PM=\dfrac{A_{SN}}{A_{ABS}}\times100\%$	

7）当标本放射性接近现代碳时，例如惯用^{14}C 年代不到 200 年，或放射性大于现代碳的情况，则用 $D^{14}C$ 表示并加上 $\delta^{14}C$ 值，写明现代碳。

8）当标本放射性接近本底时，A_{SN} 小于 A_{SN} 的标准偏差 σ 两倍时，则按 $A_{SN}+2\sigma$ 的数

据计算出年代 X。比较保守的情况是用 $A_{SN} = 4\sigma$（或 3σ）计算出 X。报告写明标本年代 $>$X。A_{SN} 小于 σ 时，则写明与本底无区别。A_{SN} 为负值时，则用 $A_{SN} = 0$ 表示。

概括起来，对于测定年代的考古和地质标本，要求报告：

a. 相对于 PDB 的 $\delta^{13}C$ 测定值或估计值。

b. 使用半衰期为 5568 年，$\lambda = 1/8033$，计算的惯用 ^{14}C 年代，距今以 1950 年为起点，标出一个标准偏差。

c. 在估计贮存库效应给出校正的年代时，必须标出惯用 ^{14}C 年代。

d. $D^{14}C$—相对于 0.95 草酸差值的千分数。标本和草酸均经过同位素分馏效应的校正。

对于地球化学标本，树轮年代学标本，贮存库平衡，扩散模型数据等，当进行年代校正时，使用的半衰期是 5730 年，$\lambda = 1/8267$。要求报告：

a. 相对于 PDB 的 $\delta^{13}C$ 测定值或估计值。

b. 相对于现代碳的百分数 PM。

c. 对 $\delta^{14}C$ 和 $\Delta^{14}C$ 或 Δ 要写明是否对其中任何一个作了年代校正。

过去文献中对作为地球化学参数的表述，例如大气和海洋 ^{14}C 浓度的测量中出现过混乱。1959 年莱蒙脱（Lamont）实验室在 ^{14}C 测量报告（六）中[2] 曾推导了 $\Delta^{14}C$ 与 $\delta^{14}C$，$\delta^{13}C$ 的关系，得出：

$$\Delta^{14}C = \delta^{14}C - 2\delta^{13}C\ (1 + \delta^{14}C/1000)\ -50 \tag{14}$$

1961 年莱蒙脱报告（八）[3] 中作了修正，引出：

$$\Delta = \delta^{14}C - (2\delta^{13}C + 50)\ (1 + \delta^{14}C/1000) \tag{15}$$

实际上是以 Δ 代替了 $\Delta^{14}C$。为了保持原来用的符号，将老的 $\Delta^{14}C$ 转换到 Δ 值时有下列关系：

$$\Delta = \Delta^{14}C - {}^{14}C/20 \tag{16}$$

但是这个修正没有说明如何推导出 Δ 值的公式（15）。原来是因为 ^{13}C 测量中 $\delta^{13}C$ 值是相对于美国的 PDB 标准，但 ^{14}C 测量中的同位素分馏效应校正是以木头的 $\delta^{13}C$ 为标准的。而木头的 $\delta^{13}C$ 值相对于美国 PDB 标准是 $-25‰$，所以应有：

$$(A_{SN} - A_S)\ /A_S \times 1000 = 2\ (\delta^{13}C + 25) \tag{17}$$

而莱蒙脱实验室第一次推导 $\Delta^{14}C$ 与 $\delta^{14}C$，$\delta^{13}C$ 的关系式时采用了

$$(A_{SN} - A_S)\ /A_S \times 1000 = 2\delta^{13}C \tag{18}$$

因而导致公式（14）。

因此在 1959—1960 年的文献中，$\Delta^{14}C$ 与 $\delta^{14}C$，$\delta^{13}C$ 之间的关系式是按式（14）计算的。1961 年、1977 年的文献中出现 Δ 的符号。是按式（15）或（16）计算的。1977 年以后一般都按式（11），（12），（13）计算。现举一海面 ^{14}C 浓度测量的例子：假设测得 $\delta^{14}C$（‰）为 171；$\delta^{13}C$（‰）为 -5.8。按式（14）计算：

$$\Delta^{14}C = 171 - 2 \times 5.6 \ (1 + 171/1000) \ - 50 = 135,$$

按式（15）计算：

$$\Delta = 171 - 2 \ (25 \ - \ 5.6) \ (1 + 171/1000) \ = 126,$$

按式（11）计算则 $\Delta^{14}C = 126$。

所以在阅读文献、引用数据时，需要加以注意。

（原载《第一次全国碳十四学术会议文集》，54 - 58 页，科学出版社，1984 年）

[1]　Broecker, W. S. and Olson, E. A., 1959, Lamont radiocarbon measurements VI, *Radiocarbon*, 1, 119 - 120.

[2]　Broecker, W. S. and Olson, E. A., 1961, Lamont radiocarbon measurements VIII, *Radiocarbon*, 3, 176 - 204.

[3]　Stuiver, M. and Polach, H. A., 1977, Discussions reporting of ^{14}C data, *Radiocarbon*, 19, 355 - 363.

^{14}C 测定年代用"中国糖碳标准"的建立 *

仇士华　蔡莲珍（中国社会科学院考古研究所）

陈铁梅　原思训（北　京　大　学　考　古　系）

沈承德　　　（中国科学院地球化学研究所）

我国^{14}C 实验室的数目近几年来增加很快，目前已经建成和正在筹建的实验室有二十多个，急需有一个统一的现代碳标准[1]。1975 年冬我们受全国同位素地质会议的委托，着手建立我国的^{14}C 测定年代用的现代碳标准。

一　国际上现代碳标准概况

目前，国际上以美国标准局的 SRM－4990 草酸为国际现代碳标准物质，简称 NBS 草酸标准[2]。规定以此草酸 1950 年的^{14}C 比度的 95％作为国际现代碳标准，它的^{13}C 组成相对于美国芝加哥石灰石（即国际 PDB 标准）的千分差值为 $\delta^{13}C = -19‰$。1980 年美国国家标准局又建立了新草酸标准，标号为 RM－49[2]。新草酸的^{14}C 比度为老草酸的 1.2923 ±0.0046 倍，δ^{13}C 值比老草酸高 1.4‰。

20 世纪 70 年代初，澳大利亚国立大学^{14}C 实验室建立了 ANU 蔗糖国际现代碳次标准[4,5]。ANU 蔗糖的 δ^{13}C 为 －10.8±0.1‰，其 δ^{13}C 值校正到 －25‰后，^{14}C 比度是国际现代碳标准的 150.81±0.20％，同文报道，1850 年木头的^{14}C 比度经年代校正后，比国际现代碳标准低 2.5±1.5‰（木头的 δ^{13}C 校正到 －25‰）。

二　选择糖碳作为现代碳标准物质

作为现代碳标准物质，应能满足以下条件：（1）^{14}C 在物质中分布均匀；（2）具有与现代碳相当或稍高的^{14}C 比度；（3）易于常规化学制样；（4）在化学制样过程中不易发生显著的同位素分馏效应；（5）便于分装保存，不易受污染；（6）尽可能价格便宜。

根据以上条件衡量，NBS 草酸和 ANU 蔗糖都是相当好的，但还不是最理想的标准物质。

我们试图寻找更理想的标准物质，曾试验了木炭、果核壳碳、滤纸、纤维素粉等．这些物质对前述条件大都能够满足，但在燃烧时会留下相当量的灰分，灼烧残渣的重量比最多可达 2％，残渣内还明显地含有放射性物质，要去除这些残渣是困难的，且费用昂贵。

通过比较，最后我们选定糖碳作为现代碳标准物质。1978 年从商业部调拨了一吨以

1977 年我国内蒙古生长的甜菜为原料生产的蔗糖，由上海试剂一厂加工成分析纯蔗糖；然后干馏成碳，粉碎混匀后，每 100 克一瓶密封包装；共得 1000 瓶，标明为特定糖碳。糖碳的灼烧残渣重量比小于千分之一，比表面经测定为 ≈60 米² / 克；试验证明，经常规化学制样，糖碳标准的精度不会因吸附大气中的 CO_2 而受到影响。

三 糖碳的¹⁴C 比度的标定

为了准确地标定糖碳的¹⁴C 比度，我们用 1850 年（1847～1854 年轮部分）木头，NBS 草酸，ANU 蔗糖作标准与糖碳多次重复对比测定。所有样品在同一个实验室中采用相同的燃烧、制备碳化物、水解制乙炔、合成苯等化学制备流程，各步骤中都力求转化完全，以减少同位素分馏效应的影响。每个样品都作了 $\delta^{13}C$ 测定，以对¹⁴C 比度的测定结果作同位素分馏效应校正。最后标定出糖碳对国际现代碳标准¹⁴C 比度的比值和相对于 PDB 标准的 $\delta^{13}C$ 值。

1. A. D. 1850 年木头标准的选择　我们请中国科学院地理研究所气候室选取了东北松木（0001）和西藏云杉（0002），取出 1847～1854 年的树轮木片。按常规进行标本预处理；切碎混匀以保证各部分标本的¹⁴C 比度一致；除去木质素和纤维素以外的物质，以保证标本的¹⁴C 比度与树轮生长的年代相对应。

2. 糖碳的标定　将经预处理的东北木头、西藏木头、NBS 草酸和 ANU 蔗糖各分成三份；将三瓶糖碳混匀后分成三份，再任意抽取三瓶糖碳，每瓶分成三份，分发到中国社会科学院考古研究所、北京大学历史系考古专业和中国科学院贵阳地球化学研究所的三个¹⁴C 实验室（每室八份样品），各自制样标定。¹⁴C 的测定中由各实验室制备成 CO_2 后统一送国家地震局地质研究所同位素室作质谱测定。三个实验室各自的测量数据见表 1a、b、c，表 2a、b 和表 3，表中所列误差为一个标准偏差的泊松误差。

表 1a　　　　　　　　　　　　考古所¹⁴C 室第一次测量数据

样品名称	制样号	计数/克苯分	$\delta^{13}C‰$	经同位素分馏效应校正值	相当于现代碳标准值
西藏木头（0002）	1	8.852 ± 0.047	− 24.41	8.841	8.9714 ± 0.047
	2	8.8444 ± 0.047	− 24.45	8.834	8.9644 ± 0.047
东北木头	1	8.9344 ± 0.047	− 24.20	8.830	8.9604 ± 0.047
（0001）	2	8.8764 ± 0.047	− 24.91	8.874	9.0054 ± 0.047
草酸 SRM－4990	1	9.4765 ± 0.047	− 16.04	9.4208.94	94 ± 0.047
ANU－蔗糖	1	14.0464 ± 0.053	− 10.61	13.642	9.0464 ± 0.037
	2	13.9544 ± 0.053	− 11.34	13.572	8.9994 ± 0.037
糖碳	1	12.1744 ± 0.043	− 18.88	糖碳（平均）= 12.2274 ± 0.030	
	2	12.2794 ± 0.043	− 18.67		

现代碳标准（总平均）= 8.985 ± 0.017

糖碳/现代碳标准 = 1.36084 ± 0.0042

表 1b　　　　　　　　考古所¹⁴C 室第二次测量数据（仪器重新调整后）

样品名称	制样号	计数/克苯分	δ¹³C‰	经同位素分馏效应校正值	相当于现代碳标准值
西藏木头（0002）	1	9.097±0.032	−24.63	9.090	9.224±0.032
东北木头（0001）	1	9.150±0.032	−24.17	9.136	9.270±0.032
草酸 SRM−4990	1	9.690±0.030	−18.68	9.684	9.200±0.037
ANU 蔗糖	1	14.170±0.053	−11.6	13.790	9.144±0.037
	2	14.296±0053	−11.50	13.910	9.224±0.037
	3	14.297±0.053	−11.50	13.911	9.224±0.037
糖碳	1（混合）	12.565±0.033	糖碳（平均）=12.562±0.017		
	2（A）	12.562±0.033			
	3（B）	12.549±0.033			
	4（c）	12.570±0.033			

现代碳标准（总平均）=9.224±0.014

糖碳/现代碳标准=1.3619±0.0028

表 1c　　　　　　　　考古所¹⁴C 室第三次测量数据

样品名称	制样号	计数/克苯、分	δ¹³C‰	相当于现代碳标准
草酸 RM−49	1	12.437±0.040	−16.43	9.121±0.030
草酸 SRM−4990	1	9.638±0.035	−16.43	9.109±0.033
糖碳	1	12.385±0.039		

现代碳标准（平均）=9.115±0.022

糖碳/现代碳标准=1.359±0.005

表 2a　　　　　　　　北京大学¹⁴C 室测量数据

样品名称	制样号	计数/克苯分	δ¹³C‰	经同位素分馏效应校正值	相当于现代碳标准值
西藏木头（0002）	1	8.924±0.035	−23.70	8.901	9.032±0.035
	2	8.976±0.035	−23.25	8.945	9.077±0.035
	3	8.897±0.035	−23.54	8.871	9.001±0.035
	4	9.010±0.035	−22.75	8.969	9.101±0.035
	5	8.986±0.035	−23.12	8.952	9.084±0.035
东北木头（0001）	1	8.960±0.035	−23.99	8.942	9.074±0.035
	2	9.067±0.035	−23.97	9.048	9.181±0.035
	3	8.978±0.035	−23.85	8.957	9.089±0.035
	4	8.973±0.035	−24.11	8.957	9.089±0.035
草酸 SRM−4990	1	9.628±0.035	−18.52	9.619	9.138±0.035
	2	9.481±0.035	−19.02	9.481	9.007±0.035
草酸 RM—49	1	12.374±0.042	−17.14	12.363	9.088±0.030
	2	12.302±0.042	−17.52	12.300	9.042±0.030
糖碳	1	12.290±0.042	−19.31	糖碳（平均）=12.363±0.021	
	2	12.377±0.042	−19.62		
	3	12.379±0.042	−20.12		
	4	12.405±0.042	−19.88		

现代碳标准（平均）=9.077±0.010

糖碳/现代碳标准=1.362±0.0028

表 2b 　　　　　　　　　　　　　　**北京大学¹⁴C 室第二次测量数据**

样品名称	制样号	计数/克苯、分	平均计数/克苯、分	δ¹³C‰	经同位素分馏效应校正值	
糖碳	I	12.608±0.059 12.713±0.060 12.742±0.060				平均 12.709±0.028
	II	12.750±0.060 12.709±0.058	12.730±0.043	−18.829		
ANU 蔗糖	I	14.620±0.063 14.590±0.059 14.579±0.063	14.596±0.037	−10.539	14.173	平均
	II	14.438±0.063 14.426±0.063 14.437±0.063	14.434±0.037	−10.232	14.008	9.344±0.018

糖碳/现代碳标准 = 1.360±0.004

表 3 　　　　　　　　　　　　　　　**贵阳地化所¹⁴C 室测量数据**

样品名称	制样号	计数/克苯、分	δ¹³C‰	经同位素分馏	效应校正值相当于现代碳
标准值东北木头（0001）	1	9.908±0.045	−23.27	9.874	10.019±0.045
西藏木头（0002）	1	9.894±0.045	−22.95	9.853	9.998±0.045
草酸 SRM－4990	1	10.577±0.045	−19.74	10.593	10.063±0.045
糖　碳	1	13.797±0.067	−19.84		

现代碳标准（平均）= 10.027±0.026

糖碳/现代碳标准 = 1.3760±0.0076

数据处理的程序和规则如下：

（1）计算数据的误差按通常统计误差的传递公式。

（2）草酸 SRM－4990 的放射性测定值作同位素分馏效应校正，归一到¹³C－19‰，再乘以 0.95。

即 $A_{ON} = 0.95A_{OX} \{1 - [2 (19 + \delta^{13}C)] /1000\}$

对 RM－49 相应为

$$A_{ON} = 0.95A_{OX} \{1 - [2 (17.6 + \delta^{13}C)] /1000\} /1.2923$$

（3）木头的放射性测定作同位素分馏效应校正归一到 $\delta^{13}C = -25‰$，再作 100 年的衰变校正，并除以 0.9975。即

$$A_{WN} = 1.01217A_W \{1 - [2 (25 + \delta^{13}C)] /1000\} /0.9975$$

（4）蔗糖的放射性测定值作同位素分馏效应校正归一到 $\delta^{13}C = -25‰$，再除以 1.5081。

即 $A_{SN} = 1.01217A_S \{1 - [2 (25 + \delta^{13}C)] /1000\} /1.5081$

（5）将木头、草酸、蔗糖三组数据分别转换为 A_{WN}，A_{ON}，A_{SN} 后，按统计方法检验其数值的同一性，取它们的平均值 A 作为国际现代碳标准的测定值。

（6）糖碳的放射性测定值 A_C 不作任何校正，三个实验室各按自己的测定数据，计算

出糖碳的¹⁴C 比度对国际现代碳标准的平均测定值之比值 R＝A_C/A。

（7）将三个实验室得出的 R 计权平均得到糖碳的¹⁴C 比度对国际现代碳标准¹⁴C 比度的比值为：R＝1.362±0.002

（8）将糖碳的多次 δ^{13}C 测定值加以平均，定出糖碳的 δ^{13}C 值相对于国际 PDB 标准为：

$$\delta^{13}C = -19.32 \pm 0.56‰$$

四　结果讨论

1. 根据对糖碳任意抽样测定的结果来看，糖碳的¹⁴C 分布是均匀的。

2. 国际现代碳标准测定值采用木头、草酸和蔗糖的测定值平均计算得到，其原因如下：

（1）这三种标准物质国际上都已经过仔细测定，相互比较，误差很小。据三种标准物质我们测得的结果算出的国际现代碳标准值，经统计检验证明是等同的。

（2）这三种标准物质中哪一种我们都没有足够的量供三个实验室多次制样测定使用。

（3）采用三种标准物质多次测定的结果加以平均可以减小误差。

3. 我们在做标定工作时虽然采取了很多措施避免泊松误差以外的实验误差（它由化学制样可能的不一致、测量仪器的不稳定等因素引起），但仍然发现对单次制样测量结果的分析，当纯泊松误差只有 3‰时，总的偏差有时可能达到 5‰，因此 1.362±0.002 这个比值的误差实际上可能要扩大一些，但估计其范围不会超过 1.362±0.003.

4. 最近作为国际现代碳标准物质的美国新草酸（RM-49）的¹⁴C 比度相对于国际现代碳标准的比值为 1.3603±0.0048. 我国糖碳的比值同这一比值很接近，可能因为两者都是以 1977 年收获的甜菜为原料，而我国内蒙地区和法国所处纬度相近的缘故。

经 1981 年 9 月在北京举行的第一次全国¹⁴C 学术讨论会审查认为糖碳具备作为现代碳标准物质的要求，建议将糖碳作为我国统一的现代碳标准试用，并定名为"中国糖碳标准"。

（原载《科学通报》1983 年第 3 期，仇士华执笔）

＊本文于 1998 年被通知选入《走向 21 世纪的中国——中国改革与发展文鉴》，经重新审定发表，鉴于当时的疏忽，漏写了沈承德的作者名，因此在重新刊登时补入。

本项研究成果于 1988 年获中国社会科学院优秀成果一等奖；于 1989 年获国家科学技术进步三等奖。

[1]　Damon, P. E., Lerman, J. C. & Long, A., 1978, *Ann. Rev. Earth Planet Sci.*, 6：457-494.

[2]　Godwin, H., 1959, *Nature*, 184, 1365-1366.

[3]　Cavallo, L. M. & Mann. W. B., 1980, *Radiocarbon*, 22：962-963.

[4]　Polach, H., 1972, Proc. 8th. Int. Conf. Rad. Dat., H92-120.

[5]　Currie, L. A. & Polach, H. A., 1980, *Radiocarbon*, 22：933-935.

液闪^{14}C断代法及其在考古学中的应用

仇士华　蔡莲珍

一　概　述

1949 年，美国芝加哥大学利比（W. F. Libby）教授创建了^{14}C测定年代的方法[1]，受到世界各国的重视，并竞相建立^{14}C断代实验室。这种方法广泛应用于考古、古人类、地质、地球化学、古地理、古气候、水文、海洋等许多学科，做出的数据数以万计，成为研究数万年内自然历史现象的一种不可缺少的手段[2]。

由于样品中的^{14}C含量非常低，^{14}C放射的β射线能量又较弱，因而要对^{14}C作精确测量必须提高探测器的效率，降低探测器的本底。为此要求将样品制备成适当的纯物质，使其成为探测器的组成部分。最初，利比使用的探测器是栅壁式计数管。他把样品中的碳制备成碳粉涂于计数管壁进行测量，此即所谓固体法测量[1]。由于碳粉本身对^{14}C放射的β射线的自吸收严重，探测效率仅 5％左右．碳粉又有强烈的吸附作用，容易受污染。不久固体法即被制样方便、探测效率高的气体法取代。所谓气体法，即将样品制备成气体充入探测器，作为计数气体进行测量[3]。

与此同时，由于液闪测量技术的发展，人们开始尝试将样品制成闪烁液的溶剂或稀释剂进行测量，即所谓液体法测量[3]。液体法测量虽早在五十年代末就已研究成功，但由于样品制备困难和探测器的本底较高，难以推广使用。以后随着光电倍增管性能的改进，液闪计数器的本底不断降低和合成有机液体技术的发展，六十年代以来液体法发展很快。因为找到了合适的催化剂，制备苯已经变得很方便，而苯又是很好的闪烁体溶剂，所以后来^{14}C测定年代大都将样品制备成苯，配制成闪烁液，使用低本底液闪计数器进行测量。液体法测量样品体积小，所需的屏蔽体积小，节省材料，换样方便，还可以实现自动化。仪器中不需要高倍线性脉冲放大器，高压电源也只需要一千多伏，省去了气体法计数线路中的许多麻烦。在效率与本底的指标方面，都可以和气体法相竞争。目前，液体法已成为^{14}C断代工作中使用的主要方法。

中国社会科学院考古研究所、中国科学院地质研究所等单位，六十年代开始建立^{14}C测年方法也是采用的气体法[4-6]。1975 年，北京大学考古系^{14}C实验室把我国工业上合成苯的方法经过改进应用到实验室的样品合成获得成功[7]。这种方法不但合成效率高而且操作简便为我国¹⁴C测定的推广应用创造了更为有利的条件。同时国内液体闪烁技术的研制工作也有了进展。因而在七十年代以后，我国采用液闪技术的新的¹⁴C实验室已成批地建立起来了。原先采用气体法的实验室也都改用了液闪方法。到目前为止，做出的数据已有几千个。这些数据的应用为我国考古学、地学方面的研究作出了重要贡献，并在国际上引起深刻的反响。

二 ¹⁴C断代的基本原理

（一）自然界¹⁴C的发现

原子序数为6的碳元素有三个天然同位素，它们的质量数分别为12、13、14。^{12}C、^{13}C为稳定同位素，是自然界碳的主要组成部分，各占98.892%、1.108%。^{14}C仅存在于参与碳交换活动的含碳物质中，占约10^{-10}%，它是放射性的，半衰期为5730 ± 40年。

早在1936—1938年，卡门（M. D. Kamen）分析鉴定了人工核反应后，首先确定了¹⁴C的存在。人们在作核反应研究时，常利用宇宙射线中的高能粒子。¹⁴C如有可能由宇宙射线与大气作用而产生，因其半衰期相当长，那么就有可能在自然碳中找到它[8,9]。

1911年赫斯（V. F. Hess）发现了从外层宇宙空间入射到地面的粒子流，称之为宇宙射线。宇宙射线能量很高而强度较低。直接来自外层空间的射线统称为初级宇宙射线，大部分是带正电的重粒子，如质子（约占85.9%），α粒子（约占12.7%），少量是N，O，Ne，C，Si，Mg，Fe等原子核（约占1.4%）以及少量电子。

大气中存在无数氮和氧的原子核，初级宇宙射线中高能粒子很容易和它们发生碰撞，产生大量新粒子，有正、负电子，μ介子，π介子，高能光子和中子等，统称为次级宇宙射线。据测量，大约在高空15km附近基本完成初级向次级的转变。到海平面附近的通量约为1.8×10^{-2}个/s·cm²。其中一半为μ介子，另外为正、负电子，光子和质子，氕核，α粒子等。μ介子的穿透能力很强（可穿透数十厘米厚的铅板），称为宇宙射线的"硬成分"。正、负电子和光子穿透能力较弱，称为"软成分"。

中子是不稳定的中性粒子，平均寿命是12.8min，衰变成质子。实验室中发现中子后不久，就在大气层高处发现了中子，而且随高度上升中子的密度增大，到40,000英尺（1英尺寸=0.3048米）达最大。再上升，密度又逐渐下降。这样大量的中子是初级宇宙射线与大气作用的产物，称宇宙射线中子。开始形成时为高速中子，有5~10MeV平均能量，经多次碰撞能量损失成为热中子。

实验室测定各种能量的中子轰击氮和氧核的结果说明：氧与中子的反应是惰性的，氮是活泼的。它们的反应式和反应截面大致如下：

表1

反应式	轰击中子能量	反应截面（cm²）
$^{16}_{8}O\ (n,\ \gamma)^{17}_{8}O$	热中子	1.7×10^{-27}
$^{18}_{8}O\ (n,\ \gamma)^{19}_{8}O$	热中子	0.20×10^{-27}
$^{14}_{7}N\ (n,\ p)^{14}_{6}C$	热中子	1.7×10^{-24}
$^{14}_{7}N\ (n,\ \alpha)^{11}_{5}B$	$>1MeV$	1.7×10^{-25}
$^{14}_{7}N\ (n,^3H)^{12}_{6}C$	$>4MeV$	5×10^{-26}

其中$^{11}B,^4He,^{12}C,^1H$为稳定同位素，$^{14}C,^3H$为放射性同位素，它们的衰变方式各为：

$$^{14}C \longrightarrow ^{14}N + \beta^- \quad 半衰期\ 5730 \pm 40\ 年$$

$$^3H \longrightarrow ^3He + \beta^- \quad 半衰期\ 12.46 \pm 0.04\ 年$$

根据上述对^{14}C和宇宙射线的研究，形成了利比创建^{14}C方法的最初构思。1945年利比开始着手^{14}C在自然界存在的理论研究和实验证实（同时涉及^3H及^3He），试图用来断定绝对年代。他利用巴尔的摩城污水处理工厂生产的CH_4进行测定，证实了自然^{14}C的存在。

但是当时的测定方法还不适用于日常断代工作。后来利比用了反符合计数技术，降低了环境本底，使测量灵敏度大为提高，才使测定年代成为可能。

(二)^{14}C在自然界的分布

宇宙射线和大气作用最大可能依$^{14}N\ (n,\ p)^{14}C$进行，$^{14}N\ (n,^3H)^{12}C$产率仅为其1％，而$^{16}O\ (n,\ \gamma)^{17}O$，则只及其1‰。因此$^{14}C$产量几乎等于宇宙射线中子的总产量。由高空气球测得地球表面的平均中子产率约为2.2个/s.cm²，地球总表面为～5.1×10^{18}cm²，因此总的^{14}C产生率为11.2×10^{18}个/s，而^{14}C的衰变率的实验值为1.6×10^{11}次/g.s。若这一现象自古持续到今，可以认为^{14}C的产生和衰变达到平衡。因此可以算出地球上^{14}C的总量约为70000kg，约相当于300MCi（1Ci = 3.7×10^{10}Bq），而^3H大约有3MCi。

^{14}C主要在高空大气中形成，是自然^{14}C的唯一来源。但新生^{14}C原子不可能单独存在很久，因其本身具有动能，完全有理由认为它很快会被氧化为$^{14}CO_2$。

$^{14}CO_2$与$^{12}CO_2$的化学性质完全相同，形成$^{14}CO_2$后很快就会和大气CO_2混合在一起，并由此参加自然界碳的交换循环运动。

植物通过光合作用吸收大气中的CO_2，组成其本身组织，动物以植物为食物而生存，因此动植物组织中的碳直接或间接都来自大气CO_2，它们都渗有^{14}C。动物的排泄物和动植物遗骸都埋在表层土壤中，它们也含有^{14}C。动物呼吸、生物体遗骸分解又放出CO_2回到大气中。

地球表面大部分覆盖着海洋，海水中大量的CO_3^{--}，HCO_3^-等含有无机碳原子。大气与海水表面接触，使大气CO_2大量进入海洋，和海洋中含碳物质进行交换，使海水中渗入了¹⁴C 海洋生物、海底沉积物都同样渗入了¹⁴C。深、浅海水的周转又使整个海洋都渗有¹⁴C。大气、生物界、海洋都含有大量的碳，并互相交换循环，因此可以把它们叫做碳的交换储存库。各交换储存库中¹⁴C 分布情况如表 2[10]。

(三)¹⁴C 测定年代

自然界存在着不断产生¹⁴C 的条件，这一现象自古延续至今。¹⁴C 在全球范围内很快循环混合，使处于交换状态的各¹⁴C 储存库中物质都具有一定水平的¹⁴C 放射性。但若含碳物质一旦停止了交换，¹⁴C 得不到补充，原有的¹⁴C 就会按放射性衰变规律减少。测出其剩余¹⁴C 放射性与原有¹⁴C 放射性作比较，就可以计算出停止交换的年代。应用这个方法，可以解决考古学、地质学上的年代问题。

动植物在生长期间与外界处于物质交换状态，死亡后即停止交换。考古遗址中有许多生物遗骸如木头、木炭、贝壳、骨头，这些生物的死亡和被利用都同人类活动有关，如盖房需要砍伐木料；因渔猎取食在灰坑积存了贝壳、骨头等。因此测定含碳遗物的剩余放射性就可以计算出它们的死亡年代，从而推断出遗址年代。此外，动植物形成的沉积物堆积表征的地质年代，亦可由测定沉积物年代而得。

根据衰变定律：$Ay = Aoe^{-\lambda y}$ 或 $Y = \tau \ln (Ao/Ay)$

Y：生物死亡年代　　τ：¹⁴C 平均寿命

Ao：处于平衡状态的碳放射性

Ay：生物残骸剩余的碳放射性

已经精确测定出 τ，只需测得 Ao/Ay 比值即可计算出 Y 值。Ao、Ay 之测定迄今都是采用探测放射性的办法，实际上测定的是¹⁴C 原子的衰变数。目前已试验用加速器测¹⁴C 原子数目的办法，这可以大大提高灵敏度而减少标本的需用量。简单的计算表明，1 克现代碳中有 ~6×10^{10} 个¹⁴C 原子，但每天只约有 2 万个¹⁴C 原子衰变，两者之比相差了百万倍。使用测定衰变数的方法，一般要用数克碳，最高年代可以测到 4～5 万年。如用测¹⁴C 原子数的办法，只需几十毫克标本，而可测的最高年代可望达 10 万年。

(四)¹⁴C 断代的液闪测量技术

将样品碳用化学方法合成为液闪溶剂或稀释剂，成为液体闪烁体的组成部分，其¹⁴C 放射性进行断代是很理想的方法．这种合成溶剂要具有稳定性和抗淬灭性，同时样品碳量越多越好．早在五十年代初期，许多人就进行研究和试验，试验的合成物有甲醇、甲苯、苯、乙苯、液体 CO_2 等．但由于合成技术困难，转换效率不高，且当时液闪计数器的本底还相当高，因此难以常规使用。苯的含碳量很高，又是许多优质闪烁体的良好溶剂，所以是很受重视的研究对象。

1959 年，X. B. Протопопов 等发表了将样品碳合成苯，使用液闪计数器进行¹⁴C 断代成功的报告[11]。他们用 $[(C_6H_5)P_3]_2Ni(CO_4)_2$ 作催化剂，使 C_2H_2 在高压并加热的条件下聚合成苯，苯的实际产率是 11%。N. E. Ctapuk 使 C_2H_2 聚合成苯的产率达到 50%，但操作都相当复杂[12]。1960 年 M. A. Tamers 将 C_2H_2 通过反复加热到 600℃ 的石英管，从 CO_2 到 C_6H_6 的产率是 30%[13]。1965 年 J. E. Noakes 等人找到了高效率的钒催化剂。他们将氧化钒附载在氧化铝上，合成的苯产额高、纯净，无需进一步纯化，这样使合成苯变得非常简单易行[14,15]。此后，[14]C 断代的液闪法迅速得到推广。

我国的[14]C 断代实验室绝大多数都采用合成苯的液闪测量方法。合成苯的催化剂是上海化工学院和厦门大学化学系试制成功的[16]。他们作过很好的研究，采用了硅铝球上附载氧化铬，即 $CrO_3 - Al_2O_3 - SiO_2$ 的形式。它的性能优越，合成苯产额高，乙炔转换率几乎达到 100%。合成的苯无需纯化，纯度很高，而且操作简便，合成速度快。催化剂制备也很方便，价格低廉，是目前最优越的合成苯催化剂。另外，中国科学院生物物理所研制的低本底液闪计数器也达到同类产品的世界先进水平。这些都为我国迅速推广利用液闪方法，开展[14]C 断代工作提供了优越的条件。

表 2 各交换储存库中[14]C 分布情况

储存库	储存库中的碳量($\times 10^{15}$g)	流量($\times 10^{15}$g/a)	存留时间(τa)	储存库中碳/单位地表面积(g/cm²)	储存库中[14]C 放射性(dpm/g·c)*	储存库中衰变率(dpm/cm²)
大气	670	156	4	0.131	14.1	1.85
陆生生物界	550	56	10	0.108	13.6	1.47
腐殖质(死的陆生有机物)	1050	56	19	0.206	13.5	2.78
水圈（新鲜水）	449	0.37	1213	0.088	8.2	0.72
水圈（海洋混合层）	900	124	7	0.180	13.6	2.44
水圈（深海层）	37670	32	1180	7.386	12.3	90.85
生物界（海洋）	6	40	2（月）	0.001	14.2	0.01
海洋中死的有机质	3000	40	75	0.588	12.3	7.23
沉积物	9×10^7	0.6	150	0.972	12.3	11.97
全球总计			(10^6a)	9.660	(平均 12.3)	

＊119.3dpm＝60Bq，下同

三 样品的制备

（一）考古样品的采集

考古中应用[14]C 测定年代的目的是要解决古遗址，或遗物的绝对年代问题。只有收集到可靠的样品，测出的年代才能代表遗址、遗物的年代。对收集样品者来说，只有明了[14]C 测定年代的根据才能正确选取解决遗址、遗物年代的含碳样品。

一般古遗址中，曾与人类活动相伴随的生物残骸种类甚多，可用于作[14]C 测定的样品范围很广。植物的根、茎、叶、花、果实、种子，动物的皮、毛、骨骼，贝类壳体等都和人类生活有密切关系，遗址中出现的这些物质都是可供作[14]C 测定的绝好样品。例如古代居住遗址中房屋的木柱、房梁、门框、地板、灶坑里未燃尽的木炭，当时使用的木制工具、家具、器物和竹绳、竹筐、芦席、草鞋等编织物，食用的粟稷、稻米、橡子、莲子等粮食和植物种子。它们的¹⁴C年代应该可以认为同遗址的年代相当。又如墓葬中的棺椁，也是常见的用于¹⁴C测定的良好样品。但对棺椁木要注意取其外层木质，因为树木每年生长一轮，只有最外层的木质才是当年生长的。一般棺木的木材都有几十甚至几百个年轮，如取样时不加注意就可能会带来几十年或几百年的误差。墓中常有随葬品，其中有不少可用于¹⁴C测定，如织物、木俑、象牙、鹿角以及食品、药材之类等含碳物品。

对于旧石器晚期的人类遗迹，有时仅在自然堆积层中发现几颗牙齿或二块头骨，其本身并不能或不足以供¹⁴C断代之用。这时只能采集同层中的淤泥、泥炭或动物骨骼等样品进行¹⁴C测定。

另外，古代烧制陶器往往在原料中掺入一些稻壳之类的炭使成品不易破裂，这类陶片中的炭亦可用来作¹⁴C测定，从而定出该陶器烧制的年代。古代房屋中铺地、涂墙用的石灰，因经过人工烧制成CaO，加水使用后吸收空气中的CO_2形成$CaCO_3$被保存下来，它的¹⁴C年代正好代表遗址的年代。古代炼铁使用木炭，铁中的碳来源于木炭，因此用古代铁中的碳测出的年代代表了铁的冶炼年代。

总之，一切曾同大气处于平衡状态的含碳物质，其停止交换的年代又同考古遗址、遗物的年代关系明确，都可以采集来用作¹⁴C测定年代的样品，从而断定出考古遗址、遗物的年代。

¹⁴C测定所需的样品量因样品物质的含碳量而定。考虑到各类物质的含碳量和一般处理时可能的损耗等因素，列出下面几类样品需要采集的最低数量。

物质	木头	木炭	贝壳	骨头	泥炭	种子	织物	石灰	铁
重量（g）	100	50	200	1000	500	100	100	1000	1000

（二）样品的前处理

考古中的¹⁴C样品大都长期埋在地下，受地下水浸蚀和微生物腐蚀．经过这样长期的地下作用后，能否保留原有的碳或能否分离出原有的碳是决定¹⁴C年代是否可靠的关键问题。采取何种正确的前处理步骤，既保存足供测定的原有碳量，又清除可能的污染，这是取样品中的碳进行合成之前需要解决的首要问题。对于各类样品的前处理工作分述如下：

1. 木质、炭质样品

木质、炭质样品长期埋在地下，可能有由地下水引入的碳酸盐和外来的腐殖酸沉积或者混有土壤中的碳酸盐等，一般要用酸、碱化学试剂处理加以清除。至于后来混入的植物根系，必须预先挑拣除净。如果木质样品腐朽严重，不宜用酸、碱清洗，尤其不能用碱洗。若用碱洗以后样品大部分被溶解，则可在 pH≤1 的条件下使腐殖质重新沉积收集，以获取足够量的碳。最好是先将这类样品干馏成碳，然后再用酸清洗，这样可以使样品量少受损失。

2. 螺蛳壳、蚌壳、牡蛎壳等贝壳类样品

这类样品的成分几乎是纯碳酸盐，有机物含量极少，一般都取碳酸盐部分作¹⁴C 测定。裸露的碳酸盐容易与周围交换碳，可用 X 射线衍射法来检查贝壳碳酸盐是否经过了重结晶。未曾重结晶的样品作¹⁴C 测定当然是可靠的。贝壳的组织结构类似于碳酸钙填充在有机薄膜构成的格子中间，只要有机膜不破，就不会与外界发生碳交换。有机膜破损后形成白垩状或重结晶，则易与外界发生交换。因此，一般处理贝壳样品的顺序是：先在超声波清洗器内清洗干净，再仔细用机械方法剥离掉白垩状物质，然后在 1N 盐酸中浸泡几分钟，使露出有光泽的新表面，最后用蒸馏水洗净、烘干备用。实际结果表明，经过这样处理后的贝壳样品所测出的年代，都比较可靠。

3. 泥质样品

在旧石器时代遗址的年代测定中常用泥质样品，如泥炭、淤泥等。这类样品成分复杂、泥炭中以植物残骸为主，含有大量腐殖质。有些植物纤维没有完全炭化，还可能有新生的植物残根夹杂其中。泥沙中混有的碳酸盐，一部分可能来自古老的碳酸盐矿物碎屑。因此，一般在除去夹杂的新生残根后，取样品的碳部分和有机碳部分作¹⁴C 测定。或者取不同成分的碳测定以后，根据样品的形成过程作分析比较，确定出较为可靠的样品年代。如取碳酸盐部分，只要加盐酸收集 CO_2 即可。如取有机质部分的碳，则先要充分酸化去净碳酸盐，再洗净、烘干，然后用燃烧的方法收集 CO_2。

4. 骨质样品

骨骼主要由磷酸钙（占 50%）、碳酸钙（占 10%）等无机盐成分和骨胶原（约占 25%）、脂肪（约占 5%～10%）等有机质成分组成。骨质样品因长期埋在地下，脂肪已被细菌腐蚀掉，骨胶原有抗腐蚀性，能部分地保留下来，碳酸盐很容易与外界发生碳交换，因此只有提取骨胶原的碳作测定才能获得比较可靠的年代。处理办法是将骨头清洗，砸碎成直径约小于 3mm 的小块，不断用 1N 盐酸浸泡，放出 CO_2，最后使磷酸钙全部溶解，分离出骨胶原等有机物质。再用 2‰NaOH 液洗去腐殖酸，然后清洗、烘干。有机碳采用燃烧方法提取 CO_2。骨质样品处理的关键是除尽碳酸盐污染，保留可用的有机碳，或提取其中未受污染的无机碳，但处理过程也很费时间。

5. 石灰

古遗址中常见有铺地、涂墙的石灰。一般没有屑和泥土，比较纯净。所以石灰样品处理的程序是：洗净泥土，刮去表层，取比较纯净的部分用酸化方法收集 CO_2。这样测出的年代曾与用木炭测出的年代作过一系列的比较，结果还是比较好的。

国外曾报道用建筑灰浆作¹⁴C 测定，效果很不一致。那是因为灰浆中的矿物碳酸盐无法分离开，有时只能粉碎后按颗粒粗细和酸化反应快慢来提取样品碳加以测定。

6. 铁器

从铁器中取碳，可将铁器加工成碎屑，在高温时通氧燃烧收集 CO_2。但这个方法要求的高温在 1100℃以上，铁燃烧完才能将铁中的碳燃烧成 CO_2，对设备的要求较高。另一种方法是把铁粉碎成粉末，加盐酸浸泡溶去铁，分离出碳，再燃烧收集 CO_2。这个方法设备上没有特殊要求，对铸铁样品最适用，但对低碳钢样品，由于不易粉碎成粉末，用盐酸浸泡除铁的时间太长。

（三）乙炔的制备

不论何种样品经前处理后都要先制备成乙炔，然后才能聚合成苯。经过前处理的样品大致有三种类型：较纯的木炭；无机碳酸盐；可供燃烧的有机物等。可以把它们先合成碱（土）金属碳化物，再加水形成乙炔。形成碳化物以后加水水解生成乙炔的过程，各实验室大致相同。而合成碳化物的方式，往往依具体情况分别采用钙法（合成碳化钙），镁法（合成碳化锶）和锂法（合成碳化锂）等。各种方法制备乙炔的方式简述如下：

1. 钙法

（1）金属钙与样品炭粉直接加热合成碳化钙

此法仅适用于含碳量较多的木质、炭质样品。反应式为：

$$2C + Ca \xrightarrow{1000℃} CaC_2$$

$$CaC_2 + H_2O \longrightarrow C_2H_2 + Ca(OH)_2$$

使用纯度 99.9%，直径 3mm 左右粒状或片状钙，加工磨成细粉的炭，按 $Ca:C=5:3$ 比例装入不锈钢反应器，反应器放入瓷管或不锈钢管内抽空加热至 1000℃，维持加热 1 小时。反应完成后，连同反应器一起装入水解瓶，水解制备乙炔。反应产率由纯炭（以干馏所得木炭为 100%碳）制备得乙炔量折合成碳计算，可达 90%以上。

（2）燃烧得 CO_2 样品气体，通入装有金属钙和适量镁粉的不锈钢反应器内，加热反应生成 CaC_2

$$2CO_2 + 5Ca \longrightarrow CaC_2 + 4CaO$$

$$CaC_2 + 2H_2O \longrightarrow C_2H_2 + Ca(OH)_2$$

反应完成后，加水入反应器即生成乙炔。此法不需要转移反应物，适用于任何种类样品。

2. 镁法

对于无机盐样品和含碳量较少的有机碳样品如骨头、泥炭等，需要经过酸化或燃烧制取 CO_2，然后合成碳化物。反应产率可达 80%以上。

（1）酸化无机盐样品

反应式为：$CaCO_3 + 2HCl \longrightarrow CO_2 + CaCl_2 + H_2O$

$\qquad CO_2 + 2NH_4OH \longrightarrow (NH_4)_2CO_3 + H_2O$

$\qquad (NH_4)_2CO_3 + SrCl_2 \longrightarrow 2NH_4Cl + SrCO_3$

$\qquad 2SrCO_3 + 5Mg \longrightarrow SrC_2 + 5MgO + SrO$

$\qquad SrC_2 + 2H_2O \longrightarrow C_2H_2 + Sr(OH)_2$

操作上分三个阶段：第一步从生成 CO_2 并沉淀成 $SrCO_3$，经清洗后烘干；第二步 $SrCO_3$ 与镁粉磨细混合均匀，在反应器内加热还原生成 SrC_2；第三步 SrC_2 加水水解生成乙炔。

（2）有机物样品通过燃烧生成 CO_2

这种方法生成 CO_2 以后的步骤与（1）完全相同。

3. 锂法

无论是炭块、CO_2 或 $SrCO_3$ 都可以直接与锂反应生成。反应式如下：

$2C + 2Li \xrightarrow{900℃} Li_2C_2$

或 $2CO_2 + 10Li \longrightarrow Li_2C_2 + 4Li_2O$

或 $2SrCO_3 + 10Li \longrightarrow Li_2C_2 + 2SrO + 4Li_2O$

$Li_2C_2 + H_2O \longrightarrow C_2H_2 + Li_2O$

此法不需要转移碳化物，CO_2 可以全部吸收转化成 Li_2C_2，产量高，操作完全迅速，但 CO_2 需达到一定纯度。

上述各种方法中，使用大体积不锈钢反应器进行高温 900℃ 以上合成反应时，应注意避免器壁的渗碳作用造成记忆效应。图 1 示意各类样品制备的程序。

（四）苯的合成

从乙炔聚合成苯，关键在于催化剂。国外大多采用钒催化剂，我国则采用铬催化剂。目前国内各实验室合成苯的操作工艺大同小异，均采用 $CrO_3 - Al_2O_3 - SiO_2$ 催化剂，反应器装置如图 2（参见 19 页图 12）。

厦门大学化学系的研究指出，附载型氧化铬催化剂的活性中心是五价铬 [Cr（V）]，其数目估计只占铬原子总数的 0.2%，毒化催化剂的主要杂质是水和氧。因此在使用 $CrO_3 - Al_2O_3 - SiO_2$ 时，需先加热通氧使 Cr（III）氧化至 Cr（IV）和 Cr（V）。随后抽高真空除去 O_2 和 H_2O 等。

通常制备 1g 苯约需催化剂 1—2g。催化剂越多，合成速度越快。但由于催化剂表面结焦并吸收一部分苯，故使用催化剂量不宜太多。另外，聚合苯是放热反应，如反应太快会升温太高，一般保持在 80℃～120℃ 左右，合成效率最为适宜，若温度过高则应采取冷却措施。

通常催化剂吸收乙炔聚合苯的效率几乎可达 100%，而苯的获得率可达 90% 以上。苯的纯度很高，作为溶剂配成闪烁液测量无需再提纯。

四 样品的测量及数据处理

（一）常规测量

14C 断代测量是一种严格的相对测量，必须在测量条件保持严格一致的情况下，测出样品对现代碳标准的放射性强度之比。其过程如下：

1. 闪烁液的配制

将制备好的苯取固定的相同量，例如 5ml，作为溶剂注入特制的低本底样品瓶，按一定比例加入闪烁体，即可送入液闪的样品室进行测量。常用的优良闪烁体有：TP，PPO，PBD，丁基 PBD 等。一般这些闪烁体发出的光波长较短，为了转换发射光的波长与光电倍增管相匹配，往往使用第二闪烁体。常用的第二闪烁体有 POPOP，DMPOPOP，双－MSB，PBBO 等。有时把闪烁体溶于甲苯配成浓缩液，然后再按比例稀释到苯中，效果也很好。例如 PPO（36mg/ml）、POPOP（0.6mg/ml）的甲苯浓缩液，以 20％的比例稀释到样品苯中，即可供测量用。用体积来计重样品不易精确，实际配液时还需用分析天平称重。

2. 测量

制备的样品苯一般要存放两周，使可能混进的氡衰变完。由于样品的14C 计数率较低，为了减少统计误差，需要对样品作长时间测量。在测量过程中要求采用监测措施，对计数要作统计检验。一般采用每隔一段时间（10min～30min）记录一次计数，以观察仪器是否正常，直至按规定的时间测完为止。每测完一个样品后测一次标准源，观察一下效率是否有变化。如果各个计数瓶的规格不能严格保证完全一致，应分别测定其本底和效率。有的仪器可以做到自动换样测量，将本底和现代碳标准随同若干个样品轮换测量，能消除仪器漂移和本底随时间变化所造成的误差。

3. 测量数据的统计检验

设对某个样品作了一次等时计数，可使用 X^2 检验法。按照

$$X^2 = \frac{\sum \left[（实测值）_n - 平均值 \right]^2}{平均值}$$

计算出 X^2 值后，再查对 X^2 值表，看是否超出了给定置信水平的 X^2 界限。

另外，还可以用作图法作统计检验（图 3，参见 21 页图 18）。设平均计数值的标准偏差 σ，则 n 次等时计数中应有约 68％的点分布在距离平均值的 $\pm\sigma$ 内，应有约 95％的点分布在 $\pm2\sigma$ 范围内。一般难得有超出 $\pm3\sigma$ 范围的点，因为超出的几率只有 0.27％。一般在仪器漂移不大的情况下，测量记录都可以通过统计检验。

4. 样品年代及误差的计算

如果测量过程中未发现异常情况，数据记录经统计检验合格，则根据平均计数率及泊松统计误差算出样品的年代及其误差。

一般测量仪器的漂移或其他误差均小于样品计数的统计误差，现仅计算年代及计数的统计误差。根据^{14}C测定年代原理：

$$Y = \tau \ln (Ao/As) \tag{1}$$

Y 为样品的年代，τ 为^{14}C 的平均寿命，Ao 为现代碳标准的净计数率，As 为样品的净计数率。实际测量时 Ao，As 都和本底 Ab 混在一起，即：

$$Ao + b = Ao + Ab \qquad Ao = Ao + b - Ab \tag{2}$$

$$As + b = As + Ab \qquad As = As + b - Ab \tag{3}$$

若测量时间均为 t，则这些测量值的相应标准偏差为：

$$\sigma^2_{Ao+b} = Ao + b/t \qquad \sigma^2_{As+b} = As + b/t \qquad \sigma^2_{Ab} = A_b/t \tag{4}$$

根据统计误差的传递规则：

$$\sigma^2_{Ao} = \sigma^2_{Ao+b} + \sigma^2_{Ab} = A_{o+b}/t + A_b/t = (Ao + 2A_b)/t \tag{5}$$

$$\sigma^2_{As} = \sigma^2_{As+b} + \sigma^2_{Ab} = A_{s+b}/t + A_b/t = (As + 2A_b)/t \tag{6}$$

式（1）中 Y 为 Ao、Ab 两个变数的函数。根据统计误差传递公式，令年代统计误差为 σ_Y，则：

$$\sigma^2_Y = (\partial Y/\partial Ao)^2 \sigma^2_{Ao} + (\partial Y/\partial As)^2 \sigma^2_{As}$$

$$= (\tau/Ao)^2 [(Ao + 2A_b)/t] + (\tau/As)^2 [(As + 2A_b)/t]$$

$$\sigma_Y = \tau \{ [(Ao + 2A_b)/Ao^2 t] + [(As + 2A_b)/As^2 t]\}^{1/2} \tag{7}$$

由于配液时每次取苯量不能完全一致，因此对现代碳和样品碳均按每克苯的平均计数率换算年代，而年代误差仍按总计数率及其误差进行换算。试举一例如下：

设：使用 6.2g 左右的苯测量，样品苯重 3.8076g，需加本底苯 2.4g 以后配液测量。结果是：

样品苯 3.8076g，测 1000min，计数 27904（次）

本底苯 6.2000g，测 1000rain，计数 4315（次）

糖碳苯 6.2473g，测 1000rain，计数 83608（次）

则样品苯净计数为 27904 - 4315 = 23589（次）

糖碳苯净计数为 83608 - 4315 = 79293（次）

换算成现代碳标准苯每克每分钟净计数为

79293/（1.362×6.2473×1000）= 9.319（次）

样品苯每克每分钟净计数为

23589/（3.8076×1000）= 6.195（次）

用^{14}C 半衰期 5730 年，距今以 1950 年为起点，则样品年代为

距今 8267×ln（9.319/6.195）= 3375（年）

年代误差为

$\sigma = 8267 \times \{[(83.608 + 4.315)/(79.293^2 \times 1000)] + (27.904 + 4.315)/(23.589^2 \times 1000)\}^{1/2} = 70(年)$

结果得 3375 ± 70（年）

（二）可测的最老样品年代的估算

可测的最老样品年代决定于能测出的最低样品计数率 As，min

$$Ymax = \tau ln\ (Ao/As，min) \tag{8}$$

如果认为可测出的最低的样品计数率以其泊松误差的 4 倍为限，即：

As，min $= 4\sigma_{As}$ 时求 Ymax

$$\because As \ll 2Ab, \quad As，min = 4\sqrt{[(As + 2A_b)/t]} = 4\sqrt{2A_b/t} \tag{9}$$

将（9）代入（8）得

$$Ymax = \tau ln\ (Ao/4\sqrt{2A_b/t}) = \tau ln\ [(Ao/\sqrt{A_b}) \cdot \sqrt{t/32}] \tag{10}$$

式中 $Ao/\sqrt{A_b}$ 称为探测系统的品质因子。增加样品量，降低本底，加长测量时间，就可以提高最高可测年代的界限。

（三）液闪测量的其他误差来源

除计数统计误差外，测量上也还存在其他误差，如电子仪器的误差；苯中溶解氧量不同，因而淬灭程度不一样，使计数效率发生变化；轮换测量时计数瓶的位置发生挪动影响计数效率等。还有光电倍增管的灵敏度随温度的变化；计数瓶洗擦后产生摩擦发光或不够清洁而透光发生变化等。上述情况，有些可以避免，有些则难以控制，终会产生误差。一般会使测量误差增加千分之几，当计数统计误差缩小之后，这些误差的影响就会暴露出来。

（四）自动化过程

液闪法的主要优点之一就是自动化程度高。在有自动换样装置的液闪仪上配接微计算机，即可实现换样、测量、数据采集和处理以及实验室样品管理等的自动化。

今以中国社会科学院考古研究所实验室采用的装置为例，描述^{14}C 测定的实验全过程如下：

1. 样品登记

由送样单位填写一份样品登记表，包括样品出土的地点、层位、采集日期、提供单位、估计的文化性质以及出土情况等。并按顺序编排实验室编号。然后，将各项内容通过微计算机存档，打印出实验记录卡片、收到样品一览表以及各单位送样数目的记录等。

2. 样品的制备

样品经过预处理、合成碳化物、水解得乙炔后聚合成苯。各步骤的实验情况填入实验记录卡片。

3. 样品的测量

样品苯配成闪烁液后送入液闪计数器测量，每次送十个样品，0 号为本底碳，1 号为糖碳，2 至 9 号为 8 个未知样品。每个样品测 50min 后轮换，共测 21 轮。每当计数测量达到预置时间时，计算机即将数据取出，存入磁盘，并给出讯号轮换样品。依次测量达预置数后停止，计算机自动检验数据并计算样品年代及其误差，打印成表。

4. ^{14}C 年代卡片

将测定所得的年代和误差结果通过计算机存档，这样 ^{14}C 测定的实验过程全部结束。根据所得结果即可进行对样品年代结果的各种处理，如打印出测定结果的卡片和通知单，以及按单位、遗址、年代分类排列的各种表格等供检索、研究。

五 ^{14}C 断代中的有关问题

根据公式 $Y = \tau \ln (Ao/As)$ 计算的 ^{14}C 年代是否代表样品的真实年代，并不是完全可以肯定的。这个公式的成立有三个基本假设为前提条件：（1）若干万年以来大气的 ^{14}C 浓度保持不变；（2）被测样品与大气有过充分碳交换，即初始的 ^{14}C 浓度是一致的；（3）样品一经与大气停止碳交换后，保持封闭状态，即不再与外界有任何碳交换。实际上，这三个基本假设并不能严格满足。另外，公式中的 τ 应是一个常数，但由于历史的原因使用了两个不同的值，也需要注意。因此 ^{14}C 断代存在着许多复杂的因素。这些问题其他著作中已有较详细的论述，在此仅作扼要的介绍。至于样品的年代能否完全代表它所在考古遗址的年代或所在地层沉积形成的年代，这类问题要由考古、地质工作者同从事 ^{14}C 测定的工作者根据具体情况共同分析研究来确定。

（一）^{14}C 的半衰期

在年代计算中，半衰期是一个重要参数，半衰期的误差直接影响到年代的误差。1950 年，利比选用了三个当时被认为比较好的半衰期值（年）：5580±45；5589±75；5513±165。加以权重平均得 5568±30（年），这个值就一直沿用下来[1]。后来仪器有了改进，精度大为提高，1961 年美国标准局等的三个实验室重新作了仔细测定，得出的数据是：5760±50；5780±65；5680±40。1962 年 7 月，在英国剑桥召开的第五次国际 ^{14}C 会议上，对 ^{14}C 半衰期值作了充分讨论，最后确定把新测出的三个数据平均得出 5730±40（年）作为当时最好的半衰期值。但由于 5568 年这个半衰期已沿用多年，不便改动，而且已出现了 ^{14}C 年代需要作树轮年代校正的问题，即使应用新值也不能获得真实的年代，因此决定在公布年代数据时仍采用 5568 年这个半衰期值，而作为物理参数时使用 5730 年这个新半衰期值。但也有一些实验室在公布数据时使用新半衰期值，如我国的 ^{14}C 实验室大都采用新值，引用时需要注意。

（二）同位素分馏效应

碳的三种同位素 ^{12}C、^{13}C、^{14}C 在热运动中或化学反应过程中，由于轻重不同它们的活动性有所不同。各种植物在吸收 CO_2 进行光合作用制造养料时，也会使碳的同位素组成发生改变。通常发现在贝类碳酸盐中¹³C、¹⁴C 比较富集，而在有机物中则正好相反。这种现象称为碳的同位素分馏效应。这种现象自然界存在，实验室人工操作的实验过程中也同样会发生。样品中碳的同位素组成不一致会给测定结果带来明显误差，因此必须统一同位素组成比值。曾发现用同一遗址出土的玉米和木炭作年代测定，结果玉米的年代偏晚约 200 年。究其原因，乃出于玉米的原始同位素组成不同于木炭[18]。

¹⁴C 含量甚微而且是放射性的，直接用质谱仪测定¹⁴C 的分馏效应是不可能的。但可由测定¹³C 的分馏效应来推算¹⁴C 的分馏效应。

令 $R_{13} = {}^{13}C/{}^{12}C$，$R_{14} = {}^{14}C/{}^{12}C$，X 表示样品，std 表示标准，则应有：

$$\delta^{13}C = \left[R_{13(X)}/R_{13(std)} - 1 \right] \times 1000\text{‰} \tag{11}$$

$$\delta^{14}C = \left[R_{14(X)}/R_{14(std)} - 1 \right] \times 1000\text{‰} \tag{12}$$

根据同位素分馏的运动规律：

$$R_{13(X)}/R_{13(std)} = \left[R_{14(X)}/R_{14(std)} \right]^{1/2} \tag{13}$$

推得

$$1 + \delta^{13}C/1000 = (1 + \delta^{14}C/1000)^2 = 1 + \delta^{13}C/2000 \tag{14}$$

所以 $\delta^{14}C = 2\delta^{13}C$，¹⁴C 的分馏效应为¹³C 的二倍。

通常对 $\delta^{13}C$ 质谱测定采用的国际标准是美国标准局的 PDB 标准。它是美国南卡罗来纳（Carolina）皮迪（Peedee）层白垩纪层中的一种箭石（Cretaceous belemnite，拟箭石 Belemnitella americana），在 25.2℃用 100％的 H_3PO_4 与它作用，放出的 CO_2 作为质谱测定的原始标准物，样品 CO_2 与其比较，即可定出相对于 PDB 的 $\delta^{13}C$ 值。

¹⁴C 样品中以植物样品占多数，计算年代时分馏效应的校正规定通常以木头为标准，木头的 $\delta^{13}C$ 值相对于 PDB 是 - 25‰。各类物质的 $\delta^{13}C$ 值大致都已有测定，假定样品的同位素组成在埋葬过程中没有发生变化，则可按样品的物质种类的 $\delta^{13}C$ 值进行分馏效应校正。

（三）现代碳标准

¹⁴C 年代是根据样品目前剩余¹⁴C 放射性水平同原始的放射性水平比较计算出来的。然而样品的原始放射性水平无法测定，只好用现代处于交换平衡状态的样品的放射性来代替。这个代替的样品碳称为现代碳。但由于自然界存在的复杂因素，不同时代或不同样品的原始放射性是不一致的，因此¹⁴C 测年工作需要有一个确定的统一的现代碳标准。

国际上规定以美国国家标准局草酸作为现代碳标准物质。以该草酸 1950 年放射性浓度的 95％作为现代碳标准，草酸的¹³C 组成相对于 PDB 标准为：$\delta^{13}C_{草酸} = -19$‰。这个标准称为 NBS 草酸标准，是 1958 年美国莱蒙脱实验室对比 1890 年橡木的¹⁴C 放射性定出来的。橡木的¹³C 组成相对于 PDB 标准为：$\delta^{13}C_{木头} = -25$‰，测出的橡木放射性校正到 1958 年。

这里有两点值得注意：

第一，在使用草酸标准时，测定的草酸放射性必须以 $\delta^{13}C_{草酸} = -19$‰为准，作同位素分馏效应的校正，即：

$$A_{ON} = 0.95 A_{OX} \left[1 - 2 \left(\delta^{13}C + 19 \right) / 1000 \right]$$

Aox 为草酸放射性测定值，A_{ON} 为草酸放射性校正值。

第二，原始标准是木头，它的 $\delta^{13}C$ 值为 $-25‰$。在测定标准的放射性时，必须将样品 $\delta^{13}C$ 值归一化到 $-25‰$，作出同位素分馏效应的校正，即：

$$A_{SN} = A_S \left[1 - 2 \left(\delta^{13}C + 25 \right) / 1000 \right]$$

A_{SN} 为样品放射性校正值，A_S 为样品放射性的测定值。

NBS 草酸原储存了 1000lb（磅，$= 0.453592$kg），已经快用完了。澳大利亚大学[14]C 实验室用分析纯蔗糖，同 NBS 草酸和 1850 年木头的放射性作比较，建立了 ANU－蔗糖次标准。$\delta^{13}C = -11‰$，当归一化到 $-25‰$ 时，其放射性是现代碳标准的 1.5081 倍。

1980 年，美国国家标准局又用 1977 年的法国甜菜糖浆中提炼制备的 1000lb 草酸，由 L. M. Cavallo 和 W. B. Mann 组织了十六个实验室作标定。根据八个实验室所做的结果，新草酸的放射性是老草酸的 1.2923 ± 0.0046 倍，$\delta^{13}C$ 比原来的草酸大 0.14%。

我国糖碳标准是同 1850 年木头、ANU－蔗糖、NBS 新、老草酸相比较标定出来的。糖碳是用一批甜菜糖制备成分析纯蔗糖干馏而成，再经粉碎混匀，每瓶 100g 封装，糖碳的[14]C 放射性是国际放射性标准的 1.362 ± 0.003 倍，$\delta^{13}C = -19.47 \pm 0.54‰$。用糖碳作标准物质的优点是化学处理最容易，燃烧时不易发生同位素分馏[19]。

（四）储存库效应

[14]C 由大气扩散到各交换储存库。由于扩散速变不同、储存库大小的不同或其他原因，处于不同储存库中的物质的[14]C 浓度水平各异。有的相差甚大，但这并非由同位素热运动的分馏效应引起。因此，用这种样品测出的年代，不能单考虑同位素分馏效应的校正，还要根据储存库的情况作出校正。例如石灰岩地区，由于浸蚀作用，不含[14]C 的矿物碳形成重碳酸盐溶解于水，致使水生物的[14]C 浓度水平降低，测出的年代偏老。另外，有时无法也无必要作出年代校正，而是标出现代碳标准相比较的放射性水平，作为地球化学研究的一个参数看待，例如为研究海洋的样品测定即是如此。深层海水中[14]C 浓度水平较低，正是海水上下层混合有一定速度的标志。

（五）大气[14]C 浓度的变化与树轮年代校正

由于地球磁场的变化、太阳活动、大气 CO_2 浓度变化以及碳的交换储存库容量大小的变化等都会影响大气[14]C 浓度。各方面的研究证明过去大气中的[14]C 浓度确实是变化的，变化的最大幅度可达 10%。树木每年生长一轮，树木年轮中的[14]C 浓度反映了大气[14]C 浓度的变化。树轮是精确可数的，用树轮木片作[14]C 年代测定就可以直接将[14]C 年代与已知年代作比较。目前树轮年代学的发展已可获得并精确数出近一万年内的树木年轮。经过许多实验室多年的测定，已可以绘出八千年内已知树轮木片年代与其¹⁴C 年代比较曲线，称为树轮校正曲线。用该曲线就可以将样品的¹⁴C 年代校正到真实年代。过去曾发表了好几个校正曲线或校正表，如休斯曲线、拉尔夫表、达曼表、克拉克表等。各曲线和表的大体趋向一致，但稍有差别。1982 年《Radiocarbon》上发表了一个比较统一的、迄今最为详细的校正单个¹⁴C 数据的校正表[20]。

图 4 为几种¹⁴C 年代与树轮校正年代曲线的图示（参见 20 页图 16）。

六　¹⁴C 断代在考古中的应用

由于利用了¹⁴C 断代法，全世界的史前考古学可以说跨进了一个新的时代。从前，史前年代学很少有可靠的根据，几乎建立在主观臆断和推论上面。例如史前欧洲的编年是先假定欧洲史前文化受到了近东影响而后发展的，因而以为可以依据近东历史文献的编年而相应推定。但通过大量的¹⁴C 断代，结果是推翻了旧的年代学，另行建立了一个新的编年，所以人们称¹⁴C 断代为"放射性碳素的革命"。实际上可以说，"¹⁴C 断代法是二十世纪世界史前考古学中的大革命"。著名考古学家夏鼐教授就¹⁴C 断代法对我国考古学的影响评论时曾写道："碳－14 测定年代的结果在我国虽然没有引起这样大的震动，但是在史前年代学及其相关的问题上，也使我们在许多方面不得不重新考虑，展开讨论"[21]。

¹⁴C 断代法在我国是 1965 年建立的。1972 年，《考古杂志》复刊后的第一期公布了第一批测定的年代数据。有关¹⁴C 测定报告发表以后，立即引起了国外考古研究工作者的重视。他们纷纷发表文章加以介绍或者根据这些年代数据对我国考古学年代问题进行讨论。有的国家把有关¹⁴C 测定的报告和论文全文翻译过去加以研究。到目前为止，我国已发表了一千多个考古年代数据，为我国的史前考古年代学初步奠定了基础[22,23]。

现将我国¹⁴C 断代的主要成果简要介绍如下：

（一）旧石器时代晚期遗址的测定

过去，对旧石器晚期遗址的年代只能笼统作为一段时期对待，很难确切分出时代上的早晚，对年代的估计与实际往往差距很大。实际上一个遗址可能有不同的层位，可以分期。例如北京周口店山顶洞人遗址，过去有人估计是十万年前的，也有人说是五万年前的。可是有的考古学家从遗址出土的某些装饰品看，曾怀疑是比较晚的东西，但不能肯定。经过对该遗址两个不同层位样品的测定，结果是上层一万年，下层近两万年。又如河南小南海山洞遗址上下层的年代，也相差了一万几千年。其他测定过的旧石器晚期遗址也已有十多个。因此，¹⁴C 测定促使对旧石器时代晚期文化遗存的研究更加深入细致。

（二）新石器时代各种文化类型年代序列的建立

新中国成立以来我国考古工作有了飞跃发展，发现的新石器时代遗址有六、七千处，大规模的调查发掘遍及全国，以黄河流域的工作点最为密集，长江流域次之。已做的¹⁴C

年代数据有好几百个，各类型文化的14C年代早晚与考古层位的顺序基本上是一致的，但给出了绝对年代序列。通过14C测定还帮助发现了早期新石器文化的类型。因为在考古发掘和调查中，偶然碰到新类型器物往往没有清楚的层位叠压关系，不能判断出年代早晚，即使在工作基础较好的中原地区也是如此。例如裴李岗类型的某些器物，早在六十年代初期就已被发现，当时因为无法根据层位关系判断早晚，结果仅发了简报。有人单从某些类型上看还认为是比较晚的东西，直到1977年调查试掘时，收集了一点木炭作出14C测定后，才肯定是新石器时代早期的东西。随后跟踪追索发现了相似类型的遗址有几十处，把新石器时代的研究向前扩展了几千年。

此外，现在各地都陆续有早期新石器文化遗存的发现，对这些早期文化遗存的研究，如果没有14C测定年代相配合是不可能取得这么快的进展的。

（三）南方新石器时代早期的年代问题

对我国南方一系列新石器时代遗址如江西万年仙人洞、广西桂林甑皮岩、南宁豹子头以及广东一些遗址的测定，得出的年代数据相当老。测定使用的14C样品大部分是螺蛳壳、蚌壳之类。这些遗址位于石灰岩地区，显然14C年代可能受到岩石风化、古老碳参与交换循环的影响而偏老。但在广西作了调查，弄清了古老碳影响的因素，扣除以后，年代仍然很老。如甑皮岩遗址内与陶片共存的样品年代在扣除偏老因素以后，大约是距今9000年，比中原地区的磁山、裴李岗文化还要早1000年。这就给新石器时代早期类型文化的考古研究提出了新的课题。

（四）夏文化探索

夏代是传说中的一个在商代以前的朝代，它没有像商周时期甲骨文、金文那样的由当时传下来的文字资料，因此探索夏文化是考古研究中的重要课题。14C测定年代配合夏文化探索的任务，就是配合中原地区的考古发掘工作确定出商代以前各类文化的年代序列。如果发掘工作比较普遍，年代测定数据比较齐全，那么夏代有哪些文化类型也就一目了然。可是，由于对测定要求的精度较高以及其他许多问题，使得年代测定任务的完成并非轻而易举。现已配合二里头遗址、东下冯遗址和陶寺遗址的发掘测定了60多个年代数据，提出了测定的初步分析报告，定出了各个文化的年代范围，供考古研究作参考[24]。

（五）在研究科技史中的应用

在新石器时代的人类居住遗址中，常常发现白灰面覆盖在居住面或墙壁上。考古学家与古建筑学家都认为是古人建造住房时有意涂抹的。白灰面不仅坚固、美观、卫生，而且有一定的防潮作用。在黄河流域中上游地区仰韶文化时期遗址中就已发现，在龙山文化时期的建筑遗址中则有更多的发现。白灰面的成分有人曾做过分析，主要为碳酸钙。至于白灰面究竟是怎样做成的，是否为人工烧制的石灰，众说不一。根据文献材料只能肯定汉代已经有了人工烧制的石灰，但不知道究竟始于何时。有人猜测，新石器时代以来的所谓白灰面是用黄土中的姜石即石灰质结核磨成碎面，然后加水调制使用的，同时还做了试验。因此他们倾向于认为新石器时代以至商代的白灰面都不是人工烧制的石灰。

因为天然石灰岩的主要成分是碳酸钙，而人工烧制的生石灰—氧化钙，加水变成了熟石灰—氢氧化钙，涂抹在墙上或地上以后吸收空气中的二氧化碳，最后的成分也是碳酸钙。因此，用化学方法分析成分是无法判别的。然而，用放射性碳素测定方法是可以作出判断的。因为人工烧制的石灰所吸收的是建筑时期空气中的二氧化碳，都含有¹⁴C。而天然石灰岩的形成已非常古老，其中的碳一般不含¹⁴C。即使以前含有过¹⁴C，也已衰变尽了。因此，如将白灰面作为碳素断代的样品，从它所含¹⁴C量能定出和遗址相当的年代，即说明白灰面确是当时烧制过的生石灰形成的。如果不含¹⁴C，即说明白灰面并未经过烧制。

根据对龙山文化遗址中的白灰面所作的一系列测定，证明白灰面的¹⁴C年代与木炭的¹⁴C年代是一致的。这就无可争辩地说明，早在龙山文化时期即距今4500年前，已普遍使用人工烧制的石灰修筑房屋．这是建筑史上的一件大事。

我国冶铁大约起始于东周春秋时期，到战国时期铁制农具已相当普遍。而煤的发现和使用不晚于汉代。《汉书·地理志》记载："豫章出石，可燃为薪"，这里可燃为薪之石当指煤。考古发掘的汉代遗址中曾多次出现过煤和煤饼，所以文献的记载与考古的实物可互为印证。在山东平陵、河南巩县铁生沟、郑州古荥镇的汉代冶铁遗址中也都曾发现过煤饼，因此有人认为这是煤用于冶铁的证据。但是究竟汉代是否已用煤冶铁，长期无法肯定。我们知道铁中铁碳体是冶铁时渗进碳形成的。如果用木炭冶炼则铁碳体中的碳来源于木炭；如果用煤冶炼则来源于煤。但用一般方法无法检验出铁碳体中碳的来源，只能作¹⁴C测定才能判别。经对汉代几件铁器所作的¹⁴C测定表明，铁中的碳来源于木炭。即使用曾发现过煤的巩县铁生沟冶铁遗址中的铁作¹⁴C测定，结果也是一样。因此，如果进一步测定发现不了汉代铁器中的碳来源于煤，就可以断定汉代尚未把煤用于冶铁。测定还表明宋代及以后的许多铁器样品，其铁碳体中的碳来源于煤，即冶铁已使用了煤，这与史书记载是一致的。明代宋应星著《天工开物》中明确记载了宋代用煤炭冶铁的过程。

其他应用¹⁴C断代的例子还有许多。例如，文物工作往往要求对其历史要有较清楚的介绍，对庙、塔等建筑物的建造年代和后来修缮的年代必须弄清楚，而文献资料不足时，即可用¹⁴C测定的年代作为参考。总之，¹⁴C断代已成为考古研究中的得力工具。

（原载《液体闪烁测量技术的进展与应用》，392－425页，科学出版社，1987年）

[1]　Libby, w. F., 1955, Radiocarbon Dating, Chicago Uni. Press, 2nd ed.

[2]　Radiocarbon，1－25（1959—1983）

［3］　中国社会科学院考古研究所实验室《[14]C 测定年代》，《物理》1977 年第 3 期。

［4］　中国社会科学院考古研究所实验室《放射性碳素测定年代报告（一）》，《考古》1972 年第 1 期。

［5］　中国科学院贵阳地球化学研究所实验室《几个考古样品的[14]C 年代测定》，《地球化学》1973 年第 2 期。

［6］　中国科学院地质研究所《天然[14]C 年代测定》，《地质科学》1974 年第 4 期。

［7］　北京大学[14]C 实验室《液体闪烁法[14]C 年代测定工作初步报告》，《文物》1976 年第 12 期。

［8］　Libby, w. F. , 1946, Phy. Rev. , 69：671.

［9］　Anderson, E. C. , Libby, w. F. , et a1. , 1947, Science, 105：576.

［10］　Damon, P. E. , Lerman, J. C. andLong, A. , 1978, *Ann. Rev. Earth Planet Sci.* , 6：457.

［11］　Протопов, Х. В. , Бутомо, С. В. , 1959, СоветскаяАрхеалозия, 2：7.

［12］　Старик, Н. Е. , Арсланов, Х. А. , Кленер, Н. Р. , 1963, Рабцохцмця. us, S, 198.

［13］　Tamers, M. A. , Stipp, J. J. and Collier, J. , 1961, *Geochem. et Cosmochem. Acta*, 24, 266.

［14］　Noakes, J. E. , Kim, s. M. and Stipp, J. J. , 1965, Proc. 6th Intern. Conf. Radioc. & Tri. Dat. 68.

［15］　Polach, Hl, G0wer, J. and Fraser, I. , 1972, 8th[14]C Conf. Proc. , Wellington, New Zealand, B36.

［16］　厦门大学化学系催化教研室《过渡金属催化剂络合活化催化作用（1）》，《中国科学》1973 年第 4 期。

［17］　Godwin, H. , 1962, Nature, 195：984.

［18］　Lowdon, J. A. , 1969, *Radiocarbon*, 11：391.

［19］　仇士华等《[14]C 测定年代用"中国糖碳标准"的建立》，《科学通报》1983 年第 3 期。

［20］　Rlein, J. , et a1. , 1982, *Radiocarbon*, 24：103.

［21］　夏鼐《[14]C 测定年代和中国史前考古学》，《考古》1977 年第 4 期。

［22］　中国社会科学院考古研究所《中国考古学中碳十四年代数据集（1965—1981）》，文物出版社，1983 年。

［23］　中国第四纪研究委员会编《第三届全国第四纪学术会议论文集》，科学出版社，1982 年。

［24］　仇士华等《有关所谓"夏文化"[14]C 年代测定的报告》，《考古》1983 年第 10 期。

^{14}C 断代的加速器质谱计数法

仇士华

一　方法的原理

碳十四（^{14}C）测年的常规测定方法，是靠探测器记录在一定时间间隔内一定量样品中^{14}C原子衰变的数目，称为衰变计数法。这种方法在技术上目前已经发展到非常完善的地步。一般用 1 克～10 克的样品碳测量精度可达到 2‰～5‰，可测的最高年限达 4 万年～5 万年。如果样品量不受限制，使用同位素浓缩技术将样品中的^{14}C加以浓缩，则可测的最高年限达 7 万多年。但是，衰变计数法对于样品量受限制的情况有难以克服的困难。样品量少了就意味着要花更长的计数时间和不可避免地会增加误差，在许多情况下甚至根本无法测定。

长期以来，人们考虑到如果能直接清数样品中^{14}C的原子数，这比等待记录^{14}C原子的衰变要灵敏得多。^{14}C原子的平均寿命是八千多年，假定样品碳中有八千个^{14}C原子，人们大约要等一年才能记录到一次^{14}C原子衰变。如能把^{14}C原子从样品挑选出来清数，那探测灵敏度可大大提高。这一方法称为原子计数法。我们把样品的年代同相应的每克碳中^{14}C的原子数及其衰变率列一简表则更能说明问题。

表1

样品年代	^{14}C/^{12}C	^{14}C原子数/克碳	^{14}C原子衰变数/克碳，分
现代	1.18×10^{-12}	5.9×10^{10}	13.6
10000	3.60×10^{-13}	1.8×10^{10}	4.06
20000	1.05×10^{-13}	5.2×10^{9}	1.21
40000	9.34×10^{-15}	4.7×10^{8}	0.108
60000	8.31×10^{-16}	4.2×10^{7}	0.010
80000	7.39×10^{-17}	3.7×10^{6}	0.0009

所述原子计数法即加速器质谱计数方法，就是将^{14}C样品经化学制备后引入到加速器的离子源，经电离后加速到高能，再应用近代核物理实验中发展起来的电荷剥离技术，射程过滤技术以及 $\Delta E—E$ 探测技术等粒子分离鉴别技术，把^{14}C离子挑选出来实现对单个^{14}C原子进行计数。它的实质就是将加速器同质谱仪联合加以改进而成的超高灵敏质谱仪。

它比普通最灵敏质谱仪的灵敏度要高至少 5 个数量级。普通的质谱仪由于离子能量低，无法采用上述的核探测技术和分离技术。高能的重离子探测技术如 ΔE—E 粒子鉴别探测器，它能测定每种离子的动能和电离能量损失率，能够在具有相同动能和质量十分相近的粒子中把不同原子序数的离子区分出来。由此解决了普通质谱仪长期未能解决的问题。

1977 年报道了缪勒（R. A. Muller）[1]首先建议使用回旋加速器来加速和直接记录同位素原子，并在美国加州大学贝克莱实验室的 88 吋回旋加速器上做了第一次成功的试验。同时纳尔逊（D. E. Nelson）[2]，高夫（H. G. Gove）[3]等分别用串列静电加速器成功地测出了样品的^{14}C 原子数。1978 年 4 月在美国罗彻斯特大学召开了"应用加速器进行^{14}C 年代测定"的学术讨论会。到 1985 年止已开过四次加速器质谱技术的讨论会，发展非常迅速。

加速器质谱计数方法显著的特点是：

1. 样品使用量仅及常规法的千分之一，这意味着^{14}C 测年样品的应用范围可以大为扩展。

2. 测定时间大为缩短，一般不超过 1 小时。

3. 测定年限有希望扩展到 75000 年以上。而年代测定精度的提高和年限范围的扩大，往往会给考古学和地质学等学科展现出新的图景。

此外，除了测定^{14}C 外，作为测定年代的手段这种方法还用来测定由宇宙射线产生的另一些放射性同位素如：^{3}H, ^{10}Be, ^{26}Al, ^{32}Si, ^{36}Cl, ^{39}Ar, ^{41}Ca, ^{81}Kr, ^{129}I, ^{205}Pb 等。这些同位素的测定在天体物理和地学研究领域有着重要的应用。

由于设备比较昂贵，技术比较复杂，我国的加速器质谱仪仅限于个别单位而且还处在筹建或调试阶段，目前还没有专用的^{14}C 加速器质谱仪。我们相信随着四化建设的发展，不久的将来定会建立起来。

二　回旋加速器技术

回旋加速器本身就可以作为质谱仪，其质量分辨率很高，已可大大降低荷质比相近的离子干扰。但测量^{14}C 时存在大量的^{14}N 离子干扰，还必须使用射程分离和粒子鉴别探测器等手段加以消除。全部测量过程可分为五个基本步骤：（1）样品的电离；（2）加速离子；（3）分离出^{14}C 离子；（4）使用 ΔE—E 探测器记录^{14}C 原子；（5）将^{14}C 原子的计数归一化算出年代。

首先，将样品碳制备成气体如 CO_2 或 CH_4。从理论上说亦可制备成固体碳如石墨。离子源可装在加速器外部或它的中心，可用正离子，亦可用负离子。

回旋加速器可以选择加速^{12}C, ^{13}C, ^{14}C 离子。在加速^{14}C 离子时只有^{14}N 与之一起加速，而^{12}C, ^{13}C 及其他同位素离子均不被加速。已被加速的高能离子经过聚焦磁场、偏转磁场和射程过滤器进一步分离选择。射程过滤器的原理是：能量和质量相同的粒子在物质中的

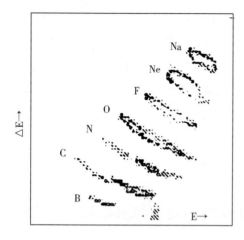

图 1 不同元素的二维能谱图

射程大致与原子序数 Z 的平方成反比。所以当干扰离子的原子序数比碳大时就可以用适当的吸收物质将它吸收掉。通常用气体氙作为吸收阻止材料。^{14}N 的 Z 等于 7，^{14}C 的 Z 等于 6，两者射程相差 30%。射程过滤器可以设计成正好将 ^{14}N 离子全部阻挡住，而 ^{14}C 离子能全部穿过，并进入后面的 ΔE—E 探测器。ΔE—E 探测器是由两只探测器组成。ΔE 探测器在前，E 探测器在后，犹如望远镜中的物镜和目镜，所以又称 ΔE—E 探测望远镜。ΔE 探测器是测定离子的能量经电离的损失率即比电离 dE/dX，它大致正比于 MZ^2/E。因此具有相同能量 E 和相同质量 M 的离子，只要原子序数 Z 不同，电离损失率就不会相同。从而可以根据 ΔE 和 E 的二维谱图加以区分。因 $E \times (dE/dX) \approx MZ^2$ 所以在 E 和 dE/dX 的平面上不同原子序数的离子落在不同的双曲线上。如果将 ΔE 和 E 的讯号分别送入多道脉冲幅度分析器，其一作为 X 轴讯号，另一作为 Y 轴讯号，就可以得到二维测量能谱图。这样既可以区别出离子的种类，同时又记录到离子的数目。图 1 为一个二维能谱测量的实例，可以按原子序数区分得很清楚[4]。

为了计算样品的年代必须对测得的 ^{14}C 计数进行数据归一化。使用归一化的方法有两种：其一是将 ^{14}C 计数对样品碳的稳定同位素 ^{12}C 进行归一，求得 $^{14}C/^{12}C$ 比值，即可计算出样品的年代。由于 ^{12}C 比 ^{14}C 的原子数多 10^{12} 倍，不可能采用粒子计数法，但可以通过对 ^{12}C 作同样的加速分离，用法拉第筒代替粒子计数器来测量 ^{12}C 的束流值，然后与 ^{14}C 计数进行比较。也可以在离子源出口束流中在加速之前分离出 ^{12}C，若知道 ^{14}C 加速效率的话，就可以使用这个 ^{12}C 束流来归一。另一种归一办法就如同常规断代中相对测量的办法一样，先后测得现代碳标准样品和未知年代样品的 ^{14}C 计数率，由两者之比来计算出样品的年代。当然在这种相对测量中，要尽可能保持测量先后条件的一致，或者对测定的数据作必要的修正，方能得出正确的年代数据。

缪勒曾用回旋加速器测量了一个 ^{14}C 数据，可以同常规测量结果相比较[5]。提高测量精度的障碍主要是污染和"记忆效应"。所谓"记忆效应"，是指上一次测的样品会被器壁吸附，下一次测样时释放出来，造成不同程度的污染。对于高精度测量，这是一个严重的问题，改进的措施倾向于采用铯溅源装于加速器外部，加速碳的负离子进行测定。也有计划建造小型专用回旋加速器，采用负离子源，省去射程分离和 ΔE—E 探测器等昂贵设备以降低成本。但这样设计的本底如何，还有待实验证明。

三 串列静电加速器技术

在贝克莱小组使用回旋加速器进行试验的同时，罗彻斯特大学和麦克马斯特大学利用串列静电加速器作了14C测量。而目前投入实际使用的正是串列静电加速器，并有了成型的产品可以订购。利用串列静电加速器有其特殊的优点：

1. 离子源和探测器均处于地电位。

2. 可以采用电荷剥离技术，将碳的负离子转变为正离子，进一步消除干扰。

3. 可以精确控制加速离子的能量，有利于配合探测器的工作而进一步消除本底。

4. 可以同时加速和分析12C，13C，14C，更能保证相对比例的精确性。

图2是用于14C测定的串列静电加速器系统示意图[6]。在这个系统里，离子源用固体石墨碳，采用铯溅射法形成负离子碳，由于14N不能形成稳定的负离子，所以一开始就消除了14N的干扰。负离子经过初步加速和偏转磁场进行预选，再加速到高能通过剥离器把碳的负离子变为正离子，继续加速进入后面的轨道。所有分子离子经过剥离器以后都被粉碎成单个的原子离子。因此诸如13CH，12CH，许多质量为14的分子离子，原来会同14C原子一起加速而不易分辨，经过剥离器以后，再经磁场分选就全部消除了。被加速到高能的14C正离子再使用射程过滤器和ΔE—E探测器对它进行单个原子计数，其过程同上述的相同。

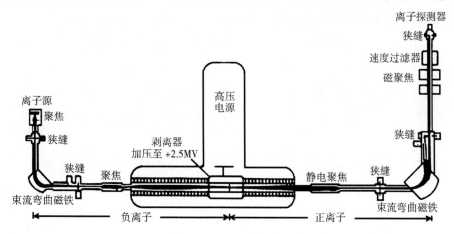

图2 串联静电曙速器系统示意图

为了对14C计数进行数据归一化，可通过改变磁场来测定12C和13C，或者利用碳的三个同位素在磁场中偏转角度不同，用相应的方法同时分析测定12C，13C和14C，根据14C所占的比例来求得14C年代。现在专用的14C年代测定串列静电加速器系统由计算机控制，采用不同的探测器可同时测出14C和12C，13C的计数，即时给出年代数据。

串列静电加速器方法测定14C年代的技术获得了可喜的成果，已可大量提供年代数据。英国牛津大学考古和艺术史研究实验室装备有专用的串列静电加速器为考古测定年代，他们使用串列静电加速器方法测出了数以百计的考古年代数据[7]。实际上，这种方法本身可以做到本底计数非常低，但目前测出的年代数据精度同常规测量还不相上下，其原因是微量样品的处理难免有一些污染，另外离子束流的稳定性还不能达到理想的高精度。¹³C 虽然可以测出来，但其精确度还远不如质谱仪测定。要达到理想的精度，扩展可测年代范围，技术上还有待进一步改进，主要是解决消除样品处理中的微量污染和改善离子束流输送过程中的球色散等问题。

四 对样品制备的要求

加速器质谱计数方法对样品的制备有两个特殊要求。首先，样品的制备要求采用微量操作技术；第二要将微量碳样制成离子源中的样品靶，以适应加速器质谱计数方法中产生离子的需要。

样品化学制备的过程，仍然同常规法一样将样品中的碳提取出来，制备成纯化学物质。但因为使用的样品碳量仅及常规法的千分之一，几毫克碳或几毫升 CO_2，现在却是全部的样品量。因此无法使用常规制样的操作系统，必须使其微型化，适应微量操作的需要。各种器具如反应器、量具、转移用具、纯化系统等都必须微型化。样品制备中的防污染要比常规法更严格。因为不仅是样品量比常规法小了一千倍，因而污染物量要按比例小千倍，还因为加速器法要求扩展可测年代范围，使样品的污染问题显得更加尖锐。例如在常规法中样品碳中有 0.2％的现代碳的污染对测量 4 万年以内的样品并未显出不可容忍的问题。但它的 ¹⁴C 含量已相当于 5 万年样品的量，即本来是不含 ¹⁴C 的本底样品，经制样后测出的结果却有 5 万年。这就严重影响了可测年代范围的扩展。因此将来加速器法 ¹⁴C 测定年代可能扩展的年代范围，在相当程度上取决于取样时去污染和制样过程中防污染所能达到的水平。

加速器质谱法对样品靶有极其严格的要求。样品靶必须能产生持久稳定的、有一定强度的离子束流，否则就不能达到测量的高精度。加上测定年代的需要，概括起来对样品靶的制备有下列几点要求：

1. 靶上的样品碳要分布均匀，能产生持久稳定的离子束流，一般要求离子束流大于 10 微安，时间能持续半小时以上。

2. 靶上的碳能转成离子的总效率越高越好，一般在 5％～10％。

3. 靶上的碳同位素成分要均匀，否则会引起不稳定的同位素分馏效应。

4. 重复性要好，即同一样品分别多次制成的靶，各项参数能够保持相同。

5. 要严格防止污染。

原则上，只要能满足上述要求的含碳物质的靶都可以使用。通常气体靶比较简单，产生的离子束流也强，不需要特殊制备。但由于气体靶有"记忆效应"，严重影响高精度测量。如能设法解决"记忆效应"的问题，则气体靶是最理想的。固体靶有多种多样，例如无定形碳粉靶，碳粉与金属粉混合的靶，碳化合物靶，石墨靶等，而以石墨靶比较理想。它的离子转换效率比较好，可达到 10%，产生的离子束流比较强，可达到 $25\mu A$ 以上，而且使用寿命也比较长，可达到半小时以上，能满足测量的要求。

制备石墨靶的方法也有多种多样。一般采用高温高压法或高温裂解法。英国牛津大学考古和艺术史研究实验室加速器质谱 ^{14}C 年代测定组采用使乙炔裂解出来的碳沉积在加热的钽丝上形成石墨作靶[8]。这个方法比较简单易行，效果也比较好。他们用天然石墨作靶的计数率相当于现代碳的 0.05%；裂解石油醚制备的石墨靶计数率相当于现代碳的 0.1%；而对于本底样品经燃烧、化学制备的石墨靶，计数率相当于现代碳的 0.3%。这说明在制靶的过程中有污染，化学处理过程中的污染更为严重。因此，目前加速器质谱法还只能测定小于 4 万年的样品。同常规法的水平相当。但对加速器质谱法来说，这种限制不是根本性的，目前的这种状况可望得到改进。如能严格控制污染来源，改善样品制备的实验操作，把 ^{14}C 测年范围扩展到 6 万年以上，还是有希望的。

五 应用的现状与展望

加速器质谱法作 ^{14}C 年代测定的主要特点是要的样品量少和可以扩展测定年代的范围。这无疑能解决许多衰变法无法解决的问题。目前这种方法已经投入使用，每个样品的测定费比常规法约高两倍左右，但测定的水平同常规法相当。经改进以后可以大大提高测定精度和扩展测定年代的范围。就目前而言，已经解决了使用样品量少的问题，其应用价值表现在：

1. 许多珍贵文物由于含碳量极少或者不能大量取样，常规法测定无能为力。例如博物馆收藏的王羲之的兰亭序原本，是真是假，考证者看法不同，多有争论；资阳人的年代估计很不一致，虽然测定了所在层位含碳物质的年代，但总不如测定资阳人骨化石本身的年代具有说服力；史前新石器时代遗址中出现某些农作物的单颗种子，对于研究起源甚为重要，虽然遗址的年代可以测定，但少量作物种子有可能是由于动物的活动搬运进去的，于是会引起争论；诸如此类的问题，应用加速器质谱法取微量样品测定均可获得解决。

2. 骨质样品是考古中常见的。旧石器时代晚期遗址或晚更新世地层中，往往出土的含碳有机物甚少，多为残缺不全的零星骨化石，即使样品量足够，常规法也是取其全部有机物或骨胶原测定，算是比较可靠，但也不能保证不受外来碳的污染，甚至也有可能测出错误的年代。现在因取样量少，可以取其中一种叫做羟基脯氨酸的物质，它是骨头中特有的氨基酸，不可能是外来的污染物，因而可以保证这种样品碳完全来自骨头。取样量少、年代可靠，这对于研究动物演变和人类活动具有极其重要的意义。

3. 对地层年代学研究，取样量少意味着对地层中含碳物质的取样选择范围广阔，可以选择最能代表地层年代的样品测定。同时可以对完整的剖面作系统的薄层取样，以建立更细致的地层年代学。这对于研究植被演变、古气候变化，短期气候变化，环境变迁与沉积速率的关系等许多方面都有重要意义。

4. 对海水中有机物浮悬粒子作¹⁴C测定是地球化学家研究碳交换，生物学家研究海洋动物的食物链，地质学家研究海底沉积等都十分感兴趣的问题。取样量少，将为这方面的应用提供极大的方便。

5. 研究冰川，冰层打钻取样，收集冰样中的 CO_2 测定冰层的年代也只有加速器质谱法能够胜任。

6. 取样量少可以测定树木每一年轮中的¹⁴C含量，确定出大气圈中以往每年的¹⁴C/¹²C比值，对于研究宇宙射线强度的变化，太阳活动与气候变化及相互关系，以及¹⁴C年代的树木年轮年代校正都极为重要。

上述所举的几个应用方面是很不完全的。但已可说明加速器质谱法在¹⁴C测定年代中的特殊地位，现在已开始发挥作用。无疑，若经过改进定能提高测年精度并将可测的年代范围扩展数万年。在它起作用的范围内，很可能是8万年内，将建立起更加细致的考古年代学和地质年代学，为研究这段时间的自然和人类的发展变化，描绘出一幅幅清晰细致、生动真实的画面，创造了必要条件。

（原载《考古》1987年第6期）

[1] Muller, R. A., 1977, Radiocarbon dating with a Cyclotron, *Science*, 196, 489-494.

[2] Nelson, D. E., Korteling, R. G., Stott, W. R., 1977, Carbon-14, Direct detection at Natural Concentration, *Science*, 198, 507-508.

[3] Bennett, E. L., Bcukens, R. P., Clover, M. R., Elmore, D., Gove, H. E., Kilius, L., Litherland, A. E., Purser, K. H., 1978, Radiocarbon dating with electrostatic accelerators: dating milligram samples, *Science*, 201, 345-346.

[4] Purser, K. H., Litherland, A. E., Gove, H. E., 1979, Ultra-sensitive particle identification systems based upon electrostatic accelerators, *Nuelear Instruments and Methods*, 162, 637-656.

[5] Muller, R. A., Stephenson, E. J., Mast, T. S., 1978, Radioisotope dating with an accelerator, A Blind measurcment, *Science*, 201, 344-348.

[6] Gillespie, R., Hedges, R. E. M., White, N. R., 1983, The Oxford radiocarbon accelerator Facility, *Radiocarbon*, 25 (2), 729-737.

[7] Gillespie, R., Gowlett, J. A. J., Hall, E. T., Hedges, R. E. M., 1984, Radiocarbon measurement by accelerator mass spectrometry: An early selection of dates, *Archaeometry*, 26 (1), 15-20.

[8] GillesPie, R., Hedges, R. E. M., 1983, Sample Chemistry for the Oxford high energy mass spectrometer, *Radiocarbon*, 25 (2), 771-774.

关于加速器质谱^{14}C 数据的 δ^{13}C 校正

仇士华

加速器质谱测定^{14}C 通常是以^{14}C/^{13}C 之比作为数据，然后将标准之 $(^{14}$C/^{13}C$)_{标准}$ 与样品之 $(^{14}$C/^{13}C$)_{样品}$ 比较作为计算样品年代的根据。由于标准与样品的^{13}C 值不尽相同，这里需要作 δ^{13}C 校正，才能得出正确的^{14}C$_{标准}$/^{14}C$_{样品}$，即两者放射性水平之比。

根据定义：δ^{13}C‰ $= \left[\ (^{13}$C$_{样} - ^{13}$C$_{标})\ /^{13}$C$_{样}\right] \times 10^3$

$$^{13}C_{标} = ^{13}C_{样}\ /\ (1 + \delta^{13}C_{样}/1000)$$

在用糖碳作为标准的情况下，正确的标准与样品^{14}C 水平之比应为

$$^{14}C_{糖碳}/^{14}C_{样品}$$

从实际的原始数据为：

$$\{^{14}C_{糖碳}\ /\ [^{13}C_{标}\ (1 + \delta^{13}C_{糖碳}/1000)]\}\ /\ \{^{14}C_{样品}\ /\ [^{13}C_{标}\ (1 + \delta^{13}C_{样品}/1000)]\}$$

$$= \left[^{14}C_{糖碳}\ (1 + \delta^{13}C_{样品}/1000)\right]\ /\ \left[^{13}C_{样品}\ (1 + \delta^{13}C_{糖碳}/1000)\right]$$

所以：

$$^{14}C_{糖碳}/^{14}C_{样品} = \left[\ (^{14}C/^{13}C)_{标准}\ /\ (^{14}C/^{13}C)_{样品}\right] \times$$

$$(1 + \delta^{13}C_{糖碳}/1000)\ /\ (1 + \delta^{13}C_{样品}/1000)$$

然后^{14}C 样品还要作 δ^{13}C 校正，即校正到 δ^{13}C $= -25$

即：$(^{14}C_{样品})_{校正} = ^{14}C_{样品} \times \{1 - \left[2\ (25 + \delta^{13}C_{样品})\ /1000\right]\}$

^{14}C$_{糖碳}$根据我们的情况是无须作校正的。

所以：

$$准确的年代 = \tau\ln\left[^{14}C_{糖碳}/\ (^{14}C_{样品})^{校正}\right]$$

$$= \tau\ln\left[\ (^{14}C/^{13}C)_{糖碳}\ /\ (^{14}C/^{13}C)_{样品}\right] \times$$

$$(1 + \delta^{13}C_{糖碳}/1000)\ /\ (1 + \delta^{13}C_{样品}/1000)\{1 - \left[2\ (25 + \delta^{13}C_{样品})\ /1000\right]\}$$

$$校正年代 = \tau\ln\ (1 + \delta^{13}C_{糖碳}/1000)\ - \tau\ln\ (1 + \delta^{13}C_{样品}/1000)$$

$$- \tau\ln\ \{1 - \left[2\ (25 + \delta^{13}C_{样品})\ /1000\right]\}$$

前二项为加速器数据的 δ^{13}C 校正，后一项为样品 δ^{14}C 的 δ^{13}C 校正。

举例:

		校正值	第一项	第二项	第三项	总计年
1	木头样	$\delta^{13}C = -25$	-157	$+203$	0	$+46$
2	小米	$\delta^{13}C = -13$	-157	$+105$	$+195$	$+143$
3	海相碳酸盐	$\delta^{13}C = 0$	-157	0	$+412$	$+255$
4		$\delta^{13}C = -18.61$	-157	$+151$	$+103$	$+97$
5		$\delta^{13}C = -20.79$	-157	$+169$	$+68$	$+80$
6		$\delta^{13}C = -22.33$	-157	$+181$	$+43$	$+67$

(本文为 1994 年第六次全国^{14}C 学术讨论会上宣读论文)

^{14}C 测定年代与考古研究

仇士华　蔡莲珍

1949 年美国芝加哥大学 WF 利比教授创建^{14}C 断代方法应用于考古和地质研究获得成功，受到世界普遍的重视，各国纷纷相继建立实验室。我国早在 1955 年首先由夏鼐教授在《考古通讯》上详细介绍了^{14}C 断代的原理和应用，强调它在考古上应用的重要性。不久考古所便筹建实验室，进行实验工作。

^{14}C 方法可以精确测定 5 万年内考古和地质事件的年代。这段时期相当于人类发展到旧石器时代的晚期和整个新石器时代一直到现在。在地质学上相当于第四纪的晚更新世和全新世。因此^{14}C 方法在考古学、人类学、第四纪地质学、地球化学、古地理、古气候、海洋学等学科方面都有广泛的应用。

目前我国已经建成或正在筹建的实验室已有 20 多个，做出的年代数据估计已有将近 2 千个，大概考古和地学方面各占一半。近年来^{14}C 测定年代工作的进展不仅表现在技术方法上，而且也表现在配合各学科的研究工作上。现仅就^{14}C 测定年代在配合考古研究方面谈几点。

一　新石器时代各种文化类型的年代序列的建立

新中国成立以来考古工作有飞跃发展，可以说是中国考古学的黄金时代。当然新石器时代的研究也不例外。据统计，新中国成立前发现的有关遗址不过二三百处。而新中国成立以来新石器时代遗址的发现已有六七千处，大规模的调查发掘遍及全国，文化类型的分析及其相互关系的研究日益深入。其中以中原地区的工作点最为密集，所做的^{14}C 年代数据也最多。黄河上游甘青地区，黄河下游山东地区，长江流域中下游等地区也都测出了各自的文化年代序列，但在中原地区比较完整。确定了仰韶文化时期大约距今 5000 年～7000 年，龙山文化时期约距今 4100 年～5000 年。距今 7000 年前是磁山、裴李岗类型的早期新石器文化[1,2,3]。这就为建立史前时代的编年打下了基础，使这一时期的研究工作置于可靠数据的基础之上。当然，要建立更细致完整的年代序列，还要做许多工作。这里^{14}C 测定配合考古研究还表现在下列几方面。

1. 分辨单从考古方面研究还不容易解决的各类文化的年代早晚的问题

例如仰韶文化半坡类型和庙底沟类型谁早谁晚的问题，争论多年难以解决。通过两种类型一系列标本的测定表明半坡类型要比庙底沟类型为早。但半坡类型较晚的文化也可以同庙底沟类型在年代上交叉。

2. 确定同一遗址中各文化层的绝对年代和它们延续时间的长短

为此曾配合宝鸡北首岭的发掘进行一系列测定。宝鸡北首岭遗址内涵极为丰富,包括仰韶文化的早、中、晚各期文化,层位齐全。发掘时系统采集了十多个不同层位的标本作了测定,结果年代序列和层位基本上是一致的,文化连续将近 1300 年。这对研究仰韶文化和确定仰韶文化的年代序列起到很重要的作用。又如浙江余姚河姆渡遗址上下各层文化年代系列的测定对长江下游各文化年代序列的建立同样起了重要作用[4]。

3. 早期新石器文化类型遗址的确定

考古发掘和调查中偶然碰到新类型的器物往往因没有清楚的叠压关系,不能判断出早晚,即使在工作基础比较好的中原地区也是如此。例如裴李岗类型的某些器物,其实早在六十年代初期就已被发现,但由于没有清楚的文化层叠压关系无法判断早晚,仅是发了简报划为原始社会文化遗存而已[5]。直到 1977 年的两次调查试掘才从地层中收集到一点木炭,由于量太少把几个探方中收集的木炭合起来测定。虽然年代误差较大,但肯定了它是新石器时代早期的遗址,以后屡次测定都证实这点。磁山类型的文化层压在殷文化层之下,中间没有连续的文化层,但测定了两个木炭的年代以后也马上肯定了是新石器时代早期类型的文化遗存。随后陆续发现的相同类型的遗址有几十处。这就突破了长期以来早期新石器文化遗存的缺环。

另外,现在各地都陆续有早期文化遗存的发现,例如:山东滕县北辛下层文化,辽宁沈阳新乐遗址下层文化,浙江余姚河姆渡下层文化,甘肃秦安大地湾一期文化,江西万年仙人洞,广西桂林甑皮岩,南宁豹子头等。这些早期文化遗存的研究,如果没有¹⁴C 测定相配合,是不可能取得这么快的进展的。

4. 判别人工烧制石灰

龙山文化时期各遗址中普遍发现有用于铺地和粉刷墙壁的白灰面,却不能肯定是否是人工烧制的石灰。用一系列白灰面标本和木炭标本作了比较测定之后,不但证实了白灰面确实是人工烧制的石灰,而且表明白灰面用于测定年代基本上是准确可用的[6]。

因为白灰面的主要成分是碳酸钙,人工烧制石灰的过程是把石灰石($CaCO_3$)烧成 CaO,使用时用水混合成 $Ca(OH)_2$,铺在地面或粉刷在墙壁上以后很快吸收空气中的 CO_2,仍然形成 $CaCO_3$。因此白灰面是否是人工烧制的石灰问题不能用分析成分的方法解决。但用白灰面能测出准确可靠的年代,表明它当时完全从空气中吸收了 CO_2,因而可以肯定是经过人工烧制的。四五千年前已普遍烧制和使用石灰,这是建筑史上的一件大事。

二　配合夏文化探索

我国史书记载和传说中在商以前,大约在公元前 16 世纪至 21 世纪有一个夏朝,一般人们没有怀疑。但是对夏史的看法一直存在分歧，至于确切的年代也有问题。由于考古工作的开展，殷周遗址遗物大量发现，特别是甲骨刻辞和有铭文的铜器大量出土，使人们有了研究商周历史的可靠资料。但是对于夏代既没有甲骨文、金文这样的文字资料，因之，便没有办法可以确指哪些古代遗物是属于夏文化的。目前二里头类型的文化晚于晚期龙山文化，最有可能是夏与早商类型的文化。这是目前考古研究的重点，争论也最热烈。^{14}C 测定作了配合，测出的一批年代数据年代上也大致相符。但是还有下列几个问题：

1. ^{14}C 测定的年代本身误差相当大，在这一段时期 ^{14}C 年代要作树轮年代校正，要使数据的年代与真实年代相比误差小于 ±80 年是相当困难的。因此要求提高测量精度和缩小树轮校正的误差，譬如说缩小到 50 年以内。

2. 一般地层中收集的碳质标本有可能比遗址的实际年代要老一些，因此要收集更多的 ^{14}C 标本，特别是能明确代表遗址年代的标本测定出来进行研究比较。譬如说假定遗址的历史纪年是可靠的，但从遗址地层中收集标本测出的 ^{14}C 年代即使计数统计误差缩小到十几年，却不能肯定与遗址的年代相符在十几年内。原因是多方面的，除了要作 ^{13}C 校正，树轮年代校正外，标本的前处理不彻底，实验室的系统误差，偶然误差，仪器工作点的漂移，化学制备中些微污染等等都会影响年代的准确。最后还有一个问题，就是标本是否确切代表遗址的明确纪年。

3. 在西周共和元年以前，确切的历史纪年史学家的推测研究各不相同，甚至有一百年以上的差别，上推的夏商间的年代界限本身也就有问题。因此 ^{14}C 年代同历史年代的比较研究要从西周初开始逐渐向前推，这就使问题更复杂化了。

由此看来，配合夏文化的探索，^{14}C 测定工作还有进一步分析研究的必要。更不能以个别标本的年代不加分析地作依据。

三　南方新石器时代早期的年代问题

对南方一系列新石器时代遗址如江西万年仙人洞、广西桂林甑皮岩，南宁豹子头以及广东一些遗址的测定，得出的年代数据相当老。测定使用的 ^{14}C 标本大部分是螺蛳壳、蚌壳之类。这些遗址位于石灰岩地区，显然 ^{14}C 年代可能受到因岩石风化、古老碳参与交换循环的影响而偏老。但在广西作了考察调查弄清了古老碳影响的因素作出扣除以后，年代仍然很老[7]。如甑皮岩遗址内与陶片共存的标本年代在扣除偏老因素以后大约是距今 9000 年，比中原地区的磁山、裴李岗文化还要早 1000 多年。这就给新石器时代早期类型文化的考古研究提出了新的课题。

四　配合旧石器时代晚期文化的测定

已测过年代的遗址有丁村、下川、许家窑、峙峪、虎头梁、札赉诺尔、山顶洞、小南海等。过去发现的旧石器文化遗址往往难以分期或者没有注意分期，笼统作为一个文化、一段时期对待。实际上一个遗址可能有不同层位可以分期。例如北京周口店山顶洞人遗址，不同层位的两个数据相差了将近一万年。河南小南海遗址上下层的年代相差了一万几千年。有了 14C 测定的配合，旧石器时代晚期文化遗存的研究就可以更深入细致。看来建立几万年内比较连续完整的旧石器晚期各个文化的年代序列只是时间早晚而已。

五　配合寻找中石器

在新石器早期和旧石器晚期之问考古上认为应有一段过渡时期，相应的石器称为中石器。究竟什么样的石器是属于中石器的，在我国还未有定论。在黄河流域一些典型的细石器遗址比新石器早期的年代要早，文化面貌也不相同。例如山顶洞、小南海、峙峪、下川、虎头梁等遗址都有典型的细石器，最晚的年代都在 11000 年以前。到新石器时代细石器就显得很少而让位给予农业相适应的磨制石器和新石器时代样式的打制石器了。但在新疆、内蒙、东北草原地带的包含有细石器的遗址年代可以晚到数千年[8]。说明细石器中有属于旧石器晚期，有属于中石器，也有属于新石器时代的。作为生产工具的细石器自然应按其功能研究与它相应的生产活动。这些情况 14C 测定与考古研究都是相一致的，这就提出了一个问题，如何看待中石器向新石器的过渡或两者之间的关系。

由于大量使用 14C 测定这个手段，目前地学方面对于更新世晚期以来的研究有很大进展。例如海平面变化两万年来高低相差 100 多米[9,10]。反映了相应的气候变化。低海面表示大陆上有大量冰雪积存，气候寒冷。高海面表示大陆冰雪融化，气候温暖。全新世大概是从 11000 年前开始的，以后气候明显转暖，约到 9000 年前海面已大幅度回升了。到 6000 年前出现高海面，几乎同现在的海面差不多。这方面的研究虽然还有待深入，但与孢子花粉分析得出的古气候、古地理的情况大体是一致的。因此可以设想，在全新世以前黄河流域气候比较寒冷，人类的生产活动只能是渔猎经济为主，相应的生产工具是细石器，不大可能有农业的发展。在全新世开始以后气候转暖，黄河流域的地理条件完全具备发展农业的条件，特别适宜粟类作物的种植。随后农业逐渐发达起来，相应发展了新石器工具和陶器。如果我们还考虑到气候随纬度的变化，那么全新世以来气候转暖在华南地区比黄河流域要早，在南方也同样但更早具备了发展农业的条件。当然由于地理条件不同于黄河流域，可能受到某些限制，作物品种也是以水稻为主。因此如果在南方发现比中原地区有更早的新石器和陶器，看来并不是不可能的。广西甑皮岩遗址与陶器同出的标本年代早到 9000 年，就可以认为对此提供了线索。很可能由于全新世以来气候变暖，农业活动逐渐由南向北发展，而狩猎为主的生产活动在中原地区逐渐被农业为主的生产活动所代替。而由于黄河流域黄土的优越条件，两种经济活动都曾达到相当发达的水平。而这两种经济活动的汇合、相互渗透、混合和更替，黄河流域可能发生在全新世初期。但在东北、内蒙、新疆以狩猎为主后来加上畜牧的生产活动一直保持到很晚，所以细石器一直到距今两三千年前还大量存在。

这是简单的设想，在这里不作详细讨论，仅对早期新石器考古和中石器考古提出了可以追踪的线索。

总之，根据当前考古研究的需要，^{14}C 测定年代工作今后应该配合解决的问题有。下列几方面：

1. 配合各地考古工作的开展，建立各个地区近万年来史前文化类型的年代序列

2. 进一步分析研究^{14}C 年代与真实年代间的关系，提高精度，缩小误差，为解决夏商文化的确切年代提供更准确可靠的数据。

3. ^{14}C 测定与孢子花粉分析同地质、地理、地貌等多种学科密切配合，把近几万年来，尤其是全新世前后的植被、气候、地理环境搞清楚，为研究农业、畜牧业、制陶业和新石器、细石器的起源提供充分的资料依据，把人类的活动在不同时间、空间条件下展开的画面描绘得更加真实、生动、清晰。

我们相信过去^{14}C 测定配合考古研究取得了不少成果，今后对考古研究，尤其是史前考古研究还将会起到不可忽视的推动和促进作用。

（原载《考古》1982 年第 3 期）

[1] 夏鼐《^{14}C 测定年代和中国史前考古学》，《考古》1977 年第 4 期。

[2] 蔡莲珍、仇士华《^{14}C 年代数据的统计分析》，《考古》1979 年第 6 期。

[3] 安志敏《中国的新石器时代》，《考古》1981 年第 3 期。

[4] 钱江初等《^{14}C 年代测定报告（四）》，《文物》1979 年第 12 期。

[5] 李友谋、陈旭《试论裴李岗文化》，《考古》1979 年第 4 期。

[6] 仇士华《人工烧制石灰始于何时?》，《考古与文物》1980 年第 3 期。

[7] 原思训、仇士华等《石灰岩地区样品年代的可靠性与甑皮岩等遗址的年代问题》，《考古学报》1982 年第 2 期。

[8] 佟柱臣《试论中国北方和东北地区含有细石器的诸文化阿题》，《考古学报》，1979 年第 4 期。

[9] 赵希涛、耿秀山、张景文《中国东部 2000 年来的海平面变化》，《海洋学报》1979 年第 1 卷第 2 期。

[10] Labeyrie, J., Sea Level Variaton and the Birth of the Egyptian Civilization, Radiocarbon Dating, edited by Berger, R. and Suess, H., 1979, 32 - 36.

[11] 彭贵等《渤海湾沿岸晚第四纪地层年代学研究》，《地震地质》1980 年 2 卷第 2 期。

[12] 周昆叔等《北京平原第四纪晚期花粉分析及其意义》，《地质科学》1978 年第 1 期。

[13] 孔昭宸、杜乃秋《北京地区距今 30000—10000 年的植物的发展和气候变迁》，《植物学报》1980 年 22 卷第 4 期。

[14] 远藤邦彦《炭素によ为年代测定》，1965。

[15] 中国科学院贵阳地球化学研究所第四纪孢粉组《辽宁省南部一万年自然环境的演变》，《中国科学》，1977 年第 6 期。

人工烧制石灰始于何时？ ^{14}C 方法可以判定

仇士华

在新石器时代的人类居住遗址中常常发现白灰面[1,2,3]，这是一种石灰质面层，有的覆盖在居住面上，有的用于粉饰墙壁。考古学家与古建筑学家都认为是古人建造住房时有意涂抹的。白灰面不仅坚固、美观、卫生，而且有一定的防潮作用[4]。在仰韶文化遗址中就已发现有白灰面，而在龙山文化的建筑遗址中则有更多的发现。对于白灰面的成分有人曾做过分析，其主要成分是碳酸钙[5]。至于白灰面究竟是怎样做成的，是否为人工烧制的石灰，则众说不一。根据文献材料只能肯定汉代已经有了人工烧制的石灰，但不知道究竟始于何时。有人猜测新石器时代以来的所谓白灰面是用黄土中的姜石即白灰质结核磨成碎面，然后加水调制使用的，同时还做了试验[6]。因此，他们倾向于认为新石器时代以至商代的白灰面都不是用的人工烧制的石灰。

根据上述情况，要判断白灰面是用天然的石灰岩还是经过人工烧制过，确实有困难。因为天然石灰岩的主要成分是碳酸钙，而人工烧制的生石灰—氧化钙，加水变成了熟石灰—氢氧化钙，涂抹在墙上或地上以后，吸收空气中的二氧化碳，最后的成分也是碳酸钙。因此，用化学方法分析成分是无法判别的。据称，最近在个别地方的考古发掘中，已发现了龙山文化时期的石灰窑址，问题可算是解决了一大半。但对于某个具体遗址中发现的白灰面，究竟是使用的天然石灰岩，还是经过烧制的生石灰，这个问题还是难以作出完全肯定的判别。

然而，用放射性碳素测定方法是可以作出判断的，因为人工烧制的石灰所吸收的是建筑时期空气中的二氧化碳，都含有放射性碳即 ^{14}C，含量虽低，但可以探测。而天然石灰岩的形成已非常古老，其中的碳一般不含有 ^{14}C，即使以前含有 ^{14}C，也已衰变尽了。因此，如将白灰面作为碳素断代的标本，从这个白灰面标本所含 ^{14}C 量能定出和遗址相当的年代，即说明这个白灰面确是当时烧制过的生石灰形成的。如果不含 ^{14}C，即说明这个白灰面未曾经过烧制。

最近，考古研究所实验室对一些遗址中的白灰面作了 ^{14}C 测定，所测出的年代同用木炭测出的年代比较如下：（年代以 ^{14}C 半衰期 5730 年，距今以 1950 年为起点计出，未经树轮年代校正）

120

一、山西夏县东下冯龙山文化遗址

203 号房址中的白灰面　　　　　距今 3700±110 年

208 号探方第 4A 层中的木炭　距今 3595±80 年

二、河南安阳后岗龙山文化遗址下层

10 号探方第六层中的白灰面　　距今 3960±100 年

5 号灰坑中的木炭　　　　　　距今 3895±110 年

2 号灰坑中的木炭　　　　　　距今 39104±90 年

19 号房址柱洞中的白灰渣　　　距今 3990±100 年

19 号房址居住面上的木炭　　　距今 4095±105 年

三、河南永城王油坊遗址

探方第五层出±白灰面距今　　　3855±100 年

由上可见，用白灰面测出的年代同所在遗址的年代是相当符合的。这就无可争辩地说明，这些遗址中的白灰面确实曾经过人工烧制。由此可以断定，龙山文化时期人们已经相当普遍地烧制石灰用于修建房屋。仰韶文化遗址中也有类似的白灰面涂层，是否也已使用了人工烧的石灰，还有待于收集标本作 ^{14}C 测定来进行判断。

（原载《考古与文物》1980 年第 2 期）

[1]　裴文中《中国史前时期之研究》，206－207 页，1948 年。

[2]　夏鼐《河南成皋广武区考古记》，《科学通报》，1951 年第 7 期。

[3]　安志敏《豫南考古纪略——对于仰韶文化的新认识》，《历史教学》1952 年 3 卷第 1 期。

[4]　杨鸿勋《仰韶文化居住建筑发展问题的探讨》，《考古通讯》1975 年第 1 期。

[5]　赵全嘏《新石器时代及商代人类住地的白灰面》，《考古通讯》1956 年第 5 期。

[6]　胡继高《白灰面究竟是用什么做成的》，《文物参考资料》1955 年第 7 期。

铁器标本的 ^{14}C 测定

仇士华　蔡莲珍　冼自强　薄官成

一般铁中均含有碳，根据含碳量的多少可分为熟铁、低碳钢、中碳钢和生铁。铁中的碳存在于铁碳体中，而铁碳体中的碳正是冶铁时渗进了燃料的碳形成的。如果冶铁燃料用的是煤炭，则铁中的碳不包含有 ^{14}C。因为 ^{14}C 半衰期只有 5730 年，而煤的形成年代非常古老，其中的 ^{14}C 早已衰变完了。如果冶铁用的燃料是木炭，则铁中的碳必定含有 ^{14}C，而且可以测定出年代，因为木炭来自当时生长的树木。如果冶铁时用的是木炭加煤炭的混合燃料，则测出的年代会偏老，根据偏老的程度可以算出燃料中木炭和煤炭的比例。

假定测出的表观年代为距今 T_1 年，实际距今年代为 T_2，煤炭所占百分数为 x，则根据 ^{14}C 年代计算的公式应有：

$$T_1 = 8267\ln\left[No/Nt\,(1-x)\right]$$
$$= 8267 \cdot \ln\,(No/Nt) + \ln\left[1/\,(1-x)\right]$$
$$= T_2 + 8267\ln\left[1/\,(1-x)\right]$$

式中 No 为现代碳标准的计数率。

Nt 为燃料全部是木炭情况下的计数率。

$\tau = 8267$ 为 ^{14}C 的平均寿命（按半衰期 5730 计），从上式可推算出：

$$x = 1 - e^{-\left[(T_1 - T_2)/\tau\right]}$$

如果 $T_1 = T_2$，则 $x = 0$。即当测出年代与实际年代一致时表示燃料中不含煤炭，当 T_1 趋近于无限大时 x 趋近于 1，表示燃料中不含木炭。

制备方法

要把铁中的碳提取出来作 ^{14}C 测定，看来似乎容易，但实际上有许多困难。因为一般铁中的碳只占千分之几到百分之几的重量，含 0.1% 以下的为熟铁，0.1%～2.0% 为钢，2.0% 以上为生铁，最多不超过 6%。要获得足够量的碳作测定，就要毁去相当多的标本量，而且铁中的碳很不容易被提取出来。通常采用燃烧的方法，要求加温到 1100℃ 以上，在氧气流中燃烧，直等到铁全部变成氧化铁，碳才能以 CO_2 的形式全部提取出来。由于要处理的样品量较多，而铁在燃烧成氧化铁时会放出大量的热，因此使用燃烧方法对设备的要求较高。例如在 1100℃ 以上的氧气流中不锈钢很容易被烧坏。而用石英管作燃烧管，高温氧化铁可以与石英共融。而一般在用微量分析方法分析钢铁中的含碳量时，这些问题是不容易显现出来的。

美国耶鲁大学¹⁴C实验室测定铁器标本采用燃烧方法，他们建立了专门的设备进行研究[1,2]。我们研究采用了盐酸溶化的方法，不需要建立专门设备。因为铁和盐酸作用生成溶解于水的氯化亚铁（$FeCl_2$）和氯化铁（$FeCl_3$），而碳则不与盐酸作用。这样就可以在盐酸将铁全部溶化以后过滤出不溶的部分燃烧获取标本 CO_2，操作更为简便易行。具体步骤如下：

1. 一般考古发掘出土的铁质标本锈蚀都很严重。铁锈疏松多孔，在地下容易混进其他物质受到污染。虽然铁锈中还可能保留有铁中碳，但一般不宜取样。所以要将锈蚀物用机械方法除去。如标本已彻底锈蚀，而又非取样不可，则要在肉眼观察不到有其他物质的情况下，用酸、碱清洗方法以去除可能混进的腐殖酸和碳酸盐。

2. 经过清洗的铁器标本设法粉碎成粉末。办法是用铣床、车床加工使成为铁屑，或用钢锯锯成小块，然后用粉碎机粉碎成粉末。每个步骤都要求严格防止污染和尽可能使标本少受损失。

3. 把铁粉置于玻璃瓶中，慢慢地加进盐酸。开始时用稀盐酸，防止反应过快，以免反应产生的泡沫溢出瓶外。待溶液稀释体积增大后，可定时滴加浓盐酸并摇晃反应瓶，直到铁粉全部溶化。

4. 铁粉溶化后剩下的碳和其他杂质混在溶液中，将其过滤并用蒸馏水清洗，然后取出烘干备用。往后的步骤，从燃烧收集 CO_2 直到转换成苯，均与一般的标本制备方法相同。

测定结果

我们收集了汉代、南北朝时期和宋、元时期的铁质标本按上述的实验步骤作了测定，得出的年代数据见表1（同本集127页表1）。为便于研究和比较，美国耶鲁大学测定的四个铁器标本的年代数据列于表2[3]（同本集127页表2）。

根据实验过程和测定的结果来看，战国、汉代和南北朝时期铁器标本的年代与考古年代一致，说明用木炭作燃料冶炼的铁完全可以用来作¹⁴C断代的标本，同时也说明用上述实验程序能可靠地测出铁质标本中的¹⁴C含量，从而得出铸铁的年代。这是因为铁中的碳与铁形成铁碳体，从冶炼时起被封存在铁中不会受到任何污染，不存在任何与外界碳原子交换的问题。只要注意清除铁锈或铁锈中可能受到的污染物就能很好满足¹⁴C测定年代的。这样的铁器标本比起其他一般种类的¹⁴C标本，测出的年代同样可靠，或者更为优越。

从其他数据看，虽然测得的年代都有不同程度的偏老。这表示冶铁使用的燃料是木炭和煤炭的混合物。按前面的公式可计算出宋代的铁牛、元代的铁锅和铁炉子，其铁中碳的煤炭所占成分均在七成以上。唯独辽金时期的铁夯锤，其铁中煤炭所占的成分仅为一成。

我国冶铁大约起始于春秋之末，战国时代铁制工具已相当普遍。煤的发现和使用不晚于汉代。《汉书·地理志》记载说："豫章郡出石，可燃为薪"。豫章郡在今江西省南昌附近，这里可燃为薪之石当为煤。河南巩县铁生沟的汉代冶铁遗址中曾发现过煤饼。有人推测说这里煤用于冶铁的证据[4]，反对者说这仅是用煤的证据，但不能说是把煤用于冶铁的证据。初步测定的结果对后者有利。明代宋应星著《天工开物》中明确记载了宋代用煤炭炼铁过程，因此宋代把煤炭用于冶铁是没有问题的。ZK－1009 和 ZK－1010 的14C 数据也证实了这点。

利用铁器标本的14C 测定，不但可以给早期铁器时代提供断代的工具，而且还可以用来解决究竟何时把煤炭用于冶铁这样的问题，这在科技史上是一个很有意义的问题。欧洲人发现煤很晚，直到元朝时意大利人马可波罗来到中国才见到了煤。他回去以后说中国有一种"黑石头"，像木柴一样能够燃烧，火力比木柴强，晚上燃着了直到第二天还不熄灭。欧洲人把这作为奇闻来传颂。至于欧洲人用煤炭冶铁，到十八世纪才开始，比我国晚了至少五个世纪之久。

（原载《第四纪冰川与第四纪地质论文集》第四集（碳十四专集），119－121 页，地质出版社，1987 年。仇士华执笔）

[1]　Van der Merwe, N. J., 1965, Carbon－14 Dating of Iron: A New Archaeological Tool, *Current Anthropology*, 6 (4): 475.

[2]　Van der Merwe, N. J. & Stuiver, M., 1968, Dating Iron by the Carbon－14 Method, *Curent Anthropology*, 9 (1).

[3]　Radiocarbon, 1969, 11 (2): 548.

[4]　谈到汉代用煤炭冶铁的科技史书籍有：张子高编著《中国化学史稿》，40－41 页，科学出版社，1964 年；曹元宇编著《中国化学史话》，18－23 页，江苏科学技术出版社，1979 年；自然科学史研究所主编《中国古代科技成就》，310 页，中国青年出版社，1978 年；北京大学物理系写小组《中国古代科学技术大事记》，52 页，人民教育出版社，1977 年；杨宽《中国土法冶铁炼钢技术发展简史》，92 页，上海人民出版社，1960 年。

我国古代冶铁燃料的 ^{14}C 鉴定

仇士华　蔡莲珍

一　引　言

我国古代冶铁大约在春秋时期发展起来。由于冶铁业的发展和大量铁制工具的使用，促使社会生产力迅猛高涨，加速了社会向前发展的进程。春秋—战国时期成为我国历史上社会急剧变革的时期，这与铁制工具的普遍使用有密切关系。煤的使用在我国也有悠久的历史，不但有文献记载，而且考古发掘的资料证明早在汉代的冶铁遗址中就发现有煤。因此有些学者认为我国早在汉代就已把煤炭作为燃料用于冶铁，并在许多科技史的书籍中广为传布[1]。然而上述说法并无充分的理由。我国早期冶铁使用的燃料是木炭，木炭作为燃料在古代不但容易获得而且质量优越，它同样可以用于冶铁。从技术上说，把煤炭炼成焦炭再用于冶铁是冶金史上一项重要的革新，因为焦炭比木炭的火力强而持久，可以获得更高的温度，能炼出较好的铁。焦炭的使用标志着冶铁技术进入了新的阶段。因此，我国究竟何时开始把煤炭用于冶铁，这是冶金史上一个有争议的问题。根据史书记载和现有的考古发掘资料以及冶金技术的研究等，都还不足以完全解决这个问题。但是木炭中含有 ^{14}C，而煤炭中则没有，对于上述问题，我们可以通过对古代铁样的 ^{14}C 测定来加以分析研究，作出回答。

二　鉴定原理

一般铁中均含有碳，根据含碳量的多少可以分为熟铁、低碳钢、中碳钢和生铁。铁中的碳存在于铁碳体中，而铁碳体中的碳正是冶炼时渗进了燃料的碳形成的。如果冶铁燃料用的是煤炭，则铁中的碳不包含有 ^{14}C。因为 ^{14}C 半衰期只有 5730 年，而煤的形成年代非常古老，其中的 ^{14}C 早已衰变完了。如果冶铁用的燃料是木炭，则铁中的碳必定含有 ^{14}C，而且可以测定出年代，因为木炭来自当时生长的树木。如果冶铁时用的是木炭加煤炭的混合燃料，则测出的年代会偏老，根据偏老的程度可以算出燃料中木炭和煤炭的比例。

假定测出的表观年代为距今 T_1 年，实际距今年代为 T_2 年，煤炭所占百分数为 X，则根据 ^{14}C 年代计算的公式应有：

$$T_1 = 8267\ln\ [No/Nt\ (l-X)]$$
$$= 8267\ \{\ln\ (No/Nt)\ +\ln\ [1/\ (1-X)]\}$$
$$= T_2 + 8267\ln\ [1/\ (1-X)]$$

式中 No 为现代碳标准的计数率。

Nt 为燃料全部是木炭情况下的计数率。

$\tau = 8267$ 为 ¹⁴C 的平均寿命（按半衰期 5730 计）。从上式可推算出：

$$X = 1 - e^{-[T1-T2]/\tau}$$

如果 $T_1 = T_2$，则 $X = 0$，即当测出年代与实际年代一致时表示燃料中不含煤炭。当 T_1 趋近于无穷大时，则 X 趋近于 1，表示燃料中不含木炭。

三 铁质标本的制备方法

要把铁中的碳提取出来作 ¹⁴C 测定，看来似乎容易，但实际上有许多困难。因为一般铁中的碳只占千分之几到百分之几的重量，含 0.1％以下的为熟铁，0.1％～2.0％为钢，2.0％以上为生铁，最多不超过 5％。要获得足够量的碳作测定，就要毁去相当多的标本量，而且铁中碳很不容易被提取出来。通常采用燃烧的方法，要求加温到 1100℃以上，在氧气流中燃烧，直等到铁全部变成氧化铁，碳才能以 CO_2^{2-} 的形式全部被提取出来。由于要处理的样品量较多，而铁在燃烧成氧化铁时会放出大量的热，因此使用燃烧方法对设备的要求较高。例如在 1100℃以上的氧气流中不锈钢很容易被烧坏，若用石英管作燃烧管，高温氧化铁可以与石英共融。而一般在用微量分析方法分析钢铁中的含碳量时，这些问题是不容易显现出来的。

美国耶鲁大学 ¹⁴C 实验室测定铁器标本采用燃烧方法，他们建立了专门的设备进行研究[2]。我们研究采用了盐酸溶化的方法，不需要建立专门设备，因为铁和盐酸作用生成溶解于水的氯化亚铁（$FeCl_2$）和氯化铁（$FeCl_3$）等，而碳则不与盐酸起作用。这样就可以在盐酸中将铁全部溶化以后，过滤出不溶的部分燃烧获取标本 CO_2，操作极为简单易行。具体步骤如下：

1. 一般考古发掘出土的铁质标本锈蚀都很严重。铁锈疏松多孔，在地下容易混进其他物质受到污染。虽然铁锈中还可能保留了铁中碳，但一般不宜取样。所以要将锈蚀物用机械方法除去。如标本已彻底锈蚀，而又非取样不可，则要在肉眼观察不到有其他物质的情况下，用酸、碱清洗方法以去除可能混进的腐殖酸和碳酸盐。

2. 经过清洗的铁器标本设法粉碎成粉末。办法是用铣床或车床加工成为铁屑，或用钢锯锯成小块，然后用粉碎机粉碎成粉末。每个步骤都要求严格防止污染和尽可能使标本少受损失。

3. 把铁粉置于玻璃瓶中，慢慢地加进盐酸。开始阶段用稀盐酸，防止反应过快，以免发生的泡沫溢出瓶外。待溶液稀释体积增大后，可定时滴加浓盐酸并摇晃反应瓶直到铁粉全部溶化。

4. 铁粉溶化后剩下的碳和其他杂质混在溶液中，将其过滤并用蒸馏水清洗，然后取出烘干备用。往后的步骤，从燃烧收集CO_2直到转换成苯，均与一般的标本制备方法相同。

四 测定结果

我们收集了汉代、南北朝时期和宋、元时期的铁质标本按上述的实验程序作了^{14}C测定，得出的年代数据列于表1，为便于研究和比较，美国耶鲁大学测定的四个铁器标本的年代数据列于表2[3]。

表1

实验室编号	标本出土地点和层位	提供者	C-14年代 5730, 1950	树轮校正年 BP
ZK-997	西安汉长安武库77CHWTSA⑨残铁器	考古所西安汉城队	1955±100	1920±105
ZK-1213	巩县铁生沟（T3；9）铁板	河南省文物研究所	2395±70	2420±85
ZK-995	洛阳王湾南北朝时期之碎铁块	考古所洛阳汉城队	1715±110	1655±115
ZK-1009	西安宋代铁牛	考古所西安研究室唐城队	11540±210	
ZK-1010	北京大兴县采育下黎城辽金遗址出土铁夯锤	考古所元大都工作队	1610±60	1545±75
ZK-999	北京雍和宫后面明城墙下元代晚期铁炉子	同上	12400±300	
ZK-1000	同上铁锅	同上	13840±200	

表2

实验室编号	标本出土地点和层位	提供者	C-14年 5568, 1950	树轮校正年代
Y-1511	西安出土汉代炉条	芝加哥自然历史博物馆编号120988	2060+80	2035±95
Y-1512	湖南省一座雕像的底座（从雕像风格上看应为4—10世纪作品）	不详	400±60	420±80
Y-1513	河南洛阳附近战国墓出土铸铁块	安大略皇家博物馆	2380±80	2405±90
Y-1515	四川汉墓铸铁	张光直	2139±100	2115±105

根据实验过程和测定的结果来看，战国、汉代和南北朝时期铁器标本的年代与考古年代一致，说明用木炭作燃料冶炼的铁完全可以用来作^{14}C断代的标本，同时也说明用上述实验程序能可靠地测出铁质标本中的^{14}C含量，从而得出铸铁的年代。这是因为铁中的碳与铁形成铁碳体，从冶炼时起就被封存在铁中不会受到任何污染，不存在任何与外界碳原子交换的

问题。只要注意清除铁锈或铁锈中可能混入的污染物就能很好满足¹⁴C 测定年代的要求。这样的铁器标本比起其他一般种类的¹⁴C 标本测出的年代同样可靠，或者更为优越。

从其他数据看，显然测得的年代都有不同程度的偏老。这表示冶铁使用的燃料是木炭和煤炭的混合物。按前面的公式可计算出宋代的铁牛，元代的铁锅和铁炉子，其铁中碳的煤炭所占成分均在七成以上。辽金时期的铁夯锤，其铁中煤炭所占的成分约为一成。

五 讨 论 *

现将上述测定的结果同文献记载和考古发掘材料作一比较。

北魏地理学家郦道元的《水经注》[4]记述："屈茨北二百里有山，夜则火光，昼日但烟，人取此山石炭冶此山铁，恒充三十六国用。……"屈茨即龟兹，今新疆库车县。

宋元丰元年，即公元 1078 年，当时苏东坡在彭城即今之江苏徐州做官，因探得煤矿非常高兴，作了《石炭行》诗[5]。诗首记明："彭城旧无碳，元丰元年十二日始遣人访获于州之西南，白土镇之北，冶铁作兵，犀利胜常云。"这里讲的冶铁作兵，说明当时已用煤炭冶铁。

明代宋应星的《天工开物》[6]中明确记载了宋代用煤炭冶铁的情况。锤锻第十卷中记述："凡炉中炽铁用炭，煤炭居十七，木炭居十三。"五金第十四卷中记述："凡铁一炉，载土二千余斤，或用硬木柴，或用煤炭，或用木炭，南北各从利便。"

根据考古发掘的材料，河南巩县铁生沟西汉冶铁遗址中发现了煤和煤饼[7]。

综合上述情况进行比较不难得出结论：宋代以来已经使用煤炭冶铁，这在测定结果、文献记载和考古发掘材料三方面都是符合一致的。当然，宋代以后用木炭冶铁并非是突然绝迹的，而是"南北各从利便"罢了。但这在汉代和魏、晋、南北朝时期情况就不一样了。人们把巩县铁生沟汉代炼铁遗址中发现了煤和煤饼作为以煤冶铁的事实根据，这个根据是不充分的。因为冶铁遗址中发现有煤并不等于煤已用于冶铁。煤饼仅仅是用煤的证据，不能完全肯定这是用煤冶铁的证据；它可以是烧水、煮饭、取暖的燃料。

上述巩县铁生沟冶铁遗址中采集的铁样测出的¹⁴C 年代，比考古断定的年代偏老不到 400 年。其原因可能有多方面：

1. 使用大木头块烧木炭可以使年代偏老数十年甚至上百年。

2. 铁生沟炼铁炉的炉缸缸体中掺和了煤的成分，可能有微量的煤炭渗入铁水，其结果也会使¹⁴C 年代偏老。

3. 假定年代偏老完全由于使用燃料煤的原因，则按公式计算煤的成分还不足百分之五。究竟是何原因，尚须进一步查明。但一般说来使用百分之五的煤炭去代替木炭，既无经济价值，也没有明显的技术上的意义。

所以¹⁴C 年代偏老估计不大可能是燃料中人为掺进煤炭的缘故，冶铁的燃料仍然主要是木炭。

其他从战国至南北朝的五个铁样测定结果也表明冶铁燃料是木炭。截至目前，还没有测出一个在这一时期用煤冶铁的标本。当然，目前测定的数据还不算多，以后，还可以多测一些被怀疑为用煤冶炼的铁样。尤其是对唐代的铁器更应多收集一些标本进行测定。

至于《水经注》中记述的情况，严格说来这是一种传说，它是根据汉代通西域的使者回来叙述的情况而转记入的。但根据考古调查，今新疆库车地区确有炼铁遗址，因此那里是否在汉代已用煤冶铁，还有待于进一步的考古工作和采集当时的铁器标本作^{14}C测定，才能作出可靠的判断。

（原载《中国考古学研究》，359－363页，文物出版社，1986年）

———————————

＊参加此项鉴定工作的还有冼自强、薄官成、钟建等同志。

[1]　谈到汉代用煤炭冶铁的科技史书籍有：杨宽《中国土法冶铁炼钢技术发展》，上海人民出版社，1960年；张子高编著《中国化学史稿》，科学出版社，1964年；北京大学物理系编写小组《中国古代科学技术大事记》，52页，人民教育出版社，1977年；自然科学史研究所主编《中国古代科技成就》，310页，中国青年出版社，1978年；曹元宇编著《中国化学史稿》，18－23页，江苏科学技术出版社，1979年。

[2]　N. J. Van der Merwe, 1965, Carbon－14 Dating of Iron, A New Archaeological Tool, *Current Anthropology*, vol. 9, no. 1.

[3]　M. Stuiver. 1969, Yale Natural Radiocarbon dating Ⅸ, *Radiocarbon*. Vol. 11, no. 2, 548.

[4]　郦道元《水经注》，卷二。

[5]　《苏东坡集》一，卷十。

[6]　宋应星《天工开物》，商务印书馆，1954年。

[7]　河南省文化局文物工作队《巩县铁生沟》文物出版社，1962年。

有关所谓"夏文化"的^{14}C 年代测定的初步报告 *

仇士华　蔡莲珍　冼白强　薄官成

我们曾经谈到过^{14}C 年代不可避免地存在误差,并且讨论过误差的来源及缩小误差的办法[1],也曾简单谈到过配合寻找夏文化^{14}C 年代测定面临的许多问题[2]。现就近几年来这方面的测定结果,谈谈我们的看法,供考古研究工作者作参考。

一

夏代是传说中一个在商代以前的朝代。夏文化探索是一种特殊的考古研究工作。新石器时代的考古研究工作几乎没有历史文献资料为依据,完全以田野发掘的实物资料为研究对象。历史时期的考古则有历史文献资料可以补充实物的资料的不足,并且二者可互相印证,至于夏代则没有像商周时期的甲骨文、金文那样的由当时传下来的文字资料,仅有后世的传说,而这些传说,历史学家中有些人怀疑它的真实性,而另一些人或许更多的人,并不怀疑在历史上夏代确实存在。从目前的考古工作情况来说,对新石器时代晚期已做了大量的田野发掘工作,商代考古也可以通过殷墟的发掘做深入研究。通过地层、器物类型的对比等研究去认识商代早期的遗物,考古工作者看来是比较有把握的。如果夏朝确实存在,哪些遗物是属于夏文化的,仍旧还难以认定。因此探索夏文化是当前考古工作中一个重要课题。

虽然哪一种文化是夏文化难以确认,但也并不是没有线索可寻。如果关于夏朝的传说可靠,首先,典型的夏文化遗存在时代上当然在商代以前,与商代紧相衔接。第二,地区上主要应在中原地区。第三,据传说,夏王朝至少有四百年以上的历史,其文化之发达应有相应的特色和广泛的影响。第四,如果夏朝确实存在,则建立夏王朝的夏族文化应与夏代的各类型文化区别开来。

配合夏文化探索^{14}C 测定年代的任务,就是配合中原地区的考古发掘工作确定出商代以前各类文化的年代序列。如果发掘工作比较普遍,年代测定数据比较齐全,而关于夏朝的传说确是真实可靠,那么夏代有哪些文化类型也就一目了然了。可是由于^{14}C 年代测定的误差不可避免,以及其他许多问题使得年代测定这项任务的完成并非轻而易举。

二

配合寻找夏文化,^{14}C 测定年代究竟有哪些困难呢,在此我们将稍作说明:

1. ^{14}C 测定所用的标本往往不是文化遗物本身,大多数是从遗址的地层中采集来的小块木炭,而木炭的^{14}C 年代是形成这些木炭的树木生长时的年代,如果树木比较大,树龄就有数十年以至数百年。因而树木的心材比边材要老数十年以至数百年。对采集的小块木炭是不能分清边材和心材的。所以木炭的^{14}C 年代在个别情况下有可能和遗址的年代不一致。例如大墓中已腐朽成碎屑的棺木,窑址炉膛中未烧完的树心炭块。这些标本的^{14}C 年代就有可能偏老好几百年。

2. 在考古发掘中常常碰到较早的器物混在较晚的地层中,在划分地层时要以所出的最晚的器物为准。但是^{14}C 标本出现这种情况时则难以分辨,因而标本的年代同样有可能偏老。

3. 由于同位素分馏效应,不同种类的^{14}C 标本其年代也有差别,如小米的年代会偏近250 年,虽说可以校正,但多一个校正步骤误差就会随着增加。有时把炭化的谷子误认为木炭,如不做质谱分析则误差更大。

4. ^{14}C 测定中有放射性固有的统计误差。实验上虽可缩小,但不可消除。另外,测量条件实际上不能完全保持一致,也会产生误差。一般测量在较好的情况下误差可缩小到50 年以内。

5. 在实验室的标本制备过程中也难免带来一些误差,例如标本的预处理不彻底,化学制备过程中有微量污染等,都影响年代的准确。

6. 即使测量得非常精确,但由于在几千年前大气中的^{14}C 浓度并不保持恒定,因此^{14}C 标本的起始放射性就不一致,用一致的起始标准计算出的^{14}C 年代当然不会同实际符合,这就要作校正,即一般所说的树轮年代校正。树轮校正曲线或校正表本身,是经过对已知年代的树轮作^{14}C 测定而得,并且由于古代大气^{14}C 浓度的涨落相当复杂,所以将^{14}C 年代校正后误差会增加很多。例如一个木炭标本如果测出的^{14}C 年代为 3550 ± 20 年 (半衰期用5568 年),根据最新公布的校正表,可以查出相应的日历年代范围为公元前 1740 年~2120年,标本真实年代在这个年代范围的可信度为 95%。如果测量误差达到 80 年~120 年即3550 ± 80 年则相应的年代范围为公元前 680 年~2180 年。从这个例子可以看出虽然测定的数据准确可靠,但它的真实日历年代却很不确定。

经过上述的讨论和说明,就很容易理解,为什么孤零零的单个^{14}C 数据一般是不可轻信的(当然如果标本与遗址在年代上明确一致,测量又可靠,则在误差范围内单个年代数据也还是可信的)。即使经过准确测定,数据可信,也可以把不是夏代的标本误认为是夏代的,根本无法分辨。要解决这个困难只好以数量求质量,从各个遗址地层中收集大量标本作^{14}C 测定。这从统计的观点看来对缩小误差,排除偶然性是很有利的。

顺便说一下，有两种对待¹⁴C 年代的看法，一种认为¹⁴C 年代数据根本不可靠，不能采用。另一种则认为¹⁴C 年代数据是科学的测定，因而不加分析地采用。两者都是不恰当的，都缺乏深入的了解和具体的分析。至于采取符合我的观点就用，不符合者就弃去，这也不是解决问题的恰当方法。

三

根据上述的情况，我们配合二里头、东下冯和陶寺等遗址的发掘，对每个遗址都测定了各个层位的许多标本[3,4,5]，二里头遗址共测定了 33 个标本，其数据列在表 1 中；东下冯遗址共测定了 15 个标本，其数据列在表 2 中；陶寺遗址共测定 17 个标本，其数据列在表 3 中。根据最新公布的¹⁴C 年代校正表[6]，各数据表中列出了每个标本相应的日历年代范围。这种年代范围的可信度为 95％。将每个遗址各个标本的日历年代范围以线段表示，分别以年代顺序绘在图 1、2、3 上。现讨论如下：

表 1   河南偃师二里头遗址

顺序号	实验室编号（物质）	层位（文化）	¹⁴C 年代（5730,BP, 1950）	¹⁴C 年代（5568,BP, 1950）	树轮校正年代（按新表, BC）
序 1	ZK－31－1（蚌片）	HT104④	3955±115	3840±115	2635～2005
序 2	ZK－680（木炭）	VD2H12（二期，晚）	3915±150	3800±150	2645～1885
序 3	ZK－1082－C（木炭）	IVTIA④B（三、四期）	3670±70	3560±70	2145～1730
序 4	ZK－926（木炭）	IVT3④（二期、三期）	3635±85	3530±85	2165～1675
序 5	ZK－829（木炭）	D2 北灰坑（一、二期）	3590±100	3480±100	2135～1655
序 6	ZK－1175（木炭）	IVTI17H29（一期）	3595±70	3490±70	1995～1680
序 7	ZK－923（木炭）	IVT2⑤	3580±80	3480±80	2125～1650
序 8	ZK－1178（木炭）	VT26⑤B（一、二期）	3585±70	3480±70	1985～1675
序 9	ZK－212－1（蚌片）	VT104⑥⑦	3570±95	3470±95	2115～1640
序 10	ZK－1081（木炭）	IVTIAH8（三期）	3580±70	3470±70	1975～1670
序 11	ZK－927（木炭）	IVT3⑧	3555±80	3450±80	2080～1575
序 12	ZK－285（木炭）	儿队窑场 H3（一期）	3555±80	3450±80	2080～1575
序 13	ZK－1079（木炭）	IVTIAH5（二期）	3540±70	3440±70	1955～1660
序 14	ZK－1082－B（木炭）	IVTIA④B（三、四期）	3545±70	3440±70	1955～1660
序 15	ZK－1035（木炭）	IHT14④H19（二期）	3530±80	3430±80	0990～1560
序 16	ZK－1081（木炭）	IVTIA④BA（三、四期）	3520±75	3420±75	1920～1545
序 17	ZK－1033（木炭）	HITI 东扩（3）H23（四期）	3500±110	3400±110	1965～1540
序 18	ZK－1166（木炭）	VT15⑨（一期）	3495±70	3400±70	1895～1585
序 19	ZK－924（木炭）	IVT1⑦	3475±80	3380±80	1950～1525
序 20	ZK－925（木炭）	IVT3④	3465±80	3370±80	1935～1440

续表1

顺序号	实验室编号（物质）	层位（文化）	^{14}C年代（5730, BP, 1950）	^{14}C年代（5568, BP, 1950）	树轮校正年代（按新表, BC）
序21	ZK-929（木炭）	IVT4⑤	3450±80	3350±80	1900~1425
序22	ZK-928（木炭）	IVT4⑥⑦	3445±80	3350±80	1900~1425
序23	ZK-764-O（骨）	VD2南T5H12（二期）	3445±95	3350±95	1910~1435
序24	ZK-1176（谷子）	VT20⑧C（一、二期）	3450±70	3350±70	1865~1545
序25	ZK-922（木炭）	IVT2⑧	3430±80	3330±80	1885~1415
序26	ZK-1082-A（木炭）	IVTIA④B（三、四期）	3425±90	3330±90	1885~1415
序27	ZK-1078（木炭）	IVTIAH4（三期）	3400±75	3300±75	1870~1395
序28	ZK-1036（木炭）	HIT3⑤H21（二期）	3380±85	3280±80	1860~1385
序29	ZK-1034（木炭）	HIT2③（四期）	3355±90	3260±90	1770~1370
序30	ZK-930（木炭）	IVT4⑤	3345±70	3250±70	1760~1365
序31	ZK-286（木炭）	VTI3F内H87（四期）	3335±85	3240±85	1755~1355
序32	ZK-1077（炭混）	VM3底部（三期）	3220±70	3130±70	1625~1260
序33	ZK-257（木炭）	VHIT22H3③	3195±90	3100±90	1655~1110

表2   **山西夏县东下冯遗址**

顺序号	实验室编号（物质）	层位（文化）	^{14}C年代（5730, BP）	（5568, BP）^{14}C年代	（新表）树轮校正年代
序1	ZK-971（木炭）	T240③	3855±70	3750±70	2510~1790
序2	ZK-972（木炭）	T240④	3830±85	3720±85	2520~1880
序3	ZK-531（木炭）	F551	3795±100	3690±100	2510~1865
序4	ZK-621（白灰面）	F203	3700±110	3600±110	2300~1710
序5	ZK-689（木炭）	H504	3665±80	3560±80	2185~1685
序6	ZK-382（木炭）	T501④B	3635±115	3530±115	2165~1675
序7	ZK-435（木炭）	T509沟内	3620±150	3520±150	2160~1670
序8	ZK-387（木炭）	T208④A	3595±80	3490±80	2135~1655
序9	ZK-436（木炭）	T509沟（二）	3530±100	3430±100	1990~1565
序10	ZK-799（谷粒）	H525	3520±100	3420±100	1980~1555
序11	ZK-880（木炭）	H550	3315±100	3220±100	1735~1340
序12	ZK-324（木炭）	H1	3305±115	3210±115	1720~1325
序13	ZK-338（木炭）	H9	3300±100	3210±100	1720~1325
序14	ZK-340（木炭）	T11④	3260±115	3170±115	1690~1140
序15	ZK-339（木炭）	H15	3080±115	2990±115	1520~900

表3   山西襄汾陶寺遗址

顺序号	实验室编号（物质）	层位（文化）	¹⁴C 年代 (5730，BP)	¹⁴C 年代 (5568，BP)	树轮校正年代（新表，BC）
序1	ZK－682（木炭）	HT101H102	4340±90	4220±90	3155～2560
序2	ZK－579（木炭）	HT2③B（早）	4010±90	3900±90	2756～2145
序3	ZK－1098（木炭）	HT1③B（早）	4010±70	3890±70	2630～2180
序4	ZK－681（木炭）	IHH302（晚）	3990±80	3880±90	2560～2130
序5	ZK－1099（木炭）	HT2③B（早）	3910±70	3790±70	2525～2025
序6	ZK－1104（木炭）	HI102②（早）	3910±70	3790±70	2525～2025
序7	ZK－1202（木炭）	IIM2068	3885±70	3770±70	2515～1990
序8	ZK－1237（木炭）	M3231（晚）	3815±70	3700±70	2320～1905
序9	ZK－1103（木炭）	H1101（晚）	3780±70	3670±70	2310～1885
序10	ZK－1087（木炭）	IVH428（水井）（晚）	3765±70	3650±70	2300～1870
序11	ZK－1086（木炭）	IVT422④D（中）	3740±70	3630±70	2285～1860
序12	ZK－1050（木炭）	IVH420（中）	3710±70	3600±70	2175～1765
序13	ZK－1085（炭代谷）	IVT423④D（中）	3700±70	3600±70	2175～1765
序14	ZK－1088－O（人骨）	ⅢM3141	3640±70	3530±70	2120～1700
序15	ZK－1101（木炭）	ⅢH303③（晚）	3560±70	3450±70	1960～1665
序16	ZK－1102（木炭）	TVH419（中）	3490±80	3390±80	1960～1535
序17	ZK－1089－0（猪骨）	ⅢM3141	3370±120	3270±120	1850～1380

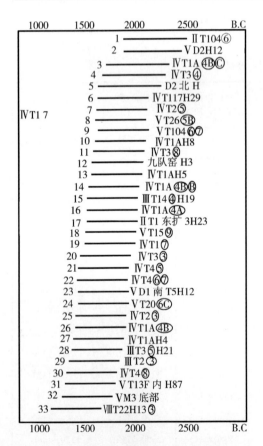

图1　二里头遗址标本的年代范围

1. 从数据表看，大多数年代数据的测量误差并不算大，但经树轮年代校正以后标本的年代范围较宽，这主要是因为在这段时期内大气¹⁴C 浓度的变化比较复杂，时高时低。实际相差一、二百年的两个标本，其¹⁴C 放射性水平可能相差不大，或者年代本来接近的两个标本，其¹⁴C 放射性水平可能有明显的差别。因此测量的¹⁴C 年代与上下层位的顺序可能出现颠倒情况。

2. 同一层位的标本测出的年代不一定相同，因为收集的炭并不是同一件东西，有可能是不同年代的东西，也能造成标本年代与层位顺序发生颠倒的情况。因此对于延续时间不太长的遗址，各层位标本的¹⁴C 年代一般不可能与层位顺序完全一致。例如表1中按顺序号3，14，26 三个标本出自同一层位，但测出的年代相差较大，按照木炭标本有可能偏老的理由，三个标本中最晚的 26 号标本的年代数据才比较符合该层位的实际时代。

3. 从图 1 可以明显看出，标本的¹⁴C年代与层位顺序之间出现了许多矛盾。我们试做一些分析和取舍，进而估计与二里头遗址时代比较合理的上下限。1、2 号标本误差较大，3、4、5 号三个标本也是晚期的层位，其年代也偏老。6、9、12、18号四个标本的层位属于一期，它们的年代可以作为二里头遗址时代的上限，按统计观点估计似不应早于公元前 1900 年。33号标本的年代误差较大，32 号标本物质是炭泥，不太可靠。117、29、3l 号三个标本的层位属于第四期，它们的年代可以作为二里头遗址时代的下限，似乎不应晚于公元前 1500 年。24 号标本是炭化谷子，属于第二期。标本提供者在填表时误写为木炭，测定以后发现年代偏近，经检查记录和原样品才发现是炭化谷子，应加 250 年的¹³C校正，校正后的年代正合适。由于谷子是当年生长的，以它来代表二期的年代比较可靠。其他标本的年代虽然也有不少与层位顺序颠倒，但都比较集中，没有超出这个上下限的范围。因此从统计的观点总体来看二里头遗址的时代应不早于公元

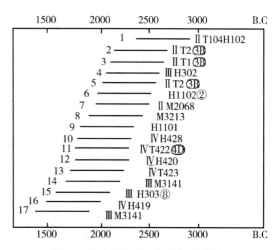

图 2　东下冯遗址标本的年代范围

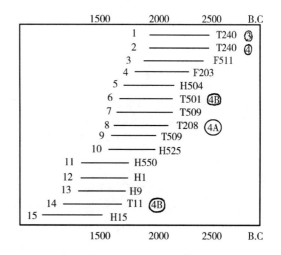

图 3　陶寺遗址标本的年代范围

前 1900 年，不晚于公元前 1500 年，前后延续 300 多年或将近 400 年。

4. 东下冯遗址的文化层有两大类型，早的为龙山文化类型，晚的为二里头文化类型。根据所测的年代数据相当于二里头类型早期的标本不多，一般在年代上比河南二里头相同类型稍偏晚。但因为所测标本远不够多；而且发掘报告尚在整理，很难作出结论。

5. 陶寺遗址的文化层发掘者分为早、中、晚三期属同一类型的文化。共测定了 17 个标本，1 号标本误差较大，孤单一个明显偏老，暂不考虑。2、3、5、6 号四个标本都属于早期，但并非是早期中最早的。2、5 号两个标本是采自完全相同的层位而分别测定的。根据这四个年代数据可以判断陶寺类型文化的上限不晚于公元前 2400 年。13 号标本物质是谷子，属于中期，测出的年代数据作了 250 年的¹³C校正，经校正后的年代，应当比较可靠。17 号标本的年代误差较大且与 14 号标本出于同一墓葬，因此 17 号标本的真实年代

应在线的右端。15 号标本属于晚期，对照并非晚期的 16 号标本年代考虑陶寺类型文化的时代下限应不早于公元前 1800 年。因此总体看来，陶寺类型文化的时代应从公元前 25 世纪延续到公元前 18 世纪，前后至少经历了 600 多年。

四

我们通过实例进行的分析可以说明，在讨论夏文化时根据个别的 ¹⁴C 年代数据作出结论是很危险的。但是，配合考古发掘，收集一系列有明确层位的标本测出一大批年代数据进行分析处理，从而估计出遗址时代的年代范围供考古研究作参考，还是很有价值的。

上述测定仅是配合寻找夏文化测定计划的一部分，配合有关遗址发掘的测定工作还将继续进行。至于夏朝代是否确实存在，哪一种文化可以明确称之为夏文化，这是考古学家研究讨论的专题，有些问题恐怕还有待于考古工作和测定工作的进一步开展和研究。

（原载《考古》1983 年第 10 期，仇士华执笔）

---

* 这是用单个样品做数论年代校正的结果，因此误差较大。系列样品方法校正的结果，请见本论集第 38 篇《关于二里头文化的问题》。

本文所列年代的误差都以 1σ 计，可信度为 68%，但引用新校正表校正所得年代的误差以 2σ 计，可信度为 95%。

[1] 中国科学院考古研究所实验室《碳十四年代的误差问题》，《考古》1974 年第 5 期。

[2] 仇士华、蔡莲珍《碳十四测定年代与考古研究》，《考古》1982 年第 3 期。

[3] 二里头遗址发掘简报参见《考古》1961 年第 2 期 82 页；1965 年第 5 期 215 页；1974 年第 4 期 234 页；1975 年第 5 期 302 页；1983 年第 3 期 199 页；1983 年第 3 期 206 页。

[4] 中国社会科学院考古研究所东下冯考古队《山西夏县东下冯遗址东区、中区发掘简报》，《考古》1980 年第 2 期。

[5] 中国社会科学院考古研究所山西工作队、临汾地区文化局《1978 年—1980 年山西襄汾陶寺墓地发掘简报》，《考古》1983 年第 1 期。

[6] Klein, J., Lerman, J. C., Damon, P. E. and Ralph, E. K., 1982, Calibration of Radiocarbon Dates: Tables based on the consensus data of the Workshop on Calibrating the Radiocarbon Time Scale, *Radioearbon*, 24, 103.

^{14}C 方法应用于海岸线研究中的一些问题

蔡莲珍　仇士华

　　海岸线是海面与陆地的交线，它处于不断的变化状态。海面变化，海陆变迁是海岸线研究的重要组成部分。沿海地带是人类密集的地区，海岸线的变迁对于人类的生产与生活都至关重要。

　　海岸线变化的状况和引起变化的因素是极其复杂的。经过长期的研究，人们对第四纪以来古海岸的变迁有了丰富的知识。然而在各种测定年代的手段出现以前，人们关于海面变化、海岸线变迁的时间概念很难确立，或者可以说是模糊不清的。自从^{14}C测定年代方法问世以来，30 年间，晚第四纪的研究工作有了长足的进展。大量的^{14}C数据表明，世界各部分大陆架地层的年龄一致，近几万年来有全球冰川性海面变化。我国近十年来^{14}C方法测定的地质数据有一千几百个，其中大约有一半以上的标本是采自沿海地区或与海岸线变迁有关。根据这些数据研究出的结果表明有关海面变化和大陆架的情况也同国外情况基本上类似。因此^{14}C测定年代方法在海岸线研究中所起的作用是显而易见的[1-7]。

　　然而不能把^{14}C测定看成简单的机械化生产。把它应用于各个学科的研究时有许多问题需要分析研究。例如采集什么样的样品，对采集的样品要作何种处理以去除不同年代物质的干扰或污染，对测出的年代作何解释以及如何应用等。只有把这些问题弄清楚了，这个^{14}C数据才算起到应有的作用。否则，不但不能起应有的作用，对研究问题反而会起到干扰的效果。在应用于研究海岸线时同样也需要分析研究。同研究海岸线有关的^{14}C标本主要有贝壳、珊瑚、淤泥、泥炭、骨头、海滩岩等。但由于海陆变迁，往往海相层与陆相层交错多次，因此，不但能在沿海地区发现各种海相沉积与生物遗体，而且陆地上的各种生物残体在海底陆相层中也常常会碰到。当然可以把它们收集来作为测定对象。

　　假定大气圈、水圈、生物圈中的^{14}C浓度保持恒定，则^{14}C方法测出的年代数据是被测标本物质停止与大气圈、水圈、生物圈进行碳交换以后所经历的时间。这就要求标本物质满足两个条件：首先是该物质曾经与大气圈、水圈、生物圈保持了碳交换平衡。其次是在停止交换以后不再与外界发生碳交换。这两个条件对许多物质虽然基本上可以满足，但往往是要加以研究分析的。因为标本长期埋在水中、地下，或暴露在地表，会腐烂分解或风化剥蚀，与周围物质混杂，甚至发生碳交换。采集标本时了解这些情况是很重要的。在标本预处理时必须针对各个标本的具体情况，使得处理后的标本能符合测定年代的要求。对各类标本根据其生成及埋藏保存的情况，需要作预处理工作，简述如下：

1. 贝壳：潮间带至浅海区一带，一般都生长有大量的各种贝类软体动物，在不同的深度和不同的纬度和地区，有不同种类的软体动物群分布。这些贝类软体动物死亡以后遗留下来的外壳是很好的¹⁴C 测定标本。同时也是推定当时环境的主要资料。活的贝类动物从食物中吸取含碳物质和钙质长成壳体。壳体的结构好似将碳酸钙填充在极薄的有机膜组成的无数小室之中，有机膜保护碳酸盐中的 CO_2 不与外界交换，一旦有机膜破失，贝壳表面失去光泽，则贝壳碳酸盐中 CO_2 有可能与外界的 CO_2 进行交换，因而容易受到外来碳的污染。从贝壳的结构观察，贝壳的成分主要是文石，而文石是不稳定的，在埋藏环境中会重新结晶为方解石，在重结晶过程中也有可能发生碳交换受到不同程度的污染。所以，在预处理时应消除风化部分，使露出新鲜的有光泽的表面以后再进行化学制备，测出的年代数据最为可靠。

2. 珊瑚：珊瑚通常生活在热带、亚热带的温暖水域十几米以内的表层海水中，死后其骨骼积成珊瑚礁。在水下，珊瑚礁受到珊瑚的保护，几乎不受任何侵蚀。露出海面以后就要发生风化作用。保存较好的未经风化的珊瑚与贝壳一样是很好的¹⁴C 标本。它是古海面古气候的标志。然而研究珊瑚礁的形成及其形态必须与基底的地质地形、地壳运动和海面变化结合起来加以研究[6]。珊瑚礁上不同高度的标本的年代之间，即年代的垂直变化可能呈现出复杂的情况。同一高度，内层与外层的年代也可能不一致。这些现象正是珊瑚礁的形成与地壳运动、海面变化等的综合结果。因此应用¹⁴C 方法研究这类问题时不能简单从事。珊瑚礁上的采样点应有适当的立体分布，应对一系列可靠的¹⁴C 数据结合珊瑚礁的形成，地壳运动，海面变化等进行综合分析。

3. 淤泥：一般说来，淤泥的成分比较复杂，变化很大，随着沉积环境的不同而异。其中包含有各种生物残体，如贝壳碎屑，各种浮游和底栖的微体生物及腐殖质，还有沉积的碳酸盐。但也可能混有老的碳酸盐矿物碎屑。所以通常取有机碳测定比较可靠[8]。如能清除掉古老的碳酸盐矿物碎屑，或提取出贝壳碎屑、微体化石等也可以取无机碳测定。根据淤泥中含的生物群落，可以推定当时的气候环境。根据沉积厚度和测出的年代数据，可以推知沉积物的沉积速率。

4. 泥炭：泥炭是一种陆相植物堆积。主要是在沼泽环境下，植物生长旺盛，堆积较快，不能完全分解而与土壤混合成一体形成的。滨海、泻湖、沼泽地往往会形成泥炭，由于泥炭的有机质含量较高，封闭条件好，很适合于作¹⁴C 年代测定。泥炭中含有丰富的孢子花粉，是推定过去气候环境的重要资料。但不封闭的泥炭层，如失水变干，受上层雨水淋漓，或处于地下水活动频繁的情况下，则容易受到污染。如受到不同年代的腐殖质的污染就很难去除。如有后期植物根系插入，则应尽量剔除。一般说来，含碳量高的泥炭标本测出的年代还是相当可靠的[8]。

5. 骨头：地层中有时会碰到大块动物骨骼，如有足够的数量也可以用来测定年代[9]。骨头的成分比较复杂。但从含碳的角度看，骨头中的碳存在于碳酸盐、骨磷灰石和有机物中。年代老的骨头含碳量很少，尤其是有机部分的碳更少，有时只占千分之几。而实验证明用无机部分的碳测出的年代是不可靠的，只能取有机部分的碳测定。在制样时必须小心提取有机碳，严防污染。当然动物骨头的年代与层位的年代是否一致，例如是否经过再搬运，同样还要根据考察的结果判定。

6. 海滩岩：热带或亚热带海滩海水快速蒸发留下的碳酸盐等物质把沙石胶结在一起，就形成了海滩岩[10]。因此海滩岩中的胶结碳酸盐可以用来测定海滩岩形成的年代。但由于胶结碳酸盐含量很少，且沙石之中可能混有老的碳酸盐，因此要分选出胶结碳酸盐可能是有困难的。但在没有其他标本的情况下，这也是一种可供测试的标本。另外，在胶结物中常含有贝壳可供测定，贝壳的年代应在海滩岩形成之前。

利用上述标本测出的年代，仅能代表标本物质停止与外界碳交换的年代，这还不能完全满足海岸线研究工作的要求。因为研究工作需要确切知道地层的年代，而这些标本的年代能否代表所在层位的年代，还要进行分析。海洋是活动的，海洋动力的作用会把沉积物进行再搬运。例如潮间带和浅海生长的贝类遗体会被海浪冲击到高潮线以上形成贝堤，潮汐和海流的作用可以把泥沙等沉积物搬运很远。搬运沉积的规律随地形、海流各有不同，河口、海峡、海湾等各有其再搬运的情况和沉积规律。这些情况都说明应用14C 方法测定的年代数据是否符合客观实际，同海岸线变迁、海洋考察工作本身密切相关。

从目前14C 测定和应用于海岸线研究的情况总体看来，尚处于初期阶段。一方面我国地质工作者利用14C 数据研究海平面变化，海岸线变迁等课题发表了一些有价值的论文，另一方面，在14C 的测定及应用中也还存在一些问题。

1. 在标本的采集方面往往不够严格，标本代表的层位不够明确。甚至有个别的情况只从地面拣来一些标本就送往实验室测定，测出的结果适合于自己想法的就用，不适合的就不用。这样不但造成了人力、物力的浪费，而且有损数据的科学价值。

2. 在14C 测定方面往往有一种倾向，认为地学数据精度要求不高，有点误差问题不大，因此测定工作规格不严，往往可靠性欠佳，但又不能从数据所标的误差上看出来，这种数据在一定情况下可用，但要细致研究就有问题了。例如对于全新世的研究，比较粗略的分期可以数千年分。这对于有较大误差的数据勉强可以用，但当研究深入以后，要求以数百年分期时，这样的数据就会起干扰作用了。

3. 发表数据时情况描述不全面。例如，只标明标本的地点和埋深，没有地貌的描述或者没有标高、层位和岩性的描述。因而这种数据资料其他研究者难以引用和评价。

4. 制样时取了标本中不恰当的碳成分，所得年代数据不能代表层位形成的年代。例如对淤泥样品取其无机部分的碳制样测定结果，很可能偏老，如不加以说明，使用者难以判断，容易误用。

5. 由于各种偶然性影响，很难保证每个标本的年代都是可靠地代表其所在层位的年代。因此在研究课题时要求分析大量的数据，孤零零的单个数据往往是不足为证的。

通常¹⁴C 方法测定的精度足以满足研究海岸线变迁的要求。但是应该指出。在过去大气圈、水圈、生物圈的¹⁴C 浓度，并不是完全保持恒定的。这主要是由于古代地磁场强度的变化引起进入地球大气层的宇宙射线强度发生变化，因而使大气中的¹⁴C 浓度发生变化，水圈、生物圈的¹⁴C 浓度也必然随着有所变化。其次，¹⁴C 在大气中产生以后，一面衰变，一面通过交换进入水圈和生物圈。进入水圈以后逐渐扩散到深海，浓度必然逐级递降，在不同的海区，¹⁴C 浓度会有所不同。例如高纬度地区洋水的¹⁴C 浓度比一般地区偏低[12]。进入生物圈的¹⁴C 在不同种的生物中¹⁴C 浓度由于同位素分馏效应，也会有所不同。这就是说，按常规¹⁴C 方法测出的年代并不完全符合客观实际，有必要时需要加以各种校正[13]，如树木年轮校正，贮存库效应校正，同位素分馏效应校正等。

树木年轮校正目前已制订了 8000 年以来的校正表，对于 8000 年以上的标本如用 5730 年的半衰期计算年代，可以认为校正值不会超过 1000 年[14]。贮存库效应的校正要视具体情况而定。一般近海及海岸附近标本无需校正，但在石灰岩地区受"死碳"影响严重，需要考察研究[15]。同位素分馏效应校正一般在 250 年以内，最大不会超过三、四百年[15]。

综上所述，要使¹⁴C 方法更好地应用到海岸线研究中去，这两个学科必须互相渗透，紧密结合。过去经验表明，凡是按这样做得好的，工作成效就比较显著，学术价值也比较高。我们相信既然过去十年我国这方面的工作已有了显著的进展，取得了经验，今后必将会做得更好。

（原载《第四纪海岸线学术讨论会文集》，241－245 页，海洋出版社，1985 年）

[1]　中国科学院地质研究所¹⁴C 实验室《渤海湾西岸全新世海岸线变迁的初步研究》，《全国同位素地质会议文集》第一集，184－192 页，地质出版社，1979 年。

[2]　赵希涛、彭贵、张景文《海南岛沿岸全新世地层与海面变化的初步研究》，《地质科学》1979 年第 4 期

[3]　赵希涛、耿秀山、张景文《中国东部 20000 年来的海平面变化》，《海洋学报》1979 年第 1、2 期。

[4]　赵希涛、张景文、焦文强、李桂英《渤海湾西岸的贝壳堤》，《科学通报》1980 年第 6 期。

[5]　彭贵、张景文、赵希涛等《渤海湾沿岸晚第四纪地层¹⁴C 年代学研究》，《地震地质》1980 年第 2 期。

[6]　赵希涛《中国全新世珊瑚礁的发育及其对海平面变化与构造运动的反映》，《中国科学》1982 年 B 辑第 11 期。

[7]　中国社会科学院考古研究所¹⁴C 实验室等《我国¹⁴C 年代学的现状与展望》，《第三届全国第四纪学术会议论

文集》，科学出版社，1982 年。

[8] 中国社会科学院考古研究所实验室《关于骨头，泥炭等¹⁴C 标本的制备方法》，《全国同位素地质会议论文集》第一集，179 - 183 页，地质出版社，1979 年。

[9] 中国社会科学院考古研究所实验室《放射性碳素测定年代报告（七）》，《考古》1980 年第 4 期。

[10] 赵希涛、沙庆安、冯文科《海南岛全新世海滩岩》，《地质科学》1978 年第 2 期。

[11] 大森昌卫、茂木昭夫、星野通平《浅海地质学》，科学出版社，1980 年。

[12] 刘东生等《¹⁴C 方法测定绝对年龄及其应用》，《地质快报》1963 年第 7 期。

[13] 中国社会科学院考古研究所实验室《¹⁴C 年代的误差问题》，《考古》1974 年第 5 期。

[14] Klein，J.，Lerman，J. C.，Damon，P. E.，Ralph，E. K.，1982，Calibration of Radiocarbon Dates：Tables based on the consensus data of the Workshop on Calibrating the Radiocarbon Time Scale，*Radiocarbon*，24，103 - 150.

[15] 北京大学历史系考古专业¹⁴C 实验室等《石灰岩地区¹⁴C 样品年代的可靠性与甑皮岩等遗址的年代问题》，《考古学报》1982 年第 2 期。

[16] Stuiver，M. And Polach，H.，1977，Discussion Recording of ¹⁴C Data，*Radiocarbon*，19，355 - 363.

关于全新世底界年龄的^{14}C测定

仇士华　蔡莲珍

一　前　言

全新世是地质历史划分赋予的概念，本意是指冰后期气候变暖，人类、动物、植被等地理环境之演变形成了相应的沉积地层，明显不同于晚更新世的状况而言。过去研究地质，由于手段方面的限制而比较粗糙，对于晚更新世与全新世的粗略划分，其标志已经算是很明显的了。但随着技术的进步，研究工作更加深入细致，尤其是年龄测定技术的发展，自然就提出了晚更新世与全新世划分的时间界限究竟放在哪里的问题。

按人类的发展来说，大致在晚更新世仍为旧石器时代，到全新世时发展到中石器和新石器时代直到现在。但人类社会的发展和进步是不平衡的，各地区各部落差别很大，发展阶段决不能以统一的年代来划分。按动物的演变来说，晚更新世到全新世动物绝灭的种类相对来说很少，而且绝灭的时间界限也不是很清楚很一致的。植被的演变也是如此，而且不同地区不同纬度差别很大。按冰期的发展来说，晚更新世末次冰期，即武木冰期到全新世开始时，欧洲大陆平原冰盖消融，山地冰川退缩，似可以冰雪消融的沉积物作为界限划分的标志，但冰雪消融和冰川退缩是一长期过程，要确定某一时限是有困难的，何况这也是局部地区的情况，不能普遍适用。

近30年来，海平面和大陆架研究的进展迅速，已经清楚海平面的大幅度变化主要与全球气候冷暖有关。冰期最盛期大陆积聚大量冰雪，海平面显著下降，形成低海面；冰后期气候逐渐转暖，冰雪消融，致使雨水增加，新的湖泊形成，沼泽发育，海平面逐渐回升，形成海侵。因此，浅海陆架上的沉积物可以反映出海进、海退、海陆相交错层的迹象。有的研究者以海平面开始回升作为全新世的开始。但这样的划分有严重缺陷，因为大陆冰雪开始消融，冰川开始退缩，还不等于气候已经明显转暖。以冬春季节变化作比喻，严冬开始退却还不是春天。于是有人提出，海平面从最低点回升到距现代海平面一半高度时作为全新世的开始。从以气候划分的观点说这似乎比较合理，而且理论上全球都有一个统一的时限标准。但从地层划分的观点看，这个时限标准与各地区的地层发育很难对应吻合。

总而言之，全新世底界的划分是一个很复杂的问题，至今没有一个统一的方案。但全新世底界的划分要以气候变化为依据，恐怕是目前比较一致的认识。

虽然历届国际第四纪会议上，大多数学者主张全新世底界年龄应划在10000aB. P.，但也有不少学者认为要划在 11000、12000、13000 和 14000aB. P.，甚至有人主张划在 15000aB. P.。在我国对全新世底界年龄的看法也很不一致，例如，周昆叔定为 10000aB. P.[3]，孔昭宸等定为 12000aB. P.[4]，张子斌等定为 13100aB. P.[5]。

根据以上情况将我们测定的与全新世底界有关的¹⁴C 数据[6]做一比较和简单说明，以供地学研究者参考。

二 样品的年龄测定及说明

1. 河北省涿鹿县吉家营冰缘的灰黄—灰黑色砂质淤泥样品被认为全新世初期的牛轭湖相沉积，由国家地震局地震地质大队黄兴根[7]采集提供。样品采自桑干河南岸二级阶地的冲积层剖面上。淤泥层有明显的冻融卷曲现象，上为厚 2 米多全新世沉积层，下伏粉砂层。淤泥中富含有机质及螺蛳壳，分别取有机质及贝壳测定的两个年龄数据为：

ZK‐1119（有机质）　　　　11030 ± 150aB. P.

ZK‐1119（贝壳）　　　　　10970 ± 300aB. P.

两者在误差范围内相合。在这样的中纬度地区全新世地层中发现冻融卷曲现象尚属少见，是否与全新世初期出现的短暂冷期相合，值得进一步研究。

2. 北京房山县坟庄地下 4.5m～5.0m 处和 6.84m～6.89m 处的淤泥和泥炭样品，由北京地震地质会战办公室采集提供，被认为全新世初期的沉积[8]。其下为灰或灰黄色细砂，有机质逐渐减少。其上淤泥质和泥炭质明显，有机质显著增加。样品中孢粉组合表现为木本花粉以松占优势，云杉、冷杉花粉急剧减少，桦、椴树花粉增多；草本以蒿、藜为主。其古植被是松和少数阔叶树参与的森林草原，是全新世初期的景观。所测定的三个年龄数据分别为：

ZK‐513　　　埋深 4.5～5.0m　　　　10120 ± 150aB. P.

ZK‐593　　　埋深 6.84～6.89m　　　11850 ± 200aB. P.

ZK‐592　　　埋深 4.74～4.79m　　　10750 ± 150aB. P.

3. 北黄海岸 H77‐08 号站水深 56m 海底钻孔 345cm～385cm 之泥炭样，系晚更新世末或全新世初期之河湖—沼泽相沉积，由国家海洋局第一海洋研究所[9,10]采集提供。所测得的年龄数据为：

ZK‐492　　　　　12400 ± 200aB. P.

4. 东海长江口外水深 24m Ch1 号钻孔泥炭样品，由中国科学院海洋研究所黄庆福采集提供。泥炭层上面是海相层，泥炭可能是海侵前河湖‐沼泽相沉积或河口淤积层。所测得的三个年龄数据分别为：

ZK‐1401　　　埋深 32.74～32.89m　　　10735 ± 120aB. P.

ZK‐1402　　　埋深 36.10～36.28m　　　10760 ± 120aB. P.

ZK‐1403　　　埋深 38.18～38.25m　　　10700 ± 125aB. P.

三个数据的年龄相近，说明当时沉积速度很快，很可能是河口淤积层。同时，样品层位标高在 -60m 左右，在这个高度与海平面回升一半时的高度相近。

5. 上海川沙海相层下之全新世淤泥样品，由上海师范大学地理系采集提供。所测得的两个年龄数据分别为：

ZK - 736　　　　9800±150aB. P.

ZK - 737　　　　10220±150aB. P.

6. 镇江农机学院处钻孔淤泥取自埋深 32m 的深灰色粉砂质淤泥层，属全新统底部。样品由南京大学韩辉友采集提供，原编号：63（2）。所测得的年龄数据为：

ZK - 892　　　　10850±200aB. P.

据分析，这种粉砂质淤泥的形成是由于当时海平面回升，长江水位随之抬升，在镇江附近长江沿岸的支沟中沉积下来的长江河漫滩相粉砂质淤泥[11]。

7. 湖北神农架林区大九湖全新世早期泥炭样品埋深 1.30m～1.32m，由中国科学院植物研究所采集提供。所测得的年龄数据为：

ZK - 473　　　　10015±150aB. P.

8. 根据国家地震局地震地质大队黄兴根等人对云南剑川剑湖西岸四个全新世至晚更新世的剖面的考察，系统取样，¹⁴C 年龄测定及孢粉、微体古生物鉴定，晚更新世与全新世的分界比较明显[12]。界限以上，以黑 - 褐灰色湖沼相沉积为主，孢粉组合以松、栎、桦、榆、桤等为主，缺少暗针叶树种，草本植物较少，反映气候转暖；界限以下，以黄土—灰黄色河流相沉积为主，孢粉组合是松、冷杉、栎、桦，缺少云杉、铁杉，耐干旱的蒿、藜、菊等草本花粉丰富，反映气候温凉干燥。四个剖面分界处的年龄数据分别为：

西中乡剖面第八层 ZK - 1424 灰黑色淤泥

　　12775±165aB. P.

龙门邑东水塘剖面灰黑色泥炭 ZK - 1287 灰绿色细砂

　　12645±150aB. P.

龙门邑变电所北冲沟剖面第十层 ZK - 1431 泥炭质地较

　　12780±140aB. P.

灰色中细砂含上登剖面第七层 ZK - 1284 有植物茎叶和树木

　　12035±135aB. P.

因此，根据¹⁴C 测定的数据，此地的全新世底界年龄应为

　　12500aB. P. 前后。

三　问题讨论

1. 以上所测全新统底部的 16 个样品大多为含碳量较高的泥炭，而且是钻孔取样或剖

面开挖取样，样品的采集基本上都符合¹⁴C 测年的要求，而在实验室经过认真仔细的常规预处理、化学制备和放射性测量，因此所得的¹⁴C 年龄数据基本上是可靠的。由于我们讨论的问题仍属于粗线条的，所以关于¹⁴C 数据的其他仔细校正问题，暂不涉及。

2. 这 16 个样品的地理分布差别很大，高度和纬度不同，有大陆上的，有海下的，年龄大致在 11000aB. P. 前后。有几个年龄数据偏轻，主要是因为样品取自全新统底部上侧的缘故。所以一般来说，把全新世底界年龄放在 11000aB. P. 左右是合适的。但是云南样品的年龄数据偏老一千多年是显著的，这可能与纬度有密切关系，也是全新世底界划分需要研讨的问题。

3. 若要进一步细致确定全新世底界的年龄需要地质工作者与¹⁴C 工作者密切配合。首先要从地层上明确划清全新统的下限，从更多地区更多地采集符合要求的样品，综合进行多项分析和¹⁴C 年龄测定。工作做多了，自然会有更多的成果和新的认识。

（原载《第四纪研究》1992 年第 3 期）

[1] 周昆叔、陈硕民、陈承惠、叶永英、梁秀龙《中国北方全新统花粉分析与古环境》，《第四纪孢粉分析与古环境》，25 页，科学出版社，1984 年。

[2] 严富华、叶永英、麦学舜《据花粉分析试论北京地区全新统的划分》，《第四纪孢粉分析与古环境》，86 页，科学出版社，1984 年。

[3] 周昆叔《对北京市附近两个埋藏泥炭沼泽的调查及其孢粉分析》，《中国第四纪研究》1965 年第 1 期。

[4] 孔昭宸、杜乃秋、张子斌《北京地区 10000 年以来的植物群发展和气候变化》，《植物学报》1982 年第 2 期。

[5] 张子斌等《北京地区 13000 年来自然环境的演变》，1981 年。

[6] 计算年龄所用¹⁴C 半衰期为 5730a。

[7] 黄兴根、焦振兴、赵希涛、仇士华《河北涿鹿第四纪冰缘现象及其意义》，《中国第四纪冰川冰缘学术讨论会文集》，221－224 页，科学出版社，1985 年。

[8] 孔昭宸、杜乃秋《北京地区距今 30000—10000 年的植物发展和气候变迁》，《植物学报》1980 年第 4 期。

[9] 徐家声、高建西、谢福缘《最末一次冰期的黄海古地理若干新资料的获得及研究》，《中国科学》1981 年第 5 期。

[10] 刘敏厚、吴世迎、王永吉《黄海晚第四纪沉积》，285 页，海洋出版社，1987 年。

[11] 曹琼英、沈德勋《长江三角洲地区的地层和海面变化的年代问题》，《第一次全国¹⁴C 会议论文集》，155－158 页，科学出版社，1984 年。

[12] 黄兴根、仇士华等《红河断裂带西北段全新世地层¹⁴C 测年及底界年龄的探讨》，《第四纪冰川与第四纪地质论文集》第四集，213－221 页，地质出版社，1987 年。

AMS¹⁴C 法在地学中应用的发展近况 *

仇士华　蔡莲珍

40 年前建立的¹⁴C 方法以其应用于考古学和地质学中的年代研究而闻名于世。20 世纪 50 年代发现了工业效应和核爆效应，尤其后者使大气¹⁴C 量猛增，之后又随自然界碳循环途径扩散到生物、土壤、海洋等领域，因而使¹⁴C 可作为示踪原子来研究所涉及领域中的各类问题。70 年代以后，以树轮年代来校正因大气¹⁴C 含量变化而引起的¹⁴C 年代偏差工作日趋完善，¹⁴C 又以兼有示踪和时钟两种功能而扩展了近万年来有关宇宙线、地磁场、太阳活动、碳的循环、大气和海洋等天体物理以及地球化学等研究领域，因此，尽管¹⁴C 实验室已普遍发展，¹⁴C 测定数据数以万计地逐年递增，作为测年手段广为采用。但它的应用和技术仍有待进一步开发，广泛地应用推动了¹⁴C 技术的不断发展。从固体法、气体法到液体法的低水平 β 计数技术，目前几乎已发展到了顶点，继而又开辟了以计数原子数目为基础的 AMS¹⁴C 方法。自 1978 年以来，已经召开了 4 次国际 AMS¹⁴C 会议研讨有关问题。尽管需要昂贵的设施和众多的人力，目前建成和筹建的装置已达约 30 个左右，从开始阶段的试运行，经过不断的改进和研讨，已有不少装置投入日常运行，并达到了同 β 计数法可相比较的测量水平。

AMS¹⁴C 法的最大优点是样品需用量仅为 β 计数法的千分之一，¹⁴C 工作者遇到重要样品但苦于量少而无法测定的情况并不少见，现在有可能解决了。另外，如骨头、淤泥中难免有不同年代的成分混杂，AMS¹⁴C 法用量少，就可以分别测定各种不同成分的年代。其次，AMS¹⁴C 法测量时间一般在半小时到 1 小时左右，与常规法相比时间缩短了 10 倍～20 倍。

AMS¹⁴C 法的测量精度是近 10 年来主要关注的问题，目前可与常规法相比，但它的改进潜力较大，可测年限也可望随之相应延伸。

无论如何，AMS¹⁴C 法是大有发展前景的，但是目前 AMS¹⁴C 法的应用还大多限于常规法测量难以胜任的领域，原因是：（1）设备昂贵，不能像常规法那样普遍使用，日常测定费用也相应较高；（2）样品需用量一般在几毫克至几十毫克级，微量样品处理技术要求严格，成分分类测量所需的劳动量也较大，测定往往受制于样品制备过程；（3）测量时间虽短，在当前设备不多的情况下，又需要不断研究改进，因此，专用于¹⁴C 测量的 AMS 不敷应用；（4）测量精度只有少数达到较高水平，而常规法的精度则普遍比较稳定。因此，尽管 AMS¹⁴C 法是普遍适用的，但目前应用多在极冰、海水、海底钻孔岩芯、大气、

146

微体生物、骨化石等的研究。若克服了上述困难，AMS14C 法有可能更多地替代常规计数法。

以下举例介绍近年来 AMS14C 法在地学中应用的一些进展和成果。

一　极冰的研究

10 万年来极地及其附近地区沉积了大量未曾扰乱的冰块（冰盖），它们是以尘埃为核心凝聚了大气水蒸气不断落在地面或覆盖在冰雪表面而逐年积累形成的。随着时间的推移，冰层不断加厚，下层不断变薄变宽，而上层及边缘又会因熔融和冰山裂解而损耗流失，形成如图 1 所示剖面。

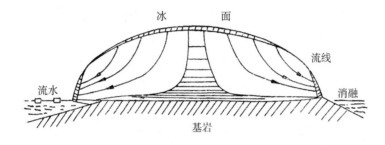

图 1　极地冰盖剖面

在冰雪沉积过程中携带了相当量的当时的空气（包含了氧、氮和二氧化碳等气体），水蒸气中的氧元素也因水的蒸发和凝聚，使其同位素组成有所改变（蒸发时蒸汽中的重同位素稀释），因而同位素组成的研究与气候、冰雪来源相关。下层冰块在压实过程中使其所含空气形成气泡，在封闭的条件下这种气泡无疑是珍藏古代大气信息的宝贵材料。从冰盖钻孔取出冰芯，研究它包含的信息，对了解冰盖的形成、消融和与之相应的冰期、海浸、海退、海平面变化、古气候、古代大气成分等都是重要的。

研究各种现象需要有可靠的时间标度，冰块上层因形成时有冷暖季节分界，可以用清数层数统计出沉积的年数，深部冰层很薄，就必须依靠其他方法，如放射性衰变测年法等。但利用210pb、3H 只能在百年范围，14C 方法可以达几万年。可是常规计数法需要碳量很多，为收集冰中的 CO_2，要取的冰量达吨级。而到极地取冰是非常困难的，更不用说分层取样了。AMS14C 法只需采集含几百微克纯碳的样品，相当于原始冰量约 10kg 左右，因此就有可能开展系统的极地冰芯测年的研究。

Andrete 等从格陵兰南部 Dye 3 钻孔冰芯中抽取 CO_2，在 1984 年[1]和 1986 年[2]分别发表了 6 个 14C 年代数据，与利用流变模型和清数季节性18O 变化的方法所得结果比较都略为偏年轻，原由还需进一步研究和解决。这是用 AMS14C 法研究冰芯的良好开端，表明在没有其他方法可用的条件下，它仍可提供最小年代作参考。取样 $100\mu g$ 可测最高年代约达 35000 年。

二．研究海水中溶解的碳

海洋是¹⁴C 最大的储存库，海水中溶解的碳以 CO_2、HCO_3^-、CO_3^{2-} 形式存在。作为测年手段可以用来研究海水循环的周期。人类活动结果（工业效应和核爆效应）又赋予¹⁴C 以示踪原子形式成为研究海洋的一种重要手段，因而大气和海洋表层 CO_2 的交换，海水的垂直交换率，海水的流向等等都得以清晰。1971 年起开始的海洋地球化学研究计划（GEOSECS，Geochemical Ocean Section Study），对海洋¹⁴C 值的分布进行了系统的测定（精度达 0.3%）。这是一项耗资耗力的巨大工程。

海水中碳样的采集要在遍及太平洋、大西洋、印度洋等不同地点设立的工作站上各从不同深度采集海水样品，或在远航舰上装备采样设备，在巡航期间采集样品。依常规¹⁴C 法需要从每个深度抽出几百升海水获取几升 CO_2 进行测定，无论在抽取海水或是提取 CO_2，工作量都是非常大的。AMS¹⁴C 法则只需海水几百毫升，无疑是大为节省了。但是，目前这样的应用开展得还很少，原因是测定精度还不如常规计数法。因为¹⁴C 半衰期长而且海洋循环达几百年，以致¹⁴C 浓度梯度小，测定精度要求达 ±0.3% 以内，一般 AMS¹⁴C 法尚难达到。但是少量取样十分必要，如极区采样难度大，对研究深海循环却是很关键的。因此开展海洋 AMS¹⁴C 测定研究很受重视，并获得了很好进展。实例如下：

1. 威德尔海（南极洲）南部水剖面中取样测定¹⁴C 的常规计数法和 AMS 法在 ±0.5% 范围内符合甚好（见图 2）[3]。

2. Ostlund 等[4]（1987）从北极海加拿大海盆深达 3500m 的剖面上按深度各采集 1L 水样作 AMS¹⁴C 测定。结果指出封存在加拿大海盆的深层水似乎驻存了 600 年～800 年。而且深层水的盐度比其他区域稍重，大概可说明极地海域冰冻过程受气候的影响。

3. Lowe 等[5]（1987）在考察船巡航期间，从新西兰南岛东海岸外太平洋中，水深 1000m 海水剖面上每 100m 采集 150ml 水样作 AMS¹⁴C 测定，研究海水的垂直混合。结果表明近表面和深层水间有明显的混合，200m 以下¹⁴C 稀释了大约 100‰，这同 Stuiver（1981）研究结果一致。

4. Bard 等（1987）在法国 INDIGO 考察队巡航期间（1986 年 4 月）从印度洋采集水样（每个约 100ml）研究核爆¹⁴C 在海洋中的示踪作用。三个采样站中有两个位置与 GEOSECS 计划

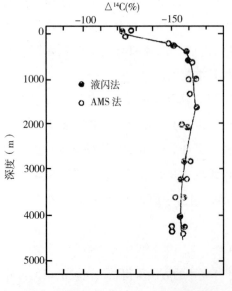

图 2　南威德尔海 317 站 Δ¹⁴C 随深度而变化的液闪法和 AMS 法测定结果比较

所设相同,可以比较。结果证明上层水有明显的核爆^{14}C,1000m 深以下与核爆前水平相当,中层^{14}C 水平与 GEOSECS 结果相同[6]。

三　研究大气中含的碳

大气^{14}CO$_2$是研究工业效应、核爆效应、大气流循环以及人类活动对环境、气候的影响等课题的主要对象。CH$_4$在同温层和对流层化学中是一个重要角色。同温层中 CH$_4$氧化产生臭氧、氢和 CO$_2$,同时调节 OH 原子团浓度。在对流层中甲烷氧化生成甲醛和氢,甲烷还能吸收 Cl 原子团,对红外线也是有力的吸收剂,它对大气温室效应的贡献相当于 CO$_2$的 40%。CH$_4$的来源一般以测定其 δ^{13}C 值来判断,但测定其^{14}C 含量可以作为补充根据。1965 年以来大气甲烷以每年超过 1.5%的速率增加,而极冰气泡分析表明大约在 400年前就已开始、缓慢增加。Lowe 等 (1987)[5],从新西兰的下赫脱空气样品收集站采集的空气和海边新鲜空气中抽取甲烷作了 AMS^{14}C 测定并进行比较。结果证明空气中甲烷有四分之一来自化石燃料。

四　沉积物研究

沉积物的^{14}C 年代测定有着广泛的应用,尤其在更新世—全新世界面时标、晚更新世和全新世期间的冰期、古气候、古环境变化、海平面变化、各地区的沉积率、海浸—海退时间等研究方面是重要的手段之一。许多情况样品量并不缺乏,但对于深海钻孔取样数量就受到限制,加上生物扰动使沉积层次受到干扰,^{14}C 年代测定需要选用单一品种的样品,数量就十分有限。因此取样只需几毫克碳的 AMS^{14}C 法在深海钻孔的沉积物研究中应用颇多。

假定由于气候迅速变暖,趋冷动物群含量瞬间减少到冰期时的 10%,相反趋暖动物群却 10 倍于冰期时的量,但由于底栖生物扰乱的结果,却使冷型动物壳相对上移,而暖型相对下移。即使它们记录的是同样的古气候讯号,层位上却出现了滞后。分别选用单一品种作年代测定并作 δ^{18}O 测定,然后用简单的叠合模型就可以精确定出固有的冰消期阶段[7]。

下面是几个实际应用的例子:

1. 法国 Duplessy 等 (1987) 从北大西洋两个深海钻孔中选取了 1000 个～2000 个单一品种的有孔虫壳化石作 AMS^{14}C 测定,同时测定其 δ^{18}O 值以研究该区冰消期各阶段的年代和气候变化。

图 3 是钻孔 SU81—18 中测有孔虫 (Globigerina bulloides) 所得的氧同位素和 AMS^{14}C 年代记录。该孔位于葡萄牙海岸附近,是最近一次最大冰期的极锋的南部边缘。图中指出冰消期开始,在 14500 年 B. P. 至 12500 年左右为第一阶段,之后温度突然上升(4℃/100 年),

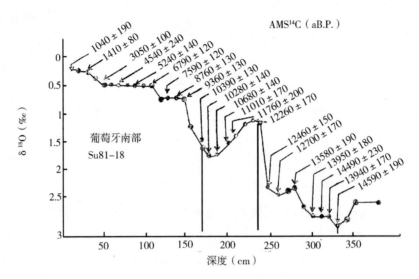

图 3　δ¹⁸O 和 AMS¹⁴C 年代随深度的变化

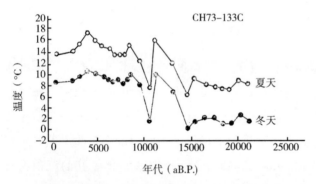

图 4　CH73—139C 钻孔所示古温度和年代的关系

随即又骤然下降（0.1℃～1℃/100年，Younger Dryas 冰期），10400 年 B.P. 左右开始回升到目前水平，平均升温 1℃/100 年，到 9360±130 年 B.P. 为止。

钻孔 CH73～139C 在爱尔兰海岸外，该区经历了大西洋内最大的温度变化。测定了其中 G. bulloides 和 N. pachydernca 样品，由于生物扰乱，结果解释较为困难（见图 4）。冰消融期开始大致在 15000 年～14500 年 B.P. 间，这与 SU81～18 孔结果是相符的。15000 年～10000 年 B.P. 间温度变化幅度较大，11500 年时温度与目前相近，即比冰期温度高 10℃，而 Younger Dryas 冷期达到冰期温度，这与 Ruddiman 等（1981）的结果相符。

可以认为北大西洋极锋的开始后退在葡萄牙纬度处是 12500 年 B.P. 前左右，1000 年后到达爱尔兰纬度处，平均后退速度约 2000m/a。

2. 日本 Nakai 等（1987）从三个淤积钻孔中采集贝壳、木块、有机物沉积作为 AMS¹⁴C 测定研究全新世的沉积率、气候变化和海平面变化的样品[9]。

K3 钻孔位于东京湾西海岸，钻孔剖面和 ¹⁴C 年代与深度关系见图 5。沉积速度分成 3 个阶段，最早一期在 38.6m 以下，沉积率为 0.12cm/a（a 为年）全新世早期在 28.1m～38.6m 间，为 3.0cm/a；以后是 0.45cm/a；6000 年～3700 年左右沉积率最低，为 0.046cm/a；

17.75m～18.10m 处整个日本岛都覆盖一层火山灰，年代定为 6300±150 年 B. P.，与该层附近的贝壳年代相符。最近一期沉积率为 1.5cm/a。

H－1 和 H－2 为半成湖湖底钻孔，测定结果示于图 6。H－1 和 H－2 的沉积率有显著不同。另外，还分析了有机物沉积的 δ^{13}C 值和碳/氮比，它们主要受陆—海有机物相对含量的影响，δ^{13}C 值还和气候、温度条件有关。δ^{13}C 值和碳/氮比是负相关的，如在气候较暖、海面较高时期 δ^{13}C 较高而碳/氮比较低。利用钻孔中贝壳的 AMS^{14}C 年代与有机物沉积的 δ^{13}C 值和碳/氮比作图，指出 6500 年前发生了大规模海侵，在 3500 年前之后的小冰期期间最低海面延续了 1000 年～2000 年 B. P.。全新世早期海侵发生了二次，第一次在 8500 年～8000 年 B. P.，第二次在 8000 年～7000 年 B. P.。两次最高海面之间的较冷气候期相

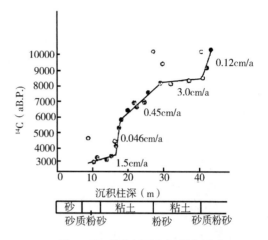

图 5　K3 钻孔剖面和沉积率图示

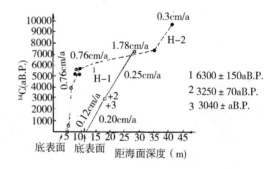

图 6　H－1 和 H－2 钻孔中沉积率图示

当于 8500 年～7500 年 B. P. 前的新冰期（Neoglaciation），最高海面之后的海退乃迅速发生在 4000 年～3500 年 B. P. 前。

3. 荷兰 Troelstra 等（1987）对北大西洋中巡航时从沿线 17 个站采集来的海底岩心沉积物作了 AMS^{14}C 测定。样品是海底松散污泥中筛出的颗粒，多为有孔虫壳碳酸盐。从分析 CaCO$_3$ 含量随深度的变化和有关的 AMS^{14}C 年代，得出全新世时期沉积率为 1.3cm/ka ～1.9cm/ka，冰消期期间较高，为 2.8cm/k～4.2cm/k[10]。

4. 瑞士 Lister 等（1984）在苏黎世湖钻孔取样（5mg～10mg），采集后冰期和全新世冰期湖相沉积物，获得 7 层顺次的 AMS^{14}C 年代。证明苏黎世湖盆冰期消失较晚，苏黎世的冰碛形成期约在 15500 年 B. P. 前，而以前曾认为是 17000 年 B. P. 前[11]。

5. 湖相沉积物中腐泥、碳酸盐类和水生植物残体的测定往往受湖水低 δ^{14}C 的影响而年代偏老，若采检其中陆生植物残体化石进行测定又往往数量太少，无法作常规法测量，AMS^{14}C 法只需 0.5mg～3mg 样品就有了可能。瑞士 Andrée 等（1986）从湖底钻孔沉积中检出陆生植物残体（主要是桦树种子化石）作 AMS^{14}C 测定[12]，同时还用常规法测定了该湖沉积中腐泥和碳酸盐作平行比较，并且随深度作了花粉、稳定同位素等各种分析。

从植物化石和腐泥、碳酸盐年代比较指出，后两者的年代一般比陆生植物年代偏老约 800 年。很可能是由于湖水中碳受死碳影响¹⁴C 浓度偏低的缘故，而利用陆生植物测定的年代与过去常规法所得相应时期的陆生植物年代一致。

另外，钻孔岩心上端 6 个植物化石年代几乎一致，平均约 9922±97 年 B. P.，而花粉组说明不可能由于沉积率高所致，很可能是表示了大气¹⁴C 浓度在这个时期有了明显变化，有减少的趋势，或者是因¹⁴C 产生率变少了，或者因海流加速¹⁴C 向海洋转移快了。同样，下端也有 4 个年代很一致，平均约 12515 年。这两个时期之后都紧接着是一个大冷期。

6. 大气中核爆¹⁴C 作为示踪原子为研究全球碳的循环获得了很多成果。日本 Nakamora 等[13]。(1986) 利用 AMS¹⁴C 法测定了 1945 年～1983 年间每年生长的树轮和 Biwa 湖湖底每 5mm～10mm 段的湖相沉积。采样约 30mg，测量精度达 ±1‰～±1.5‰。研究结果表明从单轮木质测定和当年大气测定比较，树木吸收大气 CO_2 形成本身纤维几乎是同时进行的。核爆效应同时反映在树轮和湖底沉积物中。核爆前湖相沉积的¹⁴C 稀释程度同目前的是相同的。

六　结束语

上述情况表明，AMS¹⁴C 测年技术正日趋完善，精度在不断提高，为在地学领域的应用开辟了广阔的前景。我国 AMS¹⁴C 方法的研究也已经起步，新方法的建成和使用必将推动第四纪晚期有关学科的进一步发展。

（原载《第四纪研究》1989 年第 1 期）

* 本课题为国家自然科学基金资助项目，编号：9488008。

[1] Andrée, M., Moor, E., Beer, J., Oeschger, H., Stauffer, B., Bonani, G., Hormann, H. J., Morenzoni, B., Nessl, M., Surer, M. and Wölfli, W., ¹⁴C dating of po! ar ice, *Nuel. Instr. and Meth.*, *Phy, Res.*, 233 (B5), pp. 885－388, 1984.

[2] Andrée, M., Beex, J., Loetscher, H.P., Moor, E., Oeschger, H., Bonani, G., Hofmann, H. J., Morenzoni, E., Nessi, M., Suter, M. and Wölfli, W., Dating polar ice by¹⁴C accelerator mass spectrometry, *Radiocarbon*, 28 (2A), pp. 417－423, 1986.

[3] Kromer, B., Pfleiderer, C., Schlosser, P., Levin, I., M nnich, K. O., Bonani, G., Surer, M. and Wölfli, W., AMS ¹⁴C measurement of small volume oceanic water samples, experimental procedure and comparsion with low-level counting technique, *Nucl. Instr. and Meth.*, *Phy. Res.*, B29 (1, 2), pp. 302－305, 1987.

[4] Östlund, H. G., Radiocarbon in dissolved oceanic CO_2, ibid, B29 (1, 2), pp. 286－290, 1987.

[5] Lowe, D. C., Wallace, G and Sparks, R. J., Application of AMS in the atmospheric and oceanographic

sciences, ibid, B29（1, 2）, pp. 291－196, 1987.

[6] Bard, E. ; Arnold, M. , Maurice, P. and Duolessy, J. C. , Measurements of bomb radiocarbon in the o-cean by means of accelerator mass spectrometry, technical aspects, ibid, B29（1, 2）, pp. 297－301, 1987.

[7] Broecker, W. , Mix, A. , Andr e, M. and Oeschger, H. , Radiocarbon measurements on coexisting ben-thonic and planktonic foraminifera shells, potential for reconstructing ocean ventilation times over the past 20000 years, ibid, 233（B5）（2）, pp. 331－339, 1984.

[8] Duplessy, J. C. , Bard, E. , Arnold, M. and Maurice, P. , AMS ^{14}C－chronology of the deglaeial war-ming of the North Atlantic Ocean, ibid, B29, （1; 2）, pp. 223－227, 1987.

[9] Nakai, N. , Ohishi, S. , Kuriyama, T. and Nakamura, T. , Application of ^{14}C－dating to sedimentary geology and climatology, sea-level and climate Change during the Holocene, ibid, B29（1, 2）, pp. 228－231, 1987.

[10] Troelstra, S. R. , Ganssen, G. M. , Sennema, E. J. , Klaver, G. Th. , Anderliesten, C. , Van der Borg, K. and De Jong, A. M. F. , Late Quaternary stratigraphy and sedimentology of the Central North Atlantic, a pro-gress report, ibid, B29（1, 2）, pp. 317－321, 1987.

[11] Lister, G. , Kelts, K. , Schmid, R. , Bonani, G. , Hofmann, H. , Morenzoni, E. , Nessi, M. , Sut-er, M. and W lfli, W. , Correlation of the paleoclimatic record in lacustrine sediment sequences, ^{14}C dating by AMS, ibid, 233（B5）（2）, pp. 389－393, 1984.

[12] Andr e, M. , Oeschger, H. , Siegebthaler, U. , Riesen, T. , Moell, M. , Ammann, B. and Tobolski, K. , ^{14}C dating of plant macrofossils in lake sediment, *Radiocarbon*, 28（2A）, pp. 411－416, 1986.

[13] Nakamura T. , Nakal, N. and Ohishi, S. , Applications of environmental ^{14}C measured by AMS as a car-bon tracer, *Nucl. Instr. and Math*, *Phys. Res.* , B29（1, 2）, pp. 355－360, 1987.

^{14}C 测定与环境科学

蔡莲珍

碳是组成生命的基本元素之一，而且直接、间接地都来自光合作用吸收大气中 CO_2。^{14}C测定技术的发展，尤其是小样品量测定的成功，作为了解人类环境、监测环境污染的一种手段，可以并且已经对环境科学作出了相应的贡献。本文拟就^{14}C测定在环境科学应用上的基础和其应用的范围略作分析，以引起有关学者们的兴趣，促进^{14}C测定在环境科学上应用研究的进一步开展。

一 ^{14}C 测定应用的基础

1. 含碳物质普遍存在 自然界除了有生命的植物、动物及其躯壳、遗骸外，大气、水圈、岩石圈都有碳的化合物存在，其中与大气 CO_2 曾有过交换的部分又都含有放射性碳（^{14}C）同位素，会随时间、环境而变化，^{14}C 测定的应用自然就有广泛的基础。

2. 各储存库间的交换循环 随着生命活动、大气流、海洋流等地球物理、化学运动，各含碳储存库之间有着频繁的交换循环。而在^{14}C 测定方法建立以来，已做了十分仔细的工作，对各储存库中碳的滞留时间，各库间的交换频率，以及含碳总量的估计等都积累了许多数据，有了基本了解。这对今后的，局部的、瞬时的环境变化研究奠定了基调，提供了资料依据。

3. 工业效应 大气 CO_2 中同位素组成因人工干扰有所改变。首先是十八世纪开始的工业革命大量使用化石燃料产生的 CO_2，改变了原来自然形成的同位素组成，这一现象自 1955 年开始探明以来已有了深入研究．大气^{14}C 水平平均降低约 2%。

4. 核爆效应 大气核爆试验产生大量人工^{14}C进入大气，又通过全球碳的交换循环扩散至各储存库。大气 CO_2 中^{14}C组成到 1963 年比原来增加一倍以上，达到高峰，以后因禁止大气核爆而逐年递减。几十年来研究的结果已为大气^{14}CCO_2向其他储存库，主要是海洋扩散而发生的浓度变化，理论推算绘制了轮廓，使我们研究目前环境变化有所依据。

5. ^{14}C 测定技术普遍推广，高度发展 目前常规衰变法测定已非常方便，高精度测量可以达到 1.5‰～2.5‰，小样品量技术可采用几百毫克碳样，虽然测量时间长，但同时运转多套测量装置，可增加数据产量。近十年来发展的加速器质谱计数法（AMS ^{14}C 法）需样品量仅几十毫克，甚至几十微克，测量时间半小时左右，精度也可与衰变法相当，这在研究环境样品的¹⁴C 变化采样量受到限制时具有极大的优越性。

二 ¹⁴C 测定应用的范围

有了上述的¹⁴C 测定技术和研究基础，在环境科学方面的应用已日益广泛深入，成果不胜枚举。其应用领域大致有下列几方面。

1. 古环境研究　在年代问题上使用¹⁴C 测年方法几成了常规程序之一，其重要意义不需赘述。但就近年来利用 AMS ¹⁴C 法测植物种子获意外结果的，如埃及南部旧石器晚期遗址地层中采集的大麦粒和软枣，经 AMS ¹⁴C 测定年代与同层炭屑年代竟相差 1 万余年，而后者与衰变法测定年代和考古分析都较相合，可见正确选用环境样品对年代测定可靠性十分重要，使用时应谨慎。而直接选用几十微克孢子花粉粒作 AMS ¹⁴C 测定，它可以替代应用湖相沉积中一般年代偏老的碳酸盐样品，或避免采用易受幼根和垂向淋漓有机物污染的土壤样品，当然颇引人注目了。

2. 大气及各储存库¹⁴C 浓度变化　核爆¹⁴C 生成在大气高层，同温层气流运动缓慢，¹⁴C 滞留较长，进入对流层后迅速扩散，并通过大面积与海面接触而进入海洋。大气核试验多在北半球，因此南半球大气¹⁴C 浓度相对滞后。¹⁴C 进入海洋后，浅海层混合较快，垂向混合入中层海洋、深层海洋都有滞后。深海海水运动极为缓慢，¹⁴C 容量却极大，影响也就大了。因此研究大气及各储存库中¹⁴C 浓度及其滞留时间，各库间交换速率等对了解我们生存环境相当重要，大量¹⁴C 测定工作已获得不少可靠的科学依据。大气对流层¹⁴C 浓度在 1963 年达最大值，增加了一倍，大部分逐渐被海洋吸收，大约按 7 年半衰期值递减。在对流层中滞留时间为 10 年左右，同温层中滞留时间约两倍。南、北半球大气混合均匀只需 1～2 年。浅海中¹⁴C 水平滞后约几年，且甚低于大气¹⁴C 浓度，滞留时间仅几年即扩散入中、深层海域，深海¹⁴C 浓度显然偏低。在太平洋、大西洋等海域内各深度的¹⁴C 浓度变化已通过采样站收集水样测定绘制了等值线图。

3. 生物示踪及对人体伤害　通过已知的北、南半球大气和海洋¹⁴C 浓度随年份的变化、饮食平均¹⁴C 浓度变化和模式研究，理论上推算得在各组织中设定不同滞留时间时¹⁴C 水平随年份的变化，与实测各组织中¹⁴C 浓度比较，可以估算出碳在各组织器官中最大可能残留的时间。这对了解人体新陈代谢、食谱的影响以及放射性伤害都有作用。已经研究过的内脏和组织有：心、肺、肝、脾、肾、肌肉、脑、脂肪、骨架和软组织等，一般的滞留时间差别不大，均在 8 年以上，软组织稍短，而且，健康的、有病的、年老和年少的都相类似。¹⁴C 放射性对人体的伤害估计不会比其他放射性元素严重，但值得忧虑的是¹⁴C 衰变形成了¹⁴N，如果¹⁴C 处在要害部位如遗传因子、造血细胞等，则可能引起畸变，虽然研究结果尚不足肯定会产生严重后果。

4. 工业废气污染　工业革命后大气中非放射性 CO_2 增加使大气 ^{14}C 浓度降低约 $1\%\sim$ 4%，虽与核爆影响相比已不足论，但大气 CO_2 总量的增加与全球温室效应有关。而大城市中，尤其在大工厂附近，公路两旁和冬季取暖造成的 CO_2、CH_4 废气污染也不容忽视。对照测定城区和郊区、夏季和冬季大气中 CO_2 和 CH_4 成分，可以了解超过标准部分多来自化石燃料。在汽车频繁过往的公路两旁生长的植物，其 ^{14}C 水平明显偏低，而偏低程度与当地空气流通状况关系密切。

5. 核设施污染　大气核爆形成的 ^{14}C 浓度目前已降至超过原有水平的 10% 左右，而核工业兴起将使局部地区大气 ^{14}C 浓度上升，成为以后大气 ^{14}C 浓度增加的主要来源。1990年我国也将步入核动力时代，对核设施周围地区进行 ^{14}C 浓度监测也势在必行。1984 年对英国某核设施周围大气 ^{14}C 水平测定结果指出，在一公里以内高出了 3 倍以上，29 公里处仍可觉察，但对人的影响不大。又如在捷克某核设施周围 1.5 公里处也测出了高于 30 公里外参考点 ^{14}C 水平。

其他如冰碛气体来源于冰川迁移中有机物的细菌分解；大气 ^{14}C 浓度历史变化用于了解过去太阳黑子活动周期，地球磁场的倒置以及全球气候变化的规律等，都可以为人类环境研究提供资料。

（原载《环境地球化学与健康》，120－122 页，贵阳科技出版社，1990 年）

香港地区环境^{14}C 水平研究

梁宝鎏　M. J. Stokes（香港城市理工大学物理与材料科学系）

仇士华　蔡莲珍（中国社会科学院考古研究所）

香港地处中国的东南端，是东南亚的发达城市，矿物燃料有大量消耗。最近广东深圳大亚湾核电站已经启动，探测和研究环境^{14}C水平有利于环境监测。我们采集了香港不同地区生长的一年生陆地草本植物、海洋植物和大气中的CO_2进行^{14}C测定，并与近年来中国广西地区采集的桂皮油样品测定结果作比较。结果表明，香港地区的环境^{14}C水平同广西地区几乎没有差别，但都明显高于预示的平均值。目前数据作为监察基础，尚没有观察到有明显影响。

一　引　言

众所周知，天然^{14}C是宇宙射线同大气相互作用产生的，一旦产生即随碳的交换循环扩散到全球大气圈、生物圈和水圈。假定这一现象自古以来延续至今，^{14}C的产生率和衰变率则大致相等，环境中的^{14}C水平大致保持不变。然而，有三种人为的因素影响着环境的^{14}C水平[1-7]：

1. 工业革命以来，大量的矿物燃料产生的CO_2（无^{14}C）对大气CO_2中的^{14}C起了稀释作用，降低了大气中的^{14}C浓度，即所谓的休斯效应。从1850到1950年，大气中的^{14}C浓度大约降低了3%。

2. 1945年以来，人工核爆炸，尤其是大气核试验，产生大量的^{14}C，其累计量差不多达到全球^{14}C储量的3%，而使大气中^{14}C含量猛增。1963年达到高峰，北半球大气中的^{14}C浓度增加了一倍。在部分禁止核试验以后，大气中的超量^{14}C向其他贮存库扩散，主要是向最大的贮存库—海洋扩散，大致按7年半衰期的指数曲线下降。

3. 核反应堆和核电站逐年增多，核电力成为电力能源的主要组成部分。虽然核反应堆产生的^{14}C远比核爆炸产生的少，但由于核反应堆数量多，长时间积累，其影响不可忽视。

这三种因素目前都在起作用，虽此消彼长，使用矿物燃料与核电站有相互抵消的作用，但核试验因素虽大幅度下降，目前的大气^{14}C浓度仍超过自然水平15%左右，将来随着核电应用的扩展很难有再下降的希望。

^{14}C 水平增加可能对人体健康产生不利。^{14}C 和 ^{3}H 经过食物链进入人体,经新陈代谢结合进入组织[8]。倘若被结合进入 DNA 或 RNA 分子,它不仅会因放射性而受到伤害,而且会因 ^{14}C 衰变而产生异常分子,改变遗传因子。虽然这种可能性很小,但环境 ^{14}C 水平的任何增大,都会影响健康。

香港地处中国的东南端,是东南亚的发达城市,矿物燃料有大量消耗。最近广东深圳大亚湾核电站已经启动,作为环境监测指标之一,探测和研究环境 ^{14}C 水平是有意义的。

二 实验方法和测定结果

我们采集了香港不同地区生长的一年生陆地草本植物和海洋植物,并用浅盆盛 NaOH 溶液露天放置 5d~7d,静止吸收大气中的 CO_2。然后按 ^{14}C 测定年代的程序处理采集的样品,经过化学制备过程最后合成 C_6H_6。按比例加入闪烁液后,送到低本底液体闪烁测定仪进行测定。同时用现代碳标准和死碳(不含 ^{14}C)合成的 C_6H_6 作平行测定。最后将样品的放射性同现代碳标准的放射性比较,得出样品放射性对现代碳标准放射性的比值。液体闪烁仪(DYS-2 型,中国科学院生物物理研究所制造)本底约 4cpm(每分钟计数),计数效率约 70%。所有 ^{14}C 测定工作都在中国社会科学院考古研究所 ^{14}C 实验室内完成[9],测定结果如表 1 所列并示于图 1。

表 1 香港地区标本的测定结果

样品号及采集她	生长年月份	种类	放射性比值	$\Delta^{14}C$ (‰)
1. Fauling	1993.12	草	1.160±0.006	160±6
2. 九龙塘	1993.11	草	1.145±0.006	145±6
3. 柴湾	1993.12	草	1.148±0.006	148±6
4. 九龙塘	1994.01	大气	1.158±0.012	158±12
5. 赤(1)	1994.03	海藻	1.247±0.020	247±20
6. 石澳	1994.03	海藻	1.169±0.006	169±6
7. 九龙塘(2)	1994.03	大气	1.222±0.020	222±20

(1) 此样含碳量少而植硅石很多,可能生长了好多年,因此 ^{14}C 放射性比值也偏高。
(2) 此样采于深圳大亚湾核电站投入运行以后。

为了比较,现将中国广西地区采集的桂皮油样品测定结果列于表 2,并示于图 1。

表 2 中国广西桂皮油的测定结果(1)

样品号	生长年月份	种类	放射性比值	$\Delta^{14}C$ (‰)
901115	1990	桂皮油	1.200±0.020	200±20
910809	1991	桂皮油	1.180±0.020	180±20
920117	1992	桂皮油	1.140±0.020	140±20
920727-8	1992	桂皮油	1.160±0.020	160±20
920818-6	1992	桂皮油	1.150±0.020	150±20
941072	1994	桂皮油	1.160±0.020	160±20

(1) 上海香精公司从广西收购的桂皮油取样测定,这里列出的是部分有代表性样品的测定结果。以上数据均为中国社会科学院考古研究所实验室测定。

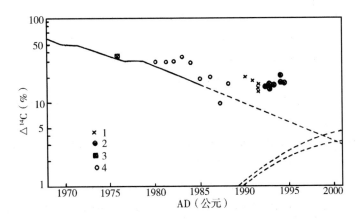

图1 预计大气14C浓度受核爆炸和核工业影响后的历年变化[9－11]

上方虚线预示大气14C浓度的历年变化，下方虚线预示受核爆炸和核工业影响的变化。

1. 桂皮油样品；2. 香港样品；3. 中国糖碳；4. 北京小麦颗粒。

三 讨论与结论

香港处于低纬度地区又远离核试验场，估计大气中14C浓度变化起伏不大，与全球变化的平均水平相当。根据表中所列数据，尽管时间间隔较短，不能显示出长期变化，香港地区的环境14C水平与广西地区则几乎没有差别，但都明显高于预示的平均值[10]。

14C水平于1963年达到峰值，然后按指数曲线下降，假若没有人为因素干扰，全球14C水平有希望降至原有水平[10]。然而，香港和广西所示数据指出，均存在人为干扰，或由于依然有核试验正在进行，或受八年前切诺贝利核电站事件的影响，或是核动力站在不断增加。相反，石化燃料使14C水平降低的效应则较小。

由于广东深圳大亚湾核电站已于1994年2月1日投入运行。目前数据可以作为监察基础，以后在较长时期内收集数据进行研究。根据一般情况，距核反应堆10km以外，14C过量的影响即不明显。大亚湾距香港最近处也在20km以外，14C水平的起伏变化，主要受核试验影响。

附记：此项工作由香港城市理工学院 Strateg 研究基金资助。实验工作参加者还有中国社会科学院考古研究所实验室冼自强、薄官成等，特此表示感谢。

（原载《地球化学》1995年24卷增刊，仇士华执笔）

[1] Freundlich, J. C., 1979, Fossil fuel exhaust－gas admixture with the atmosphere, In: Berger, R., Suess, H. ed., *Radiocarbon Dating*, Berkeley: University of California Press, 388－393.

[2] Hertelendi, E. , Uchrin, G. , Ormai, P. , 1983, ¹⁴C release in various chemical forms with gaseous effluents from the Paks Nuclear Power Plant, *Radiocarbon*, 31 (3): 754 – 761.

[3] Levin, I. , Münnich, K. O. , Weiss, W. , 1980, The effect of anthropogenic CO_2 and ¹⁴C sources on the distribution of ¹⁴C in the atmosphere, *Radiocarbon*, 22 (2): 379 – 391.

[4] Livin, I. , Schuchard, J. , Kromer, B. , et al, 1989, The continental European Suess effect, *Radiocarbon*, 31 (3): 431 – 440.

[5] Loosli, H. H. , eschger, H. , 1989, ¹⁴C in the environment of Swiss Nuclear installations, *Radiocarbon*, 31 (3): 747 – 753.

[6] Nydal, R. , Lvseth, K. , Gullieksen, S. , 1979, A survey of radiocarbon variation in nature since the Test Ban Treaty, In: Berger, R. , Suess, H. ed. , 1979, *Radiocarbon Dating*, Berkeley: University of California Press, 313 – 323.

[7] Obelic, B. , Krajcar-Bronic, I. , Srdoc, D. et al. , 1986, Environmental ¹⁴C levels around the 632 MW Nuclear Power Plant Krsko in Yugoslavia, *Radiocarbon*, 28 (2A): 644 – 648.

[8] Stenhouse, M. J. , Baxter, M. S. , 1979, The uptake of bomb ¹⁴C in humans, In: Berger, R. , Suess, H. ed. , *Radiocarbon Dating*, Berkeley: University of California Press, 324 – 341.

[9] 仇士华、陈铁梅、蔡莲珍等《中国¹⁴C年代学研究》，48 – 61 页，科学出版社，1990 年。

[10] Povinec, P. , Chudy, M. , Sivo, A. , 1986, Anthropogenic radiocarbon: past, present, and future, Radiocarbon, 28 (2A): 668 – 672.

[11] 沈承德、江漫涛、黄仁良等《1958—1988 年间北京地区小麦种子的¹⁴C浓度变化》，见中国第四纪研究委员会¹⁴C年代学组编《第四纪冰川与第四纪地质论文集》，133 – 134 页，地质出版社，1990 年。

利用炼铁炉渣测定炼铁遗址年代

仇士华　蔡莲珍　冼自强

问题的提出：龙烟铁矿位于河北省赤城县、宣化县境内。因为赤城县龙关、宣化县烟筒山属同一矿脉，绵延百余里，统称龙烟矿脉。民国初年，当时的北京政府农商部矿政司聘用瑞典矿冶工程师安德森为顾问，先后发现矿藏并勘查估计储量，因而得出：龙烟铁矿首先由安德森等人发现。

其实，在龙烟矿区采矿并用于炼铁的故事，民间早有脍炙人口的传说。龙烟矿区内的长城上有一锁阳关，亦称龙门关。相传番将杨凡曾驻守在此。因经常侵犯大唐边境，唐太宗李世民为固边安邦，御驾亲征。杨凡以法术引来柳河川大水，将唐太宗困于山上。程咬金回朝搬兵，搬来了樊梨花。樊梨花观察敌情后，决定智取。她在两军阵前密布磁石（磁铁矿石），并在交战之前，将本军战马的铁掌去掉。交战中，敌军战马的马蹄被磁石吸引，奔跑不动。而唐军战马则奔跑自如。结果，樊梨花大败敌军，刀劈杨凡于锁阳关下，救出唐太宗，得胜回朝。樊梨花镇守锁阳关时曾在南仓堡屯粮建库，南北分两仓，因地势南高北低，故有上仓、下仓村名。近南堡距南仓堡的上仓村仅半里地，因此得名。近南堡依山傍水，交通方便，传说中是为樊梨花的军队打造兵器的场所。

明代《宣府镇志》记载，弘治元年（公元 1488 年），在龙门（现龙关）已有赭石（赤铁矿）、磁石（磁铁矿）生产。李时珍的《本草纲目》记载有赭石、磁石均可入药。还记载有管子云："山上有赭，其下有铁也。"可见早在二千多年前的战国时期，中国人对勘察铁矿已有精辟的论述。

近年宣化钢铁公司在编纂《宣钢志》时认为，既然附近发现有古代炼铁遗址，已有证明中国人早就发现龙烟铁矿，并且开采矿石在此炼铁。于是《宣钢志》编辑部王兆生先生给我们送来了在赤城县近南堡采集的古代炼铁炉渣，要求测定年代，以澄清史实。同时介绍了上述情况[1]。

研究方法：过去我们曾从铁中提取碳测定^{14}C 的含量，以判明古代炼铁用的燃料是木炭还是煤炭[2]。结果表明，唐代以前炼铁用的燃料都是木炭，直到宋代以后才开始用焦炭作为炼铁燃料。炼铁炉渣中是否有碳？能否提取出来作^{14}C 测定？又有何根据？我们首先考察炼铁的过程。在炼铁时，除了铁矿石、木炭或焦炭按一定比例配料外，往往为了炉料在炉中运行通畅，或者说，对炉渣的黏稠度有一定要求，需要在炉料中加进一定量的石灰石。炉中由于高温使 $CaCO_3$ 变为 CaO 混入炉渣中。炉渣出炉以后，冷却时其中的 CaO 又会吸收大气中的 CO_2 形成 $CaCO_3$ 被保存下来。因此，提取炼铁炉渣 $CaCO_3$ 中的 CO_2，应当可以进行¹⁴C 断代，从而定出炼铁遗址的年代。

渗进铁中的碳是来自燃料炭。炉中由于燃烧形成的 CO_2 或者从 $CaCO_3$ 分解产生的 CO_2 会全部从炉口逸出。渗进铁中形成铁碳体的碳只能来自残余的燃料炭。如果炼铁的燃料是木炭，则从铁料中提取碳作¹⁴C 测定，亦可定出该铁料冶炼的年代，或冶炼遗址的年代。

根据上述的认识，我们将炉渣样品用水洗净、烘干、粉碎，加稀盐酸提取 CO_2，通入氨水形成碳酸铵，然后再加氯化锶溶液，形成 $SrCO_3$ 沉淀，经过滤、洗清、烘干后备用。由于炉渣中的 $CaCO_3$ 很少，使用了 2000 克炉渣，仅获得 1.5 克 $SrCO_3$。因此，无法做常规¹⁴C 测定。经北京大学加速器质谱仪¹⁴C 测定得出¹⁴C 年代为 964±60 年，树轮年代校正为公元 1020 年～1170 年，相当于辽金时代。

讨论和结论：

1. 根据炼铁的过程，从炼铁炉渣的 $CaCO_3$ 提取 CO_2 测定出的¹⁴C 年代，经树轮年代校正后应当可以代表炼铁遗址的年代。

2. 据《赤城县志》记载："公元 1037 年，闰 4 月，辽兴宗耶律真宗猎于龙门县西山。"可见赤城龙关曾为辽主所重视，当时被辽占据。¹⁴C 测出的冶铁遗址年代与历史记载是相合的。

（原载《新世纪的中国考古学》，923－924 页，科学出版社，2005 年。仇士华执笔）

---

[1]　王兆生《龙烟铁矿首由中国人发现》，《中国档案》，1994 年 5 月，第 247 期。

[2]　仇士华、蔡莲珍《我国古代冶铁燃料的碳十四鉴定》，《中国考古学研究》，359－363 页，文物出版社，1986年。

长白山天池火山最近一次大喷发
年代研究及其意义 *

刘若新（国家地震局地质研究所）

魏海泉（国家地震局地质研究所）

仇士华（中国社会科学院考古研究所）

蔡莲珍（中国社会科学院考古研究所）

冼自强（中国社会科学院考古研究所）

薄官成（中国社会科学院考古研究所）

钟　建（中国社会科学院考古研究所）

杨清福（吉　林　省　地　震　局）

摘　要

对采自长白山天池火山最近一次大喷发的浮岩空降堆积物中的一棵大炭化木，自边缘至中心作了系统的 ^{14}C 年代测定，并与高精度树轮校正曲线匹配拟合，获得大喷发的年代为 AD (1215 ± 15) a，讨论了这次大喷发对全球气候的影响，指出这次大喷发最有可能对应于 GISP2 格陵兰冰芯中的 AD (1229 ± 2) a 的 SO_4^{2-} 峰。

近年来的研究表明，长白山天池火山是一座具有潜在灾害性大喷发危险的火山[1-3]。历史记载过该火山若干次喷发。其中 AD1668，1702a 的喷发具有中等规模，其火山灰曾飘落至150km 之外的朝鲜东海岸镜城府一带，厚达 4cm 左右。天池火山最近一次大喷发被认为是近2000a 以来地球上最大的喷发之一[4,5]，然而对这次大喷发的年代，虽然不同研究者对由该次大喷发摧毁的原始森林形成的炭化木，做了大量 ^{14}C 定年，但目前仍只能限制在一定的年龄范围内。例如 AD650～916a，915～1334a[6,7]，750～960a 及 850～1040a 等，或者称这次大喷发发生于大约在 1000a 前。由于对单个炭化木样品的 ^{14}C 定年，既难于避免由采自不同炭化木年轮所引起的误差，也很难作系统有效的炭化木树轮校正。因而关于长白山天池火山最近一次大喷发的年代仍然是不确定的。而这次大喷发年代的确定，对于研究该火山喷发间隔及未来危险性评价和灾害预测，以及该次大喷发对全球气候和环境的影响都很重要。本文对采自天池火山口以东约30km 的圆池附近一个浮岩采石场中（图 1），保存完好的一棵炭化木，自中心至边缘进行了系统的 ^{14}C 年代测定，并采用与 Stuiver 和 Becker[8] 的高精度树轮校正曲线匹配拟合，获得了天池火山最近一次大喷发的具体年代。

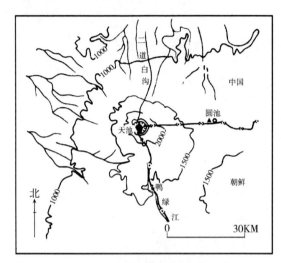

图 1 采样点位置

▲为采样点

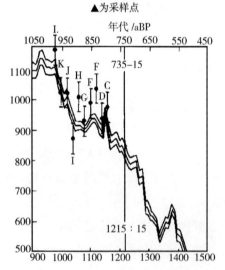

图 2 炭化木树轮¹⁴C 年代与树轮

校正曲线匹配拟合图

曲线为 Stuiver,和 Becker[8] 的高精度树轮校正曲线。

L,K……D,C 分别代表炭化木中心至边缘每 20 个

树轮为一个¹⁴C 测定样品的 10 个连续样品,线段长

度为¹⁴C 样品测定误差范围

一 测定方法的原理及过程

根据¹⁴C 测定年代的原理,¹⁴C 年代（T）是根据样品的原始¹⁴C 放射性水平（Ao）同现存放射性水平（As）之比而计算出来的,其公式为:

$$T = \tau \ln (Ao/As)$$

式中 τ 为¹⁴C 的平均寿命,但是样品的原始¹⁴C 放射性水平无法直接测定,只能利用现代与大气 CO_2 处于交换平衡状态物质的¹⁴C 放射性水平来代替。实际上是规定一个统一的标准,称之为现代碳标准[9]。可是,由于多种原因,过去大气中的¹⁴C 放射性水平不是恒定的。所以利用统一的现代碳标准计算出来的¹⁴C 年代并不是日历年代,只能称为¹⁴C 年代。要解决¹⁴C 年代与日历年代间的关系,就必须通过¹⁴C 年代与树轮年代（日历年代）校正曲线来进行校正[10]。原来,树木每年生长一轮木质,其¹⁴C 放射性水平代表当年大气¹⁴C 放射性水平。树轮是可以数清的,它的年代同日历年代相当,树轮的¹⁴C 年代可以通过测定得出,把树轮的¹⁴C 年代作为纵坐标,把树轮生长年代作横坐标,就可得出一条¹⁴C 年代——树轮年代的对照曲线（图 2）。通过这条曲线就可以把样品的¹⁴C 年代转换为日历年代.这就是¹⁴C 年代的树轮年代校正。

1986 年发表了几条高精度树轮年代校正曲线,¹⁴C 年代误差缩小到只有正负十多年[11]。由于大气中的¹⁴C 交换循环相当迅速,因此树轮校正曲线原则上是全球可以通用的。但是一个¹⁴C 年代相对应的往往并不是单一的树轮年代值。如图 2 所示,假定¹⁴C 年代是（950±10）a,转换到树轮年代就成为 AD1035～1154a。结果,原来误差很小的¹⁴C 年代数据,对应的树轮年代范围却相当大。所以单个¹⁴C 年代数据即使是经过树轮校正的,单个¹⁴C 年代数据往往还不能给出准确的年代信息。

如果要求得到更为准确的年代，则需要有一系列连续的¹⁴C年代数据同树轮校正曲线匹配拟合。具体作法是：先将连续的树轮¹⁴C年代数据，绘成一小段相对固定的数据曲线，其纵坐标与高精度树轮校正曲线的¹⁴C坐标一致。将此曲线左右滑动平移，同高精度树轮校正曲线匹配拟合，并可用数理统计的最小二乘法加以检验，给出拟合后样品树轮年代。这样就可以得到该样品树轮的生长年代，再外推到炭化木最外一轮的年代，即是该树木停止生长的年代。

二　测定结果及与树轮校正曲线匹配拟合结果

上述采自园池附近浮岩降落堆积下部的炭化木，树龄约有270a，图3是炭化木的截面照片。由外向内每20轮取一个样，编号为A，B，C，D，……L等12个样，A层外面估计还有20轮才到树皮。对C至L共10个样作了¹⁴C年代测定，其结果见表1：

表1

实验室编号	ZK-1771	ZK-1772	ZK-1773	ZK-1774	ZK-1775	ZK-1776	ZK-1777	ZK-1778	ZK-1779	ZK-1780
取样号	C	D	E	F	G	H	I	J	K	L
¹⁴C年龄[a]	981±50	943±51	1040±52	992±51	993±51	1041±51	877±52	1025±52	1027±52	1170±52

[a] ¹⁴C 以 AD1950a 为起点。¹⁴C 半衰期按 5568a 计

图3　炭化木截面照片，大部分树轮都很清楚但边缘部分较模糊

将上述¹⁴C数据投绘于以树轮校正曲线纵坐标一致的图上并与高精度树轮校正曲线匹配拟合，得到的最佳拟合情况如图2。外推到树皮的年龄为735aBP，拟合误差±10a，加上清数树轮外推到最外轮的误差，故其总误差不超过±15a。即 AD1215±15a。这就是说，

长白山天池火山最近一次大喷发发生于 1215±15aBP，当时这棵距天池火山口约 30km 的树被掩埋于浮岩降落堆积中并干馏成炭化木。

应当指出，按已有 30 余个¹⁴C 年代数据中比较年轻的那一部分数据，估计天池火山大喷发的年代在 AD850～1040a 或者简称在公元 1000a 左右。如将本次所测 10 个¹⁴C 年代数据取平均值，或按单个¹⁴C 年代作树轮校正所获得的平均值，也均在公元 1000a 左右。一般说来，这样的¹⁴C 年代测定精度或可靠性都是很好的了，但却比由图 2 所获得的年代早了 200 多年。这就是单个¹⁴C 年龄数据与连续系统的树轮¹⁴C 年代测定的差别。

三 讨论与结论

1. 天池火山最近一次大喷发年代的确定，使我们有可能对最近几次喷发的间隔期作出估计。据刘若新等[23]在圆池、双目峰一带的浅钻揭露，天池火山在近代至少发生过两次大规模爆炸式喷发。这两次喷发所形成的浮岩堆积厚度均在 1m 左右，两层浮岩之间有一层约 20cm 的粘土质淤泥层，其¹⁴C 年龄为 2040±70aBP，上部浮岩堆积已被确认为最近一次大喷发的产物，而淤泥层之下的浮岩堆积，应代表另一次大喷发，其年代≥2040±70aBP，也就是说两次大喷发之间的间隔≥2040-735=1305a。此外，刘若新等[2]还报道在天池火山锥北坡黑风口以南的高山草甸带的滞后角砾岩中，发现有¹⁴C 年龄为 4105±90aBP 的炭化木。目前我们不能肯定 4150±90aBP 所代表的一次喷发与前述钻孔中下部浮岩堆积所代表的那一次喷发相当。如果是同一次喷发则其间隔将是 4105-735=3370a。如果他们各自代表独立的一次喷发，则自 4105aBP 以来至 735aBP 之间已发生 3 次大规模的或较强的喷发，则其间隔期也在 1660a 左右，而自 AD1215±15a 的大喷发以来，天池火山还发生过 AD1668～1702a 中等规模的喷发，其间的间隔是约 480a。虽然火山喷发并无严格的周期，但上述间隔期仍可供我们估计该火山未来喷发危险性作参考。

2. 对天池火山 AD1215±15a 大喷发的喷发物总体积已被估计为 172km³[2]。喷发柱高度被恢复为 25km，火山灰伞状云的高度达 35km[14]。由该次喷发释放进入平流层的 SO₂ 所形成的硫酸气溶胶，其对全球气候影响的数值模拟初步结果表明，喷发后 10 个月北半球平均最大降温为 0.85℃，而局部最大降温可达 2.25℃。显然这次大喷发对全球气候变化产生过重要影响。

张丕远等[15]对中国近 2000a 来气候变化的研究结果指出：AD1230～1260a 间，有一次气候突变，并被认为是近 2000a 来最大的气候转折。其特点是气温下降，霜灾增多，桑树适宜区从 37°N 南移至 35°N 以南，相当于气温下降近 1℃。公元 1232a "五月大寒如冬"，AD1231～1238a 间杭州几乎连年雨雪，同时其他地方大旱不断发生（《宋史》、《金史》）。例如蒙古大旱，牛马死去十之八九，民无以为生（《元史·本纪》）。他们还指出，1230～1260a 间的气候突变，具有全球反映，北欧、北美、印度均发生气候带南移现象。

我们认为，天池火山 AD1215±15a 大喷发对 1230～1260a 的气候变化较大影响。

3. Gill 等[16]曾将天池火山大喷发与格陵兰冰芯中记录的 626AD 的强酸度峰相联系. Zeilinski 等[15]则将格陵兰 GISP2 冰芯中 AD（1026±2）a 的 SO_4^- 峰归因于长白山天池火山喷发。他们的意见都不能得到本文 ^{14}C 年代研究结果的支持。但是在 GISP2 冰芯中还有 AD1285，1259，1229，1227a 四个未知事件的 SO_4^- 峰有待对应。可与长白山天池火山（1215±15）a 喷发年代相近的只能是 AD 1227a 和 1229±2a SO_4^- 峰。AD 1259a 事件是一个具有极高 SO_4^- 浓度（349×10^{-9}）的事件，而天池火山喷发物并不特别富 SO_2。因此我们倾向于将天池火山 AD1215±15a 大喷发，与 GISP2 格陵兰冰芯中的 AD 1229a 的 78×10^{-9} SO_4^- 残余物相对应。AD1229±2a 仍在我们给出的 1215±15a 的误差范围之内。而且这也恰好与前述 AD 1230 年左右开始的中国乃至全球气候变化相一致。

根据以上讨论结论如下：

（1）对一棵约 270a 树龄炭化木自边缘至中心进行系统的 ^{14}C 年代测定，并将其结果与高精度树轮校正曲线匹配拟合，获得长白山天池火山最近一次大喷发年代为 AD(1215±15)a。

（2）这次大喷发曾对全球气候产生过重要影响，数值模拟结果及 AD 1230～1260a 中国乃至全球气候变冷支持上述论点。或者至少是导致 AD 1230～1260a 气候变化转折的因素之一。格陵兰 GISP2 冰芯中 AD1229±2a 的 SO_4^- 峰最有可能对应于长白山天池火山 AD1215±15a 的大喷发。

（原载《中国科学》D 辑，1997 年第 5 期。刘若新执笔，^{14}C 部分由蔡莲珍撰写）

 ＊　国家自然科学基金资助项目

［1］　刘若新、李继泰、魏海泉等《长白山天池火山一座具潜在喷发危险的近代火山》，《地球物理学报》1992 年第 5 期。

［2］　刘若新、魏海泉、李继泰等《长白山天池火山》，《火山作用与人类环境》，1－13 页，地震出版社，1995 年。

［3］　刘若新、魏海泉、汤吉等《长白山天池火山研究新进展》，《全国第二次火山学术讨论会文集，地震地磁观测与研究》，1996 年第 3 期。

［4］　Machida H., Moriwaki H., Zhao Dachang, 1990, The recent major eruption of Chang Baishan volcano and its environmental effects, *Geographical Reports of Tokyo Metropolitan University*, 1-20.

［5］　Gill J. D., McCurry M., 1992, Large volume, mid - latitude, Cl-rich volcanic eruption during 600—1000AD, Baitoushan, China, AGU Chapman Conference on Climate, Volcanism and Global Change, Abstract 18, March 23-27, Hito, Hawaii.

［6］　Machida H., Arai F., Moriwaki H., 1981, Two tephras, Holocene markers in the sea of Japan and the Japan islands. Kagaku，51：269－562.

[7] Machida H. Arai F.，1983，Extensive ash falls in and around the sea of Japan from Large late Quarternary e-ruptions. *Jour Volcanol Geotherm Res*，18：151－164.

[8] Stuiver M. Becker B.，1986，High-precision decadal calibration of the radiocarbon time scale，AD1950～2500BC. *Radiocarbon*，28（2B）：863－910.

[9] 仇士华、蔡莲珍、陈铁梅等《碳十四测定年代用"中国糖碳标准"的建立》，《科学通报》1983 年第 3 期。

[10] 蔡莲珍《碳十四年代的树轮年代校正》，《考古》1985 年第 3 期。

[11] Stuiver M. Kra R.，1986，Calibration issue. *Radiocarbon*，28（2B）：805－1030.

[12] Pearson G . W.，Precise Calendrical dating of Known growth period samples using curve fitting technique，In：Stuiver M，Kra R S，eds. International ¹⁴C conference，12th Proceedings，*Radiocarbon*，1986，28（2A）：292－299.

[13] 李晓东、李明、刘若新《长白山天池火山最近一次大喷发的气候效应》，《地震地磁观测研究》1996 年第 3 期。

[14] 魏海泉、刘若新，宋圣荣《长白山天池火山 AD（1215±15）a 大喷发的物理过程》，1997 年。

[15] 张丕远、王铮、刘啸雷等《中国近 2000 年来气候演化的阶段性》，《中国科学》B 辑，1994 年第 9 期。

[16] Zeilinski G. A.，Mayewski P，A.，Meeker L. D.，et al，1994，Record of Volcanism Since 7000B. C. from the GISP2 Greenland Ice Core and Implications for the Volcano climate System. 《*Science*》，264（13）：948－952.

^{14}C 断代技术的新进展与"夏商周断代工程"

仇士华　蔡莲珍

前　言

1949 年 ^{14}C 断代的创始人利比（W. F. Libby）公布第一批 ^{14}C 年代数据，宣告 ^{14}C 测年方法取得成功，轰动了整个考古学界和地质学界[1]。自那时以来，^{14}C 测年方法在考古中的应用主要是在史前年代学方面。世界上许多地区的史前年代学由于有了 ^{14}C 测定年代方法而起了很大的变革，人们称之为"放射性碳素的革命"[2]。在我国"也由于 ^{14}C 测定年代方法的采用，使不同地区的各种新石器文化有了时间关系的框架，使中国的新石器考古学有了确切的年代序列而进入一个新时期"[3]。

本文拟简单综述 ^{14}C 断代技术的新进展，并论述"夏商周断代工程"中的 ^{14}C 断代方法。

一　夏商周断代工程的提出

我国的可靠的编年史只能追溯到西周共和元年，即公元前 841 年。更早的年代，包括中国古代文明的重要时期夏商周三代，迄今没有比较完整可据的年代学标尺。对此，两千多年来众说纷纭，不能得到公认。清代以来发现商周金文较多，后又发现了殷墟甲骨文。国内外不少学者曾根据这些古文字材料复原商周历谱，取得了一系列成果。现代考古学在中国的发展，为夏商周三代文明的研究开拓了前所未有的境界。从考古学和天文历法等方面探索夏商周年代问题的研究成就，可以说已是硕果累累。不过，始终不能达到统一的认识。^{14}C 年代测定虽然在史前年代学方面发挥了重大作用，但毕竟由于误差较大，难以解决历史时期的考古年代问题。但是，最近十多年以来，由于 ^{14}C 测年技术向高精度发展，国际上建立了高精度的 ^{14}C 年代—树轮年代校正曲线。^{14}C 测定的加速器质谱技术的完善，可以精确测定微量 ^{14}C 样品的年代。所有这些技术的进步，结合夏商周考古的发展，为测定解决夏商周的年代问题带来了一线希望[4]。

1995 年 9 月 29 日国务委员宋健召开座谈会，提出"夏商周断代工程"重大科研课题，指出要发挥我国社会主义制度的优越性，以自然科学和人文、社会科学相结合，兼用考古学和现代科技手段进行多学科交叉研究，将夏商周时期的年代学进一步科学化、量化，为我国研究古代文明的起源和发展打下良好基础。

1995 年 12 月 21 日国务委员李铁映、宋健主持会议，研究"夏商周断代工程"重大科研课题的有关问题，并作了一系列重要决定和指示，成立了以邓楠为组长的国家领导小组。

1996 年 5 月 16 日国务委员李铁映、宋健又一次主持会议，宣布"夏商周断代工程"作为九五国家重大科研项目正式启动。

二 常规¹⁴C 测定的高精度技术

常规¹⁴C 测定是指使用常量样品，如 3 克～10 克碳，计数其¹⁴C 原子衰变时放射出的 β 射线，即电子。无论用气体正比计数方法或液体闪烁计数方法，经过长期的发展和技术进步，可以说已经达到了极限。仪器的本底计数已经降到每分钟不到一次计数，而且仪器可以做到长期稳定，若经过数千分钟测量，现代标本的精度可达到 2‰，¹⁴C 衰变的计数效率在 70％以上。对于夏商周时期的标本如作高精度测量，其¹⁴C 年代（不是日历年代）误差可达到 20 年左右。

三 加速器质谱测定¹⁴C 的方法

加速器质谱是 70 年代末开始发展起来的一种现代核分析技术。它是直接计数样品中的¹⁴C 原子，因而需要的样品量不到常规法使用样品量的千分之一。根据国际上先进水平，目前加速器质谱测定¹⁴C 的精度可达到 3‰～5‰。与常规法相比，它的主要优势在于所需样品量少和测量工效高，几毫克碳样利用加速器质谱测量，一般仅需数十分钟，高精度测量也只需几个小时或十几个小时。由于使用样品量少，对于珍贵的甲骨、遗址中的炭屑、骨片、残存的少量有机物，甚至于陶器、铜器上的烟炱等等，都可以用来测定年代[5]。

四 高精度树轮年代校正曲线的建立

根据¹⁴C 测定年代的原理，¹⁴C 年代（T）是根据样品的原始¹⁴C 放射性水平（Ao）同现存放射性水平（As）之比而计算出来的。计算年代公式为：

$$T = \tau \ln (Ao/As)$$

式中 τ 为¹⁴C 的平均寿命，ln 为自然对数符号。但是样品的原始¹⁴C 放射性水平无法直接测定，只能利用现代与大气 CO_2 处于交换平衡状态物质的¹⁴C 放射性水平来代替。实用上是规定一个统一的标准，称之为现代碳标准。可是，由于各种原因，过去大气中的¹⁴C 放射性水平不是恒定的。所以利用统一的现代碳标准计算出来的¹⁴C 年代并不是日历年代，只能称为¹⁴C 年代。如何解决¹⁴C 年代与日历年代间的关系，把¹⁴C 年代转换为日历年代呢？这就要通过¹⁴C 年代—树轮年代校正曲线来进行校正。

原来，树木每年生长一轮木质。每一轮木片的¹⁴C 放射性水平代表了当年的大气¹⁴C 放射性水平。树轮是可以清数的，它的年代同日历年代相当。树轮的¹⁴C 年代可以通过测定得出。把树轮的¹⁴C 年代作为纵坐标，而把树轮生长的年代作为横坐标，就可以得出一条¹⁴C 年代—树轮年代的对照曲线（图 1）。通过这条曲线就可以把考古样品的¹⁴C 年代转换为日历年代。这就是一般所说的¹⁴C 年代的树轮年代校正。

1985 年第 12 届国际¹⁴C 会议上发表了几条高精度树轮年代校正曲线，¹⁴C 年代误差缩小到只有正负十多年。几条曲线稍有差异，但总的趋势基本上是一致的，这就更有利于把¹⁴C 年代校正到日历年代。

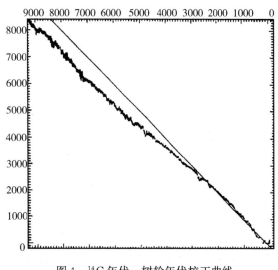

图 1　¹⁴C 年代—树轮年代校正曲线

因为大气中的¹⁴C 交换循环相当迅速，因此¹⁴C 年代—树轮年代校正曲线原则上是全球可以通用的[6]。

五　由¹⁴C 年代转换到日历年代的方法

1. 单个¹⁴C 年代数据的转换

可以从¹⁴C 年代—树轮年代的对照曲线上找到相应的树轮年代，根据¹⁴C 年代的误差找出相应的树轮年代范围，这就完成了由¹⁴C 年代转换到日历年代。但是树轮校正曲线是非线性的，一个¹⁴C 年代相对应的往往并不是单一的树轮年代值。如图 2 所示，如果¹⁴C 年代数据是 BP 1723 ± 14 年，转换到树轮年代就成为 AD 257 年～378 年。结果，原来误差很小的¹⁴C 年代数据，对应的树轮年代范围却相当大，所以单个¹⁴C 年代数据往往还是不能准确断代。

2. 树轮系列样品¹⁴C 年代数据的曲线拟合方法

对于木头样品，如有数十年以上的年轮，可以清数其年轮，同建立树轮校正曲线时一样，每 10 轮～20 轮取一样，连续取若干个样，测出其¹⁴C 年代数据，经过与高精度树轮校正曲线匹配拟合，可以把木头的生长年代定准到误差不超过 10 年。具体做法是：先将连续的树轮¹⁴C 年代数据，如同树轮校正曲线一

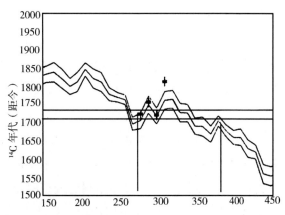

图 2　高精度树轮校正曲线匹配拟合图

样，绘成一小段相对固定的数据曲线。它们的纵坐标是与高精度树轮校正曲线的¹⁴C 年代坐标一致的，将此曲线左右滑动平移，同高精度树轮校正曲线匹配拟合，利用目测即可定出最佳位置，也可用数理统计的最小二乘方法加以检验，并算出拟合后的样品树轮年代误差[7]。这样就可以得到该样品树轮的生长年代，再外推到木头最外一轮的年代，即是该树木被砍伐的年代。如果木头样品与某个考古事件相关联，就可以推断出该事件发生的考古年代。据文献报道，日本奈良古坟时期一土墩墓中的一根木头，外皮保持完好，将其树轮连续取样测定¹⁴C 年代，同高精度树轮校正曲线匹配拟合（图 2），确定出木头的砍伐年代是 AD 320±5 年。这同古坟时期是相合的。如果木头砍伐的年代同该墓的建造年代一致，则该墓的年代就十分确定了[8]。

3. 层位连续的系列样品¹⁴C 年代数据的曲线拟合方法

对于田野发掘的考古层位明确的系列样品，在时间间隔方面，虽不如树木年轮那样规整，但在时代上的早晚次序是明确的，也同样可以利用同高精度树轮校正曲线相匹配拟合的办法。在这种情况下，通过匹配拟合把¹⁴C 年代转换为日历年代的原则是：

（1）数据点应尽量靠近和符合高精度树轮校正曲线。

（2）转换后应在年代上符合层位序列关系，并照顾到层位的时间跨度。

数据点越密集，则匹配拟合的可靠性越高，相应的断代精度也越高。联系到考古文化内涵，对照系列样品的年代研究并判断考古事件发生的年代，其可靠性和年代精度无疑都大大地提高了。

六 夏商周断代工程中的¹⁴C 测年方法

我国夏商周考古学有深厚的基础，可以提供时序连续的系列样品。对于量大的样品可用常规方法测定，简易可行，且精度较高。对于量小的样品可以使用加速器质谱方法测定。我国的¹⁴C 测定技术在设备上比较落后，只要在设备上加以补充并作技术改造，就可以作高精度测定。

1. 陕西长安张家坡的西周大墓、北京琉璃河的西周大墓等都出土大量的相当完好的椁木，清数这些木头的年轮，作为树轮系列的样品，测定其¹⁴C 年代，再同高精度树轮校正曲线"拟合"，就可以得出该树木被砍伐的年代，用以讨论墓主人的年代。

为了验证技术上的可行性，我们曾对国家地震局地质所刘若新研究员提供的炭化木做了一系列样品测定。这棵树在长白山天池火山最近一次大喷发时被埋在火山浮石碎屑之中，考察时采回了一段截面完整的炭化木。每 20 轮取一个样，连续取 10 个样，使用常规方法测定，将测定结果同高精度树轮校正曲线拟合，得出这次火山喷发的年代为公元 1215±15 年。刘若新认为这可以同格陵兰 G1SP2 冰芯中的 AD1227 或 AD1229 年事件相对应，同时可以同我国历史上的气候变化相对应。这次试测说明方法是可行的。

2. 夏商周的主要遗址，如河南偃师二里头遗址、偃师尸乡沟商城遗址、郑州商城遗址、安阳殷墟遗址、陕西长安丰镐遗址、北京琉璃河遗址、山西曲沃北赵村晋侯墓地等都出土许多样品，可以组成层位系列样品。例如，武王克殷的年代问题，¹⁴C 测定并不能直接得出需要的年代，而考古材料也不能直接提供武王的 ¹⁴C 样品。考古材料实际提供的样品是从先周开始到西周，先后分为若干期。将这些有先后次序的样品测出 ¹⁴C 年代后，对照高精度树轮校正曲线作匹配拟合研究。然后根据武王克殷时代应属那一期，比谁早，不比谁晚等，才能推定和估计具体年代。分期越细，数据越多，年代的误差就越小。最后同历史观点和天文历法推定的结果作比较研究，如果同天文历法推定的结果一致，就可以倾向于肯定武王克殷的绝对历史年代是哪一年。

我们曾对二里头遗址一至四期的 16 个 ¹⁴C 年代数据作了曲线拟合试验[9]，可以看出 ¹⁴C 年代有时同层位关系是颠倒的，但这并非是测定的过错，也不仅是因为测定误差大引起了颠倒，而是因为过去大气 ¹⁴C 浓度变化反映为树轮年代校正曲线的非线性引起的实际存在的颠倒关系。所以，在将 ¹⁴C 年代转换到历法年代时，这种颠倒的数据自然在年代上就顺了过来。虽然，由于 ¹⁴C 年代数据的误差比较大，这次分析还比较粗糙，但所得结论同过去对测定结果统而观之的结论相同，似乎更有内在根据和说服力[10]。这类问题同样可以用贝叶斯公式作数理统计处理和表述[11]。

3. 殷墟和西周遗址出土很多带字甲骨，不少卜骨与王有明确关系。利用卜骨组成系列样品，使用加速器质谱法测定，因为取样量极少，基本上不会损坏卜骨的完整性。用这种方法作曲线拟合的结果，逻辑上有希望得出有关王的大致日历年代。

通过以上方法得出的年代数据，可供考古学、历史文献、古文字、天文历法等学科作综合交叉研究。显然，¹⁴C 测定是根据考古发掘出土的含碳样品独立进行的，不依赖古文献的记载。¹⁴C 测定的结果可能筛选掉许多根据不足的说法。如果天文历法计算出的某些结果正好同年代测定的结果在缩小了的误差范围内相一致，则可以认定天文历法计算出的结果是准确可用的。这种多学科综合交叉研究的方法，难度虽然很大，但其所得结果更具科学性。相信经过各方面的努力，肯定能做出新的成果，将夏商周年代学推进到前所未有的水平。

（原载《考古》1997 年第 7 期）

[1]　仇士华主编，陈铁梅、蔡莲珍副主编《中国碳十四年代学研究》，科学出版社，1990 年。

[2]　夏鼐《碳–14 测定年代和中国史前考古学》，《考古》1977 年第 4 期。

[3]　a. 夏鼐《中国文明的起源》，文物出版社，1985 年；b. 中国社会科学院考古研究所《中国考古学中碳十四年代数据集（1965—1991）》，文物出版社，1992 年。

［4］ a. Stuiver，M. & Kra. R. S. eds. 1986. Calibration issue，*Radiocarbon*. 28 （2B）：805 – 1030. b. 仇士华、蔡莲珍《碳十四测定年代工作的发展近况》，《文物保护与考古科学》1989 年第 1 期。

［5］ 仇士华《碳十四断代的加速器质谱计数法》，《考古》1987 年第 6 期。

［6］ 蔡莲珍、仇士华《树轮年代校正研究的新进展及其应用》，载《第四纪冰川与第四纪地质论文集，第 6 集（碳十四专集）》，地质出版社，1990 年。

［7］ Pearson，G. W.，1986，Precise calendrical dating of Known growth period samples using a "curve-fitting" technique. *Radiocarbon*. 28 （2A），292 – 299.

［8］ Kojo，Y. Kalin，R. M. and Long. A.，1994. High-precision "wiggle-matching" in radiocarbon dating，*Journal of Archaeological Science*，21，475 – 479.

［9］ 仇士华、蔡莲珍《解决商周纪年问题的一线希望》，《中国商文化国际学术讨论会论文集》，中国大百科全书出版社，1998 年。

［10］ 仇士华、蔡莲珍、冼自强、薄官成《有关所谓夏文化的碳十四年代测定的数据报告》，《考古》1983 年第 10 期。

［11］ Christen，J. A. and Litton，C. D.，1995. A Bayesian approach to Wiggle-Matching. *Journal of Archaeological Science*，22，719 – 725.

解决商周纪年问题的一线希望

仇士华　蔡莲珍

我国历史纪年，从西周共和行政（公元前841年）起，才有比较确凿的编年材料。在此之前的历史年代都是根据古籍中记载的帝王世系片段推算出来的。史学界历来众说纷纭。例如对西周元年武王克殷的年代推算就有很多不同的说法，上下最大相差可达100多年。各种推算似乎都有其根据，但都无法确证其年代可靠。有些学者根据史籍记载的天文现象进行年代推算，无疑增强了推算的科学性，但因史籍记载资料不很齐全，因此仍然难以得出肯定的结论。在甲骨文发现以前，许多学者仅把夏、商王朝看成是传说时代，当然也谈不上可靠的历史纪年。殷墟的发掘，甲骨文的发现，确证了世系的存在，同时也增加了夏王朝传说史的可靠性。但对于商王朝的历史纪年，也还只能是由史学家们根据古籍中或甲骨上的片言只语进行不完全推算或估计而已。

^{14}C测年由于它自身不可避免地存在统计误差，一般不能对历史纪年问题发挥作用。但由于商周纪年中有100年左右的不确定性，给利用^{14}C测年留下了余地：（1）目前由于^{14}C测年技术的发展使高精度测量成为可能。对商周时期的^{14}C样品如作高精度测年，可使^{14}C年代误差达到20年以内。（2）高精度树轮年代校正曲线已经制定出来，可以对^{14}C年代数据做较精细的校正。由于树轮年代校正曲线呈锯齿形，使^{14}C年代对应的日历年代往往是多值的。然而，正因为树轮年代校正曲线有此特征，它给古代树木年轮系列的标本的^{14}C年代转换成高精度日历年代提供了可能。（3）加速器质谱^{14}C测定方法技术的进展，使微量样品的高精度测定成为可能。过去不能取样测定的商周甲骨，现在可以取样测定年代了。甲骨样品在年代上往往与某个王的关系非常密切，即具有明确的历史纪年价值。

有关^{14}C年代的树轮年代校正、利用校正曲线的曲齿匹配和加速器质谱^{14}C法等有下列若干问题。

一　^{14}C年代的树轮年代校正

1949年Libby建立^{14}C方法之初，论证了自古以来全球大气^{14}C浓度基本一致这一假定的可信性，因此可以使用统一的大气^{14}C浓度标准计算出古代遗物的生长年代。当时他鉴于依据的不确定程度，也指出了不排除^{14}C年代有百分之几的误差[1]。随着^{14}C测定技术不断进步，大气^{14}C浓度的实际变化也不断被揭示出来[2]。事实上，由于影响大气^{14}C浓度变化的各种因素并非一成不变，会使大气¹⁴C浓度有相应变化，¹⁴C年代与日历年代的实际差别可以从2000年前的基本一致，到7000年前左右达偏近约800年。因此，使用统一的大气¹⁴C浓度标准计算出的年代需要经过校正才能符合日历年代。

图1　树轮衔接延伸示意图

（同一气候区生长的树木，历年生长木质的宽窄规律一致，可以依据该宽窄规律将不同时期生长的树木衔接起来，从而延伸确定后一树段的生长年代）

每年生长一轮的树轮木质记录了当年大气的¹⁴C浓度水平，而每个年轮的生长年代应用精细的树轮年代学方法可以十分精确地得到确定（图1）。同时，准确测定该树轮的¹⁴C年代，将二者比较，即可将¹⁴C年代得到精确校正，这就是树轮年代校正方法，现已可以用近万年来生长的树轮校正¹⁴C测定年代。经过校正的年代代表了被测物质生长的日历年代[3]。

建立¹⁴C年代的树轮年代校正曲线这项工作是十分繁重、相当艰巨的。从1965年最早问世的Suess曲线开始，先后有Damen、Ralph等多种校正曲线和表被广泛采用。校正曲线反映了历年来大气¹⁴C浓度的变化，有近7000年～8000年的长周期性变化和近百年的中周期性变化，使曲线呈锯齿形。30多年中，经过几度增订、改进，1978年综合1000多对各实验室的测定数据，建立了统一的曲线和表[4]。1982年开始建立高精度树轮年代—¹⁴C年代校正曲线[5]。1989年国际¹⁴C会议确认该曲线为国际通用的校正曲线和表。20世纪90年代初采用多种校正方法又将¹⁴C年代校正延伸到近2万年前。目前，延伸¹⁴C校正年代、改进改正方法等工作仍在不断进行[6]。

二　高精度树轮年代校正曲线的特点

1973年，美国QL实验室Stuiver首先宣布达到¹⁴C年代的高精度测量，¹⁴C测定误差达到1.5‰～2.5‰（相应年代误差12年～20年）左右，以后陆续有若干实验室宣布达到高精度水平[5]。在此基础上，1982年建立的高精度树轮年代校正曲线，逐步完善成为目前国际通用曲线[6]。其特点为：

1. 校正曲线的全球通用性质

树轮年代学中需要依据的树轮主年代序列是有区域性的，这对确定树轮的日历生长年代很重要。但是¹⁴C在大气中的浓度在全球的分布则有相当的均匀性，一旦年轮的日历年代被确定，应用于¹⁴C年代校正则可全球通用。为了进一步验证，比较了不同地区树轮木质的¹⁴C水平。校正曲线使用的木质首先采用的是美国加州白山生长的刺果松活树，有5000年以上树龄，以后不断用同种死树延接至8000年以上。高精度曲线建立的同时采用了欧洲生长的橡树、松树、杉树等作测定比较，结果是一致的[5]。因此，可以认为，高精度树轮年代校正曲线是全球通用的。

2. ^{14}C 年代的精确测定

^{14}C 测定误差主要来自样品放射性的统计误差和样品在制备和测量过程中的各种实验误差，精确的 ^{14}C 测定要求尽量缩小上述误差，并对真实误差有正确的估计和检验。

高精度测量要求从样品前处理、化学制备到放射性测量都有严格控制，同时对可能引入的误差作定量校正，并定期进行仔细的自检，从实际测定中推算出 K 值（实际误差/统计误差），以确保 ^{14}C 测定年代的可靠性。测定中应特别小心，注意保证：A. 样品本身没有污染；B. 本底可靠；C. 苯样纯度高；D. 仪器本底和效率稳定；E. 制样中没有发生分馏效应和记忆效应；F. 尽量采用单一物质作测定，如树轮木质中纤维素等。

高精度树轮年代校正曲线采用各实验室提供的数据达千对以上，事前需要进行统一性检验，核实其本身误差的准确性和各室间的系统误差，为此反复进行的对比测定达几百次之多。

3. 多种校正方法和校正年代的延伸

1989 年曾经规定超过 1 万年的 ^{14}C 年代以统一增加 1000 年为其校正年代，但发现应用其他测年方法时，差异超过了此值。如最近发展的热离子质谱仪方法（简称 TIMS, thermal ionization mass spectrometry），可以精确确定铀系法年龄，在 1.5 万年时，海洋珊瑚 ^{14}C 年龄比 TIMS 铀系法年龄偏近 3000 年～3500 年。而年龄段较近的铀系法年龄与树轮校正年代相符，用几百年海洋珊瑚测其 TIMS 铀系法年龄也在误差范围内一致。^{14}C 年龄除距今 500 年～2500 年外，都有不同程度偏近。1 万～3 万年间 ^{14}C 测定比其他测年法（钾氩法、热释光法、铀系法、湖纹泥法）所得都偏年轻。因此认为 TIMS 铀系法可以为 1 万年以上的 ^{14}C 年龄作一级校正。由于海洋珊瑚数量甚少，需要应用 AMS^{14}C 法对照测定 ^{14}C 年龄。目前已可将所测的 18760^{14}C 年代，校正得相当于真实年代 22000 年[6]。

珊瑚为海洋生物，不同于吸收大气 ^{14}C 生长的物质，起始水平不同，因此需要用模拟碳循环模式，将适用于海洋起始物质的校正曲线转换成适用于大气 ^{14}C 起始物质的校正曲线。同时由于海洋中碳循环缓慢，在各不同海区，不同海域的原始 ^{14}C 放射性也不同，还需要计入不同海区的校正因素。深海和海洋混合层的校正曲线也与大气的有所不同。因此，根据不同情况，可采用几种不同类型的校正曲线：取 20 轮树轮对照测定 ^{14}C 年代所得的校正曲线，适用于大气 ^{14}C 起始物质的样品，校正范围：距今 0 年～18760^{14}C 年；10 轮校正曲线，用于大气样品，校正范围：公元 1950 年～公元前 6000 年；海洋样品校正曲线，校正范围：距今 0^{14}C 年～10000 年；混合型（海洋样品和大气样品）校正曲线，校正范围：距今 0 年～18760 年。另外，对于一年生物质可采用（1～4）年轮测定所得的曲线。

4. 微机化处理程序

处理程序具多功能性并多次改进版本，使校正 ^{14}C 年代工作大为简化。

A. 输入方式

可以用键输入，也可以采用文件方式，同时输入整批数据；各实验室所使用的 K 值不等于 1 时，可以在输入时重新计算；样品的¹³C 千分差值在不同于－25‰时可以按需要重新调整；对于多年生（＞60 年）样品物质，校正时可使用曲线平滑方法使结果更接近于真实；南半球样品，统一增加 40 年。

B. 校正结果的表示方法

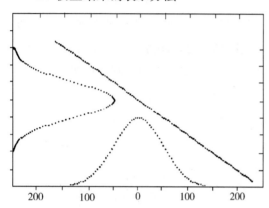

图 2　校正曲线线性区校正

（右方直线为校正曲线线性区，左方高斯曲线表示
¹⁴C 年代分布，下方曲线为校正后年代分布）

一般采用截距方式，¹⁴C 年代中心点与曲线相交截点的年代及 68％置信度和 99.5％置信度误差范围截点年代的距今（BP）和公元（AD/BC）纪年。几率分布方式，¹⁴C 年代具有高斯分布，如果在校正曲线的直线部分，校正后年代也有类似的几率，如图 2 所示。但如果在校正曲线的锯齿部位，校正后年代的几率分布应如图 3 所示，不再具备原有的年代分布[7]。校正后年代表示为 68％和 99.5％置信度水平上落入某年代范围的百分几率。对于不宜以年代表示的测定结果，计算其¹⁴C 千分差值[8]。

C. 选用输入数据及平均值计算

对已输入数据可以增补、修改。用数理统计检验或从考古、地质意义上证明属于同时代样品的数据可加以权重平均后校正，校正后年代误差可大为缩小。放射性统计误差受制于实验室设备条件，采用重复制样测定，重复四次可缩小误差一倍。

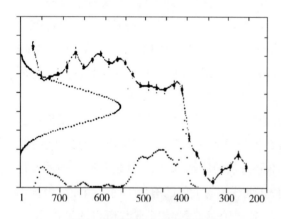

图 3　校正曲线非线性区校正

（右方曲线为校正曲线非线性区，左方高斯曲线
表示¹⁴C 年代分布，下方曲线为校正后年代分布）

三　校正曲线拟合匹配

高精度校正曲线呈多锯齿形，各时段形态不一。假定有一系列时序连续的¹⁴C 样品，其时间间隔已知或假定有等距间隔，精确测定的¹⁴C 年代系列，必然与校正曲线某一时段形状相似。利用实测年代系列在校正曲线上浮动，即可精确确定样品的正确年代。这一方法近年来受到应用者们重视，对进一步提高¹⁴C 测定精确度有重要意义[9]。

四 加速器质谱¹⁴C法

常规法利用探测¹⁴C衰变粒子数计算年代，探测效率低，需要样品纯碳量1克～5克左右，测量时间长达20小时以上。加速器质谱¹⁴C法采用测量¹⁴C原子数目方法，需要碳量减小了千倍，即1毫克～5毫克左右，测量时间缩短到0.5小时～1小时[10]。目前测定精度已可达到1％以内，对于微少样品的¹⁴C测定，非此法莫属。

过去积累的¹⁴C年代数据，商周时期的虽然也有不少，但并没有专门系统地测定过。且由于误差太大，尚无法得出肯定的结论。我们曾配合考古田野发掘，有意对二里头类型和陶寺类型等文化遗址层位的年代做过比较系统的¹⁴C年代测定，根据测出的结果统而观之，陶寺类型早晚大约在公元前1800年～2400年，二里头类型早晚大约在公元前1500年～1900年。这与遗址的发掘者认为陶寺类型是夏文化，二里头文化早期属于夏代，晚期属于商代，是相当符合的。对于寻找夏文化在年代上起到了配合作用。但距用于历史纪年的要求还相差很远。尽管如此，我们现在以二里头遗址为例，对有明确层位的¹⁴C年代数据对照锯齿状树轮年代校正曲线作一番分析比较。将这些¹⁴C年代数据在锯齿状树轮年代校正曲线上转换为日历年代数据应遵循的原则是：（1）数据点应尽量靠近和符合树轮年代校正曲线。（2）转换后应在年代上符合层位序列关系，并照顾到层位的时间宽度。

我们可以看到¹⁴C年代往往同层位关系是颠倒的。这并非是测定的过错，也不仅是因为测定误差大而引起颠倒，而是因为过去大气¹⁴C浓度变化反映在树轮年代校正曲线上的非线性引起的实际存在的颠倒关系。所以在将¹⁴C年代转换到日历年代时应将这种颠倒的数据在年代上顺过来。我们选出二里头遗址中有明确层位的¹⁴C数据共16个，层位上下共分为四期（表1）。然后将这些数据按照上述两条原则填到锯齿状树轮校正年代曲线上（图4）。虽然由于¹⁴C年代数据的误差比较大，这种分析还比较粗糙，但所得结论

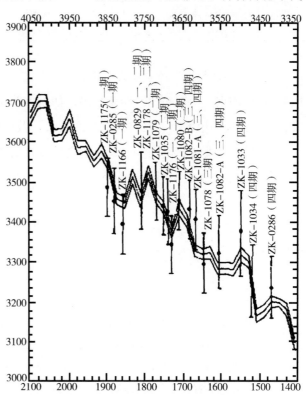

图4 二里头遗址系列¹⁴C年代数据图示

（转换为日历年代，曲线引自 Radiocarbon, 28（2B）：921，1986）

仍然是二里头遗址层位早晚相当于公元前 1500 年～1900 年。同过去对测定结果统而观之的结论相同，却似乎更有内在根据和说服力。由此可以看出，如果对遗址中有明确关系的木头按树轮序列做一系列高精度¹⁴C 年代测定，就可以推出遗址的高精度日历年代。

表 1　　　　　　河南偃师二里头遗址有明确层位的 16 个¹⁴C 年代数据

序号	实验室编号	（测定物质）出土层位（分期）	¹⁴C 年代（5568，距今，1950）
序 1	ZK - 1175	（木炭）　IVT117H29（一期）	3490±70
序 2	ZK - 0285	（木炭）　九队窑场 H3（一期）	3450±80
序 3	ZK - 1166	（木炭）　VT15（9）（一期）	3400±70
序 4	ZK - 0829	（木炭）　D2 北灰坑（一、二期）	3480±100
序 5	ZK - 1178	（木炭）　VT26（5B）（一、二期）	3480±70
序 6	ZK - 1079	（木炭）　IV1AH5（二期）	3440±70
序 7	ZK - 1035	（木炭）　IIIT14（4）H19（二期）	3430±80
序 8	ZK - 1176	（谷子）　VT20（6C）（一、二期）	3350±70
序 9	ZK - 1080	（木炭）　IVTIAH8（三期）	3470±70
序 10	ZK - 1082B	（木炭）　IVT1A（4B）（三、四期）	3440±70
序 11	ZK - 1081	（木炭）　IVTIA（4A）（三、四期）	3420±75
序 12	ZK - 1078	（木炭）　IVT1AH4（三期）	3300±75
序 13	ZK - 1082A	（木炭）　IVT1A（4B）（三、四期）	3330±90
序 14	ZK - 1033	（木炭）　IIIT1 东扩（3）H23（四期）	3400±110
序 15	ZK - 1034	（木炭）　IT2（3）（四期）	3260±90
序 16	ZK - 0286	（木炭）　VT13F 内 H87（四期）	3240±85

商代有很多与王位关系明确的甲骨（牛胛骨），利用加速器质谱的¹⁴C 测年方法，可以取样做¹⁴C 测定。西周初期的大墓很多，如西安张家坡遗址、北京琉璃河遗址等都有许多大墓出土很大的棺木，可以取树轮系列样品，做高精度¹⁴C 年代测定。然后对照树轮年代—¹⁴C 年代特征曲线，研究推出墓葬的高精度日历年代。这项工作当然实际上有许多复杂的问题，难度也很大，但可算是黑暗中的一线希望，值得追索。

（原载《中国商文化国际学术讨论会论文集》，442 - 449 页，中国大百科全书出版社，1998 年）

[1]　W. F. Libby, E. C. Anderson and J. R. Arnold, 1949, Age Determination by Radiocarbon Content, World-wide Assay of Nature Radiocarbon, *Science*, 109, 227 - 228.

[2]　P. E. Damon, J. C. Lerman and A. Long, 1978, Temporal Fluctuations of Atmospheric ¹⁴C, Causal Factors and Implication, *Ann. Rev. Earth Plant. Sci.*, 6, 457 - 494.

[3]　蔡莲珍《碳十四年代的树轮年代校正》，《考古》1985 年第 10 期。

[4]　J. Klein, J. C. Lerman, P. E. Damon and E. K. Ralph, 1982, Calibration of Radiocarbon Dates, Tables

Based on the Consensus Data of the Workshop on Calibrating the Radiocarbon Time Scale，*Radiocarbon*，24 （2），103 – 150.

［5］ M. Stuiver and R. Kra (editors)，1986，Calibration Issue，*Radiocarbon*，28（2B）.

［6］ M. Stuiver，A. Long and R. Kra (editors)，1993，Calibration，*Radiocarbon*，35（1）.

［7］ J. Plicht and W. C. Mook，1989，Calibration of Radiocarbon Ages by Computer，*Radiocarbon*，31（3），805 – 816.

［8］ 仇士华、陈铁梅、蔡莲珍《中国^{14}C 年代学研究》，19 页，科学出版社，1990 年。

［9］ S. W. Manning and B. Weninger，1992，A Light in the Dark：Archaeological Wiggle Matching and the Absolute Chronology of the Close of the Aegean Late Bronze Age，*Antiquity*，66，636 – 663。

［10］ 仇士华《碳十四断代的加速器质谱计数法》，《考古》1987 年第 6 期。

"夏商周断代工程"与 ^{14}C 年代测定

仇士华　蔡莲珍

现代考古学在中国的发展，为夏商周三代文明的研究开拓了前所未有的境界。从考古学和天文历法等方面探索夏商周年代问题的研究成就，可以说已是硕果累累。不过，始终不能达到统一的认识。^{14}C 年代测定虽然在史前年代学方面发挥了重大作用，但毕竟由于误差较大，难以解决历史时期的考古年代问题。但是，最近十多年以来，由于 ^{14}C 测年技术向高精度发展，国际上建立了高精度的 ^{14}C 年代—树轮年代校正曲线。^{14}C 测定的加速器质谱技术的完善，可以精确测定微量 ^{14}C 样品的年代。所有这些技术的进步，结合夏商周考古，为测定解决夏商周的年代问题带来了一线希望。

什么是 ^{14}C

^{14}C 年代测定是用死亡生物体中 ^{14}C 不断衰变的原理进行断代的技术。它是考古上应用最广泛的一种测定年代的方法。

放射性碳素（^{14}C，碳－14，碳$^{-14}$）断代法所根据的原理是：宇宙射线同地球大气发生作用产生中子，中子同大气中氮（氮－14）发生核反应，产生放射性同位素 ^{14}C。^{14}C 与氧结合形成 ^{14}CO$_2$ 混入大气二氧化碳中，通过光合作用被植物吸收成为养料。动物都直接或间接地依赖植物生存，因此所有生物体内都含有 ^{14}C。而 ^{14}C 又不断地衰变为非放射性的氮－14，其半衰期为 5700 年。生物在死亡之前身体中 ^{14}C 的浓度与大气中的 ^{14}C 浓度保持着平衡。但这些含碳物质一旦停止与大气交换，例如生物死亡，^{14}C 便不再有补充，就只能按衰变规律减少。因此只要测出标本中 ^{14}C 减少的程度，就可以推算出它死亡的年代。一切死亡的生物残体中的有机物以及未经风化的贝壳都可用来测定年代。

1949 年，^{14}C 断代的创始人利比（W. F. Libby）公布第一批 ^{14}C 年代数据，宣告 ^{14}C 测年方法取得成功，轰动了整个考古学界和地质学界。自那时以来，^{14}C 测年方法在考古中的应用主要是在史前年代学方面。世界上好些地区的史前年代学由于有了 ^{14}C 测定年代方法而起了很大的变革，人们称之为"放射性碳素的革命"。在我国也由于 ^{14}C 测定年代方法的采用，使不同地区的各种新石器文化有了时间关系的框架，使中国的新石器考古学有了确切的年代序列而进入一个新时期。据统计，新中国成立前我国发现的新石器时代遗址不过二三百处。建国以后增加到六七千处，大规模的调查发掘遍及全国各地。根据 ^{14}C 年代测定，中原地区的龙山文化和庙底沟文化年代范围为距今 4100 年～5000 年前。仰韶文化时期大约在距今 5000 年～7000 年前。距今 7000 年以前是磁山—裴李岗文化，更早的新石器时代文化的研究已推进到距今一万年前。华南地区出现了不少一万多年前的新石器时代遗址，桂林庙岩遗址中出现了陶片，其年代为距今 16000 年前。这就又为考古研究提供了新的线索，有力地推动了新石器时代的考古研究向更早期发展。

^{14}C 技术的进步

最近十多年来^{14}C 测定技术有很大进展。

1. 常规^{14}C 测定的高精度技术

常规^{14}C 测定是指使用常量样品，如 3 克～10 克碳，计数其^{14}C 原子衰变时放射出的 β 射线，即电子。无论用气体正比计数方法或液体闪烁计数方法，经过长期的发展和技术进步，可以说已经达到了极限。仪器的本底计数已经降到每分钟不到一次计数，而且仪器可以做到长期稳定，若经过数千分钟测量，现代标本的精度可达到 2‰，^{14}C 衰变的计数效率在 70％以上。对于夏商周时期的标本如作高精度测量，其^{14}C 年代（不是日历年代）误差可达到 20 年左右。

2. 加速器质谱测定^{14}C 的方法

加速器质谱是 70 年代末开始发展起来的一种现代核分析技术。它是直接计数样品中的^{14}C 原子，因而需要的标本量不到常规法使用样品量的千分之一。根据国际上先进水平，目前加速器质谱测定^{14}C 的精度可达到 3‰～5‰。与常规法相比，它的主要优势在于所需样品量少和测量工效高。几毫克碳样利用加速器质谱测量，一般仅需数十分钟，高精度测量也只需几个小时或十几个小时。由于使用样品量少，对于珍贵的甲骨、遗址中的炭屑、骨片、残存的少量有机物，甚至于陶器、铜器上的烟炱等等，都可以用来测定年代。

3. 高精度树轮年代校正曲线的建立

根据^{14}C 测定年代的原理，^{14}C 年代（T）是根据样品的原始^{14}C 放射性水平（Ao）同现存放射性水平（As）之比而计算出来的。计算年代公式为：T = τln（Ao/As），式中 τ 为^{14}C 的平均寿命，ln 为自然对数符号。但是样品的原始^{14}C 放射性水平无法直接测定，只能利用现代与大气 CO_2 处于交换平衡状态物质的^{14}C 放射性水平来代替。实用上是规定一个统一的标准，称之为现代碳标准。可是，由于各种原因，过去大气中的^{14}C 放射性水平不是恒定的。所以，利用统一的现代碳标准计算出来的^{14}C 年代并不是日历年代，只能称为^{14}C 年代。如何解决^{14}C 年代与日历年代间的关系，把^{14}C 年代转换为日历年代呢？这就要通过^{14}C 年代—树轮年代校正曲线来进行校正。

原来，树木每年生长一轮木质。每一轮木片的^{14}C 放射性水平代表了当年的大气^{14}C 放射性水平。树轮是可以清数的，它的年代同日历年代相当。树轮的¹⁴C 年代可以通过测定得出。把树轮的¹⁴C 年代作为纵坐标，而把树轮生长的年代作为横坐标，就可以得出一条¹⁴C 年代—树轮年代的对照曲线。通过这条曲线就可以把测定样品的¹⁴C 年代转换为日历年代。这就是一般所说的¹⁴C 年代的树轮年代校正。

1985 年第 12 届国际¹⁴C 会议上发表了几条高精度树轮年代校正曲线，¹⁴C 年代误差缩小到只有正负十多年。几条曲线稍有差异，但总的趋势基本上是一致的。这就更有利于把¹⁴C 年代校正到日历年代。因为大气中的¹⁴C 交换循环相当迅速，因此树轮校正曲线原则上可以是全球通用的。

由¹⁴C 年代转换到日历年代的方法

1. 单个¹⁴C 年代数据

可以从¹⁴C 年代—树轮年代的对照曲线上找到相应的树轮年代，根据¹⁴C 年代的误差找出相应的树轮年代范围，这就完成了由¹⁴C 年代转换到日历年代。但是，树轮校正曲线是非线性的，一个¹⁴C 年代相对应的往往并不是单一的树轮年代值。原来误差很小的¹⁴C 年代数据，对应的树轮年代范围却相当大。所以单个¹⁴C 年代数据往往还是不能准确断代。

2. 树轮系列样品¹⁴C 年代数据的曲线拟合方法

对于木头样品，如有数十年以上的年轮，可以清数其年轮，同建立树轮校正曲线时一样，每 10 轮～20 轮取一样，连续取若干个样，测出其¹⁴C 年代数据，经过与高精度树轮校正曲线匹配拟合，可以把木头的生长年代定准到误差不超过 10 年。具体做法是：先将连续的树轮¹⁴C 年代数据，如同树轮校正曲线一样，绘成一小段相对固定的数据曲线。它们的纵坐标是与高精度树轮校正曲线的¹⁴C 坐标一致的，将此曲线左右滑动平移，同高精度树轮校正曲线匹配拟合，利用目测即可定出最佳位置，也可用数理统计的最小二乘方法加以检验，并算出拟合后的样品树轮年代误差。这样就可以得到该样品树轮的生长年代，再外推到木头最外一轮的年代，即是该树木被砍伐的年代。如果木头样品与某个考古事件相关联，就可以推断出该事件发生的考古年代。据文献报道，日本奈良古坟时期—土墩墓中的一根木头，外皮保持完好，将其树轮连续取样测定¹⁴C 年代，同高精度树轮校正曲线匹配拟合，确定出木头的砍伐年代是 AD320±5 年。这同古坟时期是相合的。如果木头砍伐的年代同该坟的建造年代一致，则该坟的年代就十分确定了。

3. 层位连续的系列样品碳年代数据的曲线拟合方法

对于田野发掘的考古层位明确的系列样品，在时间间隔方面，虽不如树木年轮那样规整，但在时代上的早晚次序是明确的，也同样可以利用同高精度树轮校正曲线相匹配拟合的办法。在这种情况下，通过匹配拟合把¹⁴C 年代转换为日历年代的原则是：

（1）数据点应尽量靠近和符合高精度树轮校正曲线。

（2）转换后应在年代上符合层位序列关系，并照顾到层位的时间跨度。数据点越密集，则匹配拟合的可靠性越高，相应的断代精度也越高。联系到考古文化内涵，对照系列样品的年代研究并判断考古事件发生的年代，其可靠性和年代精度无疑都大大地提高了。

¹⁴C 年代测定应用于夏商周断代工程

我国夏商周考古学有深厚的基础，可以提供时序连续的系列样品。对于量大的样品可用常规方法测定，简易可行，且精度较高。对于量小的样品可以使用加速器质谱方法测定。我国的¹⁴C测定技术在设备上比较落后，只要在设备上加以补充和技术改造，就可以作高精度测定。

1. 陕西长安张家坡的西周大墓、北京琉璃河的西周大墓等都出土大量的相当完好的椁木。清数这些木头的年轮，作为树轮系列的样品，测定其¹⁴C年代，再同高精度树轮校正曲线"拟合"，就可以得出该树木被砍伐的年代，用以讨论墓主人的年代。

2. 夏商周的主要遗址，如河南偃师二里头遗址、偃师尸乡沟商城遗址、郑州商城遗址、安阳殷墟遗址、陕西长安丰镐遗址、北京琉璃河遗址、山西曲沃北赵村晋侯墓地等许多遗址都出土许多样品，可以组成层位系列样品。

3. 殷墟和西周遗址出土很多带字甲骨，不少卜骨与王有明确关系。利用卜骨组成系列样品，使用加速器质谱法测定，因为取样量极少，基本上不会损坏卜骨的完整性。这种方法作曲线拟合的结果，逻辑上有希望得出有关王的大致的日历年代。

例如，武王克殷的年代问题，是夏商周断代工程中最关键的问题，不同的说法有四十多种，上下相差一百多年。¹⁴C测定并不能直接得出需要的年代，而考古方面也不能直接提供武王的¹⁴C样品。考古方面实际提供的样品是从先周开始到西周，先后分为若干期。将这些有先后次序的样品测出¹⁴C年代后，对照高精度树轮校正曲线作匹配拟合研究。然后根据武王克殷时代应属哪一期，比谁早，不比谁晚等，才能推定和估计具体年代。分期越细，数据越多，年代的误差就越小。

为了保证武王克殷年代测定的可靠性和尽量缩小误差，我们可以采取多处有关遗址的系列样品，测出¹⁴C年代同树轮校正曲线匹配拟合，而把目标对准武王克殷的年代。例如，除了丰镐西周都城遗址系列样品以外，还有北京琉璃河西周遗址的系列样品，山西曲沃晋侯墓地的系列样品，它们的年代上限就是西周初年。而殷墟墓地的系列样品和殷墟卜骨系列样品，它们的年代下限则是殷纣王帝辛的灭亡，同武王克殷年代一致。这么多的年代数据进行比较分析，应该可以得出更可靠和误差较小的定年结果。显然，¹⁴C测定是根据考古发掘出土的含碳样品独立进行的，不依赖古文献的记载。¹⁴C测定的结果可能筛选掉许多根据不足的说法。

通过以上方法得出的年代数据，同考古学家反复研究后，再同历史文献、古文字、天文历法等学科作综合交叉研究。如果天文历法计算出的某些结果，正好同年代测定的结果在缩小了的误差范围内相一致，则可以认定天文历法计算出的结果是准确可用的。这种多学科综合交叉研究的方法，难度虽然很大，但其所得结果大大增强了科学性。相信经过各方面的努力，肯定能做出新的成果，将夏商周年代学推进到前所未有的水平。

（原载《百科知识》1998 年第 7 期）

贝叶斯统计应用于^{14}C系列样品年代的树轮校正

蔡莲珍　仇士华

前　言

高精度^{14}C年代—树轮年代校正曲线[1]反映了过去（一万年来）大气中^{14}C浓度随时间的客观变化，作为大气^{14}C浓度的指纹特征，为有时代先后顺序的系列^{14}C样品年代做曲线匹配拟合提供了依据，可以使^{14}C测定所获得的真实年代范围大大缩小。这种匹配拟合可以利用手动目测的方法，该法已在以前论文中多次介绍过[2]，比较容易接受。同样，也可以通过传统的最小二乘方数理统计方法，来确定数据与曲线匹配拟合的最佳位置，从而得到年代误差大为缩小，可靠性大为提高的年代判断[3]。利用贝叶斯数理统计进行匹配拟合的方法是近十年来由统计学家提出、同^{14}C年代学专家和考古学家协作完成的，应用范围更广，所得结果更具有逻辑性[4]。本文拟就此法的基本特点和在应用中的问题，并结合以上所述几种方法做一些探索。

一　贝叶斯数理统计方法[5]

^{14}C数据具有统计性质，而样品的^{14}C年代与真实年代（日历年代或树轮年代）之间已经确立了精确的校正关系（高精度树轮校正曲线），相当于贝叶斯方法所需的条件概率分布（似然函数）。从考古学或其他方面研究提供的有关样品出土信息，可以通过量化处理作为先验分布的依据。有了这些贝叶斯统计方法应用的基本条件，通过贝叶斯数理统计方法计算出后验概率分布，从而对相应的真实年代作出推断，就可以进一步提高^{14}C测年方法所获得的精度。

贝叶斯统计方法表述如下。

设有一系列n个相互关联的考古事件，其相应的日历年代为θ_1，θ_2，……θn。对于某一特定事件$_i$测定所得^{14}C样品年代值及其标准误差为$X_i \pm \sigma_i$，X_i是某一随意变量X的具体表现。$\mu（\theta）$表示高精度校正曲线函数，$\sigma（\theta）$是曲线本身的误差，一般可以忽略。但在^{14}C测定达到高精度时，应计入该误差，而代之以：

$$\omega_i^2（\theta）= \sigma_i^2 + \sigma_i^2（\theta_i）。$$

上述各量之间有如下函数关系：

$$X_i \sim N \; (\mu \; (\theta_i) \; , \; \omega_i^2 \; (\theta_i))。$$

用贝叶斯理论，后验概率分布 P（θ\X）由下式决定：

$$P \; (\theta \backslash X) \propto P \; (X \backslash \theta) \; P \; (\theta)$$

P（θ）为样品间的先验关系，即考古层位或其他信息确定的样品间的先验关系，例如，$\theta_1 > \theta_2$，$\theta_1 > \theta_3$ 等。P（X\θ）为似然函数，即 ^{14}C 年代与日历年代间之表现为高精度校正曲线的固有关系：

$$P \; (X \backslash \theta) = \prod_{i=1}^{n} P \; (X_i \backslash \theta_i)$$

$$P \; (X_i \backslash \theta_i) = \frac{1}{\omega_i^2 \; (\theta_i) \; (2\pi)^{1/2}} exp \; (\frac{(X_i - \mu \; (\theta_i))^2}{\omega_i^2 \; (\theta_i)})$$

这样，就在将 ^{14}C 年代转换成日历年代时，同时考虑了各种可能获得的所有信息，使最后确定的日历年代误差缩小，而且更加合乎逻辑。同时，操作过程比较标准划一，表述清晰，非常便于不同工作人员之间对结果进行讨论研究和比较。

但是，由于校正曲线呈不规则锯齿形变化，μ（θ）是非单值函数，无法用简单的数学公式进行运算，而需要根据数字运算。因此，在利用贝叶斯统计处理方法时，必然会述及许多十分复杂的数理推算过程，这对一般非专业人员无疑是一道不可逾越的障碍。十分幸运，1995 年英国牛津大学 AMS 实验室 C. B. Ramsey 博士编制了为解决考古问题应用贝叶斯统计方法的实用微机程序（OxCal）[6]，将复杂的数理统计计算简化为一般的程序操作，演算十分快速，使用方便，基本上满足了匹配拟合的需要，可以大大推动贝叶斯方法在 ^{14}C 测年和考古学中应用的深度和广度。

二 OxCal 程序

OxCal 程序基本上兼容了过去 ^{14}C 年代校正使用程序的功能，在 ^{14}C 年代转换到日历年代的过程中，可以对原有数据进行各种修正和补充，如 ^{13}C 校正、海洋储存库效应校正、样品生长年代误差的补偿等；同时还可以容纳其他测年方法（如热释光法等）的结果作比较。可以进行单个数据的校正，也可以同时进行多个数据校正，或加以平均后校正等。输入和输出方式有多种选择，可以为解决特殊的考古问题设计出对 ^{14}C 测定的要求等。

在应用于判断考古年代问题方面，程序设置了多种命令和格式，用以反映经过量化的考古先验信息和所需的后验信息。例如，表示一组 ^{14}C 样品年代系列都属于某一时期的年代，但样品间的相对年代并不知道，只是确认相互间存在一定关系；或一系列样品代表了一组事件或时期，它们在时间上有先后顺序，相互间没有重叠，但时间间隔并不知道；对于有固定年代间隔顺序的一组样品，如树轮年代样品，或样品间间隔时间有变化的系列样品等等，都可以利用它们的这类先验信息推算出相应的后验信息。所需的后验信息可以表示某时期或某系列中的开始和终止时间；某一事件的年代范围；该时期延续的时间；时期或系列之间的时间界限等。事件与事件之间的关联，排序等等，同样可以运用不同命令探求其规律。

程序设置可以进行从 3000 次一直到 30000 次的随机取样过程，根据所提供的¹⁴C 数据和考古信息的先验概率分布取样运算，通过最后获得的后验概率分布对所研究的考古问题进行推断。各个数据的先验分布和拟合后的后验分布，二者是否符合，则用一致性指数来度量，并定义可以采纳的阈值为超过 60%。事实上，这种拟合过程同样也是对¹⁴C 测定和相应的考古信息做了一次综合检验，程序对无法满足匹配拟合条件的数据和信息，明白拒绝作出判断。

尽管如此，该程序并非完美无缺，也达不到数学上的绝对严格，何况匹配拟合本身就需要有个研究过程，但这是较为有效的近似，可以提供对考古研究有用的概率分布和数目。当然，以后根据实用中出现的各种问题，仍需要不断对程序加以改进和充实。

三 树轮年代系列拟合方法

树轮系列样品之间的日历年代间隔是可以清数的，通过¹⁴C 测定结果与校正曲线匹配拟合，可以得出最外轮生长的确切年代；如果有幸获得带有树皮的木材，则其砍伐年代即可精确确定。因此，利用树轮系列样品¹⁴C 测定结果进行匹配拟合，最能显示方法运用的效果。

1995 年我们受国家地震局地质研究所刘若新教授的委托，对长白山天池火山口地区最近一次喷发形成的炭化木样品进行断代，以确定这次喷发的准确年代。该样品是埋在火山浮石碎屑中一棵截面完整的炭化木，我们认为这正是应用匹配拟合方法提高确定年代精度的一次机会，因此从取样到拟合都作了精心的安排。

首先我们对该截面树轮进行了仔细清数，树龄估计有近 300 年，然后由外向内每 20 轮取一个¹⁴C 样，编号为 A、B、C、D、E、F、G、H、I、J、K、L，共 12 个样。最外层以外，估计还有将近 20 轮才到树皮层。¹⁴C 测定时仅使用了从 C 到 L 共 10 个样，测定过程和我们以前所用方法一样[7]。

开始我们采用手动目测方法将测定结果与校正曲线匹配拟合（图1）。从 C 样¹⁴C 年代外推 60 年，得出该树死亡年代应在距今 735 年，即公元 1215 年。由于炭化木清数树轮时的困

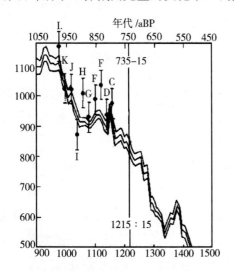

图 1 长白山火山¹⁴C 样品数据
手工目测拟合作图

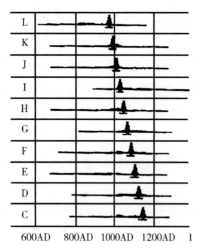

图 2 按树轮系列固定年代间隔顺序
经过程序拟合所得结果

难，和曲线匹配拟合中的不确定性，估计年代误差在 ± 15 年左右。就是说火山喷发年代应在公元 1215 ± 15 年[8]。

以后我们又采用最小二乘方法计算，所得最佳拟合位置与上述吻合。现在我们利用 OxCal 程序进行拟合，所得结果用图表示（图 2）。图 2 按树轮系列固定年代间隔顺序经过程序拟合所得结果。每个图形的横坐标为校正后日历年代（公元），纵坐标表示相应年代的概率分布，下列横线分别表示 68.2% 和 95.4% 置信度范围。

由碳样相应年代外推到该树木死亡的年代应在公元 1216 年～1203 年间，与目测拟合结果所得的公元 1230 年～1200 年相当吻合。

从上述几种拟合方法比较，虽然结果基本相符，但仍各有不同特点。贝叶斯方法依据量化信息，严格运算所得结果显然更具有数理逻辑性，年代范围更加清晰，而且 OxCal 的使用十分方便快速。目测方法则比较直观，信息的掌握运用较为灵活。从上述目测拟合图中可见（参见图1），¹⁴C 测定数据似乎总体偏老，可能由于测定中存在一定系统误差所致，而个别数据偏离较远有可能出于测定中的随机因素，但由于拟合段正处于校正曲线具有特征的区域，尚未影响到最后的推论。而使用 OxCal 程序拟合的结果，也显示出有多处数据符合率较差，进而促使从其他方面考虑原因。最小二乘方同样比较容易理解接受，但使用上有一定局限，尤其对考古信息的处理不如其他两种方法有优势。

四 考古¹⁴C 样品运用匹配拟合方法中需要注意的问题

通过¹⁴C 样品年代同校正曲线匹配拟合来确定精确可靠的年代，以使用树轮样品最有把握，无论是用目测、最小二乘方或贝叶斯方法都易于做到。但这一方法主要的用途应在于解决考古学中的绝对年代，面对的问题要复杂得多。

首先，一般能从考古层位中采集到的¹⁴C 样品，主要是木炭和骨头、小块木头或小米等含碳物质。首先要考虑这类物质同考古年代是否一致，木头或木炭很可能是以前遗留下来的；而保存较好的大块棺木，可以劈出树轮系列样品，精确确定其边缘年代，但和墓主人的死亡年代关系要考虑；小米等作物是一年生植物，生长年代比较确定，这类样品却很少遇到；墓葬中人骨样品的生长年代，由于人体的新陈代谢，与死亡年代比较接近，但测定中问题比较多。因此，样品物质本身年代对匹配拟合的影响往往不可忽略，应尽可能获取这方面的信息。

其次，获取样品间相对年代关系的信息更应细致充分，不但要有明确的考古层位关系、采样深度、^{14}C 样品和其他出土文物的关系，以及任何与样品有关的信息，例如出自历史文献记载等等。为获取可靠的拟合结果，精确的 ^{14}C 测定和可靠的考古信息是必要的基础。若用单个 ^{14}C 测定结果，或多个年代平均后数据，分别转换成日历年代时，通常误差范围反而增加，唯有通过考古先验信息组合的系列样品拟合转换时才能将误差范围缩小。信息越充分，测定年代越可靠，年代误差也会越加缩小。

另外，^{14}C 测定的精确度和稳定性，都会对拟合产生影响。虽然，这类问题同样对树轮样品系列会有影响，但由于树轮样品系列的前后顺序、年代间隔十分明确，出现问题的原因大都要从测定方面考虑。可是，考古样品则不然，许多问题纠合在一起，就很难分辨，因此对测定要求更加严格。为了检验测定结果的可靠程序，可以使用树轮样品系列测定结果作试拟合，因为合格的测定才能和高精度校正曲线很好拟合[9]。

五 二里头遗址出土样品年代试拟合[10]

应用考古系列样品作贝叶斯方法试拟合试验，必须以实际测定的 ^{14}C 数据为依据。以下我们采用了一组郑光先生提供、以前测定的 15 个二里头遗址出土木炭样品的数据。它们的考古先验信息，是根据过去提供的考古层位关系作的一些假定，数据误差也比较大，因此所得结论尚不能作为定论。

（一）以下是采用的数据及其符号：

表 1   **二里头遗址出土样品数据**

实验室编号	样品代号	考古分期	^{14}C 年代（距今）
ZK－1175	A	一期	3490±70
ZK－0285	B	一期	3450±80
ZK－1166	C	一期	3400±70
ZK－0829	D	一或二期	3480±100
ZK－1178	E	一或二期	3480±70
ZK－1079	G	二期	3440±70
ZK－1035	H	二期	3430±80
ZK－1080	I	三期	3470±70
ZK－1078	J	三期	3300±75
ZK－1082B	K	三或四期	3440±70
ZK－1081	L	三或四期	3420±75
ZK－1082A	M	三或四期	3330±90
ZK－1033	N	四期	3400±110
ZK－1034	o	四期	3260±90
ZK－0826	P	四期	3240±85

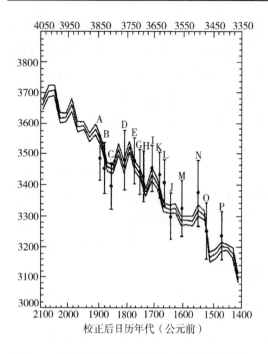

图 3　二里头遗址样品数据手工目测拟合作图

（二）利用 OxCal 程序对以上各期数据进行排序：

根据运算结果和分期的合理性，15 个样品的统一排序次序与过去根据拟合原则，手动目测排列的顺序：A、B、C、D、E、G、H、I、K、L、J、M、N、O、P，基本上是一致的，手工目测拟合结果如图所示（图 3）。

（三）利用 OxCal 程序作贝叶斯方法试拟合试验＊：

结果以图 4a、b、c 表示。

图 4a 按单个数据经过树轮校正后所得每个图形的横坐标为校正后日历年代（公元前），纵坐标表示相应年代的概率分布，下划横线分别表示 68.2％ 和 95.4％ 置信度范围。各样品的日历年代分布范围在 200 年左右。

而且很难分辨谁早谁晚。

图 4b 按样品系列顺序经过程序拟合所得结果。样品的日历年代分布范围缩小到 60 年～120 年左右。

图 4c 假定系列样品恰如手工拟合位置排列，按固定间隔系列样品格式经过程序拟合，获得各样品的日历年代分布范围缩小到 40 年以内。

由以上各图可见，作为考古层位出土的木头或骨头样品，除了需要高精度¹⁴C 测定外，必须提供更加密集的样品和更多的考古先验信息，才能进一步缩小年代误差范围[10]。

六　夏商周断代工程中贝叶斯方法的应用

夏商周断代工程要求¹⁴C 测定提供精确的年代依据，难度可以说是超乎寻常的。例如，

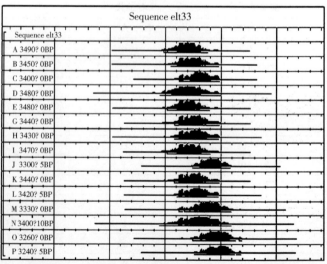

图 4a

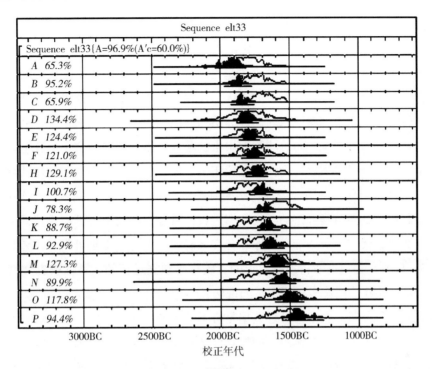

图 4b

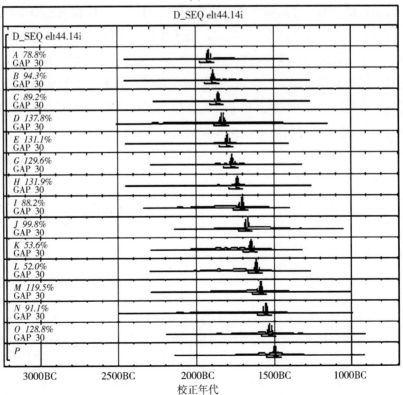

图 4c

武王克殷的年代问题，是夏商周断代工程中最关键的问题，不同的说法有 40 多种，上下相差 100 多年。为保证武王克殷年代测定的可靠性和尽量缩小误差，我们事前作了周密策划和多方面考虑。首先采取利用多处有关遗址的系列样品，测出¹⁴C 年代后同树轮校正曲线匹配拟合，而把目标对准武王克殷的年代。比如，西周丰镐都城遗址系列样品代表的是武王克殷前后时期；北京琉璃河西周遗址的系列样品和山西天马曲村遗址的系列样品，它们的年代上限则是西周初年；而殷墟墓地出土的系列样品和殷墟卜骨系列样品，它们的年代下限则是殷纣王帝辛的灭亡，同武王克殷年代一致。在每一组系列样品年代测定后都要借助 OxCal 程序进行仔细的拟合处理，必要时还需要参考不同校正曲线，并作手工目测拟合检验。然后将这么多精确可靠的年代数据进行比较分析，同考古学家反复研究，再同历史文献、古文字、天文、历法等学科作综合交叉研究，最终得出更可靠和误差较小的定年结果。因为¹⁴C 测定是根据考古发掘出土的含碳样品独立进行的，不依赖古文献的记载，¹⁴C 测定的结果可能筛选掉许多根据不足的说法。

可见，应用贝叶斯方法统计处理数据是必不可少的一部分工作，而 OxCal 程序操作方便快捷，可以发挥不少有益的作用。例如，许多夏商周时期墓葬中出土的椁木，可以作为树轮系列样品测定¹⁴C 年代，但砍伐年代和墓主的关系不易弄清，确定的年代可能与要求相差很远。但是，由于树轮样品拟合效果最佳，不但可以总体检验测定中存在的问题，倘若墓葬中同时有人骨或马骨样品作¹⁴C 测定，或采集到小米之类的一年生植物残骸，就可以与树轮样品共同组成系列，获得比较确定的拟合成果。依据这类比较确定的拟合结果，还可以参与另一组有关系列样品的拟合，以求进一步缩小误差。上节试验中提到的各种缩小年代误差范围的条件，对¹⁴C 测定和考古先验信息都提出十分具体的要求，这对于夏商周断代工程的¹⁴C 测定系列样品的选择和匹配拟合，无疑都是必需考虑到而在运作过程中及早规范的。

（原载《考古》1999 年第 3 期）

---

*　　本集所有"拟合"均采用 1998 年国际统一的¹⁴C 年代—树轮年代校正曲线，1999 年～2003 年 OxCal v. 3. 3 – v. 3. 9 版本。

[1]　M. Stuiver & R. Kra, eds., 1986. Calibration issue, *Radiocarbon*, 28 (2B): 805 – 1030.

[2]　蔡莲珍、仇士华《树轮年代校正研究的新进展及其应用》,《第四纪冰川与第四纪地质论文集》第六集（碳十四专集），地质出版社，1990 年。

[3]　G • W. Pearson, 1986, Precise calendrical dating of known growth – period samples using "curve–fitting" technique, In (M. Stuiver & R • Kra, eds.) International ¹⁴C Conference. 12th Proceedings, *Radiocarbon*, 28 (2A), 292 – 299.

［4］　E，Buck，J. B. Kenwoethy，C. D. Litton ＆ F. M. Smith，1991，Combining archaeological and radiocarbon information：A Bayesian approach to calibration，*Antiquity*，65，808－821.

［5］　J. A. Christen and C. B. Litton，1995. A Bayesian approach to wiggle－matching，Journal of Archaeological Science，22，719－775.

［6］　C. B. Ramsey，1995，Radiocarbon calibration and analysis of stratigraphy：The OxCal program，Radiocarbon，37（2），425－430.

［7］　仇士华主编，陈铁梅、蔡莲珍副主编《中国碳十四年代学研究》，科学出版社，1990 年。

［8］　刘若新、仇士华、蔡莲珍、魏海泉、冼自强、薄官成、钟建《长白山天池火山最近一次大喷发年代研究及其意义》，《中国科学》B 辑，1997 年第 5 期。

［9］　仇士华、蔡莲珍《碳十四断代技术的新进展与"夏商周断代工程"》，《考古》1997 年第 7 期。

［10］　仇士华、蔡莲珍《解决商周纪年问题的一线希望》，《中国商文化国际学术讨论会论文集》，中国大百科全书出版社，1998 年。

附：

系列样品¹⁴C 年代测定方法中
数据处理研究*

数理统计学是研究怎样去有效地收集、整理和分析带有随机性的数据，以对所考察的问题作出推断或预测，直至为采取一定的决策和行动提供依据和建议。贝叶斯理论最早由贝叶斯 1763 年提出，20 世纪 50 年代发展，形成了与目前仍占有支配地位的传统统计学派颇具挑战性的一个学派。夏商周断代工程中应用贝叶斯方法，成功解决了不少考古学中的年代问题，表现了贝叶斯理论的适用性，也是对贝叶斯统计理论的一次有力支持。

一　贝叶斯统计学的理论表述

贝叶斯理论与传统学派之间最突出的分歧在于对先验概率分布的理解和使用。后者认为先验分布必须在频率解释基础上，方才有其客观意义。贝叶斯理论则以先验概率分布为起点，经过一定的程式演算，得出可以作为最后推断的依据。而先验概率分布的确定可以是经验的，甚至是主观的假设。贝叶斯统计学的理论可以归结为贝叶斯公式和贝叶斯假设二种表述内容。

贝叶斯公式为：

$$P (\theta \backslash X) = \{ P (X \backslash \theta) P (\theta) \} / \sum P (X \backslash \theta) P (\theta)$$

其中 $P (\theta)$ 称先验概率分布，$P (X \backslash \theta)$ 为条件概率分布（似然函数），$P (\theta \backslash X)$ 称为后验概率分布。即在求总体分布参数 θ 时，除了样本 X 的信息，需要对总体分布参数 θ 规定一个先验分布 $P (\theta)$。

贝叶斯假设为：

在先验信息未知的情况下，假定总体参数的先验分布是均匀的。

二　贝叶斯数理统计对考古学中¹⁴C 年代研究的适应性

¹⁴C 数据具有统计性质（带有随机性），而样品的¹⁴C 年代与真实年代（日历年代或树轮年代）之间已经确立了精确的校正关系（高精度树轮校正曲线），相当于贝叶斯方法所需的条件概率分布（似然函数）。从考古学或其他方面研究提供的有关样品出土信息，可以通过量化处理作为先验分布的依据。依据这些适用贝叶斯统计方法的基本条件，通过贝

196

叶斯公式计算得出后验概率分布，进一步提高了 ^{14}C 测年方法所获得的精度，就可以对相应的考古真实年代作出推断。具体演绎过程可以表述如下：

设有一系列 n 个相互关联的考古事件，其相应的日历年代为 θ_1，θ_2，……θ_n。对于某一特定事件, 测定所得 ^{14}C 样品年代值及其标准误差为 $\chi_i \pm \sigma_i$，χ_i 是某一随意变量 X_i 的具体表现。$\mu(\theta)$ 表示高精度校正曲线函数，$\sigma(\theta)$ 是曲线本身的误差，一般可以忽略。但在 ^{14}C 测定达到高精度时，应计入该误差，而代之以：

$$\omega_i^2(\theta) = \sigma_i^2 + \sigma_i^2(\theta_i)$$

上述各量之间有如下函数关系：

$$X_i \sim N(\mu(\theta_i), \omega_i^2(\theta_i))。$$

用贝叶斯理论，后验概率分布 P$(\theta \backslash X)$ 由下式决定：

$$P(\theta \backslash X) \propto P(X \backslash \theta) P(\theta)$$

P(θ) 为样品间的先验关系，即考古层位或其他信息确定的样品间的先验关系，例如，$\theta_1 > \theta_2$，$\theta_1 > \theta_3$ 等。P$(X \backslash \theta)$ 为似然函数，即 ^{14}C 年代与日历年代间之表现为高精度校正曲线的固有关系：

$$P(X \backslash \theta) = \prod_{i=1}^{n} P(X_i \backslash \theta_i)$$

$$P(X_i \backslash \theta_i) = \frac{1}{\omega_i^2(\theta_i)(2\pi)^{1/2}} \exp\left(-\frac{X_i - \mu(\theta_i)^2}{\omega_i^2(\theta_i)}\right)$$

这样，就在将 ^{14}C 年代转换成日历年代时，同时考虑了各种可能获得的所有信息，使最后确定的日历年代误差缩小，而且更加合乎逻辑。同时，操作过程比较标准划一，表述清晰，非常便于不同工作人员之间对结果进行讨论研究和比较。

贝叶斯理论中不需要事前繁琐的抽样过程，以及只有一次使用也有意义等，对考虑问题是十分有益的。

三　应用中的具体算法和 OxCal 程序

上世纪 80 年代高精度树轮年代校正曲线公布以后，利用系列样品 ^{14}C 测定提高精度的实践开始增多，受到国内外 ^{14}C 工作者普遍重视。最早使用的最小二乘法属于统计分析范围。90 年代前后与统计学家合作采用贝叶斯方法，应用方面有了很大进展。

因为校正曲线呈不规则锯齿形变化，$\mu(\theta)$ 是非单值函数，无法用简单的数学公式进行运算，而需要根据数字运算。因此，在利用贝叶斯统计处理方法时，必然会述及许多十分复杂的数理推算过程，这对一般非专业人员无疑是一道不可逾越的障碍，几乎只有专业统计学家的参与才能进行。英国牛津大学 AMS 实验室 C. B. Ramsey 博士从 90 年代初开始（Version. 2. 00，1994），编制（并不断改进）了为解决考古问题应用贝叶斯统计方法的实用微机程序（OxCal），将复杂的数理统计计算简化为一般的程序操作，演算十分快速，使用方便。

四 OxCal 程序的算法基础

贝叶斯方法的具体算法有多种，OxCal 程序采用的是 MCMC 法，即 Markov Chain Monte Carlo 方法（马尔可夫链—蒙特卡罗法）。

马尔可夫是 19 世纪出生的一位前苏联科学家，他提出一种自然界的随机现象—已知现在状态，但其将来的演变与以往的演变无关—称之为马尔可夫过程。采用数学分析方法研究这种自然过程的一般图式称为马尔可夫链（Markov Chain）。

蒙特卡罗（Monte Carlo）则是一个以赌博闻名于世的摩纳哥城市。蒙特卡罗法，又称统计试验法或统计模拟法，将所求解的问题同一定的概率模型相联系，用微机统计模拟或抽样，以获得问题的近似解。借用该城市名称以表示这种算法的概率统计特点。

MCMC 方法求解过程中普遍应用了吉布斯（Gibbs）取样方法。Gibbs 取样法由 Geman 等人在 1984 年提出，它完全是取自全条件分布。

五 OxCal 程序的运算过程

上述算法是贝叶斯基本算法方法的一种，90 年代以来已有较多的运用，但由于专业性较强，很难推广。OxCal 程序的突出优点是利用各种信息（包括考古方面，¹⁴C 数据方面等等），通过不同命令，构建成一定模式，自动运算得出所需结果，形成了几乎人人可以掌握的运作过程。它为贝叶斯方法普及运用，特别在 ¹⁴C 考古年代学革命性进展中起了十分重要的作用。

1. 基本原则和主要信息

OxCal 程序不仅仅用于 ¹⁴C 考古年代分析，它要面对解决各方面问题的需要。因此，包括的内容，它体现在各种组成模式的命令上，有几十种之多。由于夏商周断代工程中 ¹⁴C 测定的使用，主要为了解决考古年代问题，所得结果不仅需要面对从事此项工作的专业人员，而且要受到考古学家甚至全社会的关注。所以，在不影响正确使用的条件下，我们要求将整个过程演绎得越简单扼要越好。以下讨论，也将围绕这一要求，局限于本工程中的需要。

数据处理的基本原则可以简要归结为三条：

（1）¹⁴C 测定数据准确无误，精确可靠。

（2）考古信息充分有效。

（3）数据处理的依据和方法正确可靠。

其中 ¹⁴C 测定和考古信息方面将在另外章节中讨论。数据处理的重要依据是树轮年代校正曲线的精确可靠。目前国际通用的树轮年代校正曲线 IntCal 98，我们 1999 年才接触到，当时我们的测定已接近尾声，校正工作也近乎完成。之前，我们采用的是当时国际通用的树轮年代校正曲线版本。为此，我们进行了统一更改。在此期间，OxCal 程序的版本也从 Version 2.18（1996 年从网上下载）改动到 Version 3.8（2002 年）。同样，我们也依据新版改变了操作方式。实践证明，使用不同版本的 OxCal 程序，对最终得出的结果，并无任何差别，只是表达形式有了改进。而树轮年代校正曲线版本不同，所得结果会随之有适当改变。可见，曲线的走向是很关键的，这就给开始使用的目测法有了一席用武之地，以后将有仔细讨论。

目前采用的数据处理方法就是依据贝叶斯统计编制的 OxCal 程序，它的设置可靠，使用正确是我们研究的主要内容。

2. OxCal 程序的研究重点

关于 OxCal 程序的研究是多方面的，也是课题中必须研究的重点之一。首先要了解它操作规程的基本要点，同时要清晰它的理论依据，计算方法以及表述方式的合理性等等。最重要的研究还在乎它对解决考古年代问题的适用性，包括命令的使用，模式的建立，最终结果的解释等等，需要全面综合考虑考古、^{14}C 测定、校正曲线等各种因素的影响。

OxCal 程序理论基础和计算方法的研究，在以后有较仔细的叙述。鉴于工程启始，日程表排得比较紧迫，我们对 OxCal 程序的研究内容首先是正确掌握操作规程和如何适用于解决考古年代问题，同时在有关专家的协助下，肯定了 OxCal 程序的理论基础和计算方法的实用可靠。然后我们结合上述三个基本要求，主要研究解决使用中的实际问题，包括建立分析模式，结果的解释，边界条件等。

3. OxCal 程序操作模式的建立

前面已经指出，鉴于"工程"时间紧，任务重的现实情况出发，我们一开始就做了充分准备。必须选择工作重点，有计划，有步骤地进行，同时"工程"的积极支持和考古方面给予的充分合作，也是必不可少的。在采用 OxCal 程序操作模式方面，也是一样。

（1）树轮系列样品相互之间的年代十分明确，操作最为简单，结果也最可靠。因此，我们一开始就用树轮系列样品严格操作，认真掌握整个过程中各步骤的要点，以便及早发现问题，解决问题。

树轮系列样品的 OxCal 程序操作模式最简单，只需使用"固定年代间隔系列"命令，即"D-Sequence"命令。然后依次输入每个树轮样品的 ^{14}C 年代数据和误差，即可运算得出各轮的真实年代（日历年代）及误差。

（2）地层叠压关系明确的系列样品

考古样品之间的关系十分复杂，有明确地层叠压关系的系列样品最理想，过去应用的实例多是这一类型，但实际考古工作中很难遇到。

（ⅰ）如果地层之间的年代粗略可以估计，OxCal 程序操作模式可以采用"可变年代间隔系列"命令，即"V-Sequence"命令。

（ⅱ）如果仅有前后关系，则用"年代系列"命令，即"Sequence"命令。

"Sequence"是最常用的一个命令，只要是一组年代有先后关系的样品数据，无论在另一系列之中，或在某一分期之中，都可以用"Sequence"命令加以组合。

（ⅲ）如果同一地层或某一些地层中出土有同一时期的一批样品，则采用"分期"，即"Phase"命令，插入系列。

（3）分期（包括有个别叠压关系）明确的系列样品

事实上，考古中最常见的样品关系，是有先后时序的分期关系。考古工作者利用类型学等方法分辨出土样品属于同一时期或前后各期。如能从中采集到一系列能够代表各期年代的14C 样品，就可以利用 OxCal 程序操作模式获得各期的真实日历年代。

（ⅰ）OxCal 程序操作模式则采用在"Sequence"命令的条件下，加入分期命令。

（ⅱ）如果同一期中样品没有先后关系，即用"Phase"命令，倘若仍有先后，则再加一"Sequence"命令。

其他各种不同类型的样品系列，将根据情况灵活处理。

4. 关于边界条件

系列样品的要点是以数据间年代上有相互制约为条件，才能得出掺入了考古信息的年代误差缩小的结果。不然的话，得出的只能是单个样品树轮校正的数据。对于一长系列样品使用 OxCal 程序模式操作时，有相互制约的年代结果是可信的，符合了贝叶斯方法的使用。但前后两端年代，没有满足相互制约的条件，得出的只是单个样品数据的校正结果，仅代表了该系列年代的上限。对此，有三种解决办法。

（ⅰ）虽然系列两端没有年代数据约束，但并不影响中间年代数据的可靠性，而中间部分的年代值才是工程中希望解决问题的年代。因此，向两端延伸的年代，（特别是最外端）弃置不用。这样一来，可以避免了人为设置边界，影响客观存在的分期不均匀性。

（ⅱ）根据考古信息或其他方法估计，在系列前端（或末端）设置代表时代上更早（或更晚）的数据加以限制。这样得出最早期的年代结果，符合了要求，也比较合理。

（ⅲ）根据 OxCal 程序要求加边界条件，（即两端采用"Boundry"命令）

上面提到贝叶斯理论中一个重要假定是：在先验信息未知的情况下，假定总体参数的先验分布是均匀的。依此，OxCal 程序在系列两端采用边界条件（即"Boundry"命令），限制两端年代延伸，使结果可信可用。一般考古分期在 50 年左右，对于一个年代较长的系列来说，分布均匀的假设也是符合实际的。

5. 研究边界条件的使用

1999 年我们基本已经完成了测定工作，数据校正也得出了最终结果。工程延迟到2000 年结束，又补充了少量测定和校正工作。

我们所有的校正都没有采用两端加 "Boundry" 的办法，对两端年代不加分析。而中间部分数据在必要的情况下，采用了 "Boundry"，使年代范围更加清晰。理由如前所述。

这次重新发表，考虑到使用与否，是否可能会影响接近两端的年代，我们用实测结果，仔细研究了边界条件的使用方法和范围，作出如下判断。

（1）对于树轮系列样品，由于采用固定间隔系列，或单纯使用可变间隔系列，所需年代的目的性明确，一般两端不必使用边界条件。

（2）考古上一组年代延续时间较长，如 200 年，分成几个前后连续的分期，两端加以边界条件，是可取的。因为长系列满足了程序要求的均匀分布假定，两端的年代界限清楚，可以改善接近边界间各期年代可靠性。

（3）离两端稍远的系列中间年代（如相隔二期），通常这类年代与两端是否加边界并无多大差别。

（4）长系列组合中分成若干期，年代校正时是否需要在每个分期两端加入 "Boundry"，我们试验结果是否定的。因为这样一来，会影响系列的年代分布，并使整个系列的校正年代跨度加大，甚至达到不合理的程度。原因可能在于每个短分期（如几十年）满足（采样）分布均匀的前提并不充分。而对于长系列是充分的，因为成熟的考古分期一般是正确的。

以上为正式发表数据报告时遵循的一般原则。

---

* 本文为"夏商周断代工程"中 ^{14}C 测定总报告的有关章节，2005 年 11 月完稿。

晋侯墓地 M8 的^{14}C 年代测定和晋侯稣钟

仇士华　张长寿

　　晋侯墓地 M8 是一代晋侯之墓，墓中盗掘出土的晋侯稣编钟有长篇的纪年铭文。学术界对晋侯稣钟的王年有不同意见，并涉及对《史记·晋世家》等有关文献的认识。M8的^{14}C 测年结果有助于上述问题的澄清。

　　山西曲沃北赵晋侯墓地发现的晋侯和夫人墓共 8 组 17 座，其中的 M8 和 M31 东西并列为一组，位于南排的中央。

　　M8 于 1992 年 8 月被盗。同年秋季由北京大学考古学系和山西省考古研究所联合清理发掘[1]。此墓残存的青铜礼器有晋侯稣鼎 1 件、晋侯断簋 2 件、晋侯断方壶 2 件、兔尊 3件、瓽、爵、盉、盘各 1 件、钟 2 件，共 14 件。

　　另外，此墓被盗的晋侯稣编钟 14 件，由上海博物馆从香港抢救购回[2]。此 14 件钟与M8 所出的 2 件钟铭文前后衔接，遂成完璧。

　　由于 M8 随葬有晋侯稣鼎、晋侯稣编钟，所以，最后的发掘简报认为 M8 的墓主人应即是晋侯稣[3]。这个意见已为大多数学者所接受。

　　晋侯稣是哪一代晋侯呢？现在从晋侯墓地发现的铜器铭文中已有 6 位晋侯，他们是晋侯燮马、晋侯喜父、晋侯勢、晋侯断、晋侯稣、晋侯邦父，另外还有一位晋叔家父。这些名号绝大多数与文献不能相应，只有一位例外，这就是晋侯稣。《史记·晋世家》在"献侯籍立"下，《索隐》云："《系本》及谯周皆作'苏'"。这就是说，晋侯稣就是晋献侯籍。这一点非常重要，它在晋侯世系和晋侯墓地之间确立了一个对应关系的基点，由此根据晋侯墓地的排列顺序推定其他各墓的晋侯[4]。

　　据《史记·晋世家》："自唐叔至靖侯五世无其年数"。五世为唐叔虞、晋侯燮、武侯宁族、成侯服人、厉侯福。"靖侯以来，年纪可推"，所以自靖侯以下皆有年数。晋献侯籍，也即晋侯稣，为靖侯之孙、釐侯之子，于周宣王六年立，十六年卒，在位十一年，即由公元前822 年至公元前 812 年。然而，晋侯稣钟使这个问题变得复杂了。晋侯稣钟有长篇铭文，记述晋侯稣于王三十三年随王东征，且有四组年、月、月相、干支齐全的历日可供推算。关于这个三十三年究竟是哪一位周王，现有二说，一谓厉王，一谓宣王。但是，不论是哪一种说法，有一点是相同的，即其结论都认为《史记》和有关的文献有误。那么，《史记》所称

"靖侯以来，年纪可推"，以及晋献侯籍，即晋侯稣的在位年数，到底可不可信。

北京大学考古学系实验室和中国社会科学院考古研究所实验室就晋侯稣墓中采集的树枝木炭样品分别做了常规 ^{14}C 年代测定，所得 ^{14}C 年代分别为距今 2630 ± 30 年和距今 2620 ± 20 年。这表明两室的数据一致，应当可信。对这两个数据取平均值，年代应为距今 2625 ± 22 年。

众所周知，^{14}C 年代是根据统一的现代碳标准，即与大气 CO_2 处于交换平衡状态物质的 ^{14}C 放射性水平计算出来的。但是，由于过去大气 ^{14}C 放射性水平并非恒定不变，^{14}C 年代需要经过校正才能转换成日历年代。国际上已经建立了全球通用的高精度树轮校正曲线，可以将一万年以内的 ^{14}C 年代转换成日历年代。高精度树轮校正曲线是通过实际清数树轮生长年代和 ^{14}C 年代测定建立起来的，由于大气 ^{14}C 放射性水平受到许多外在因素的影响，树轮生长年代（即日历年代）与 ^{14}C 年代的关系不是线性的，校正曲线是一条带有许多锯齿的斜线。据统计，在距今 150 年到 8000 年间，转换后日历年代误差不仅同 ^{14}C 年代误差大小有关，而且因处于不同年龄段而不同。平均来说，^{14}C 年代误差为 ± 20 年时，校正后误差，可能要达到 ± 100 年；若为 ± 50 年时，可能会到达 ± 160 年。可是，在整条校正曲线中却有二三处存在较短的直线部位，使单个 ^{14}C 年代经校正为历法年代时年代误差反而会大大缩小[5]。在 ^{14}C 年代距今 2560 年～2690 年间的校正曲线就存在几乎呈直线的特殊情况，而晋侯稣墓出土的木炭标本 ^{14}C 年代正好处于其间（图 1、2）。因此，晋侯稣墓的单个 ^{14}C 年代经树轮校正后为公元前 808 ± 8 年，校正后的日历年代误差范围竟小于 ^{14}C 年代的测定误差。这是由当时大气 ^{14}C 放射性水平的变化决定的，当然也是最近实验室

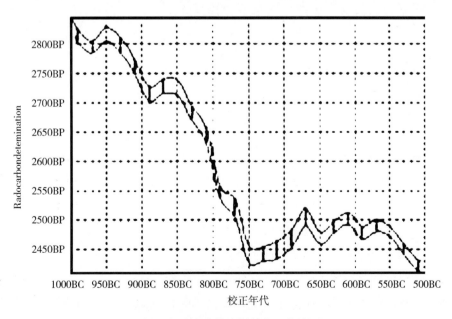

图 1　相应段高精度树轮校正曲线图

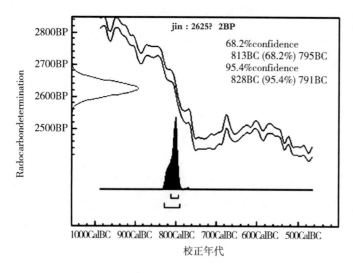

图 2　¹⁴C 年代分布和日历年代分布图

（横坐标为年代，纵坐标为百分概率）

测定误差缩小到了直线区以内的结果。

上述测定表明，晋侯稣墓的年代为公元前 808±8 年，和《史记·晋世家》所载晋献侯籍的卒年为公元前 812 年，即周宣王十六年是相合的，表明晋侯稣确是晋献侯，其卒年是可信的。这个结果突出地说明了¹⁴C 年代测定的可靠性，进一步证明了¹⁴C 测年在夏商周断代工程中可以发挥作用。

由于¹⁴C 测年的结果证实《史记》所载晋献侯籍即晋侯稣的卒年可信，因此，现在应该转换一个角度，从上述测定结果来考虑晋侯稣钟和有关的问题。

既然晋献侯籍（稣）死于周宣王十六年（公元前 812 年），则晋侯稣钟的"隹王三十又三年"就不可能是周宣王三十三年。

持宣王三十三年说者主要有下列几种情况，一是认为按《史记·晋世家》宣王三十三年为晋穆侯十七年，因此，晋侯稣乃是晋穆侯，之所以属之晋献侯，乃是《世本》之误[6]。或以为只要把《索隐》的注移到晋穆侯下，问题即可解决[7]。一是根据《国语·周语》千亩之战，系年与《史记》不同，主张宣王的纪年应从共和开始[8]。且不论千亩之战，就按此纪年，晋献侯的卒年也只能是周宣王三十年。上述两种情况都要改动《史记》和有关文献，而且改定之后和晋侯稣钟铭文的各组历日均不能合[9]。

第一个提出厉王三十三年的是马承源。他详细考证了晋侯稣钟的铭文，指出厉王以三十七年计，则铭文中的四组历日，除了第二、第三组的干支日序颠倒，需要更正外，与厉王三十三年即公元前 846 年的历表完全相合。应该说这是一个很有说服力的论述。但是，由于与《史记》记载的矛盾，马承源也认为"《史记·晋世家》载晋侯苏在位为宣王时，也是不对的"，"《史记》所载西周晋世家年次之数并不可靠"[10]。

如何解决这个矛盾，李学勤提出了一个新的解释，他同意厉王三十三年说，但钟的铭文却是晋侯稣即位后追记此前跟随厉王东征时的功绩和赏赐[11]。换言之，厉王三十三年，晋靖侯当政，晋侯稣为晋侯之孙随王东征，假设当时晋侯稣年方 20 多岁，经晋釐侯，至周宣王六年立为晋侯，时年将近 50 岁，从年龄上来说是合理的。这样，既不改动文献，也肯定稣钟的厉王纪年。

这次晋侯墓地 M8 的^{14}C 年代测定的结果证实了《史记》有关晋侯稣卒年的记载是可靠的，同时，对李学勤提出的晋侯稣钟的说法也是一个支持。

（原载《考古》1999 年第 5 期，张长寿执笔，^{14}C 测定的解释由蔡莲珍撰写）

［1］ 北京大学考古学系、山西省考古研究所《天马—曲村遗址北赵晋侯墓地第二次发掘》，《文物》1994 年第 1 期。

［2］ 马承源《晋侯稣编钟》，《上海博物馆馆刊》，1996 年第 7 期。

［3］ 北京大学考古学系、山西省考古研究所《天马—曲村遗址北赵晋侯墓地第五次发掘》，《文物》1995 年第 7 期。

［4］ 李学勤《〈史记·晋世家〉与新出金文》，《学术集林》卷四，上海远东出版社，1995 年。

［5］ Mc Cormac F G, Baillie M G L. Radiocarbon to calender date conversion：Calendrical band widths as a function of radiocarbon precision. *Radiocarbon*，1993，35（2），pp. 311 – 316.

［6］ 邹衡《论早期晋都》，《文物》1994 年第 1 期。

［7］ 刘启益《晋侯苏编钟是宣王时铜器》，《中国文物报》1997 年 3 月 9 日。

［8］ a. 王占奎《周宣王纪年与晋献侯墓考辨》，《中国文物报》1996 年 7 月 7 日；b. 李伯谦《晋侯苏钟的年代问题》，《中国文物报》1997 年 3 月 9 日。

［9］ 张培瑜《中国先秦史历表》，齐鲁书社，1987 年。

［10］ 同［2］。

［11］ 李学勤《晋侯苏编钟的时、地、人》，《中国文物报》1996 年 12 月 1 日。

夏商周断代工程中的 ^{14}C 年代框架 *

仇士华　蔡莲珍

前　言

中国古书记载的上古史确切年代，只能上推到司马迁《史记·十二诸侯年表》的开端——西周晚期共和元年（公元前 841 年），再往上推就存在分歧。例如，武王克商的年代，历代学者对文献理解和对其可信性的估计分歧很大。他们根据各自对文献和西周历法的理解立说，形成了至少 40 余种结论，最早的为公元前 1130 年，最晚的为公元前 1018 年，前后相差 112 年。因此，殷墟的年代自然漂浮起来，商前期和夏的年代就更难以认定。

过去 ^{14}C 测定年代，虽然在史前年代学方面发挥了重大作用，但毕竟由于误差较大，难以解决历史时期的考古年代问题。最近十多年来，由于 ^{14}C 测年技术向高精度发展，高精度树轮年代校正曲线已经建立，加速器质谱技术不断完善，可以精确测定微量 ^{14}C 样品的年代。所有这些技术的进步，结合夏商周考古的进展，为测定解决夏商周年代框架带来了一线希望。

一　^{14}C 测年技术的最新进展和高精度树轮年代校正曲线的建立

常规 ^{14}C 测定是指使用常量样品约 3 克～10 克碳，计数其 ^{14}C 原子衰变时放射出的 β 射线，即电子。无论用气体正比计数方法或液体闪烁计数方法，经过长期的发展和技术进步，可以说技术上已经达到了极限。仪器的本底计数已经降到每分钟不足一次计数，而且仪器可以做到长期稳定。若经过数千分钟测量，现代标本的测量精度可达到 2‰。^{14}C 衰变的计数效率在 70％以上。对于夏商周时期的标本，如作高精度测量，其 ^{14}C 年代误差一般可以达到 20 年～30 年左右。

加速器质谱（AMS）是 70 年代末开始发展起来的一种现代核分析技术。它是直接计数样品中的 ^{14}C 原子，因而需要的样品量不到常规法使用样品量的千分之一。根据国际先进水平，目前 AMS ^{14}C 测定精度可达到 3‰～5‰。与常规法相比，它的主要优势在于所需样品量少和测量工效高，几毫克炭样 ^{14}C 年代利用 AMS 方法测量，一般仅需数十分钟，高精度测量也只需几个小时或十几个小时。由于使用样品量少，对于珍贵的甲骨、遗址中的炭屑和骨片、残存的少量有机物，甚至于陶器、铜器上的烟炱等等，都可以用来测定年代。

根据¹⁴C 测定年代的原理，¹⁴C 年代（T）是根据样品的原始¹⁴C 放射性水平（Ao）同现存放射性水平（As）之比计算出来的。计算年代公式为 $T = \tau \ln$（Ao/As），式中 τ 为¹⁴C 的平均寿命，ln 为自然对数符号。但是样品的原始¹⁴C 放射性水平无法直接测定，只能利用现代与大气 CO_2 处于交换平衡状态物质的¹⁴C 放射性水平来代替。实用上是规定一个统一的标准，称之为现代碳标准。可是，由于各种原因，过去大气中的¹⁴C 放射性水平不是恒定的。所以利用统一的现代碳标准计算出来的¹⁴C 年代并不是日历年代，只能称之为¹⁴C 年代。如何解决把¹⁴C 年代转换为日历年代。这就要通过¹⁴C 年代—树轮年代校正曲线来进行校正。

原来，树木每年生长一轮木质，每一轮木片的¹⁴C 放射性水平代表了当年的大气¹⁴C 放射性水平。树轮是可以数清的。它的生长年代同日历年代相当。树轮的¹⁴C 年代可以通过测定得出。把树轮的¹⁴C 年代作纵坐标，而把树轮生长的年代作横坐标，就可以得出一条¹⁴C 年代—树轮年代的对照曲线。通过这条曲线就可以把考古样品的¹⁴C 年代转换为日历年代。这就是一般所说¹⁴C 年代的树轮年代校正。

1985 年第 12 届国际¹⁴C 会议上发表了几条高精度树轮年代校正曲线，¹⁴C 年代测定误差缩小到只有正负十多年。虽几条曲线稍有差别，但总的趋势基本一致。目前经过修正和统计处理已有一条比较公认的校正曲线（图 1），这就更有利于把¹⁴C 年代校正到日历年代。因为大气中的¹⁴C 交换循环相当迅速，因此¹⁴C 年代—树轮年代校正曲线原则上是全球可以通用的。

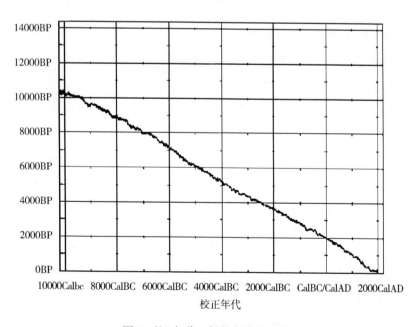

图 1　¹⁴C 年代—树轮年代校正曲线

二 贝叶斯数理统计方法与 OxCal 程序

高精度¹⁴C 年代—树轮年代校正曲线反映了过去（1 万年来）大气中¹⁴C 浓度随时间的客观变化。它作为大气¹⁴C 浓度的指纹特征，为有时代先后顺序的系列¹⁴C 样品年代做曲线匹配拟合提供了依据，可以使¹⁴C 测定能确定的真实年代范围大大缩小。这种匹配拟合可以利用手动目测或最小二乘方数理统计方法来确定数据匹配拟合的最佳位置，从而得出年代误差大为缩小的年代判断。利用贝叶斯数理统计建立的软件进行匹配拟合的方法是近十多年来由统计学家提出，同¹⁴C 年代学专家和考古学家协作完成的（如 OxCal 程序），其应用范围更广，所得结果更具有逻辑性。

三 夏商周断代工程中的¹⁴C 测定与系列样品年代的转换

¹⁴C 测年参与夏商周断代工程测定历史年代在技术上要求很高，它是在夏商周考古成就的基础上，把田野考古的层位和文化分期的相对年代关系转换为精度较高的绝对日历年代。整个程序是：1. 采集与考古层位和文化分期高度相关的含碳样品。2. 测出精确可靠、误差符合实际的¹⁴C 年代数据。3. 充分应用考古信息，将有先后时序的系列¹⁴C 样品数据，通过高精度校正曲线转换，定出考古内涵的日历年代。4. 再由¹⁴C 和考古方面的专家共同讨论，建立夏商周考古的¹⁴C 年代框架。5. 同历史文献、天文研究的结果和金文历谱的研究等做综合交叉研究，共同建立夏商周三代年表。

本文介绍中国社会科学院考古研究所、北京大学考古系、中国科学院生物物理所合作，使用测量精度优于 3‰ 的液闪仪进行常规测定，并经过拟合得出的结果。

（一）考古遗址中出土木头的¹⁴C 测定与拟合结果

用树木年轮组成的样品系列作¹⁴C 测定，由于样品年代间隔十分确定，经¹⁴C 数据匹配拟合获得的真实年代结果可靠性较好。

1. M121 和 M4 为两座西周中期墓葬，采集棺木作树轮系列样品进行¹⁴C 测定后拟合，得出其最外轮年代分别为公元前 940±10 年（表 1，图 2）和公元前 914±14 年，因为外表被腐蚀。实际的最外轮年代要晚一些，根据观察，推测可能会相差几十年。

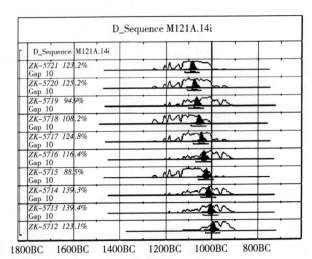

图 2 陕西长安沣西张家坡遗址墓葬 M121 树轮木数据拟合图

表1   **陕西长安沣西张家坡遗址墓葬 M121 树轮木测定数据拟合结果**

实验室编号 （ZK－）	树轮轮数 （由外向内）	测定物质	^{14}C 年代数据 （5568，1950）	拟合后年代 （BC）（68.2％）
5721	146－155	树轮木	2900±31	1107～1080
5720	136－145	树轮木	2896±34	1097～1070
5719	126－135	树轮木	2866±36	1087～1060
5718	116－125	树轮木	2924±31	1077～1050
5717	106－115	树轮木	2888±31	1067～1040
5716	96－105	树轮木	2855±31	1057～1030
5715	86－95	树轮木	2906±30	1047～1020
5714	76－85	树轮木	2858±33	1037～1010
5713	66－75	树轮木	2853±31	1027～1000
5712	56－65	树轮木	2830±32	1017～ 990

最外轮年代为 1017～990BC，经清数树轮外面还有 55 轮才到边缘。

2. M1193 为北京琉璃河遗址中一座早期墓葬，从中采集出土棺木样品，保存较好。以树轮系列作高精度^{14}C 测定并拟合结果，得出最外轮年代不早于公元前 1011±20 年（表2，图3），即最外轮生长年代为公元前 1032 年～991 年。M1193 被认为是第一代或第二代燕侯墓葬，棺木砍伐年代应为其上限。

表2   **北京琉璃河遗址墓葬 M1193 树轮系列测定数据及拟合结果**

实验室 编号	树轮轮数 （由外向内）	^{14}C 年代数 据（5568，1950）	拟合后年代 （公元前）
ZK－5834B	第 47—56 轮	2921±37	1082～1041
ZK－5833B	第 37—46 轮	2870±37	1072～1031
ZK－5832B	第 27—36 轮	2888±32	1062～1021
ZK－5831B	第 17—26 轮	2870±33	1051～1011
ZK－5830B	第 7—16 轮	2857±35	1042～1001
ZK－5829B	第 1—6 轮	2864±33	1032～991

3. 河南郑州商城遗址考古内涵为二里岗上层一期的水井中出土井框圆木，保存完好，经^{14}C 测定和拟合结果，得出最外轮年代为公元前 1400±8 年，这应代表该井的建造年代（表3，图4）。

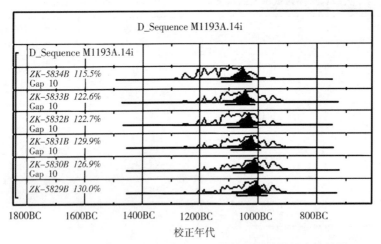

图 3 北京琉璃河遗址墓葬 M1193 树轮系列数据拟合结果图

表 3　　　　　河南郑州商城遗址出土井框圆木树轮系列测定数据拟合结果

实验室编号	树轮轮数 （由内向外）	¹⁴C 年代数据 (5568，1950)	拟合后年代 （公元前）
ZK－5354j	60—70 轮	3236±36	1497～1480
ZK－5354h	80—90 轮	3194±37	1477～1460
ZK－5354g	90—100 轮	3186±35	1467～1450
ZK－5354f	100—110 轮	3156±36	1457～1440
ZK－5354e	110—120 轮	3199±36	1447～1430
ZK－5354d	120—130 轮	3191±36	1437～1420
ZK－5354c	130—140 轮	3115±34	1427～1410
ZK－5354b	140—150 轮	3091±35	1417～1400
ZK－5354a	150—160 轮	3085±36	1407～1390

拟合结果：最外轮年代为 1400±8BC。

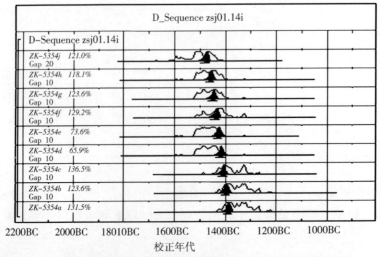

图 4 河南郑州商城遗址出土井框圆木树轮系列数据拟合图

（二）晋侯墓 M8 的¹⁴C年代测定

山西天马曲村遗址晋侯墓地共发掘出大型墓葬八组十七座，分属武侯以下的八代晋侯及其夫人（其中一位晋侯有两位夫人）。M8 出晋侯稣钟，应是晋献侯稣的墓。根据对墓中树枝木炭的年代测定，其¹⁴C年代为距今 2630±30 年。测定数据正处于校正曲线的特殊时段，得单个树轮校正年代为公元前 808±8 年（本集 204 页图 2）。正与《史记》所载晋献侯稣末年，即公元前 812 年相一致。

（三）武王克商年代范围的框定

1996 年冬，中国社会科学院考古研究所丰镐发掘队在陕西省长安县马王村遗址发现了代表周人在该地最早活动的遗迹，有灰坑、房址、墓葬等。从出土器物群分析，遗址时代从先周晚期、西周早期延续到西周中、晚期。

考古发掘内涵表明，灰坑 H18 应属于遗址中最早的文化地层（图 5），相当于武王克商以前这段先周最晚时期，估计仅有十几年间隔。T1④出土器物表明它正处于西周初期，T1③为西周中期。

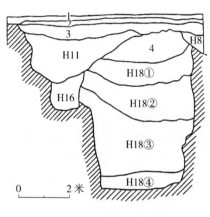

该遗址地层关系为 T1 第 3 层叠压在 T1 第 4 层上，T1 第 4 层叠压在 H18 上。H18 内堆积分为四小层，我们从 1、2、3 小层中都采集到了可供¹⁴C测定的木炭样品，2、3 层中还采集了炭化小米。木炭样品年代往往偏老，而同层炭化小米的年代与木炭样品年代一致，确定了该系列样品年代的可靠性。T1④、T1③

图 5　97SCMT1 西壁

和其他西周早、中、晚期灰坑中也采集了木炭、骨头等¹⁴C测定样品。

由于测定样品出土层位的考古信息非常明确，数据拟合采用了 OxCal 程序中可变系列的命令。木炭年代可能偏老，但可以作为年代上限参与拟合。测定数据和拟合结果见表四，图6。

表 4　　　　　　　　陕西丰镐遗址灰坑 H18 等出土样品系列的测定数据及拟合结果

考古分期	原编号	测定物质	实验室编号	¹⁴C年代数据 （5568，1950）	拟合后年代 （公元前）
先周	H18③	木炭	ZK－5725	2893±34	1210～1080
	H18②	炭化粟	ZK－5724	2860±33	1067～1027
		木炭	XSZ002	2865±35	
	H18①	木炭	ZK－5727	2837±37	1052～1016
		骨头	XSZ032	2838±43	
分界年代范围					1050～1020
西周初	T1④-2.4	木炭	ZK－5730	2872±33	1040～1002
	T1④上层	木炭	ZK－5728	2854±33	1021～980
西周中	T1③	木炭	ZK－5732	2845±33	985～930
——		骨头	XSZ037	2831±35	

武王克商年代处于先周与西周初分界范围内，从地层来看，则处于 T1④最低层到先周最晚期地层 H18 第 1 层之间的时间范围。因此，据14C 测定年代数据拟合结果，判别武王克商事件最大可能发生的年代范围应在公元前 1050 年至 1020 年之间。

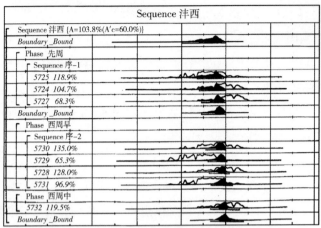

图 6　陕西丰镐遗址灰坑 H18 等出土样品系列的测定数据拟合图示

（四）北京琉璃河西周遗址按墓葬分期的14C 年代测定与拟合结果

北京琉璃河燕都遗址是西周初燕国早期都邑遗址。上述 M1193 棺木年代为公元前 1011±20 年，又采集遗址中前后三期墓葬人骨组成14C 样品系列作高精度测定，经过拟合处理得出其上限年代同样落在上述的武王克商年代范围以内（表5，图7）。

表5　　　　　　北京琉璃河遗址考古分期及常规14C 测年数据及拟合结果

考古分期		原编号	测定物质	实验室编号	14C 年代数据 (5568, 1950)	拟合后年代（公元前）
一期	一段	M509	人骨	ZK－5802	2890±35	1040～1006
		M503	人骨	ZK－5800	2878±33	1040～1007
	二段	M1082	人骨	ZK－5807	2851±31	1015～972
		M1026	人骨	ZK－5806	2850±32	1015～970
		M1115	人骨	ZK－5808	2840±20	1010～972
		M513	人骨	ZK－5804	2830±31	1010～950
二期	三段	M512	人骨	ZK－5809	2840±32	957～922
		M1022	人骨	ZK－5812	2832±44	960～918
	四段	M1088	人骨	ZK－5817	2830±80	935～850
		M516	人骨	ZK－5805	2766±31	925～890（0.60）
						880～850（0.40）
		M1003	人骨	ZK－5811	2751±35	920～855
三期	五段	M1045	人骨	ZK－5822	2713±37	852～810
	六段	M1140	人骨	ZK－5826	2626±32	820～795
		M403	人骨	ZK－5803	2545±31	800～750

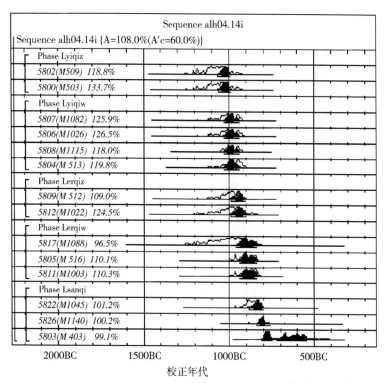

图 7　北京琉璃河遗址出土骨头样品常规[14]C 测年数据拟合结果

（五）殷墟的[14]C 年代测定与拟合结果

据史书记载和考古学研究，商王朝最后都城在河南安阳殷墟，历时 200 余年，一直到被周所灭。我们采集了殷墟前后四期墓葬出土的一系列人骨样品作高精度[14]C 测定数据匹配拟合处理，得出了各期年代范围，殷墟[14]C 年代数据同琉璃河遗址的碳四年代数据统一拟合后，其中间年代正落在前述的武王克商年代范围以内（表6，图8）。

表6　　　　　　　殷墟遗址考古文化分期和常规[14]C 测年数据及拟合结果

考古分期	原编号	测定物质	实验室编号	[14]C 年代数据（5568，1950）	拟合后年代（公元前）
一期	AWHM9	人骨	ZK－5586	3030±35	1370～1340（0.24）
					1320～1260（0.76）
	AWH T3③	兽骨	ZK－5595	3039±42	1370～1260
	ABH M199	人骨	ZK－5501	2920±35	1261～1239
二期	ABH M272	人骨	ZK－5511	2964±33	1255～1200
	ABH M451	人骨	ZK－5523	2994±37	1252～1209
	ABH M82	人骨	ZK－5521	2908±32	1255～1235（0.52）
					1215～1195（0.48）

考古分期	原编号	测定物质	实验室编号	¹⁴C 年代数据（5568，1950）	拟合后年代（公元前）
三期	AWX M389	人骨	ZK－5578	2937±35	1190～1090
	AWX M396	人骨	ZK－5579	2962±35	1205～1125
	AWX M395	人骨	ZK－5581	2960±37	1205～1125
	WX M398	人骨	ZK－5582	2888±35	1190～1180（0.10） 1150～1080（0.90）
	AWH M1278	人骨	ZK－5587	2856±35	1190～1180（0.01） 1130～1080（0.99）
	AWH M1281	人骨	ZK－5588	2956±35	1205～1125
	AX M875	人骨	ZK－5590	2935±35	1190～1090
	ALT M878	人骨	ZK－5592a	2946±35	1200～1110
	ABH M3	人骨	ZK－5525	2882±37	1190～1180（0.10） 1150～1080（0.90）
	ABH M156	人骨	ZK－5543	2983±34	1205～1125
	ABH M441	人骨	ZK－5538	2954±37	1205～1120
	ABH M60	人骨	ZK－5529	2951±35	1205～1110
	ABH M296	人骨	ZK－5534	2870±35	1190～1180（0.07） 1130～1070（0.93）
四期	ABH M693	人骨	ZK－5572	2942±35	1087～1045
	ABH M23	人骨	ZK－5551	2912±31	1083～1041
	ABH M477	人骨	ZK－5559	2900±35	1083～1038
	ABH M432	人骨	ZK－5558	2892±33	1080～1036
	AXT 75F11①	木炭	ZK－358	2932±34	1085～1046

（六）郑州商城的¹⁴C 年代测定与拟合结果

河南郑州商城遗址考古发掘地层由下而上依次为：二里岗下层一期、下层二期，二里岗上层一期、上层二期。二里岗下层一期叠压洛达庙中、晚期遗存之上。上层一期的年代与上层一期水井的年代正好符合（表七，图九）。

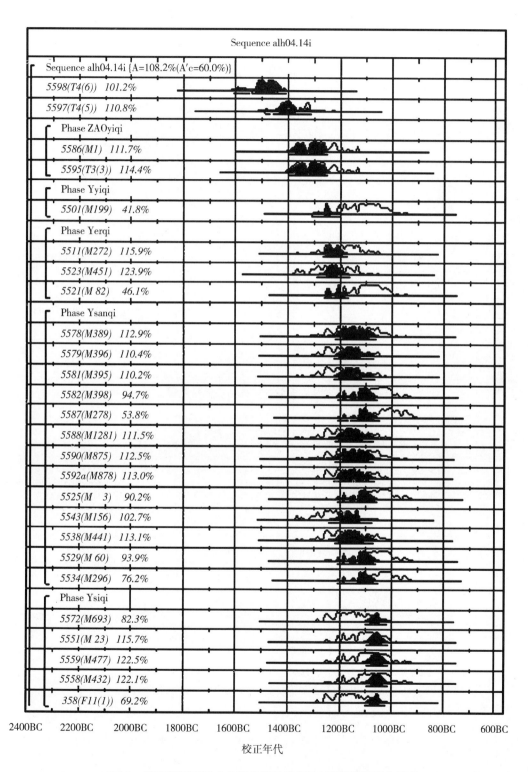

图 8　河南殷墟遗址出土骨头样品常规¹⁴C 测年数据拟合结果

表 7   郑州商城遗址洛达庙晚期和二里岗文化期样品测定数据拟合结果

考古分期	原编号	测定物质	实验室编号	年代数据 5568，1950	拟合后年代（公元前）
洛达庙中期	ZSC8ⅡT268H58	兽骨	ZK-5381	3270±37	1680~1670（0.12） 1630~1570（0.88）
	ZSC8ⅡT264 H80	兽骨	ZK-5383	3275±37	1680~1670（0.13） 1630~1570（0.87）
洛达庙晚期	ZSC8ⅡT265H56	兽骨	ZK-5380	3298±34	1585~1520
	ZSC8ⅡT155G3	兽骨	XSZ142	3286±34	1580~1515
	ZSC8ⅡT 261⑥	兽骨	ZK-5379	3333±36	1573~1524
	ZSC8ⅡT261H28	人骨	ZK-5378	3164±38	1520~1492
	ZSC8ⅡT268H68	兽骨	ZK-5375	3232±32	1580~1563（0.06） 1530~1485（0.94）
二里岗下层一期	ZSC8ⅡT166G2	兽骨	ZK-5371	3261±35	1504~1490（0.32） 1480~1457（0.68）
	ZSC8ⅡT203H56	兽骨	ZK-5373	3202±37	1497~1468
	ZSC8ⅡT159	兽骨	ZK-5370	3174±41	1496~1456
二里岗下层二期	ZSC8ⅡT201 H105	兽骨	ZK-5369	3221±36	1459~1431
	ZSC8ⅡT202 H60	兽骨	XSZ144	3184±35	1456~1428
	ZSC8ⅡT236 H156	兽骨	XSZ147	3148±35	1450~1423
二里岗上层一期	ZSC8ⅡT201 H69	兽骨	ZK-5368	3130±34	1426~1400
	ZSC8ⅡT234 H8	兽骨	XSZ145	3140±35	1428~1402
	ZSC8ⅡT234G3	兽骨	XSZ146	3138±37	1428~1400
	ZSC8ⅡT202 G1	兽骨	XSZ141	3125±48	1426~1400
二里岗上层二期	ZSC8ⅡT201 H2	兽骨	ZK-5366	3136±34	1400~1375（0.46） 1340~1315（0.54）
	ZSC8ⅡT159 H17	兽骨	ZK-5372	3030±38	1380~1330（0.29） 1320~1250（0.56） 1240~1210（0.15）
	ZZ H12	木炭	ZK-5353 XSZ081	3077±34	1390~1310

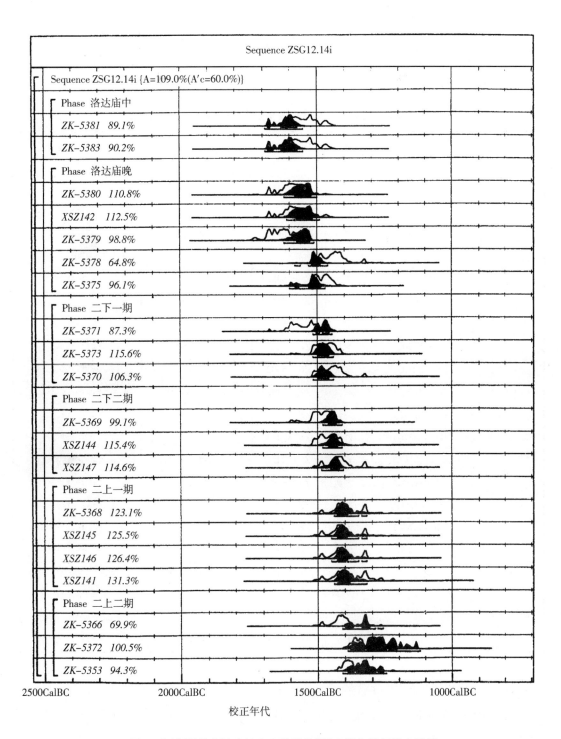

图 9　河南郑州商城遗址出土样品常规¹⁴C 测年数据拟合结果

（七）偃师商城的¹⁴C 年代测定与拟合结果

河南偃师商城遗址有外城、内城和宫城，外城西南城墙叠压在内城墙之上，内城发现有宫殿群基址。考古地层划分为三期六段。一、二期相当于郑州商城二里岗下层一、二期，三期五、六段相当于二里岗上层一、二期（表 8，图 10）。

表 8　　　　　　　河南偃师商城遗址文化分期及常规¹⁴C 测定数据及拟合结果

考古文化分期		原编号	测定物质	实验室编号	¹⁴C 测定年代	拟合后年代（公元前）
一期	一段	VIIT28⑩	兽骨	ZK－5417	3220±36	1600～1565（0.67）
						1525～1506（0.33）
		VIIT28⑨	兽骨	ZK－5416	3219±34	1600～1560（0.69）
						1525～1505（0.31）
	二段	小城 T54 G	木炭	ZK－5453	3258±36	1532～1487
		VII T28⑧	兽骨	ZK－5424	3252±34	1532～1487
		VIIT0200H19	木炭	ZK－5447	3150±37	1516～1486
二期	三段	J1D2T1010	木炭	ZK－5436	3218±34	1497～1462
		IVT32HG2	木炭	ZK－5402	3237±37	1500～1461
		T 0301 H 94	木炭	ZK－5442	3158±48	1496～1464
	四段	IIT11M27	人骨	ZK－5412	3207±31	1467～1429
		IIT11M27⑦A	兽骨	ZK－5413	3183±40	1456～1412
		IIT11M31③	人骨	ZK－5421	3206±36	1466～1427
		IVT31H120	木炭	ZK－5400	3191±48	1459～1412
		IVT03H179	兽骨	ZK－5403	3201±31	1464～1428
		II T11M25	人骨	ZK－5411	3120±32	1429～1387
		VIIT28⑥	兽骨	ZK－5415	3130±35	1434～1388
三期	五段	路土①	木炭	ZK－5452	3126±37	1405～1370（0.37）
						1355～1350（0.02）
						1340～1315（0.61）
		G1	木炭	ZK－5451	3053±34	1380～1260

（八）二里头遗址的¹⁴C 年代测定与拟合结果

河南偃师二里头遗址考古地层划分为五期，其中一至四期为二里头文化。五期为二里岗文化（表 9，图 11）。

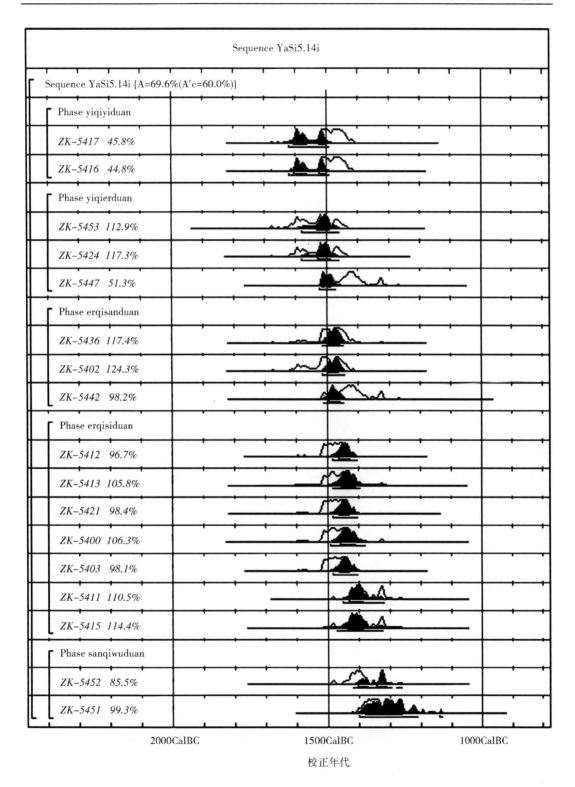

图 10 河南偃师商城遗址出土样品常规^{14}C测年数据拟合结果

表 9 河南偃师二里头遗址样品系列常规^{14}C测定数据拟合结果

考古文化分期	原编号	测定物质	实验室编号	^{14}C 年代数据 (5568, 1950)	拟合后年代 (公元前)
一期	T3H58	兽骨	XSZ104	3445 ± 37	1880～1840 (0.41)
					1810～1800 (0.09)
					1780～1730 (0.49)
	T2 ⑾	木炭	ZK－5206	3400 ± 33	1740～1640
二期	T4H54	木炭	ZK－5227	3327 ± 34	1680～1600
	T4⑦B	兽骨	XSZ098	3327 ± 32	1685～1650 (0.43)
					1640～1600 (0.57)
	T4H46	木炭	ZK－5226	3407 ± 36	1740～1640
	T1H48	兽骨	ZK－5244	3348 ± 36	1685～1615
	T6H53	木炭	ZK－5236	3294 ± 35	1680～1670 (0.18)
					1660～1650 (0.06)
					1635～1590 (0.75)
	T4G6	兽骨	ZK－5253	3341 ± 39	1685～1610
	T3⑦	兽骨	ZK－5257	3313 ± 37	1685～1650 (0.37)
					1640～1600 (0.63)
	T4⑥A	木炭	ZK－5228	3318 ± 34	1685～1600
	T2⑨A	木炭	ZK－5209	3374 ± 34	1740～1710 (0.16)
					1690～1620 (0.84)
三期	T6⑰A	兽骨	ZK－5249	3347 ± 36	1610～1555
	T1⑨	木炭	ZK－5200	3343 ± 35	1610～1555
	T6⑿B	兽骨	ZK－5247	3272 ± 39	1598～1564
四期	T3G4	兽骨	ZK－5255	3355 ± 40	1560～1529
	T4⑤A	木炭	ZK－5229	3304 ± 36	1561～1525
	T6	木炭	ZK－5242a	3270 ± 32	1564～1521
	T6	木炭	ZK－5242b	3350 ± 33	1560～1529
五期	T1H49	兽骨	ZK－5252	3245 ± 35	1525～1490 (0.61)
					1480～1455 (0.39)
	T4H28	骨头	XSZ101	3241 ± 30	1525～1490 (0.62)
					1480～1455 (0.38)

四 夏商周的^{14}C 年代框架或考古年表

根据以上^{14}C年代测定数据，依据相应的考古信息，与^{14}C年代——树轮年代校正曲线匹配拟合，可获得日历年代数据综合列表，夏商周^{14}C年代框架或考古年表（图12）。

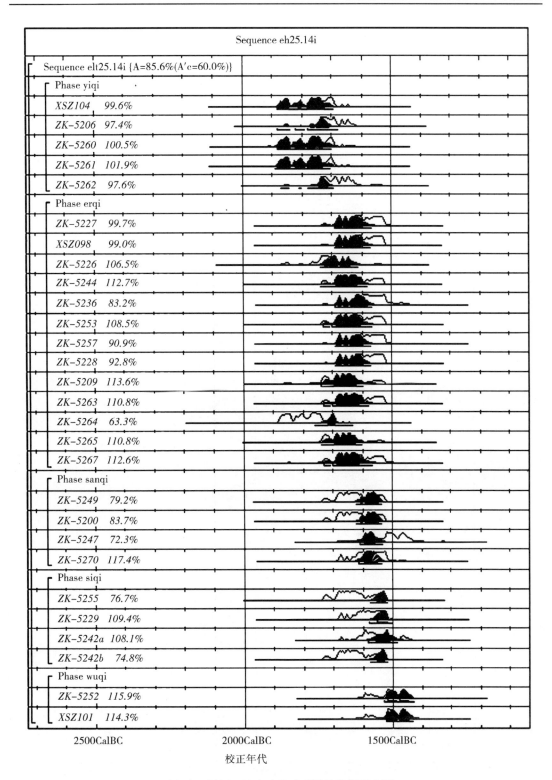

图 11　偃师二里头遗址系列样品数据拟合图

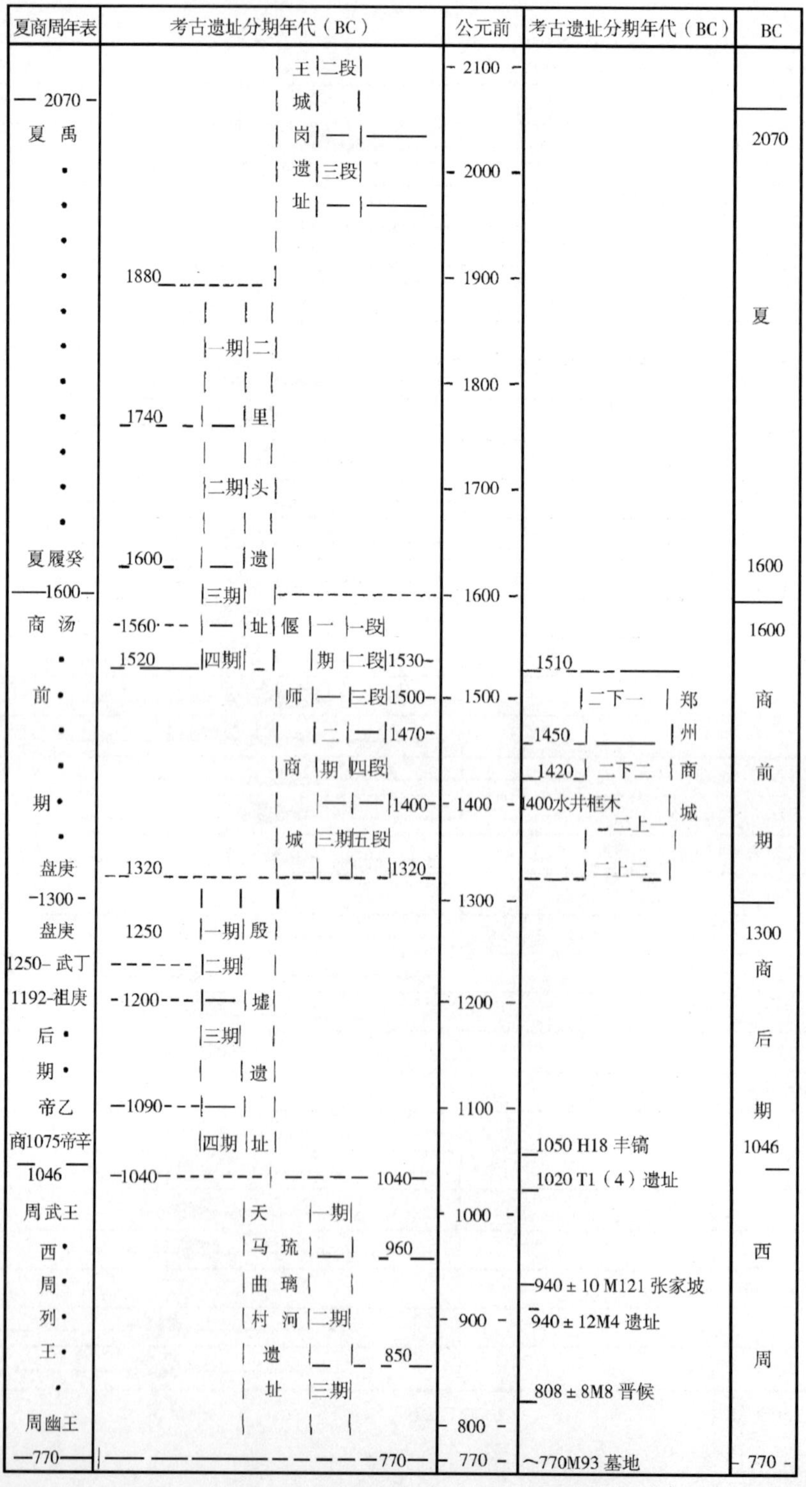

夏商周年表	考古遗址分期年代（BC）	公元前	考古遗址分期年代（BC）	BC
	王 二段 城 岗 — 遗 三段 址 —	— 2100		
— 2070 — 夏 禹 · · · ·		— 2000		2070
·	1880	— 1900		
·	一期 二			夏
· ·		— 1800		
·	1740 里			
·	二期 头	— 1700		
夏 履癸	1600 遗			1600
—1600—	三期	— 1600		1600
商 汤	-1560- 址 偃 — 一段		1510	
· 前 ·	1520 四期 期 二段 1530-	— 1500	二下一 郑	商
·	师 — 三段 1500-		1450 州	前
· 期 · ·	二 — 1470- 商 期 四段 — — 1400	— 1400	1420 二下二 商 1400 水井框木 城 二上一	期
盘庚	城 三期五段 1320 1320		二上二	
-1300-		— 1300		1300
盘庚	1250 一期 殷			商
1250- 武丁	二期			
1192-祖庚	-1200- 墟	— 1200		后
后 ·	三期			
期 ·	遗			期
帝乙	-1090-	— 1100		
商1075帝辛	四期 址		1050 H18 丰镐	1046
—1046	-1040- 1040-		1020 T1（4）遗址	—
周武王	天 一期	— 1000		
西 ·	马 琉 960			西
周 ·	曲 璃		940±10 M121 张家坡	
列 ·	村 河 二期	— 900	940±12M4 遗址	周
王 ·	遗 850			
	址 三期		808±8M8 晋候	
周幽王		— 800		
—770—	770—	770 —	~770M93 墓地	— 770 -

图 12 夏商周的¹⁴C年代框架图

五 ^{14}C 年代框架与三代年表的关系

1. 晋侯墓地 M8 是晋献侯鮇的墓,测出的年代为公元前 808±8 年。这与《史记·晋世家》所载晋献侯鮇死于周宣王十六年正相吻合。那么鮇钟的唯王三十三年,就不可能属于宣王,应属厉王。厉王在位年数应大于三十三年,说明《史记·晋世家》所载厉王在位三十七年是可信的。

2. 根据对传世文献和甲骨文、金文等古文字的研究,天文方面推算定出了三个历史年代定点。

第一,古本《竹书纪年》载"懿王元年天再旦于郑","郑"的地望在西周都城附近的华县或凤翔。如果"天再旦"是日出之际发生的一次日食,则根据天文计算推定得出懿王元年为公元前 899 年。

第二,宾组卜辞中有五次月食记载,"工程"开展以来经多学科合作研究,得到最佳的论证结果推定武丁在位的年代约为公元前 1250 年～1192 年。这与根据殷墟文化分期的 ^{14}C 测年结果相吻合。

第三,根据考古地层和 ^{14}C 测定武王克商的年代范围在公元前 1050 年～1020 年。在此范围内,"工程"对克商年天文推算结果提出了三个方案,即公元前 1046 年、公元前 1044 年和公元前 1027 年,最后选择克商年为公元前 1046 年。

上述天文推算的三个历史年代定点为 ^{14}C 测定结果不相矛盾,甚至能很好吻合。这就能将武丁以来的年代框架建立起来。在这个框架内对西周青铜器分期和金文历谱进行再研究,建立了西周诸王年表。对商代周祭祀谱进行研究推出帝乙、帝辛的在位年代,再经过综合研究推定出盘庚迁殷后的商后期年表。这是目前最佳选择。

另外,经过对两个商城的系列样品的 ^{14}C 年代测定,可建立起商前期的年代框架。二里头遗址和王城岗遗址系列样品的 ^{14}C 年代测定,提供了估定夏代年代框架的参考依据。

附记:参加本课题实验研究工作人员有:中国社会科学院考古研究所仇士华、蔡莲珍、冼自强、薄官成、钟建、王金霞、张雪莲(博士生),中国科学院生物物理所蒋汉英。北京大学考古系陈铁梅、原思训、胡艳秋、吴小红、马力、蒙清平。

(本文原为仇士华 2000 年 5 月 8 日在美国哈佛大学东亚考古学讲座报告稿,应考古编辑部特约,共同整理成文,载《考古》2001 年第 1 期。因篇幅所限,原报告中数据和图表作了部分省略)

* 本文 2003 年获中国社会科学院优秀科研成果奖三等奖,并重刊于《纪念中国社会科学院建院三十周年优秀科研成果奖获奖论文集》第五届上册,384-399 页,社会科学文献出版社,2007 年。

琉璃河西周墓葬的高精度年代测定

张雪莲　仇士华　蔡莲珍

引　言

中国古代文明源远流长，但文字可考的确切纪年却是从公元前 841 年开始，此前的历史，尤其是夏商周的年代学问题一直悬而未决。二战之后，美国科学家 Libby 创建了 ^{14}C 测年技术，该技术以考古学实物资料为依托，独辟蹊径，为古代纪年断代研究开辟了新天地，也给这一历史问题的解决带来了新的转机。

^{14}C 方法虽能客观地反映历史年代，但由于大气 ^{14}C 水平的波动，^{14}C 粒子衰变本身的波动性，以及 ^{14}C 测年方法实施中还存在尚待改进之处等等，都给测年技术提高精度带来了困难。而夏商周分期不像更早的历史分期那样有较大的时间跨度，可允许相对宽泛的测年误差。夏至西周共和元年（公元前 841 年）约计 1200 多年，因而对测年精度要求较高。这是 ^{14}C 测年技术所面临的新课题，对它的探讨研究正是本文的主题。

根据文献资料，从夏到周的年代时段为夏（约公元前 21 世纪）——商（约公元前 17 世纪）——周（约公元前 11 世纪），其中每个朝代的时间跨度只有几百年，如果按以往测年误差在百年左右则显然达不到要求。所以说 ^{14}C 方法面临的任务就是怎样实现高精度，减小误差。

从目前情况看，提高 ^{14}C 测年精度虽有难度，但也存在可能。

一、随着 ^{14}C 方法的发展，常规测量首先达到了高精度范围，而加速器质谱 ^{14}C 方法测年的使用可以使效率提高，样品需要量减小，测量精度也逐步得到提高。

二、随着研究的深入，制样方法改进，制样技术提高，从而使误差可以进一步减小。

三、1986 年后，^{14}C—树轮年代高精度曲线的建立使 ^{14}C 年代转换成日历年代后的误差减小成为可能。

一般 ^{14}C 测年给出的误差主要由放射性碳衰变本身导致的泊松误差组成，其大小受实验条件的制约，而最后给出的日历年代的误差则是由 ^{14}C 年转换为日历年后产生的综合误差，它是将 ^{14}C 年包括泊松误差通过 ^{14}C—树轮年代校正曲线转换后得到。由于由此得到的误差往往是多值，且其年代范围一般都远远大于泊松误差给出的年代范围，以所在提高测量精度的条件下，这一误差实际上已成为 ^{14}C 断代的一个主要误差来源，而它的大小则与转换方法有关。由于曲线的非线性，转换为日历年代的分布是多值的，随时段不同而差别较大。一般来说，其年代跨度即使在^{14}C高精度测量达到2‰～3‰的条件下，最终所得的日历年代误差范围也不少于±100年。

国际上有关转换方法的讨论是从20世纪60年代开始。1986年高精度^{14}C—树轮年代校正曲线的建立推动了系列样品高精度曲线拟合方法的广泛应用，并引起了国际^{14}C领域的极大关注。系列样品高精度曲线拟合法是以时序连续、彼此有一定时间间隔的系列样品为测量标本，使用贝叶斯统计方法，通过将测量结果与高精度曲线相拟合而得到日历年代及其误差。它的特点是将所有样品信息进行综合考虑，这样可使转换后的日历年代误差大大减小。

关于此方法，近十多年来已有应用实例，但大规模地应用于我国夏商周断代工程的年代测定课题，在国际上还属首例，有许多方面需要进行研究和探讨。本文拟运用这一系列样品高精度曲线拟合法，对夏商周断代工程中某一遗址的年代进行测定研究。

一万年来大气^{14}C水平的波动形成的^{14}C—树轮年代校正曲线上的指纹特征为曲线拟合提供了方便，放射性碳衰变的随机特性和高精度校正曲线的建立以及^{14}C年和日历年的对应关系符合贝叶斯统计的应用条件，进而可以使贝叶斯理论中确立的关于样品的"先验"、"后验"信息得到充分利用和体现，从而为最终实现转换后日历年代误差的减小创造了条件。

系列样品高精度曲线拟合转换方法，离不开^{14}C测量的高精度和校正曲线的高精度，具体来说是要在测量精度达到一定水平的基础上，将得到的符合系列样品条件的考古样品的测量结果，通过贝叶斯统计方法与高精度^{14}C—树轮曲线匹配拟合，得到最终的日历年代范围。

在此次夏商周断代工程的^{14}C测年技术中，应用的测年手段采用了大量取样的常规^{14}C方法和仅需少量样品的AMS^{14}C方法。本文应用的是常规法测定，在以往测量的基础上，经过技术改造，进一步提高了精度，达到夏商周断代工程要求的高精度，目前测量水平达到3‰。

骨头的制样也是夏商周断代工程测年技术中需待改进和提高的问题，制样的结果如何将直接影响年代的测定。本文将结合年代误差问题的研究对骨头样品的制样进行探讨，希望能得出有益的结果。

方　法

一、遗址情况

北京房山县琉璃河遗址自20世纪60年代以来开始进行考古普查，大规模的发掘则在20世纪70年代开始，延续到20世纪90年代。该遗址分布范围约4平方公里，主要包括董家林城址和黄土坡墓地以及刘李店等一般居民区。20 世纪 70 年代在黄土坡墓地发掘出一批西周墓葬和车马坑，并出土不少珍贵铜器。其中在带有"匽侯"铭文的铜器中，有一件记载"太保"活动的情况，有学者认为此"太保"即召公奭，"匽侯"应为召公之子。

琉璃河遗址在近二十年的考古发掘中，发掘了城址、墓葬和相关遗迹。墓葬中如 1193 号墓，不仅出土了克罍和克盉，而且保留了较完好的椁木。二百多座墓葬可分为早、中、晚三期，或可更细分为六个时段，大都出土有比较完整的人骨架。遗址分为早、晚两期，有按早晚期地层序列取出的木炭等样品。

1996 年，琉璃河遗址发掘又获新成果，其中最为重要的是在灰坑 96G11H108 第 1 层和第 3 层中发现数块带有凿、灼的龟腹甲片。其中在 H108 第 1 层发现的一片龟甲上刻有"成周"二字，其时代非常明确。这一发现更加明确了它在西周早期历史时期中的时间关系，必定对武王克商年代的研究有很大的帮助。

从文献中看，武王克商两年后病死，成王继位，因其年幼，由周公摄政。周公摄政期间平定武庚叛乱，营建成周。成王标准器何尊有成王初迁宅于成周的记载，由此表明，刻有"成周"甲骨出土的地层的年代不应早于成周的建成年代，即其上限应不早于成王。

从整个考古发掘所得信息来看，琉璃河西周燕都遗址背景清楚，取样测年研究很有意义。

二、制样及测量

根据 ¹⁴C 年代的测定原理，动植物在存活阶段，体内 ¹⁴C 浓度与大气 ¹⁴C 浓度保持一致。但在死亡后，动植物体不再与大气交换，处于封闭状态，体内 ¹⁴C 浓度通过自然衰变降低。¹⁴C 衰变为 β 衰变，其衰变符合指数规律。表达式为 $At = A_0 e^{-\lambda t}$。式中 At 为衰变了 t 时刻时体内的 ¹⁴C 浓度。A_0 为初始状态体内 ¹⁴C 浓度，λ 为衰变常数。如果知道了某物质的 ¹⁴C 含量，通过与初始浓度比较，就可得到该物质的死亡年代。

（一）样品制备

所取样品为琉璃河遗址出土 M1193 椁木及三期六段墓葬出土的人骨、兽骨。

1. 样品的初步处理

木头样品将该椁木锯成五段，每段厚约 10 厘米。表面刨平，现出清晰年轮，选择一段，由计算机作扫描绘图，获得年轮图像。

由中国科学院地理所树轮研究人员将其中一段木头上的年轮鉴别数清，作为标准。其他四段的反正两个表面打磨光洁，显出年轮，按照标准木块逐一数清年轮。

然后将每段木头由树皮向树心每隔 10 轮作一符号，标记为 A—B—C—D—E—F，共计取样 50 多轮。并将符号标记于计算机扫描图上。

5 段木块按锯劈顺序编号，M1193（1），M1193（2）—标准木块，M1193（3），M1193（4），M1193（5）。每块都按 A—B—C—D—E—F 的标记顺序将树轮木质劈下。最后将具有相同标志的树轮合并，并劈成小薄片混匀。

骨头样品　选择保存较好的骨头样品，按文化分期顺序排列、编号，从 5800～5828。

2. 样品前处理及化学处理

木头的一般处理方法是酸一碱一酸，其目的是去除木质中碳酸盐和腐殖酸等。根据样品制备原则，样品制备是要取记录^{14}C 年代的部分进行制样。一般认为木质中的纤维素不含流动成分及其他杂质，是理想的制样组分。高精度树轮校正曲线的制样中经过年代测定分析表明，一般经过酸一碱一酸处理的样品年代测定与纤维素相比并无明显差别，所以本次测定前处理仍按这一方法进行。

具体步骤为：将木头中的泥土等夹杂物去除后，把木头劈成约 0.5×3 厘米小条依次置入 1N 盐酸溶液、2％NaOH 溶液及 1N 盐酸溶液中浸煮，之后蒸馏水中洗至中性，干燥备用。

对于骨头来说，由于成分比木头复杂得多，所以在前期处理中要考虑的因素也较多，因此骨头制样研究成为夏商周断代工程测年技术中的一个重要课题。

应用骨头样品测年是一件使人感到比较棘手的事情，这是因为骨头中的污染物较复杂，且难以去除。近一二十年中，研究人员尝试过多种方法，运用过多种手段研究骨头的制样，以期使测年准确有效。

骨头由水、有机质（骨胶）和无机盐等成分组成。含水约为 20％～25％，在剩余的固体物质中，约 40％是有机质，约 60％以上是无机盐。用无机酸将骨中无机盐溶去后，就剩下软而韧的有机质。成熟骨中的有机质大约 90％是胶原，其余为氨基多糖，其他蛋白质、肽类及脂类。胶原是由称为原胶原的分子组成，它们定向排列，分子之间通过共价键交联，形成稳定结构，在此基础上再相互聚集，在空间形成三维结构。原胶原则是由氨基酸相互结合成肽链而构成。

以往测年，是将骨头样品进行前处理，制得"骨胶原"，即将骨头清理干净粉碎成小块，加入稀酸浸泡使骨头溶解。若仍有未溶部分，可加入较浓的酸，直至骨头中无机部分全部溶解。然后加入稀碱溶液，去除腐殖酸后再加酸，分离出不溶的骨胶原，洗净、烘干备用。倘若样品量不足，可以将最后酸溶部分加碱使产生沉淀，并洗净、烘干用于测年。这种处理方法的可取之处是骨头中的有机部分基本不会被丢弃，但不足的地方是易被污染的无机碳在形成沉淀的过程中有可能包埋在其中一同沉淀下来，给测年造成影响。

目前国际上对于骨头制样测年进行了多种研究尝试，首先是对骨头是否适合于测年的判断方法的研究。如果骨头样品污染严重，则测得的数据就失去意义，所以在骨样品制样之前进行判断很有必要。其判断方法有用 N％估计来进行大致分类[1]；还有应用 C/N（明胶化之后的骨胶原）为衡量标准，认为 2.8～3.5 的范围较好[2]；红外光谱，可鉴别其不纯含量＞5％～10％的水平[3]，即可用来鉴别成岩变化的程度（一般是指受污染程度），红外光谱也被用来估计羟基磷灰石重结晶的程度，这是样品成岩变化的另外的量度；以骨胶原的特征氨基酸组成，来确定蛋白质混合物中残存"骨胶原"的比例[4]；有的学者还提出应用系列标准来进行判断如骨胶原降解的指标—甘氨酸的相对比例随降解而增加；甘氨酸与天门冬氨酸的比例随骨头蛋白的逐渐变性而降低；骨头保存得越好，则正亮氨酸当量值越高[5]。

对于所应用的测年成分也有多种选择。有的是直接用骨胶原，但一般则是使用明胶，另外还有用血蛋白[6]、总氨基酸[7]等。

加拿大 D. M. Gurfinrel[8]，美国亚利桑那 Thomas w. Stafford 等[9]也对一些测年方法和测年成分的可行性进行了分析比较。

根据实验室常规测年经验和条件，参照文献信息以及对于各种因素的考虑，并经反复试验，最后选择的是经过去腐殖酸步骤的水解明胶前处理方法。由于常规测年用明胶量大，国内外未见过报道，所以对大量制明胶的方法、条件又进行了摸索，最后确定了一套程序。其方法是经过 C/N 的比值选择出质地较好的骨头，清洗烘干，碎成小块，然后经过酸处理制得骨胶原。经过碱处理后使其水解成明胶，干燥。具体处理为：

将骨头清理干净，去除其中夹杂的泥土等，然后清洗、烘干。

称取适量骨头，破碎成约 1 立方厘米的小块，0.5 当量～1 当量盐酸溶液中浸泡，制得骨胶原，碱处理后调整 pH 值水解成明胶，干燥，密封备用。

3. 样品制备

所用主要设备为：

燃烧装置　高温炉、燃烧炉、除水装置、收集装置等真空系统。

吸收装置　电炉，漏斗、圆底烧瓶等玻璃器皿，抽滤装置，供氮气装置等。

还原、水解、合成装置　密封加热炉，除水、收集等真空系统，合成反应器。

所用试剂：分析纯 $SrCl_2$，市售分析纯氨水等。

样品制备的方法步骤见仇士华、陈铁梅、蔡莲珍、原思训先生所著文[10]。

4. 现代碳制样及本底制样

现代碳选用中国糖碳；本底为无烟煤。其制样步骤均见上文[11]。

（二）测量

测量仪为国产 DYS—92 型低本底液体闪烁仪，生产厂家为中国科学院生物物理所。

具体测量步骤为配制丁基 PBD 闪烁液，七天后测量。在保证仪器稳定性的情况下，对样品、本底及现代碳采用循环测量。每个样品每次测 10 分钟，累计测量不少于 2000 分钟。

三、δ¹³C 值的校正

对于样品的同位素分馏效应，通过样品的 δ¹³C 值进行校正[12]。

四、年代转换

（一）转换方法的研究

由于[14]C—树轮年代校正曲线的非单调性，在由[14]C年向日历年转换时，其转换结果往往不是单值的，而且使转换后的误差加大。如图1所示[13]。

如果[14]C年为 2.45×10^3 年，转换后的日历年代可能是 a、b、c 三个点所对应的日历年，即不是单值。如果转换之前的[14]C测定误差为 120 年，则转换之后的年代误差可能为 320 年。

对于这一问题的解决经过了一个较长的时期。在 20 世纪 60 年代[14]C—树轮年代校正曲

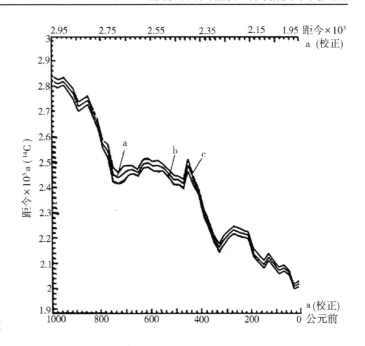

图 1   [14]C—树轮年代校正曲线

线刚刚形成时，人们在应用校正曲线进行数据转换的过程中已经注意到这一问题，为了能够使转换后的日历年代误差减小，有人提出了系列样品的方法。这一方法是利用校正曲线的多齿性，采集在时间上连接，并有一定顺序的系列样品，在测得[14]C数据后，与校正曲线相应时段进行拟合，以确定所需要的时间点。与单个数据的转换相比，这样可使误差大为减小。最早提出这种想法的是 C. W. Ferguson 等人[14]，后来 Suess[15]、Clark 和 Renfrew[16]、Sowray[17] 等都对这种方法进行过尝试，但真正在[14]C领域引起广泛讨论还是在 1986 年 Pearson 和 Stuiver 等人的高精度[14]C—树轮年代校正曲线问世之后。在高精度[14]C—树轮校正曲线的基础上应用系列样品方法进行拟合，也称为高精度系列样品拟合法。十几年来，一些学者就这一问题进行了深入研究，发表了不少意见。归纳起来，所提出的方法，根据其具体拟合方式不同，大致可分为三类，即目测法、最小二乘法和贝叶斯统计方法。

目测法是将系列样品测年之后，通过目测与高精度曲线进行拟合。与其他方法相比，这种方法操作简单，比较直观。如 Yasushi Kojo、Robert M. Ralin 和 Austin Long[18] 对取自日本西部 Nara Prefecture，Sakurai-city 的 Makimuku Ishizuka Kofun（mounded tomb）中的一块木头进行了年代测定。该木头约 4 米长，直径为 5.5 厘米，进行年代测定用了 30 厘米长，虽已没有了树皮，但从其外观看，最外层的树轮基本与树皮接近。取样是从最外轮取起，每 10 轮为一个样，连续取 5 个样。样品中除有一个因量太少而难以测量外，其他 4 个均进行了测量。之后应用目测法与高精度曲线进行拟合，找到合适的位置后，三个样品落人 1σ 之内，一个样品在 2σ 之内，最终得到的值为 AD320±5 年。我国学者仇士华

先生等也用此方法对来自长白山火山灰中的样品进行过测年断代，获得了理想的效果。该木是火山灰中的一块碳化木，树龄有 300 多年，由外向内每 20 轮取一个样，共取 10 个样，最外层到树皮估计不到 20 轮。最后通过拟合转换，所得到的结果为公元 1215 ± 15 年。总误差不超过 15 年[19]。

最小二乘方法则是将系列样品通过应用最小二乘法计算误差进行曲线拟合。同目测法相比，这种方法在拟合中能够看出拟合误差的大小，可以通过量化进行比较。如 1986 年 Pearson 对一块考古发掘中得到的木头进行了测年断代。该木大约 150 轮，每 20 轮取一个样，从 138 轮向内取。制样测年，将得到的跨越 0～100 年的数据点相连，形成一小段曲线。把该曲线置于校正曲线图上，根据 ¹⁴C 年代找到接近校正曲线的位置，可按 5 个数据点一一算出与相应的校正曲线上的 ¹⁴C 年代的差值，并计算其和 $SD = \sum (x_i - y_i)$。其中 x_i 为小段曲线上数据点的 ¹⁴C 年代值，y_i 为校正曲线上相应数据点的 ¹⁴C 年代值。再计算其差方和 $SS = \sum (x_i - y_i)^2$，然后将每个测出的数据点沿日历年轴（水平轴）向右移动 1σ 年，重复上述计算。这样重复操作，直到这一小段曲线距校正曲线已明显不是很近了为止（作者共做了七个位置）[20]。之后以这七个位置为横坐标，以得到的差方和等数据为纵坐标，作图。由此得到的统计量最小值处即为合适的拟合点。最后求得的年代范围为 AD809 + 24 至 AD809 - 13 年。

贝叶斯统计方法则是以贝叶斯理论为框架，通过统计运算进行拟合，以求其拟合误差最小。这种方法较之前两种，拟合因素考虑得更加细致，量化程度也更高。特别是通过应用计算机采样充分发挥统计之所长，使精确度大大提高，误差明显减小。尝试过这种方法的也有不少人，如 J. A. Christen 和 C. D. Litton[21] 对于 Baille 和 Pilcher 在 1988 年取自 Stolford、England 的 8 个样品所做的一段树轮曲线，应用贝叶斯统计方法进行了分析断代。将该方法所得结果与用树轮断代方法所得结果相对照，验证了此方法的可行性。而 C. E. Buck 等在 1991、1992、1994 年也陆续发表了关于这种方法的研究文章[22]。

这类方法目前应用的范围主要为树轮系列和地层系列，如 J. A. Christen 等对于取自树轮曲线上的 8 个样品进行统计方法的处理。树轮顺序明确，样品之间的年代间隔也几乎相等，均为近 30 年。对于地层系列的应用，情况较复杂，这需要对地层信息有较充分的了解掌握。如 C. E. Buck 等在 1991 年对位于英国 Mainland Orkney 西岸 Bay of Skaill 的 Skara Brae 新石器时期村落遗址用该方法进行分析断代。该遗址有 3.5 米厚的地层堆积。根据地层分析，该遗址前后形成两个村落，而问题的关键是定出两个村落的始末年代。取动物骨头样品进行 ¹⁴C 测定后，运用贝叶斯统计方法进行年代转换，加入先验信息进行分析判定，最后得出了合理的结果和解释。其年代范围大多在几十年范围内（一个为 170 年，其余 8 个均小于 70 年）。另外，J. A. Christen[23] 等也应用该方法对考古发掘出的来自 Greece 的 Kastanas 的地层系列样品进行过分析，Clymo[24] 应用此方法对于第四纪泥炭生长模型进行了研究，J. A. Christen、R. S. Clymon 等[25]曾应用该方法研究泥炭的年代。

与国外相比，国内对于这类方法的研究应用还属起步阶段，到目前为止（琉璃河年代研究进行之前），仅仇士华先生等对于长白山火山灰中炭化木及二里头遗址样品的断代进行过这类方法的研究尝试[26]。．

总起来看，关于这类方法的研究、应用的实证还不够多，具体应用条件的研究也还不够充分，国内这方面的研究应用比较少见。本文拟通过该方法的应用研究，尝试解决夏商周断代工程中琉璃河遗址的年代问题，为历史研究提供依据。

（二）贝叶斯统计转换方法的原理

贝叶斯理论主要有两项内容，贝叶斯定理（即贝叶斯公式）和贝叶斯假设。贝叶斯定理即贝叶斯公式为：

$$P（\theta \backslash X）= \{ P（X \backslash \theta）P（\theta）\} / \textstyle\sum P（X \backslash \theta）P（\theta）$$

其中 $P（\theta）$ 称先验概率，它反映的一般是以往经验的总结，这在实验之前已经知道。条件概率 $\sum P（X \backslash \theta）$ 指 ^{14}C—树轮年代校正曲线的相关性。$P（\theta \backslash X）$ 称为后验概率，它是从得到了试验的信息之后推断出来的。应用贝叶斯公式可从先验概率 $P（\theta）$ 和条件概率 $P（X \backslash \theta）$ 求得后验概率 $P（\theta \backslash X）$。

贝叶斯学派认为在求总体分布参数 θ 时，除了使用样本 X 所提供的信息外，还必须对其总体分布参数 θ 规定一个先验分布，而这一先验分布则是在抽样前就有的关于 θ 分布参数的先验信息的概率表述，先验分布不必有客观的依据，它可以部分或完全地基于主观信念。而根据样本 X 的分布及总体分布参数的先验分布 $P（\theta）$，应用概率论中求条件概率分布的方法，可算出在已知样本抽样值的条件下总体分布参数的条件分布。贝叶斯假设为，在先验信息未知的情况下，假定总体参数的先验分布是均匀的。

应用贝叶斯公式进行推论的具体算法可有多种，这里采用的是 MCMC 法，即 Markov Chain Monte Carlo 方法，中文名称是马尔可夫链，蒙特—卡罗法。

蒙特—卡罗法，又称统计试验法，是一种采用统计抽样理论近似地求解物理或数学问题的方法，既可以求解概率问题，也可以求解非概率问题。

蒙特—卡罗的理论基础是概率的一般定理—大数定律。要得到可靠的结果，需要进行大量的随机试验，而且模拟过程本身也相当复杂，需要很多有关的数字并进行多次运算，一般是借助于计算机才能实现。

在利用蒙特—卡罗法运算时，为使运算方便，还要结合运用 Markov Chain 方式，以使得在取样进行 Monte Carlo 积分估计时，更容易得到期望值。Markov Chain 的特点是，它适用于那种在已知目前状态的条件下，其未来的演变不依赖于以往的演变的这种随机过程。

MCMC 也可以表述为用来探索一种分布（如 π）的方法，在这个分布中，Markov Chain 以其不变的分布 π 被建造，而该 Markov Chain 的取样路径平均值被用来估计 π 的特征。

另外还要提到的是 Gibbs 取样，这是目前通过实现 MCMC 方法获得其解的过程中所普遍应用的取样方法。Gibbs 取样法最早是在 1984 年由 Geman 等人提出的，当时是用于分析关于点阵的 Gibbs 分布。其实它的用途不局限于此。Gibbs 取样在于它完全是取自全条件分布。

总之，通过选择这些方法、策略是要模拟一个分布，经过无数次的采样计算，最终达到与要研究的实际的分布相一致，由此作出推论。

在本文所要研究的问题中，已有的信息、考古地层、分期、树木年轮等可属于先验分布的范畴。对于贝叶斯理论的具体应用形式可通过如下例子来认识。

假如有一连续事件 n，事件的日历年代由 θ_1，θ_2，……θn 表示。给定一个特别事件，比如事件 i，相应放射性碳的确定将以 $x_i \pm \sigma_i$ 以表示，此处 x_i 是放射性碳年代，σ_i 是相应的标准偏差。$x_i \sim N \{\mu (\theta_i)，\sigma_i^2 + \sigma^2 (\theta_i)\}$

$\mu (\theta_i)$ 代表分段高精度曲线（piece-wise），而 $\sigma^2 (\theta_i)$ 代表校正曲线本身的不确定性。如果 σ_i^2 比 $\sigma^2 (\theta_i)$ 大得多，则后者可略。为了便于表达，可以使 $\omega^2 (\theta_i) = \sigma_i^2 + \sigma^2 (\theta_i)$。则有 $x_i \sim N \{\mu (\theta_i)，\omega^2 (\theta_i)\}$

如果放射性碳的确定是相互独立的，则应有

$$P (x \mid \theta) = \Pi p (x_i \mid \theta_i)$$

此处 $x_i = (x_1，x_2，……x_n)$，$\theta = (\theta_1，\theta_2……\theta n)$。而且

$$P (x_i \mid \theta_i) = 1/ \{\omega_i (\theta_i) (2\pi)\} \exp \{- x_i - \mu (\theta_i)^2/2\omega^2 (\theta_i)\}$$

根据贝叶斯理论，其后验密度 $P (x \mid \theta)$ 为：

$$P (\theta \mid x) \propto P (x \mid \theta) P (\theta)$$

$P (\theta)$ 为先验信息，一般考古方面的有关信息可以量化于其中，如地层之间的顺序等。

由于整个计算过程涉及了相当复杂的运算，所以必须要借助计算机才能完成。

接下来要提的是系列样品的问题。系列样品的意义在于它最终可以使误差减小，这可从 Buck 等人在 1994 年对 Austria 的 St Veit-Klinglberg 铜器时代早期遗址所进行的测年断代的实际中看出。只应用单个样品，没有考虑先验信息，转换之后所得到的年代为距今 3825～3785、3765～3745、3735～3395 年。而应用系列样品，加入先验信息，所得年代为距今 3535 年～3385 年。前者为多值，且整个年代范围很宽。而后者一般为单一值，年代范围也窄了许多。

1995 年，Christopher 等为了上述计算的方便，根据计算机模拟的要求设计了 OxCal 软件[27]。该软件是在 Windows 3.1 下运行，它可以进行 ^{14}C 校正，并可计算由地层证据所得到的其他信息。该程序能自动进行拟合，并计算分期和系列样品的概率分布。它具体是应用贝叶斯统计，通过 Gibbs 取样进行计算。

该程序将 ^{14}C 年代数据与考古学家提供的与年代相关的信息一同考虑，为研究人员提

供了一个发掘后的分析工具。除此之外，该程序还可对考古遗址进行模拟断代，其中主要对回答这样几个问题有所帮助：（1）对于回答一个具体问题所需要的 ^{14}C 年代的数据量。（2）在考古系列中的最适宜取样位置。

作者对于模型的一致性和收敛性的检验上设置了专门的检验方式，并给出了可接受的标准范围。一致性检验是考察先验和后验的分布之间的分布状况；而收敛性检验则是看 Gibbs 取样程序是否给出真正有代表性的结果。

（三）^{14}C—树轮年代校正曲线

年代转换是通过所取样品形成的年代曲线段与 ^{14}C—树轮年代校正曲线的拟合来实现，所以，^{14}C—树轮年代校正曲线的精度如何将直接影响年代转换误差的大小。

关于 ^{14}C—树轮年代校正曲线的建立，仇士华、陈铁梅、蔡莲珍先生已做了梳理和总结[28]。

与 ^{14}C 年代学大气 ^{14}C 水平保持恒定不变的假设有些偏离，过去一万年来，大气 ^{14}C 水平曾经出现过一些变化。早在 20 世纪 50 年代末，De Vries[29] 已发现公元 1500 及 1700 年左右，大气 ^{14}C 比度有 1‰～2‰ 的增加，Damon[30] 所测量的古埃及第三到第十二王朝的古样品，其 ^{14}C 年龄分别偏近（7—14）$\times 10^2$ 年。这说明全球大气 ^{14}C 水平确实发生过变化。此后许多学者通过应用树轮进行研究，发现了大气 ^{14}C 水平长期缓慢变化的规律。

这些学者应用一个周期约为 9×10^3 年，振幅为 $\pm 5‰$ 的正弦曲线来拟合，找到了大气 ^{14}C 水平随时间变化的函数关系，证明了它的非常量性。所以说，所测得的样品的 ^{14}C 年代只有进行校正后才能与样品的实际年龄相吻合。

^{14}C 年代的校正通过 ^{14}C—树轮年代校正曲线来进行，而 ^{14}C—树轮年代校正曲线建立的依据是树轮年代学。树轮年代学基于树木春长冬止，每年长一轮，以靠近树皮的最外轮为当年生长轮，向内可顺序数出逐年生长的年轮。宇宙射线强度随时间的变化影响了大气 ^{14}C 比度，而这种变化被当年生长的树轮木质记录了下来。因为树木生长通过光合作用，在这一过程中，生长轮与含有 ^{14}C 的 CO_2 达到交换平衡。将已知年代的树轮取样进行 ^{14}C 测量，以树轮年代为横坐标，以 ^{14}C 年代为纵坐标作图，就可得到 ^{14}C—树轮年代曲线图。此既可用于进行 ^{14}C 年代的校正，也可根据相同原理制成数据校正对照表。

最早进行 ^{14}C—树轮年代校正曲线绘制研究的是 Suess，他从 20 世纪 60 年代起就从事 ^{14}C—树轮年代校正的研究测定工作[33]，70 年代之后发表了他单独绘制的 ^{14}C—树轮年代校正曲线。在接下来的十几年中，Damon、Ralph、Clark、Mckerrell、Klein 等学者对此做了不懈的努力，使 ^{14}C—树轮年代校正曲线得到不断的发展[32]。1986 年，Pearson 和 Stuiver 发表了公元 1950 年～公元前 500 年、公元前 500 年～前 2500 年等高精度曲线，这是目前（1996）为止 ^{14}C 领域所普遍接受的最为精确的校正曲线。前者取材于美国西北部的 Douglas Fir，后者则取材于爱尔兰、苏格兰和英格兰橡树，并分别由位于华盛顿、西雅图的华盛顿大学实验室和位于北爱尔兰的 Belfast 实验室进行测量，样品全部处理成近于纯的纤维素，所得¹⁴C 结果误差仅为 15 年左右，使该曲线的精细程度较过去提高了许多[33]。1993 年，Stuiver、Long[34]将高精度校正曲线的年代上限远推到距今 10000 年，这使万年以来进行高精度测年成为可能。此后研究工作仍在继续，现已发表有得到国际公认的 1998 年¹⁴C—树轮年代校正曲线。经过比较，1986 年的曲线与 1998 年的差别不大，我们在年代转换中选用 1998 年曲线。

（四）年代转换

根据样品的考古学信息对所得考古样品的¹⁴C 结果进行日历年的转换。

琉璃河遗址 M1193 椁板树轮木质与骨头样品的¹⁴C 年代测定结果见表 1 和表 2，图 2 至图 6 以及表 3、表 4 则显示了转换和校正结果。

表 1　　　　　　**琉璃河遗址 M1193 椁木树轮木质的¹⁴C 测定结果**

实验室编号	树轮轮数 （由外向内）	苯量（克）	¹⁴C 年代数据 （5568，1950）
ZK－5834B	第 47～56 轮	4.7612	2921 ± 37
ZK－5833B	第 37～46 轮	4.7182	2870 ± 37
ZK－5832B	第 27～36 轮	6.9585	2888 ± 32
ZK－5831B	第 17～26 轮	6.6107	2870 ± 33
ZK－5830B	第 7～16 轮	5.6823	2857 ± 35
ZK－5829B	第 1～6 轮	6.4259	2864 ± 33

表 2　　　　　　**琉璃河墓葬骨头样品¹⁴C 测定结果（经¹³C 校正）**

考古学文 化分期	单位	实验室编号	苯量（克）	¹⁴C 年代数据 （5568，1950）
一期早	M509	ZK－5802	5.3933	2890 ± 35
	M503	ZK－5800	6.2815	2878 ± 33
一期晚	M1082	ZK－5806	6.3133	2851 ± 31
	M1026	ZK－5808	6.2046	2850 ± 32
	M1115	ZK－5804	6.2633	2844 ± 20
	M513	ZK－5807	6.3754	2830 ± 31
二期早	M512	ZK－5809	6.2151	2840 ± 32
	M1022	ZK－5812	3.2570	2832 ± 44
二期晚	M1088	ZK－5817	1.0067	2830 ± 80
	M516	ZK－5805	6.4181	2766 ± 31
	M1003	ZK－5811	5.2447	2751 ± 35
三期早	M1045	ZK－5822	1.9996	2713 ± 37
	M1140	ZK－5826	4.7697	2626 ± 32
三期晚	M403	ZK－5803	7.3677	2540 ± 31

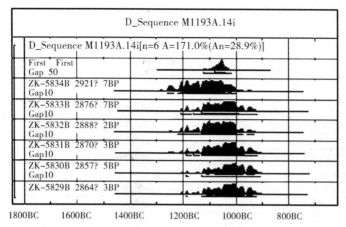

图 2　M1193 椁木树轮单一样品转换结果

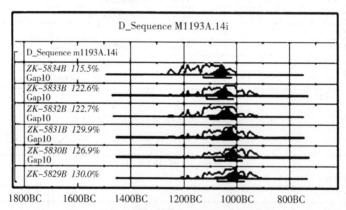

图 3　M1193 椁木树轮系列样品转换结果

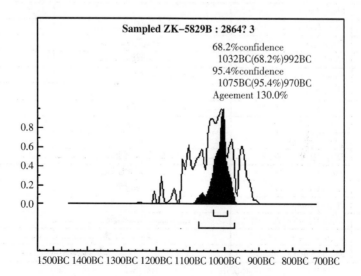

图 4　M1193—ZK5829B样品系列校正结果

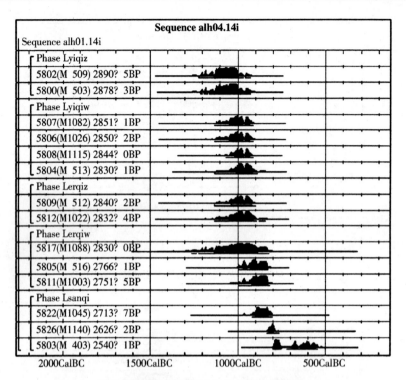

图 5 琉璃河墓葬骨头单一样品转换结果

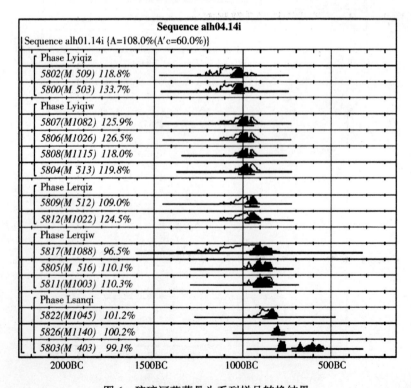

图 6 琉璃河墓葬骨头系列样品转换结果

表3   M1193 椁木树轮样品系列转换结果

实验室编号	树轮轮数（由外向内）	拟合后年代（公元前）
ZK－5834B	第 47～56 轮	1082～1042
ZK－5833B	第 37～46 轮	1072～1032
ZK－5832B	第 27～36 轮	1062～1022
ZK－5831B	第 17～26 轮	1052～1012
ZK－5830B	第 7～16 轮	1042～1002
ZK－5829B	第 1～6 轮	1032～992

表4   琉璃河墓葬骨头样品系列转换结果

分期	单位	实验室编号	拟合后年代（公元前）
一期早	M509	ZK－5802	1039～1007
	M503	ZK－5800	1039～1006
一期晚	M1082	ZK－5807	1015～972
	M1062	ZK－5806	1015～971
	M1115	ZK－5808	1012～972
	M513	ZK－5804	1010（66.1%）965
			955（2.1%）950
二期早	M512	ZK－5809	959～922
	M1022	ZK－5812	960～915
二期晚	M1088	ZK－5817	935（48.1%）885
			880（20.1%）855
	M516	ZK－5805	925（39.3%）890
			880（28.9%）850
	M1003	ZK－5811	920～850
三期早	M1045	ZK－5822	852～808
	M1140	ZK－5826	819～795
三期	M403	ZK－5803	800（28.8%）750
			690（10.8%）660
			630（21.4%）590
			580（7.2%）560

讨　论

一、关于 ^{14}C 年代测量的高精度

要解决夏商周纪年问题，首先要在年代测量上达到高精度。围绕如何实现高精度，我们要在降低本底、改进制样方法和测量等方面做了一些工作。

（一）关于本底问题

本底对于 ^{14}C 测量来说是很重要的一个方面，它的结果是否理想会直接影响 ^{14}C 年代的

测量结果，如果本底较高，制样的本底稳定性差，则 ^{14}C 低水平、高精度测量将难以实现。夏商周断代工程要求高精度，以往允许的本底条件现在则需进一步改善。所以，为了获得计数率较低且稳定的本底必须排除许多干扰因素。

一般影响本底的因素有环境的放射性和实验过程中每个步骤可能带来的影响。

环境的放射性包括周围环境中可能存在的放射性物质辐射，宇宙射线中软硬成分的穿透，以及测量仪器材料本身的放射性等。

排除这些干扰，一般是采用较厚的铅或铁作屏蔽，或采用反符合装置，并精选所应使用的材料等，这些是实验室早已采用的措施。这时如果本底仍然较高，就应对实验中的各个步骤进行分析，找出可能的原因。我们具体考虑了几种因素做了以下尝试。

开始是用无烟煤作为制备本底的样品。对无烟煤进行了严格的酸碱酸的处理，尽量消除各种污染的可能性。

操作中有一个步骤要加入氨水进行吸收，考虑到氨水如果买来后放置时间较长，或在购买之前已经放置了较长时间，有可能吸收大气中的 CO_2 形成污染。为此，在氨水应用前提前一周加入少量 $SrCl_2$，使其中有可能存在的 CO_2 形成沉淀，弃之。

制样过程中在形成 $SrCO_3$ 沉淀后要将过量的氨水彻底清洗掉。如果这一步操作不严格，氨水没有完全被洗去，还有可能吸附大气中的 CO_2。洗涤是在对 $SrCO_3$ 的抽滤过程中同时进行的，于是在抽滤过程中加大了洗涤 $SrCO_3$ 的蒸馏水量。

用于进行还原的镁，是否可能因放置时间长而受水和氧的作用生成氧化镁等化合物而吸附 CO_2？为此应用新镁粉与老镁粉进行对比实验。

在做了以上实验后，发现这些因素均影响不大，遂将关注点转向方法本身。

以往一直应用的方法是镁法，这是指还原时应用镁为还原剂。这种方法的全称为 $SrCO_3$—Mg 法，开始应用是在 20 世纪 50 年代，现仍广泛使用。其操作流程如前所述，简言之是将燃烧制得的 CO_2 通人氨水，生成 $(NH_4)_2CO_3$，然后加入 $SrCl_2$ 使生成 $SrCO_3$。将 $SrCO_3$ 过滤出后，再用镁法进行还原。

进行对比的方法为钙法，即应用钙为还原剂。这种方法于 20 世纪 70 年代末在国内开始应用，其操作步骤的关键是将制得的 CO_2 通入盛有钙的反应器中进行还原反应：

$$CO_2 + 2Ca = 2CaO + C \qquad Ca + 2C = CaC_2$$

两种方法相比，前者比后者增加了与氨反应和与 $SrCl_2$ 反应两个步骤。虽然反应过程中为防止大气污染是在通氮气保护下进行，但在加入氨水和 $SrCl_2$ 的瞬间是否会受到大气的影响？如果答案是肯定的，就要考虑对此进行修正。

几次钙法实验，发现本底计数率没有明显变化，这说明 $SrCO_3$—Mg 法合成并没有受污染的问题。而用煤合成苯的本底偏高，出现 ^{14}C 谱，只能是煤中含有微量的 ^{14}C。另外，将煤样送到国外，测定的本底值相近，同时，我们所测的煤的本底一直稳定于一个水平上，表明了整个系统的稳定性。

我们用试剂苯作本底，其计数率最低且稳定，也不出现^{14}C谱，因而最后我们认定用试剂苯作本底苯。这与国外高精度实验室的做法是一致的。

（二）关于制样方法的改进

改进制样方法，使得到的组分能够对年代进行客观的反映，这是我们的目标，也是实现高精度的前提。这次在制样方法上的改进主要是常规方法中骨头由骨胶原—明胶的改进。通过选择保存较好的骨头，将其制备成明胶，进一步提高了骨头测年成分的可靠性。这一点与北京大学加速器制样的研究筛选工作获得的结果一致。

（三）关于淬灭的校正

为了获得测量的高精度，在测量过程中专门建立淬灭校正曲线进行淬灭校正。具体步骤如下。

1. 用标准样品作校正曲线。配制不同淬灭浓度的标准溶液，固定窗宽，分别测其效率和道比。纵坐标为效率，横坐标为道比。用所得数据作出曲线。

2. 根据糖碳测定的道比和年代样品测定的道比，通过公式来分别计算糖碳的效率和年代样品的效率。由此进行淬灭校正。

（四）关于样品测量瓶

液体闪烁计数法测量对样品瓶的要求，除了瓶子材料化学性能稳定，密封性好，透光度高，材料的放射性杂质少等项外，对瓶子的大小、形状也有一定的要求。应将瓶子设计得使其加入合适体积的样品后，能最大效率地利用光电倍增管所能看到的面积，尽量减小光子逃逸的可能性，以提高测量效率。

实验中所应用的样品瓶是根据上述要求自己设计、制作的石英瓶。后面紧接着的问题是瓶盖中密封圈材料的筛选。

因为大多数的橡胶材料均与苯发生作用。通过实验筛选发现，许多材料在苯中浸泡后使无色的苯溶液变成了黑色。据以往的经验，这是引起淬灭的一个原因，所以必须要寻找不与苯作用的材料。但从资料上看，这类材料不多见。经过多方寻找，通过对材料厂家提供的橡胶材料进行实验、筛选，最后得到一种氟橡胶，基本可以满足需要。

二、关于拟合方法及相关问题

此次夏商周断代工程^{14}C测年方法与以往不同的另一点体现在年代的转换上。前后有序、彼此有一定时间间隔的系列样品，高精度^{14}C—树轮年代校正曲线以及贝叶斯统计转换方法是实现转换误差减小的三项基本要素。转换必须满足样品成系列、前后有序并具间隔、样品在其误差范围内与校正曲线相接近，这是转换的基本原则。同时，实际转换过程中还有许多具体因素需要考虑。

（一）关于校正曲线

由于¹⁴C—树轮年代校正曲线不是直线，应用它来进行年代校正要根据曲线每段的特点具体问题具体分析，不同情况不同对待。如山西北赵西周晋侯墓地 M8，它测得的¹⁴C 年代恰巧处于校正曲线非常陡且无齿的部位。在这个位置上即使¹⁴C 年代误差较大些，其校正年代误差也不会太大，而且校正结果是单一值。因此在这种情况下，单一样品即可定年。所以此种情况并不需要应用系列样品。但这种情况非常少见，比较特殊。而在更多的情况下，所测得的¹⁴C 年代会位于曲线多齿且走势不平的地方，这时系列样品便能比较好地解决问题，可使定位准确并缩小误差。当然也不排除存在另一种情况的可能，假若处于校正曲线走势平缓且多齿的位置，如若此时系列样品的间隔不知，则位于系列末端样品的年代很难卡死，容易沿校正曲线的多齿得到几个年代值，使其难以定点。这就需要两端之外还有相关联的样品或限定年代，才能对所测年代有所限制。

（二）关于拟合条件

如果系列样品是取自前后有序、间隔确定的树轮木质，则拟合满足充分、必要条件要求，所得结果必定是误差范围相对较小的比较理想的年代值。如 M1193 椁木结果。如果样品是取自上下有叠压关系、相互有打破关系的地层系列，则前后有序、互有间隔的必要条件具备，但在间隔上没有确定值，即地层与树轮系列其必要条件确凿无误，但在时间间隔上，地层系列难以与树轮相比，所以一般前者的误差范围往往要大于后者。这时，考古信息把握得越好，误差自然会相对越小。如果样品是来自不存在明显地层关系的考古学文化分期，则考古学信息对于拟合结果的优劣的决定作用便更大，考古学信息的翔实、充分就更加重要，必须对其有充分的把握，才能得到有意义的结果。

（三）关于不同样品的年代代表性

如若样品为木炭，一般都有偏老的可能，这一方面由于砍伐时间偏早的关系，但更主要的则在于粗大树木形成的木炭，其外层与内心的年代将有差异。如有可能分清楚其外层和内心，则可对由此造成的年代影响有所弥补。骨头样品由于存在代谢滞后现象，所测年代一般也稍有偏老，对其结果可稍做修正。保存完好的木头，可反映其砍伐年代，如二里冈上层水井中的木头、琉璃河 M1193 椁木等，所得结果都卡住了遗址或墓葬的年代上限。如果样品为一年生植物，比如粮食作物，则一般反映的是同一年代。如沣西马王村先周—西周文化 H18 中出土的小米年代。

三、关于拟合结果

（一）拟合结果及其意义

琉璃河 M1193 椁木木头保存完好，共近 80 轮，年代间隔清楚。拟合所得结果为公元前 1032 年～前 992 年，其年代晚于武王克商年代范围（H18 及其地层所定）公元前 1050 年～前 1020 年。据考古学家认定，M1193 为一代燕侯之墓，其年代为成康时期。这样，¹⁴C 所测年代与墓葬所定年代是一致的。

琉璃河墓葬骨头样品选取琉璃河三期六段墓葬中保存较好的骨头样品制样测年，并按照考古学家提供的三期六段的考古学文化分期进行数据拟合。由于在该样品前面没有更早年代的样品，所以进行曲线拟合时同殷墟的^{14}C年代数据一起拟合。由此得到琉璃河墓葬一期一段的年代为公元前1039年～前1007年。三期晚段样品的年代，由于其后没有数据限制，年代范围有些后延，但明显处于公元800前～前560年之前。根据考古研究[35]，该遗址始封于克商之后，成王之初，大致延续到西周末。从拟合结果跨越的年代范围来看，这一年代与考古学研究结果并不矛盾。

琉璃河M1193椁木标本的^{14}C测定研究工作，有学者在1992年已经做过[36]，由于没有应用曲线拟合方法，所以尽管测定工作进行得精心、细致，但所得结果误差仍然较大，年代为公元前1045年～前900年，跨度为145年。这次在高精度测量的基础上，运用树轮系列样品法进行数据的拟合，使精度提高，年代为公元前1032年～前992年，与前者比较，误差减小了105年。这一结果充分证明了系列样品高精度曲线拟合法的可行性。显而易见，本课题研究所建立的这一整套方法，包括样品选择、测量及数据拟合等，由于其结果获得了高精度——误差范围从上百年下降到40年，从而使这一方法得到了公认。

琉璃河墓葬骨头的测年结果也是令人欣慰的。如前所述，骨头样品历来是测年中的难题。特别是用常规方法大量测量这种样品的情况，国外还少有报道。从方法的试验、条件摸索到成套方法的建立，中间经历了曲折的过程，但最终获得了比较满意的结果。从年代范围上看，所得结果与考古研究结果不矛盾。琉璃河墓葬三期六段年代测定结果定出了整个西周从早到晚的年代，并将其中分期年代一一给出，这样的年代结果还是第一次得到。而且将M1193与墓葬三期六段的年代测定结果进行比较也可以看出，其与考古分期是一致的。据考古研究，M1193的年代属于一期偏晚段，即稍晚于一期早段，而年代测定结果恰恰反映了这一年代上的差别。M1193之测年结果与墓葬分期中一期晚段的年代处在同一个范围中。骨头系列样品常规方法测年如此成功，在国际上也属首例。

测年结果也给出了每一期的年代范围，这使考古学文化分期的年代有了明确的范围。从研究角度来说，信息的量化程度提高，有助于提高研究的科学性。

年代测定结果对于器物的分期也具有验证作用。在考古学文化分期基本正确的情况下，若个别器物的分期难以判定，或出现错误，则通过年代测定结果可予以鉴别、纠正。如琉璃河M403分期的判别、改正就是一例。

数据结果表明了数据拟合过程中考古信息的重要和必要。^{14}C测年必须与考古学研究相结合，才能实现年代误差的减小。

关于武王克商的年代，从西汉至今已有40多种说法，前后可相差100多年。最早的为公元前1130年，最晚的为公元前1018年。^{14}C方法对于沣西H18及其他地层年代的测定，为这一问题的最终解决提供了极其重要的年代学参考数据。根据测定数据拟合的结果为公元前 1050 年～前 1020 年，使这一问题的探索范围从 100 多年缩小到 30 年之内。琉璃河遗址年代的定出连同其前的殷墟年代、沣西 H18 地层年代以及相关的天文学研究，使武王克商的年代研究 – 获得了突破性进展。

（二）与其他研究结果的比较

琉璃河遗址年代测定的结果如何，也可以通过对与之相关的其他研究结果的推论、比较做出评判。

首先，可由晋侯墓地研究结果来分析。山西曲沃天马—曲村是西周晋国封地，位于遗址中心偏北部的晋侯墓地排列着 9 组 19 座大墓，经研究推断为是自晋侯燮父至晋文侯 9 位前后相继的晋侯及其夫人墓。其年代为自西周早期至春秋初。由于晋侯的年代文献上有明确记载，且可与西周诸王相对应，则为这段历史的研究提供了方便。根据晋侯墓地发掘研究，其中 M8 是晋献侯苏的墓，通过对该墓进行¹⁴C 年代测定，得到年代结果为公元前 808±8 年，与《史记·晋世家》所载晋侯苏卒于周宣王十六年，即公元前 812 年吻合，这对西周年代学研究具有参考意义。

从文献上看，晋侯墓地是处于西周早期至春秋初，而考古学研究表明，琉璃河墓葬三期六段跨越了整个西周早、中、晚期，两者平行发展，所以时间上应有部分重合，对照琉璃河测年结果，这一点得到了确认。

其次，可从与 M1193 有关的研究结果来看分析。M1193 是琉璃河遗址发现的少有的几座大墓之一。有学者根据 M1193 出土铜器铭文，认为该墓可能是召公或其子之墓。召公或其子分封为燕侯，都属西周早期，其年代应与沣西西周早期的年代对应。

沣西 H18 及其地层年代已由¹⁴C 测年定出。据考古学文化分期，T1（4）属西周早期，年代为公元前 1040 年～前 980 年。将琉璃河 M1193 所测年代与之对照，两者相合。

再次，可由比琉璃河早的殷墟年代研究结果及沣西 H18 地层所反映的先周西周年代分析。经过几十年的殷墟考古发掘研究，殷墟文化已分为四期。一、二期与武丁时期相当，殷墟四期则处于商王朝之末。

据考古学研究，沣西 H18 中的器物是属于先周文化最晚期的遗物，灰坑之上被属于西周早期文化与先周文化之际的第四层所叠压，再往上依次是西周早期和西周中期的层位。其中先周文化晚期层位的年代与殷墟四期应属同一时期，在历史年代上位于西周年代之前，其后紧连着西周年代，从而卡住了琉璃河一期的年代。如果这一年代可以定出，对琉璃河年代来说则又增加了一个标尺。

由¹⁴C 测年可知，殷墟四期的年代为公元前 1087 年～前 1036 年，沣西 H18 先周文化地层年代为公元前 1050 年前后。将琉璃河墓葬的早期年代与之比较，可以看出它们在时间顺序上是相符合的。

最后，可由对武王伐纣的天文学研究结果与琉璃河的年代进行比较。通过对武王伐纣时天象的研究，学者或认为武王伐纣的时间约在公元前 1045 年前后，这种认识与琉璃河年代测定结果是不矛盾的。

总之，从整体上看，琉璃河遗址年代的定出为夏商周年代框架西周段的建立起了极为重要的作用，为西周历史及西周年代学研究提供了直接依据。

结　论

1. 用 ^{14}C 方法解决夏商周断代问题需要高精度。高精度主要体现在系统稳定、科学制样等方面，可实现重复性好的低水平测量。

2. 骨头样品由于其成分复杂，给制样带来问题。通过研究，应用保存较好的骨头制备成明胶能够得到较为满意的结果。

3. 以高精度测量为基础的系列样品高精度曲线拟合法，依靠前后有序、彼此有一定时间间隔的系列样品，高精度 ^{14}C—树轮年代转换曲线以及贝叶斯统计转换方法，有效地减小了转换后误差，使日历年代误差范围缩小。

4. ^{14}C 测年必须与考古学研究密切结合，充分、翔实的考古信息为高精度测年所必须。

5. 不同的考古样品，其年代代表性不同。

6. 应用系列样品高精度曲线拟合法，琉璃河遗址取样定年较之过去年代测定工作精度提高，误差范围缩小（M1193 椁木公元前 1045 年～前 900 年，史翎，1991）。

7. 琉璃河遗址西周年代的定出为夏商周断代工程年代框架的建立起了极为重要的作用；为燕国史研究提供了直接的年代依据。

附记：本文承张长寿研究员、殷玮璋研究员给予许多指教。考古所 ^{14}C 实验室冼自强、薄官成、钟建先生及王金霞同志在实验工作中大力相助，生物物理所蒋汉英研究员在测量方面给予支持并热情指教，北京大学陈铁梅教授、原思训教授、郭之虞教授、马宏骥博士在本文撰写期间给予关心，并提出宝贵意见，在此一并致以真诚的谢意。

（原载《考古学报》2003 年第 1 期）

---

*　本项研究是工程中常规 ^{14}C 测定所得的主要成果，张雪莲作为仇士华的博士研究生参与了这项研究，并撰写成博士论文正式发表。

[1]　R. Gillespie, Fundamentals of Bone Degradation Chemistry, Collagen is not "The Way", *Radiocarbon*, Vol. 31, No. 3, pp239－246, 1989; T. W. Stafford, etc, Study of Bone Radiocarbon Dating Accuracy at the University of Arizona NSF Accelerator Facility for Radioisotope Analysis, *Radiocarbon*, Vol. 29, No. 1, pp24－44, 1987; Hedges & G. J. Von Klinken, A Review of Current Approaches in the Pretreament of Bone for Radiocarbon Dating by AMS, *Radiocarbon*, Vol. 34, No. 3, pp279－291, 1992.

[2]　同［1］Hedges 与 G. J. von Klinken 文。

[3]　同［2］。

[4]　同［2］。

[5]　A. Long, A. T. Wilson & P. E. Hare, AMS Radiocarbon Dating of Bones At Arizona，Radiocarbon，Vol. 31，No. 3，p231－238，1989.

[6]　同［2］。

[7]　同［5］。

[8]　D. M. Gurfinkel，Comparative Study of the Radiocarbon Dating of Different Bone Collagen Preparations，*Radiocarbonc*，Vol. 29，No. 1，pp45－52，1987.

[9]　同［1］T. W. Stafford 文。

[10]　仇士华、陈铁梅、蔡莲珍《中国¹⁴C 年代学研究》，科学出版社，1990 年。

[11]　同［10］。

[12]　同［10］。

[13]　同［10］。

[14]　C. W. Ferguson，etc，Determination of the age of Swiss lake dwellings as an example of dendrochronologi-cally-calibrated radiocarbon dating，*Zeitsch rift fur Naturforschung*，21A（7），pp1173－1177，1966.

[15]　H. E. Suess，Calibrated radiocarbon dates，in Suess，H. E. Strahm，C.，The Neolithic of Auvernier，Switzerland，*Antiquity*，44，pp91－99，1970b.

[16]　R. M. Clark & C. Renfrew，A statistical approach to the calibration of loating tree－ring chronologies using radiocarbon dates，*Archaeology*，14，pp5－19，1972.

[17]　R. M. Clark，A. Sowray，Further statistical methods for the calibration of floating tree-ring chronologies，*Archaeology*，15，pp255－266，1973.

[18]　Yasushi Kojo，R. M. Ralin－A. Long，High-Precision "Wiggle－Matching" in Radiocarbon Dating，*Journal of Archaeological Science*，21，pp475－479，1994.

[19]　刘若新、仇士华、蔡莲珍、魏海泉、杨清福、冼自强、薄官成、钟建《长白山天池火山最近一次大喷发的年代测定》，《中国科学》D辑，1997 年第 5 期。

[20]　G. W. Pearson，Precise Calendrical Dating of Known Growth－Period Sample Using a "Curve Fitting" Technique，*Radiocarbon*，Vol. 28，No. 2A，pp292－299，1986.

[21]　J. A. Christen，R. S. Clymo & C. D. Litton，A Bayesian Approach to the use of ¹⁴C Dates in the Estimation of the Age of Peat，Radiocarbon，Vol. 37，No. 2，pp431－442，1995.

[22]　C. E. Buck，etc，Combing archaeological and radiocarbon information：a Bayesian approach to calibration，Antiquity，65，pp808－821，1991；C，E. Buck，etc，Calibration of Radiocarbon Results Pertaining to Related Archaeological Events，Journal of Archaeological Science，19，497－512，1992；C. E. Buck，C. D. Litton & S. J. Shennan，A case study in combining radiocarbon and archaeological information，The Early Bronze Age Settlement of St. Veit-Klinglberg，Land Salzburg，Austra，Germania，72，pp427－447，1994.

[23]　J. A. Christen，R. S. Clymo & C. D. Litton，A Bayesian Approach to the use of ¹⁴C Dates in theEstimation of the Age of Peat，Radiocarbon，Vol. 37，No. 2，pp431－442，1995.

[24] 同〔21〕。

[25] 同〔22〕。

[26] 仇士华，蔡莲珍《解决商周纪年问题的一线希望》，《中国商文化国际学术讨论会论文集》，中国大百科全书出版社，1998 年。

[27] B. R. Christopher, Radiocarbon Calibration and Analysis of Seratigraphy：The OxCal Program, *Radiocarbon*, V01. 37, No. 1, pp425－430, 1995.

[28] 同〔10〕。

[29] H. De Vries, Variation in Concentration of Radiocarbon with Time and Location on Earth, K. Ned. *A kad. Wet.*, *Proc. Ser.* B, 61, pp94－102.

[30] P. E. Damon &. A. Long, Arizona Radiocarbon Dates Ⅲ, Radiocarbon, Vol 4, pp239－249, l962.

[31] H. E. Suess, Bristlecone Pine Calibration of the Radiocarbon Time-Scale from 4100B. C. to 1500B. C., in Radiocarbon Dating and Methods of Low Level Counting, Vienne, IAEA, pp143－151.

[32] 同〔10〕。

[33] M. Stuiver &. G. w. Pearson, High-Precision Calibration of the Radiocarbon Time Scale, AD 1950—500BC, *Radiocarbon*, Vol. 28, No. 2B Calibration Issue, pp805－838, 1986; G. W. Pearson &. M. Stuiver. High-Precision Calibration of the Radiocarbon Time Scale AD 500—2500BC, *Radiocarbon*, Vol. 28, No. 2B Calibration Issue, pp839－862, 1986.

[34] M. Stuiver, A. Long, R. Kra, Calibration, *Radiocarbon*, Vol. 35, No. 1, iii, 1993.

[35] 殷玮璋、曹淑琴《周初太保器综合研究》，《考古学报》1991 年第 1 期；柴晓明《华北西周陶器初论》，《燕文化研究论文集》，中国社会科学出版社，1995 年；刘绪、赵福生《琉璃河遗址西周燕文化的新认识》，《文物》1997 年第 4 期；中国社会科学院考古研究所、北京市文物工作队琉璃河考古工作队《1981—1983 年琉璃河西周燕国墓地发掘简报》，《考古》1984 年第 5 期；中国科学院考古研究所、北京市文物管理处、房山县文教局琉璃河考古工作队《北京附近发现的西周奴隶殉葬墓》，《考古》1974 年第 5 期。

[36] 史翎《西周墓葬的高精度年代测定》（内部资料），1992 年。

夏商周年表的制定与^{14}C测定

仇士华

夏商周断代工程的总目标是制订有科学依据的年表。研究途径主要有两条：1. 根据古代天象记录，通过现代天文计算推定其年代；2. 根据考古提供的系列样品作^{14}C年龄测定，转换成误差较小的、有考古内涵的历法年。天文推算可以得出年龄定点，^{14}C测年可以覆盖全面，建立起夏商周的年龄框架。两者结果互证，再同历史文献、考古研究等多学科综合研究，制订出夏商周三代年表。同过去相比，这应当是最有科学依据的。

2000年9月15日，在科技部组织召开的"夏商周断代工程项目验收会"上，断代工程顺利通过了由有关专家学者组成的验收组进行的验收。11月9日，工程专家组在新闻发布会上报告了工作成果。《夏商周断代工程1996—2000阶段成果报告·简本》[1]已经出版。本文试图从工程的性质、目标和研究实施的技术路线谈起，然后主要从^{14}C测年的角度，简要介绍多学科研究制订的夏商周年表（表1）。

表1   **夏商周年表**

朝代	王	年代（公元前）	年数	朝代	王	年代（公元前）	年数
夏	禹	2070～1600		商前期	祖辛	1600～1300	
	启				沃甲		
	太康				祖丁		
	仲康				南庚		
	相				阳甲		
	予				盘庚（迁殷前）		
	槐			商后期	盘庚（迁搬后）	1300～1251	50
	芒				小辛		
	泄				小乙		
	不降				武丁	1250～1192	59
	扃				祖甲		
	厪				廪辛		
	孔甲				康丁		
	皋				武乙	1147～1113	35
	发				文丁	1112～1102	11
	癸				帝乙	1101～1076	26
商前期	汤	1600～1300			帝辛纣	1075～1046	30

续表 1

朝代	王	年代（公元前）	年数	朝代	王	年代（公元前）	年数
	太丁				武王	1046～1043	4
	外丙				成王	1042～1021	22
	中壬				康王	1020～996	25
	太甲				昭王	995～9977	19
	沃丁				穆王	976～922	55（共和当年改元）
商前期	太康			西周	共王	922～900	23
	小甲				懿王	899～892	8
	雍乙				孝王	891～886	6
	太戊				夷王	885～878	8
	中丁				厉王	877～841	37（共和当年改元）
	外壬				共和	841～828	14
	河亶甲				宣王	827～782	46
	祖乙				幽王	781～771	11

一　夏商周断代工程的性质和目标

中国、埃及、美索不达米亚和印度并称为世界上四大古代文明。夏商周三代，是中国古代文明由兴起到繁盛的重要历史时期。中华民族的历史源远流长，编年史堪称世界之最。但是，我国传世文献上记载的确切年龄，只能上推到西周晚期的共和元年，也就是公元前 841 年，在这以前就存在大量疑难和分歧。这是中国历史上的重大缺憾，是学术界和广大公众都非常关切的问题。

商周时期的种种古书，长期为人们传诵和研究，成为中国传统文化的核心和基础。随着田野考古工作的进展，丰富的地下文物被发掘出来，各种文化面貌逐渐披露，夏商周三代的灿烂文明也昭然若揭。要把这一切地上、地下的宝贵文化遗产综合起来，通过历史学家、考古学家研究，使中国古代文明在整个人类历史中的地位进一步得到肯定；同时也使历史学、考古学的研究本身更有坚实的基础，必须制定一份比较准确的古史年表。夏商周断代工程的总目标，就是制订有科学依据的夏商周三代的年代学年表。这项工作将推进研究的深入发展，并增强我们民族的凝聚力和自信心。当然，研究西周共和以前年代的工作，我们的先人在两千年前就进行过探索。例如，西汉的刘歆在《三统历·世经》中就给出了历朝年数，上起三皇五帝直至汉代，把历朝各代的君王都串连成一条连续的时间长链，从帝尧开始就有具体的在位年数。但是，局限于当时天文的观测精度和对天体运行规律的掌握，《三统历·世经》的准确性是不够的。其后的历代学者，直到 20 世纪国内外的有关学者，许多人做过这方面的尝试，可以说成果累累。然而分歧难以解决，而且越来越多。这说明夏商周断代工程必须采取新的研究途径和更科学的方法，才能取得前所未有的高水平成果。

二　研究途径

夏商周断代工程是由人文社会科学和自然科学，主要来自历史、天文、考古和¹⁴C 测年等不同学科的专家学者联合实施的系统工程。其技术路线主要有两条：1. 对传世文献和甲骨文、金文等古文字材料中有关的天文历法记录进行整理、研究认定，再应用天文计算推定其年代。2. 对有典型意义的考古遗址和墓葬资料进行分期研究，采集遗址地层或文化分期的系列样品，以及分期明确的甲骨系列样品，进行常规和加速器质谱计（AMS）的¹⁴C 年龄测定。最后对这两条路线和其他途径所取得的结果进行整合研究，得出尽可能合理的年代学年表。

根据古代天象记录，天文计算的年龄只有几个点，例如，从宾组甲骨文记载的 5 次月食，推定武丁的年代；依据懿王元年天再旦的日食现象，推定懿王元年等。而夏商周的遗址和墓葬则连续不断，可以收集成百上千的考古样品进行¹⁴C 年龄测定，经过系列样品树轮年龄校正的方法[2]，得出误差较小的年龄数据，贯穿整个夏商和西周，组成¹⁴C 年代框架1)。这就为整合研究得出尽可能合理的夏商周年表奠定了坚实的基础。

三　系列样品的¹⁴C 测定和年龄框架的建立

用树轮组成的系列样品，年龄间隔十分确定，最能检验¹⁴C 数据匹配拟合结果的实效。为此，先测试历史时期的样品和木质树轮系列样品，经过匹配拟合能够得出可靠结果，取得经验以后，再着手测定其他考古系列样品。并且围绕建立框架这个总目标重点进行测定，以保证按期完成任务。限于篇幅，所测数据、拟合结果、年代框架表等，请参见《夏商周断代工程 1996—2000 阶段成果报告·简本》[1]，在此仅对主要系列的测试情况作一简介。

1. 山西晋侯墓地，其中 M8 出有晋侯苏编钟共 16 件，铭文凡 355 字，记有 7 个历日和 5 个记时术语。根据墓中出土树枝状木炭测出的¹⁴C 年龄，经树轮年龄曲线校正后，确切年龄在误差范围内同《史记》所载晋献侯苏的卒年相合。

2. 木头树轮系列样品的拟合情况合理，证明测试的可靠性是好的。例如：1）沣西两座西周中期墓葬 M121 和 M4 的棺木，按树轮系列测定，得出最外轮年龄分别为公元前 940±10 和 914±14 年，因为木头外表被腐蚀，实际的最外轮年龄可能要晚几十年；2）M1193 为北京琉璃河遗址中第 1（或 2）代燕侯墓棺木样品，保存较好。按树轮系列测定得出年龄不早于公元前 1011 ± 20 年；3）河南郑州商城二里岗上层 1 期水井井框圆木，测出最外轮年龄为公元前 1400±8 年，应相当于水井建造年龄。

3. 1997 年发掘的陕西沣西遗址中，97SCM 探方 T1 由一组系列地层单位组成，其中最底层的 H18 灰坑属先周文化晚期。叠压在 H18 之上的是 T1 第 4 层，属西周初期。这一地层为从考古学上划分商周界限提供了理想的地层依据，武王克商之年应包含在这一年龄范围内。上下地层都出有可供测年的样品，组成地层系列样品测出商周分界的年龄范围为公元前 1050 年～1020 年。

4. 北京琉璃河西周燕国遗址墓葬可分为早、中、晚 3 期 6 段，居址灰坑 96LG11 H108，H49 和 H86 分别代表早、中、晚 3 期。H108 还出有 3 片刻字龟甲，其中一片刻有成周 2 字。经过系列样品测定，早期年龄在公元前 1021±20 年，晚期年龄可与春秋相接。

5. 山西曲沃的天马曲村遗址，按分期系列样品测出的结果也大致同琉璃河遗址的情况相似。

6. 河南安阳殷墟为商王朝后期都城所在地，殷墟文化分为 4 期，对各期墓葬的人骨系列样品测出了殷墟的大致年龄范围。如果把殷墟墓葬系列同琉璃河墓葬系列作为连续的统一系列，则拟合后得出两者分界年龄正好同上述武王克商年龄范围相一致。

7. 商前期的郑州商城和偃师商城，根据系列样品的测定、拟合，其年龄数据上限均可能在公元前 1570 年～1580 年，误差小于±30a。

8. 河南偃师二里头遗址，1 期～4 期为二里头文化，5 期为二里岗文化。4 期与 5 期的分界约在公元前 1540 年，而 l 期年龄的上限不大可能超过公元前 1880 年。

9. 河南登封王城岗遗址，属于河南龙山文化晚期，根据王城岗 1 期～5 期的系列样品的测定、拟合，年龄范围大约在公元前 2190 年～1965 年间。

根据以上系列样品测定、拟合得出的考古年龄数据形成了夏商西周的考古年表或称夏商西周的^{14}C 年龄框架。

四 ^{14}C 年代框架与三代年表的关系

^{14}C 测年结果形成的年代框架与三代年表的关系如下：

1. 晋侯墓地 M8 是晋献侯苏的墓，测出的年龄为公元前 808±8 年。这与《史记·晋世家》所载晋献侯苏死于周宣王十六年（公元前 812 年）正相吻合。那么苏钟的唯王三十三年，就不可能属于宣王，应属厉王。厉王在位年数应大于三十三年，说明《史记·晋世家》所载厉王在位三十七年是可信的。

2. 根据对传世文献和甲骨文、金文等古文字的研究，天文方面推算定出了 3 个历史年代定点：1）古本《竹书纪年》载"懿王元年天再旦于郑"（转引自[1]），"郑"的地望在西周都城附近的华县或凤翔。如果"天再旦"是日出之际发生的一次日食，则根据天文计算推定得出懿王元年为公元前 899 年。这与西周中期墓葬 M121 和 M4 的测年结果不相矛盾。2）宾组卜辞中有 5 次月食记载，工程开展以来经多学科合作研究，得到最佳的论证结果推定武丁在位的年代约为公元前 1250 年～1192 年。这与根据殷墟文化分期的^{14}C 测年结果为公元前 1260 年～1190 年相吻合。

根据考古地层和¹⁴C 测定武王克商的年龄范围在公元前 1050 年～1020 年。在此范围内"工程"对克商年天文推算结果提出了 3 个方案，即公元前 1046，1044 和 1027 年，最后选择克商年为公元前 1046 年。

3. 上述天文推算的 3 个历史年代定点与¹⁴C 测定结果不相矛盾，甚至能很好吻合。这就能将武丁以来的年代框架建立起来。在这个框架内对西周青铜器分期和金文历谱进行再研究，建立了西周诸王年表。对商代周祭祀谱进行研究推出帝乙、帝辛的在位年代，再经过综合研究推定出盘庚迁殷后的商后期年表，将盘庚迁殷的年代推定在大约公元前 1300 年。这是目前最佳选择。

4. 经过对两个商城的系列样品的¹⁴C 年龄测定，建立了商前期的年代框架。综合研究选定公元前 1600 年为夏商分界年。

5. 按二里头遗址和王城岗遗址系列样品的¹⁴C 年龄测定，对仲康日食、禹时五星联珠的天文推算提供了估定夏代年代框架的依据。结合文献综合研究选定公元前 2070 年为夏的始年。

这份夏商周年表作为夏商周年代学研究的阶段性成果，应当是我国古代历史自西周共和元年以前，迄今最有科学依据的年表，将商周年代学的研究推进到了前所未有的新水平。这不但为今后更进一步使夏商周的年代精确化奠定了良好基础，同时也给追溯中国文明的起源提供了可靠依据。

（原载《第四纪研究》2001 年第 1 期）

---

[1] 夏商周断代工程专家组编著《夏商周断代工程 1996—2000 年阶段成果报告·简本》，世界图书出版公司，2000 年。

1) 仇士华、蔡莲珍《夏商周断代工程中的¹⁴C 年代框架》，《考古》2001 年第 1 期。

关于考古系列样品¹⁴C
测年方法的可靠性问题

仇士华　蔡莲珍

利用考古系列样品的¹⁴C测年方法，就是把田野考古的层位和文化分期的相对年代序列转换为精度较高的绝对年代序列。从而定出考古事件的日历年代，使误差宿小。这种方法在夏商周断代工程中发挥了重要作用。由于方法和概念都是新的，虽然在考古刊物上曾做过全面介绍[1]，但在考古界还有一些人不理解，或者怀疑方法的可靠生。因此，有必要针对一些问题做一次简明扼要的和普及性的论述，以便更有效地推广应用。

1. ¹⁴C年代不是日历年代　目前考古界已众所周知，由于过去大气中¹⁴C放射性水平有起伏变化，因此，根据统一的现代碳标准和测出的考古样品的残留¹⁴C放射性水平计算出的样品的¹⁴C年代不是日历年代。要经过年代校正，才能转换到日历年代。

2. 高精度¹⁴C年代—树轮年代校正曲线　树木每年生长一轮，称为年轮。树木年轮可以同日历年相对应。同时，树木的每一轮木片可以测出相应的¹⁴C年代。若以树木年轮的¹⁴C年代为纵坐标，相应的树轮年（日历年）为横坐标，即可绘制出一条曲线，称为¹⁴C年代—树轮年代校正曲线。目前¹⁴C年代的误差可以到±20年以内，可算是高精度水平。1986年以来公布的树轮校正曲线都是高精度的。可以论证这种校正曲线是全球通用的，实践证明也是如此[2]。

3. 单个样品的¹⁴C年代校正　任何一个样品的¹⁴C年代都可以通过树轮校正曲线转换为日历年代。但是，由于曲线是不规则的，起伏无常，各时段的特征都不一样。同一¹⁴C年代在校正曲线上可以对应几个点，因此，一般校正后的年代误差会增加，只有极少数几个时段校正后误差会缩小[3]。

4. 树轮系列样品的¹⁴C年代校正　对于保存完好的古代木头样品，如有50年以上的树龄，并且其年轮可以清数，则可同建立树轮校正曲线一样，每10轮取一个样，连续取5个以上的样，测出其¹⁴C年代数据，经过与树轮校正曲线匹配拟合，可以把木头的生长年定准到误差不超过10年。例如，河南郑州商城二里冈文化上层一期水井中出土的井框圆木，测出最外轮的年代为公元前1400±8年。这应相当于水井建造年代[4]。

5. 按文化分期或者地层连续的系列样品的¹⁴C年代校正　这类系列样品在相邻时间间隔方面，虽不如树轮那样规整，但在时代上的早晚次序是明确的，也同样可以利用通过同树轮校正曲线相匹配拟合的方法，获得较好的效果。例如，陕西沣西 97SCMT1 探方由一组系列地层单位构成。其中最底层的 H18 灰坑，可分为四小层，属先周文化最晚期。叠压在 H18 上的是 T1 第四层，时代相当于西周初期。这就为从考古学上划分商周界限提供了理想的依据。按系列样品的¹⁴C 测年方法，得出武王克商的年代范围为公元前 1050 年～前 1020 年[5]。又如，洛达庙文化和二里冈文化在地层上有叠压关系。根据最近系列样品¹⁴C测年得出，二里冈下层一期在公元前 1500 年左右。郑州商城的城墙，在地层上不早于二里冈下层一期，因而可以推定郑州商城建城的年代不早于公元前 1500 年[6]。

6. 系列样品¹⁴C 测年数据的匹配拟合　最早是用手工目测方法，也可以用最小二乘方法确定匹配拟合的最佳效果。利用贝叶斯数理统计进行匹配拟合，是由统计学家提出，同¹⁴C 年代学专家和考古学家协作完成的。1995 年英国牛津大学为解决系列样品¹⁴C 测年数据的匹配拟合，编制了实用的微机程序，简称为 OxCal 程序。将复杂的统计计算简化为一般的程序操作，演算快、使用方便。夏商周断代工程中系列样品¹⁴C 测年，都是使用的OxCal 程序[7]。

7. 系列样品¹⁴C 测年的可靠性问题　从系列样品¹⁴C 测年原理方法可以看出，经匹配拟合后得出的年代数据是否可靠，取决于三个方面。(1) 年代数据是否精确，数据误差是否符合客观实际。(2) 树轮校正曲线是否是高精度的，是否可以全球通用，匹配拟合方法是否正确。(3) 考古系列样品先后次序是否确切。显然，这三方面都是各自独立的情况，并不互相依赖。将系列样品的¹⁴C 年代数据按考古上先后的顺序，利用 OxCal 程序，同国际公认的高精度¹⁴C 年代—树轮年代校正曲线进行匹配拟合。得出考古系列样品的日历年代。这本身就是多学科合作的结果。

8. 需要澄清的错误印象　¹⁴C 测定方法一种是按 β 衰变计数的常规方法，测量精度高，误差较小，仪器非常稳定，技术发展比较成熟，但需要大量样品。另一种是按¹⁴C 粒子计数的加速器质谱（AMS）方法，是后来发展起来的，技术上比较复杂，特点是所需样品量很小，还不到常规法使用的千分之一。同时计数效率高，测量时间短。所以，在有些人的印象中错误地认为："加速器质谱方法是最先进的方法，当然精度也高，测量误差肯定也小。"其实，如果样品量不受限制的话，常规方法要比加速器质谱方法精度高，也更可靠。国外如此，国内更是这样。

9. ¹⁴C 测定不能判断历组甲骨文是早还是晚　几十年来，甲骨文的研究有很大进步，取得了很多共识。但是历组甲骨文的早晚问题，学者间有很大分歧。既然¹⁴C 测定误差缩小，学者们自然寄希望于¹⁴C 年代测定。在这里，我们只能遗憾地说，这是不可能的。因为树轮校正曲线各段的特征情况很不一样。在殷墟这一时段，峰谷密集，总体倾斜度很小，早晚各期样品的¹⁴C 年代根本无法区别，而且往往出现颠倒的情况。但是，一般墓葬人骨样品，考古分期已经非常成熟，根据这些能肯定先后次序的系列样品，测出¹⁴C 年代数据,经过匹配拟合,能得出比较理想的各期日历年代系列[8]。历组甲骨不能确定属哪一期,当然也就无法定出日历年代。

10.^{14}C 测定要求"背对背"? 有人说"测定年代应当是我给你样品,你给我测出年代数据。^{14}C 测定要'背对背',那才是客观的。"持这种观点的人,显然不了解系列样品^{14}C 测年的新方法,依旧停留在过去单个样品的^{14}C 测年方法概念上。其实,即使单个样品的测量,我们也审查样品的出土情况,同考古的相关性,样品的年代是否有确切的代表性等等。只要学风端正,学科间的合作方式不会影响研究结果的科学性。至于有关"背对背"^{14}C 测定的要求,我们已早有过阐述[8]。

11. 要把握好^{14}C 测定技术和考古信息关　^{14}C 测定需要高精度的技术,稍有不慎,就得不出符合要求的数据,当然就不会有好的结果。这是很现实的问题。

把握好考古信息也是很现实的问题。因为学科之间的沟通,互相深入了解是不容易的。系列样品的概念也会出现差异。例如,文化分期的概念,考古学家之间就可能有差异。错用考古信息进行拟合,肯定只能得出错误的结果。要审慎研究处理,才能避免错误。

12. 文明探源工程中的^{14}C 年代测定　文明探源工程中的^{14}C 年代测定,仍然非常重要。考古是时间的科学。在夏商周断代工程的基础上,^{14}C 年代测定要随着文明探源研究向更古老的方向延伸。只能严格按照系列样品^{14}C 测年方法的要求,采集合格的系列样品,测出高精度的^{14}C 年代,进行严格的拟合研究,把我国古代文明发展的进程,串联在可靠的年代主轴上,才能为文明探源工程做出积极的贡献。

(原载《考古》2001 年第 1 期)

[1] 仇士华、蔡莲珍《碳十四断代技术的新进展与"夏商周断代工程"》,《考古》1997 年第 7 期;蔡莲珍、仇士华《贝叶斯统计应用于碳十四系列样品年代的树轮校正》,《考古》1999 年第 3 期。

[2] M. Stuiver & R. Kra, eds., Calibration Issue, Radiocarbon, 28(2B), 805-1030, 1986.

[3] 仇士华、张长寿《晋侯墓地 M8 的碳十四年代测定和晋侯稣钟》,《考古》1999 年第 5 期。

[4] 仇士华、蔡莲珍《夏商周断代工程中的碳十四年代框架》,《考古》2001 年第 1 期。

[5] 夏商周断代工程专家组编著《夏商周断代工程 1996—2000 年阶段性成果报告·简本》,世界图书出版公司,2000 年。

[6] 张雪莲、仇士华《关于夏商周碳十四年代框架》,《华夏考古》2001 年第 3 期。

[7] C. B. Ramsey, Radiocarbon calibration and analysis of stratigraphy, The OxCal program, Radiocarbon, 37(2), 425-430, 1995.

[8] 同[5]。

[9] 中国科学院考古研究所实验室《放射性碳素测定年代报告(一)》,《考古》1972 年第 1 期。

^{14}C 测定判别武王克商年代范围始末 *

蔡莲珍

武王克商年代是我国古史编年中的一个关键点。近年来^{14}C 测定技术有了重要发展，我国^{14}C 测年界在此基础上探讨了^{14}C 方法应用于商周历史纪年的希望。1996 年夏商周断代工程正式立项，利用^{14}C 测定判别武王克商年代范围的任务得以实施。

1998 年初两个常规^{14}C 实验室以 3‰测定精度，前后开始对陕西丰镐遗址出土样品作^{14}C测定。并于 1998 年 10 月 6 日～7 日先后公布了^{14}C 数据，提出武王克商年代范围应判别在公元前 1050 年～1020 年间。1998 年下半年 AMS 室开始测定。三室测定数据对比结果基本相合。

利用殷墟、琉璃河等遗址出土的样品系列作^{14}C 测定得出的结果，与上述年代范围一致。1998 年 11 月 30 日公布了天文计算结果，与测定结果不谋而合。经多方面反复验证，历时近二年，都无法动摇已有的判别结果。具有较高的可信度。

一 前 言

我国确凿的编年史只能追溯到西周共和元年。即公元前 841 年。有关武王克商年的推断有 40 余种，年代跨度达 100 多年。这一古史疑惑的能否解决，长期以来为史学界、社会各界所关注。

^{14}C 测年技术，过去由于测定误差太大，无法解决历史时期的考古年代问题。20 世纪 80 年代以来，^{14}C 测定技术在高精度测定、高精度^{14}C 年代—树轮年代校正曲线（简称树轮校正曲线下同）和加速器质谱（AMS)^{14}C 测定技术三个方面有了重要发展[1]。并由此提出了利用曲线匹配拟合的方式，进一步提高^{14}C 测年水平的新思路。新方法的核心是将一系列前后有序、有准确考古内涵、经精确测定的^{14}C 数据与高精度树轮校正曲线相匹配拟合，最终得出误差较小、更为可靠的年代结果。

1986 年国际上正式发表了公认的高精度^{14}C 树轮年代校正曲线[2]，并提出利用匹配拟合方式提高精度的设想[3]。1988 年我们在第四届全国^{14}C 测年技术研讨会上发表文章，探讨了^{14}C 方法应用于商周历史纪年的基础和希望[4]。会上还特邀考古学家介绍了自汉代以来，历史学家研究武王克商年代的概况[5]。以后，在历届^{14}C 学术会议和科技考古会议上和有关论文中，都不断深入探讨了这一问题。同时也向有关部门提出了呼吁和申请，并在相关人员的支持下开始着手作了一些准备工作。如订购国产高精度液闪仪;采集了西安张家坡和北京琉璃河遗址出土棺木;1995 年在偃师召开中国商文化国际学术会议上全面阐述解决商周纪年问题[6];通过实际测试长白山火山灰中炭化整木树轮年代,并经手工拟合,得出误差不超过 ±15 年[7];等等。

二 ^{14}C 测定判别武王克商年代范围研究的初期设想

1996 年 5 月《夏商周断代工程》启动。"^{14}C 测定技术的改造和研究"课题正式立项,^{14}C 测定负担起建立三代年代框架任务,技术改造是为建立年代框架任务必须完成的工作。判别武王克商年代范围是首要的艰巨任务,虽然有所准备,实施过程依然困难重重。

首先在技术上,高精度测试水平需要通过现有实验室的实际技术改造才能达到。1996 年下载的 OxCal 程序[8],可以客观、快速地进行数据的匹配拟合,但对该程序的理解、验证、正确运用以及必须注意的问题等等,都需要有时间深入研究。

另外,利用匹配拟合方式缩小 ^{14}C 测年误差的新方法,是近几年来发展成熟的,即使在 ^{14}C 测定技术界对其理论或技术了解并掌握的,都仍然属于少数。但是对于断代工程这样要求多学科合作研究的课题都是必需的,虽然了解的程度对不同学科要求不同。

关键的问题还有:^{14}C 测试样品的采集从何而来。样品的代表性如何确定等。武王克商之年的各种说法前后相差 100 余年。高精度测试水平最佳可以达到 ^{14}C 年代误差 ±20 年左右,但经过树轮校正曲线校正,一般日历年代误差都会超过 100 年。只有利用有时序的系列样品,通过高精度 ^{14}C 测定与高精度树轮校正曲线匹配拟合,才有可能将误差缩小到 20 年~30 年左右。这就是说,^{14}C 测定技术目前能够达到的最好水平,才达到有助于解决武王克商之年问题的最低要求。难度之大,可想而知。

就此。当时提出的方案如下[9]:"对于武王克商年代,^{14}C 测定并不能直接得出需要的年代,而考古方面目前也未能提供与武王克商直接有关的 ^{14}C 样品。考古方面实际提供的样品是从先周开始到西周,先后分为若干期。将这些有先后次序的样品测出 ^{14}C 年代后,对照高精度树轮校正曲线作匹配拟合,研究确定各期相应的历法年代。另外,从采用商周墓葬出土人骨或甲骨系列测定,通过与高精度树轮校正曲线匹配拟合,也有可能使 ^{14}C 年代转换到比较精确的历史纪年。然后根据武王克商年代应属于哪一期,比谁早,比谁晚等,推定估计具体年代。最后再同历史的研究分析和天文历法推定的结果作比较研究,就可以进一步判定武王克商的历法年代。总之,是要通过从先周遗址采集系列样品的 ^{14}C 测定,到西周早期、中期遗址采集系列样品的 ^{14}C 测定,然后与高精度树轮校正曲线匹配拟合,将获得的结果作综合研究处理,最后判别武王克商之年的年代范围,并根据天文计算得出武王克商具体年份。"

由此可见,当初设想的 ^{14}C 测定计划是相当庞大的。

三 实际测定过程

但是，工程开展以后，上述情况有了好转，¹⁴C 测定样品的采集得到了考古工作的大力支持。

1. 丰镐遗址

1996 年冬，中国社会科学院考古研究所丰镐工作队在陕西省长安县沣西马王村遗址发现了代表周人在该地最早活动的遗迹，有灰坑，房址，墓葬等。从出土器物群分析，遗址时代相应从先周晚期、西周早期到西周中、晚期[10]。

该遗址地层关系为：探方 T1 第 3 层叠压在 T1 第 4 层上。T1 第 4 层则叠压在灰坑 H18 上。考古发掘内涵表明，灰坑 H18 应属于遗址中最早的文化地层。相当于武王克商以前这段先周最晚时期，T1 第 4 层出土器物表明它正处于西周初期。T1 第 3 层为西周中期。H18 坑内堆积分为四小层，估计属于周文王迁沣后到武王克商前的一段时期，十分短暂。虽然也有不同意见，但经过反复论证，H18 代表了先周最晚期地层，在考古界得到了共识。

（1）样品收集和分配　遗址发掘工作做得十分认真细致，特别是从 1，2，3 小层中都仔细采集了大量可供¹⁴C 测定的木炭样品，在 2，3 小层中还采集了炭化小米。1997 年我们随同考古学家一起观察了发掘现场，收集了一系列出土样品。因为这是一批具有特殊价值的系列样品，而且数量比较充裕。同时也为了日后各室数据对比的需要，尽可能将样品一分为三，几乎每个地层都留了样品。

（2）技术改造　¹⁴C 测定常规实验室较早进入正常运行状态，测定精度达 3‰。1997 年底至 1998 年初中国社会科学院考古所实验室（与中国科学院生物物理所合作，下同）在全面审核并改造的基础上，首先进行了树轮系列样品的测试，并通过各项必要的校正（淬灭效应校正，本底校正，¹³C 校正等），确认¹⁴C 年代数据精确可靠。以后，两个常规方法实验室前后开始进行沣西样品¹⁴C 测定。AMS 法在 1998 年下半年初步调试完成以后，也逐步开始进行测定。

（3）三室测定数据对比　1998 年 10 月 6 日考古所实验室首先公布了¹⁴C 数据，并提出武王克商年代范围应判别在公元前 1050 年～1020 年间。次日与北京大学考古系实验室核对了数据，基本相合。11 月中 AMS 实验室初步调试完成，所测数据也同样符合较好。三室测定数据对比见表 1。

表1　　　　　　　　　沣西遗址灰坑 H18 等出土样品系列¹⁴C 测定数据三室对比

样品来源	考古所¹⁴C实验室（与生物物理所合作）		北京大学考古系常规¹⁴C实验室		北京大学　AMS¹⁴C实验室	
原编号，分期，物质	编号 ZK-	¹⁴C年代数据（BP）	编号 XSZ	¹⁴C年代数据（BP）	室编号 SA	¹⁴C年代数据（BP）
H18③先周，炭化粟					97029	2850±30
H18②先周，炭化粟	5724	2860±33			97030	2900±30
H18③先周，木炭	725	2893±34	001	2890±32		
H18②先周，木炭	5726	2926±37	002	2865±35	97002	2905±50
H18②先周，骨头			031	2918±60		
H18①先周，木炭	5727	2837±37	003	2999±32	97003	2895±50
H18①先周，骨头			032	2838±43		
F1填土先周，炭	5733	2879±34				
T2H7先周，骨头					97022	2933±37
T1④2.4西周早，炭	5730	2837±37	005	2830±32	97009	2855±57
T1④2.4西周早，炭			006	2817±32	97004	2840±53
T1④-2西周早，骨	5729	2925±34	004	2929±35		
T1④上层，西周早，炭	5728	2854±33				
T1H11西周早，炭	5731	2896±34	008	3088±32	97011	2844±47
T1H16西周早，骨头					7010	2810±47
T1③西周中，骨			037	2813±35		
T1③西周中，炭	5732	2845±33			97023	2728±47
T1H3底西周中，炭			009	2858±40	97015	2696±50
T1H3西周中，炭			013	2754±36	97014	2687±47
T1H8西周中，骨			034	2761±70	97013	2861±33
T2M8西周晚，骨头					97025	2621±53

（4）数据拟合匹配拟合必需满足三个基本要求：¹⁴C 数据精确可靠，考古信息准确无误和匹配拟合程序合适可用。

对 OxCal 程序的适用性，首先由专人对程序本身以及应用方法等方面进行了评价和研究[11,12]，对于考古层位出土的样品系列的匹配拟合，特别作了详情的反复研究。

树轮系列样品间年代间隔，可以保证前后相差 10 或 20 年无误，误差极小。样品年代的代表性决定于树轮木料的出土情况。但是考古层位出土样品不同，如沣西遗址出土的样品都是木炭和少量炭化小米，木炭多是大块木头的一部分，偏老的可能性大。我们在测定时大多注意选用边缘部分，使尽量接近树木砍伐年代。小米为一年生植物，年代的代表性较好。H18 第 2、3 层均出土了炭化小米和木炭，以炭化小米和木炭二组¹⁴C 数据比较，如果在误差范围内相合，就增加了木炭¹⁴C 数据系列的代表性，也可依此排除相应偏老或偏近的数据。

沣西马王村遗址样品系列的考古信息十分确定，层次间不但有明确的叠压关系，而且间隔年代大致可以估计。这在"工程"中极为罕见，而其他组合的系列样品往往只有考古分期的依据。沣西马王村遗址中灰坑 H18，代表了从文王迁沣到武王克商前后这一短暂时期的堆积。据文献记载，文王迁沣后数年即逝世，武王即位八年后举师伐商，不几年后过世。因此，H18 延续时间应在 13 年左右，这虽尚未属定论，估计 H18 前后相距时间短暂应该可信。考古上认为 H18 虽分成四小层，但年代相差不会悬殊。四小层中分别采集的样品，如果堆积是由下而上形成的，四组测定数据仍然可以认为在时序上有先后，适用于组成样品年代间隔可变的系列进行拟合。考古信息还可以采用 H18 中所有四小层的年代时序不加分辨，处于同一阶段。组成的四条拟合曲线分别为：1）全部是考古所实验室测定数据，依据 SEQ—VSEQ（H18 中 4 小层样品间年代间隔可变）系列方式拟合。2）全部是考古所实验室测定数据，依据 SEQ—PHASE 方式（H18 中 4 小层样品不予排序）拟合。3）北京大学和考古所二个常规实验室数据混合穿插组成系列，按 SEQ—PHASE 方式拟合。4）北京大学 AMS 实验室数据，按 SEQ—PHASE 方式拟合。第一条是最早采用的前一种拟合方式。后三条是后一种拟合方式。事实上二种方式、四条拟合曲线，无论是单独采用考古所实验室测定数据，或采用加入北京大学考古系实验室测定数据，所得结果都是一致的。最后拟合结果见附表 2。

表 2　　　　沣西遗址灰坑 H18 及其相关遗迹常规¹⁴C 测年数据

考古分期	原编号	测定物质	实验室编号	¹⁴C 年代 (BP)	拟合后年代（公元前）
先周	H18③	木炭	ZK－5725	2893±34	1210－1080
	H18②	炭化粟	ZK－5724	2865±35	1067－1027
		木炭	XSZ002	2860±33	
	H18①	木炭	ZK－5727	2837±37	1052－1016
		骨头	XSZ032	2838±43	
分界年代范围					1050－1020
西周初	T1④-2.4	木炭	ZK－5730	2872±33	1040－1002
	T1④上层	木炭	ZK－5728	2854±33	1021－980
西周中	T1③	木炭	ZK－5732	2845±33	985－930
		骨头	XSZ037	2831±35	

采用二种拟合方式，代表了二种考古信息，拟合结果一致，正好说明二种信息的分歧

并不显著。三个实验室数据对比结果良好（表 1）。

2. 殷墟遗址和琉璃河遗址样品系列

（1）殷墟遗址　据史书记载和考古学研究，商王朝最后一次迁都河南安阳殷墟（盘庚迁殷），历经 200 余年，一直到商纣王被周所灭。几十年来，殷墟考古发掘积累了许多有关墓葬的材料，前后可以分为四期。

我们从提供的墓葬人骨中选取保存较好的骨样作 ^{14}C 测定，并依法进行拟合。拟合之前对数据作了核实，从中筛选出 12 个数据进行第一次拟合。以后又补充了一批测试样品。前后总共 26 个数据重新拟合。所得结果与第一次结果相符。

（2）北京琉璃河燕都遗址　这是周初燕侯的封地，考古发掘出许多贵族墓葬，前后可以分为三期六段。采集各期墓葬中人骨样品组成系列作高精度 ^{14}C 测定，并依法进行拟合。

遗址地层中采集的木炭，同样也组成系列样品进行 ^{14}C 测定和拟合，结果基本相合。

琉璃河遗址中认为是第一（或二）代燕侯的墓葬 M1193. 从中采集得出土棺木。棺木样品按树轮样品系列作高精度 ^{14}C 测定，得出最外轮树轮木的年代不早于公元前 1000 年。

（3）交接点　殷墟遗址最晚期所处时代与先周最晚期相当。琉璃河遗址的最早期则处于西周最早期。二个遗址时代的交接点，应与武王克商时代相当。这是判别武王克商年代范围又一个重要依据，是原来设想的重要方案之一。二个遗址采集的样品大都是墓葬埋葬主人的人骨样品，从年代代表性来说，有较强优势。骨质样品 ^{14}C 数据处理较为复杂，特别是骨样的 δ^{13}C 校正值一般会达到 200 年以上，（木质或炭质样品一般只有几年或几十年），而且个体间差别显著。

经二个遗址样品 ^{14}C 数据排序拟合结果，得出先周和西周早期交界的年代在误差范围内与沣西遗址系列样品测试并拟合结果一致。

（4）其他遗址　出土样品测定数据得出结果，都与上述结论没有冲突。

四　结束语

武王克商事件经 ^{14}C 测定判别最可能发生的时间是在公元前 1050 年～1020 年之间，将原来认为可能发生的年代跨度从 100 余年缩小为 30 年。根据传世文献的记载和近代先进的天文计算结果于 1998 年 11 月 30 日公布，得出武王克商年代为公元前 1044 年，以后修正为 1046 年，都处于 ^{14}C 判别的年代范围之内。二者不谋而合。在几十年来夏商周考古研究的基础上，利用 ^{14}C 测定技术新发展建立起来的夏商周 ^{14}C 年代框架是夏商周年表重要的科学依据，武王克商年代则是其中的一个重要支点[13]。

综上所述，我们依据的考古信息是多方面的，多数是经过考古学界反复验证，具有共识的。特别是沣西遗址地层系列的考古信息，几乎是在众多遗址中独一无二的。殷墟墓葬遗址和琉璃河西周早期墓葬遗址都积累了相当成熟的研究成果。^{14}C 测定建立在这样的考古研究基础上，应该是十分可信的。

每个实验室都特别认真对待了这项测定工作，几乎检验了各种可能发生误差的来源。建立在独立测定基础上进行的对比是客观的，公布测定数据是在核对之前，就足以说明。对比结果相当合格。

数据处理和与校正曲线匹配拟合都进行了反复研究，从 1998 年上半年初步得出判别结果，到 2000 年 3 月 23 日最后公布审核结论，历时近二年，不但采用过多种拟合方式，OxCal 程序从 1995 年版改为 1998 年版本，高精度树轮校正曲线也由 1986 年版改为 1998 年国际最新公认版本，都无法动摇已有的判别结果。所得结论达到了共识，具有较高的可信度。

依据沣西遗址 H18 系列样品，常规 ¹⁴C 方法拟合得出的年代界面在公元前 1050 年～1010 年间，AMS ¹⁴C 法则在公元前 1060 年～995 年间，差别是由于后者测定误差较大一些。考虑到其他的年代证据，年代上限超过公元前 1050 年的几率很小，下限的选定除考虑沣西遗址拟合结果外，还要综合其他遗址出土样品的测定结果[13]，几乎很难低于公元前 1020 年。因此，判别的年代范围应在公元前 1050 年～1020 年间。

¹⁴C 测定方法是自然科学方法，有它本身的规律，它提供的只能是几率的概念，不能准确到某年某月。判别年代范围在公元前 1050 年～1020 年间，所指武王克商之年只能是其中的某一年，之前的历法年代处于商纪年，之后的则处于西周纪年。

（原载《文物保护与考古科学》2003 年 15 卷第 1 期）

---

* ¹⁴C 测定判别武王克商年代范围是国家重大项目（97—923）《夏商周断代工程》中 "¹⁴C 测定技术的改造和研究" 课题组的一项研究。本文于 2001 年 11 月在第六届科技考古学术会议上宣读。课题组成员有：中国社会科学院考古研究所仇士华、蔡莲珍、冼自强、薄官成、钟建、王金霞、张雪莲（博士生）；中国科学院生物物理研究所蒋汉英；北京大学考古系陈铁梅、原思训、胡艳秋、吴小红、高世君、马力、蒙清平；北京大学重离子研究所郭之虞、李坤、鲁向阳、刘克新、马宏骥。

[1] 仇士华、蔡莲珍《夏商周断代工程中的碳十四年代框架》，《考古》2001 年第 1 期

[2] Stuiver M, Kra R. et al. *Radiocarbon*, 1966, 28 (2B): 805 - 1030。

[3] Pearson G. W. Precise calendrical dating of known growth-period samples using "curve-fitting" technique. *Radiocarbon*, 1986, 28 (2A): 292 - 299。

[4] 蔡莲珍、仇士华《树轮年代校正研究的新发展及其应用》，《第四纪冰川与第四纪地质论文集》第六集（碳十四专集），地质出版社，1990 年。

[5] 郑光《谈谈我国古史上的年代学问题》，《第四纪冰川与第四纪地质论文集》第六集（碳十四专集），地质出版社，1990 年。

[6] 仇士华、蔡莲珍《解决商周纪年问题的一线希望》，《中国商文化国际学术讨论会论文集》，442 - 449 页，

中国大百科全书出版社，1998 年。

[7]　刘若新、仇士华、蔡莲珍等《长白山天池火山最近一次大喷发年代研究及其意义》，《中国科学》D 辑，1997 年第 5 期。

[8]　Ramsey C B. Radiocarbon calibration and analysis of stratigraphy：The OxCal program. *Radiocarbon*，1995，37（2）：425 – 430。

[9]　仇士华《夏商周断代工程中的碳十四断代方法》，《中国文物报》1996 年 10 月 20 日。

[10]　中国社会科学院考古研究所丰镐工作队《1997 年沣西发掘报告》，《考古学报》2000 年第 2 期。

[11]　马宏骥、郭之虞《夏商周断代工程中 ¹⁴C 系列样品的树轮校正》，《核技术》，2000 年第 3 期。

[12]　蔡莲珍、仇士华《贝叶斯统计应用于碳十四系列样品年代的树轮校正》，《考古》1999 年第 3 期。

[13]　夏商周断代工程专家组《夏商周断代工程 1996—2000 年阶段成果报告·简本》，38 – 49 页，北京世界图书出版公司，2000 年。

夏商周断代工程中的多学科合作

仇士华　蔡莲珍

《夏商周断代工程》是人文社会科学和自然科学的专家联合实施的系统工程。以多学科合作方式联合研究攻关，取得了重要成果：1）根据考古系列样品的年代测定，得出考古学的^{14}C年代框架。2）依古文献的天象记录，天文计算定出懿王元年为公元前 899 年；武王克商年为公元前 1046 年；武丁登基年为公元前 1250 年；均与^{14}C 测年结果相合。3）根据西周青铜器铭文的纪时词语，排出金文历谱，在年代框架内排出西周王年表。4）根据殷墟的甲骨和文化分期，商后期的周祭祀谱，武丁年代和文献记载，在年代框架内排出商后期王年的大致情况。5）商前期主要根据郑州商城和偃师商城的考古分期和年代测定，结合文献，估定夏商分界的年代。6）夏代主要是根据二里头文化分期和年代测定，王城岗文化分期和年代测定，以及结合文献和参考夏代的五星连珠、仲康日食等的天文计算，估定夏代的始年。

夏商周三代是我国古代文明由兴起到繁盛的重要历史时期，但是我国古书记载的上古确切年代只能上推到司马迁《史记·十二诸侯年表》的开端—西周共和元年，即公元前841 年，再往前就存在分歧。两千年来，历代学者不断努力，试图解决。但由于涉及的领域很广，而研究大多是分别进行，研究的材料和手段有限，所以在一些关键点上始终没有突破，学术界一直不能达成共识。

夏商周断代工程的总目标是制定有科学依据的夏商周三个朝代的年代学年表。实施工程的研究途径主要是两条：

1. 对传世文献的甲骨文、金文等古文字材料进行搜集、整理、鉴定和研究，对有关的天文历法记录通过现代天文计算推定其年代；

2. 对有典型意义的考古遗址和墓葬资料进行整理和分期研究，并作必要的发掘，取得系列样品，进行常规和 AMS（加速器质谱计）的^{14}C 年代测定。

最后，对各课题通过以上两条及其他途径取得的结果，进行综合、深化，得出尽可能合理的年代学年表。

这是一项由人文社会科学和自然科学的专家联合实施的系统工程。在过去五年间，来自历史、天文、考古和^{14}C 测年等不同学科的 200 多位专家，在 9 个课题 40 多个专题的研究中进行联合攻关，取得了重要成果。《夏商周断代工程 1996—2000 年阶段成果报告》简本已经出版。

实施工程研究的特点是以多学科交叉的方式集中力量联合攻关。

以下略加说明。

一　武王克商年的推定

武王克商之年是商周分界、三代年代学的关键点。两千多年来中外学者根据各自对文献和西周历法的理解立说，形成了至少 44 种结论，最早的为公元前 1130 年，最晚的为公元前 1018 年，前后相差 112 年。工程的主要任务之一是较为精确地推求克商年，其技术路线是：

1. 1997 年发掘的陕西沣西遗址中，97SCM 探方 T1 由一组系列地层单位组成。其中最底层的 H18 灰坑，属先周文化晚期。叠压在 H18 之上的是 T1 第四层，属西周初期。这一地层为从考古学上划分商周分界提供了理想的地层依据，武王克商之年应落在这一年代范围内。上下地层都出有可供测年的样品，组成地层系列样品测出商周分界的年代范围为公元前 1050 年～1020 年。

2. 根据对殷墟文化系列样品、琉璃河遗址和天马—曲村遗址的系列样品的 ^{14}C 测定，可以得出殷墟年代和西周年代间交接处，其与沣西测出的武王克商的年代范围一致。

3. 对殷墟甲骨宾组卜辞中五次月食的研究，天文推算出武丁在位的绝对年代是公元前 1250 年～1192 年。考虑到其后诸王年代的记载及商末三王年数的研究，得出克商年范围也在公元前 1050 年～1020 年之间。

4. 根据古代文献与金文中的克商前后天象与历日，通过现代天文学方法回推克商天象，得到公元前 1044 年和 1046 年两个方案，均在公元前 1050 年～1020 年范围内。另外，根据古本《竹书纪年》，西周积年为 257 年，而以平王东迁之年，即公元前 770 年为西周末年，则得克商年为公元前 1027 年。此三说，都有一定的合理性。经过有关学科专家反复研究，认为公元前 1027 年说，虽曾有不少人认可，但与工程所定金文历谱难以整合，也不能与天象记录相合。借助现代天文软件，推算武王伐纣战役的日程表，其研究思路具有明显的创新性。如前所述，回推所得的年代之一是公元前 1044 年，此年代虽与古文献的天象记录相合，但与工程金文历谱研究结果难以整合，而另一个回推年代，即公元前 1046 年，则可与工程的西周金文历谱较好衔接，于是，将其选定为武王克商年的最优解。

二　西周王年的排定

西周王年的推定，以下列几方面的研究工作为依据。

1. 西周考古学文化序列研究与 ^{14}C 测年。西周自武王克商到幽王，共 11 世 12 王，共和元年以前的 10 个王是：

$$^1武王—^2成王—^3康王—^4昭王—^5穆王—^6共王—^7懿王—^9夷王—^{10}厉王—共和$$

$$|$$

$$^8孝王$$

与西周年代学相关的考古研究，除了陕西长安沣西遗址外，主要集中在北京房山琉璃河燕国遗址和山西曲沃天马—曲村晋国遗址。根据这两个遗址的西周文化分期提供的系列样品，进行了¹⁴C 测年研究，已经建立起自西周初开始的比较完整的西周年代框架。

2. 为了构建最合理的金文历谱，首先要研究西周历法的基本规则。按研究结果认为的要点是：①西周历法采用"朔"或"朏"为月首，在认识朔以前，当以朏为月首，朏指新月初见，一般在初二、初三。②西周历法岁首，一般在冬至所在之月，称为建子，若在次月，称为建丑。③采用年终置闰。④西周改元的方法有当年改元—新王即位的当年称新王元年。逾年改元—新王即位的次年称新王元年。

3. 在西周青铜器中，年、月、纪时词语与日名干支四要素俱全的共约 60 件。按诸器的出土情况、形制、纹饰等做类型学研究，进行分期断代，先后排序。

4. 西周青铜器铭文中的纪时词语，习称月相，是周人记述月内日序的一种方法。学术界关于纪时词语含义的解释颇有分歧，有定点说，四分说，二分二点说，二分一点说等。工程对西周晚期厉、宣、幽王时期的铜器铭文进行归纳，对金文纪时词语认识是：①初吉，出现在初一至初十。②既生霸，是从新月初见到满月。③既望，是满月后月光的光面尚未显著亏损。④既死霸，是从月面亏缺到月光消失。

5. 西周年代框架已有几个确定点，即西周始年已定为公元前 1046 年。懿王元年天再旦，被天文推定为公元前 899 年。已知共和元年为公元前 841 年。又根据《史记》载，穆王在位 55 年。晋侯苏钟出土于晋侯墓地 M8 中，铭文纪年为王三十三年。而根据 M8 的¹⁴C 年代测定结果，同《史记·晋世家》载晋侯苏卒于周宣王十六年相吻合。所以，晋侯苏钟的铭文三十三年，当属厉王。由此，《周本纪》载厉王在位 37 年，也可以认定。

6. 西周金文历谱的排定。过去金文历谱的排定结果，缺陷是很明显的。单件铜器根据铭文和纪时词语排出的年代有周期性，是多解的。现在有了确定的西周年代框架和几个王的元年，及在位年数，还有上述多方面的研究成果的制约，在此框架内可以结合铜器类型排出当前最好的西周金文历谱。从而得出当前最佳的西周王年表如下：

武王—4 年，公元前 1046～1043 年

成王—22 年，公元前 1042～1021 年

康王—25 年，公元前 1020～996 年

昭王—19 年，公元前 995～977 年

穆王—55 年，公元前 976～922 年（共王当年改元）

共王—23 年，公元前 922～900 年

懿王—8 年，公元前 899～892 年

孝王—6 年，公元前 891～886 年

夷王—8 年，公元前 885～878 年

厉王—37 年，公元前 877～841 年（共和当年改元）

三　商后期王年的排定

商后期指盘庚迁殷至商朝灭亡，其间八世十二王的世系是：

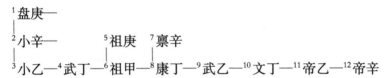

1. 殷墟文化分期与^{14}C测年

河南安阳殷墟是商后期都城所在，自 1928 年开始发掘至今，已有 70 余年。殷墟文化分为四期，比较成熟。除一期样品较少外，提供了足够的系列墓葬人骨样品，经^{14}C测定研究得出了详细的年代框架。

2. 由宾组卜辞中的五次月食，推定武丁在位年代

从甲骨文的字体分析，五次月食均属武丁晚期到祖庚时期，所以历时以不超过 30 年为妥。天文计算表明，在公元前 1500 年～1000 年间只有一组年代既符合卜辞干支，又符合月食顺序，而且年代范围在 20 年内，显然是最佳选择。

癸未夕月食	公元前 1201 年
甲午夕月食	公元前 1198 年
己未夕月食	公元前 1192 年
壬申夕月食	公元前 1189 年
乙酉夕月食	公元前 1181 年

甲骨文专家认为壬申夕、乙酉夕月食应下延至祖庚，而武丁在位 59 年是公认的，武丁在位的年代约为公元前 1250 年～1192 年。这同殷墟文化分期的^{14}C测年结果完全吻合。

3. 周祭研究

商代晚期，商王用五种方法、按固定顺序轮流祭祀先王及其配偶。一个祭祀周期称为一祀，长度约等于一个太阳年。学者称为周祭，有纪时作用。根据商末黄组卜辞和金文周祭材料，同金文历谱相似，由帝辛祀谱推得帝辛元年的可能年代为公元前 1085 年，1080 年，1075 年，1060 年等。考虑到商周分界在公元前 1046 年，因而，帝辛元年选定在公元前 1075 年。根据帝乙祀谱选定帝乙元年在公元前 1101 年。

4. 商后期年代的整合

根据文献，盘庚 14 年迁殷，盘庚与小辛、小乙是同代三王，武丁元年由宾组推定在公元前 1250 年，在位 59 年，因而把盘庚迁殷的年代估定在公元前 1300 年是比较妥当的。根据古本《竹书纪年》，武乙在位 35 年，文丁在位 11 年。从上述情况，可得商后期王年的大致情况如下：

盘庚迁殷公元前 1300 年，经小辛、小乙至武丁共 50 年，武丁 59 年，公元前 1250 年～1192 年，祖庚、祖甲、禀辛、康丁共 44 年，公元前 1191 年～1148 年，武乙 35 年，公元前 1147 年～1113 年，文丁 11 年，公元前 1112 年～1102 年，帝乙 26 年，公元前 1101 年～1076 年，帝辛 30 年，公元前 1075 年～1046 年。

四 商前期的年代框架

主要根据商前期考古学文化的分期与测年以及古代文献有关商年记载的研究。河南郑州商城和偃师商城是商前期的两处重要城市遗址，很可能是商前期的都城遗址。根据文化分期与^{14}C 测年。两城的始建年代都没有超过公元前 1600 年。文献记载的商积年有多种多样，古本《竹书纪年》记载，"汤灭夏，以至于受，二十九王，用岁四百九十六年"。但商代如计入未立而卒之太丁，应为三十一王，即二十九王之中未包括帝乙、帝辛二王。故商代总积年应为 496 + 26 + 30 = 552 年。工程多数有关专家取此说。由公元前 1046 年上推 552 年为公元前 1598 年。结合^{14}C 测年数据加以整合，因此取整估定，商始年或夏商分界为公元前 1600 年。

五 夏代年代学研究

主要依据是考古文化分期与^{14}C 测年，和夏代有关天象记录的推算以及关于夏年的文献记载。

1. 考古分期与^{14}C 测年

以河南洛阳二里头文化早期遗址为代表的遗存，称为二里头文化。二里头文化早期是公认的夏代文化遗存。经文化分期与^{14}C 测年研究，二里头一期不可能超过公元前 1880 年。这不可能是早期夏文化。多数考古学家认为夏文化早期要在河南龙山文化中去寻找。河南登封王城岗古城遗址，属河南龙山文化晚期。经文化分期与^{14}C 测年研究，其年代范围大约在公元前 2190 年～1965 年。

2. 天象记录的天文推算

文献中记有"禹时五星累累如贯珠，炳炳若连璧。"天文推算认定公元前 1953 年 2 月中旬至 3 月初，在黎明时的东方地平线上，土星、木星、水星、火星和金星排成一列，在 2 月 26 日五大行星之间的角距离小于 4 度。这是五千年以来最壮观的一次五星聚。然而，文献中"禹时"常泛指夏代,故不能据此确定夏禹在位的年代。

仲康日食被认为是世界最早的日食记录,《尚书·胤征》篇中有"乃季秋月朔,辰弗集于房,瞽奏鼓,啬夫驰,庶人走。"解说了九月初一,太阳、月亮没有在房宿会合而发生日食,于是有乐官击鼓,田夫驱驶,民众奔跑的一片惊慌景象。然而,根据现代天文推算,夏代季秋之月太阳并不在房宿。若只按季秋朔之日食推算,则在洛阳地区发生大食分日食时间,应有公元前 2043 年 10 月 3 日,公元前 2019 年 12 月 6 日,公元前 1970 年 11 月 5 日和公元前 1961 年 10 月 26 日的等几次,这些信息可供夏初年代的参考。

3. 夏代始年的估定

主要依据有关夏代积年文献记载的研究,同时参考天文推算的结果及相关考古文化分期与 ^{14}C 测年数据。根据《竹书纪年》记载:"自禹至桀,十七世,有王与无王,用岁四百七十一年。"今采用此说,从夏商分界公元前 1600 年上推 471 年,则夏代始年取整暂定为公元前 2070 年。

从上述情况我们可以看出,经过夏商周断代工程得出的年表,与以前的所有年表,科学依据明显增加,特别是商后期和西周共和元年以前的年表,有了比较准确的王年。而商前期也有了比较可靠的年代框架。夏代由于考古学对夏文化的研究和认识还不够完善,只能估定一个粗略的年代框架。总之,目前的结果只能是一个阶段性成果。夏商周年表的完善,还有待今后持续不断的努力。

(原载《文物保护与考古科学》2002 年 14 卷第 2 期)

郑州商城和偃师商城的^{14}C年代分析

张雪莲 仇士华 蔡莲珍

关于郑州商城和偃师商城的年代讨论，一直是考古界乃至史学界的热点。因为一些重要问题的探讨，取决于两城年代的确定。

郑州商城在20世纪50年代发现，是迄今所知的规模仅次于洹北商城的商代遗址，城内外二里冈文化遗址总面积约25平方公里。到目前为止，郑州商城中已发现多座大型夯土台基，还有铸铜作坊、青铜器窖藏等。关于郑州商城，学术界主要的观点有两种：一种认为是商代第一个王成汤所居之亳；另一种认为是商代第十一王仲丁所居之隞都。

偃师商城在20世纪80年代发现，现已发现的有大城、小城和宫城。大城南北长约1710米，东西宽约1215米。偃师商城发现有宫殿基址、水池、祭祀坑、铸铜作坊等。关于偃师商城，其主要观点有：一种认为是商汤所建的西亳；另一种认为是太甲被放时所居之桐宫；还有就是认为它是一座商灭夏后建立的军事重镇。

学术界的这些看法中，哪一种最具说服力？显然，其中的重要依据之一是年代。在年代问题的探讨中，考古学研究依据类型学和地层学的原理给出了两城的考古学文化及其分期，这样考古学上的相对年代已比较清楚，而其绝对年代，只能来自于^{14}C测年。

一 以往的测年情况

关于两城的^{14}C年代测定，最早开始于上世纪70年代的郑州商城的年代研究。中国社会科学院考古研究所^{14}C实验室对采自郑州商城的两个木炭样品进行了测定，测年结果见数据表。

表1   **郑州商城^{14}C年代数据**

实验室编号	原编号	^{14}C年代 (5568, BP)	校正年代（BC） （达曼表）	校正年代（BC） （新数据集）	校正年代（BC） （OxCal3.5）
ZK-0177	T7 (3)	3220±95	BC1595±110	1618~1417	1620~1400 (68.2%)
ZK-0178	T7 (5)	3240±95	BC1620±140	1635~1425	1620~1410 (68.2%)

表1中的^{14}C数据引自新^{14}C数据集（1965-1991）[1]。

根据新数据集的前言和说明，新编的数据集已将老数据集（1965—1981）中的数据作了统一安排，原因是国际上^{14}C年代的树轮校正工作有了很大进展。新数据集采用1986年

268

国际^{14}C会议确认的高精度树轮年代校正表统一校正，老数据集按达曼表查出的树轮校正年代附于索引四中可以同新的校正年代对照。此后，高精度校正表的改进甚小。

由上表可知，经达曼表校正之后的年代是公元前1600多年，误差范围有220年～280年。经高精度表校正后年代下移，误差范围缩小到201年～210年。当以高精度校正表为准。

偃师商城的年代测定，是从20世纪80年代开始的，直到夏商周断代工程之前，约已测定了10个数据（表2[2]）。

表2   偃师商城部分^{14}C年代数据

实验室编号	原编号	样品	^{14}C年代（5568，BP）	校正年代（BC）（新数据集）	校正年代（BC）（OxCal3.5）
ZK‑1271	Tl H1下，商	木炭	3230±100	1630～1420	1680～1670（1.4%） 1630－1400（66.8%）
ZK‑1315	VIIIT4（4），二里冈	木炭	3230±75	1612～1429	1610～1550（15.8%） 1540～1410（52.4%）
ZK‑1316	VIIIT2（3），二里冈上层	木炭	3290±75	1680～1513	1690～1490（65.5%） 1480～1460（2.7%）
ZK‑1319	J1D4T6H29，二里冈	木炭	3250±85	1635～1435	1620～1430（68.2%）
ZK‑1320	J1D4T6H25，二里冈	木炭	3360±75	1745～1529	1740～1520（68.2%）
ZK‑1345	VIIT8（6），二里冈	木炭	3130±100	1520～1310	1520～1290（65.0%） 1280～1260（3.2%）
ZK‑1372	VIIT9、T15（3B），二里冈下	木炭	3260±100	1680～1430	1680～1670（2.6‰） 1660～1650（1.2%） 1640～1430（64.4%）
ZK‑1373	VllTl2（3B），二里冈下	木炭	3030±105	1420～1127	1410～1120（68.2%）
ZK‑2198	J1D5H19，二里冈	木炭	3300±80	1658～1514	1690～1490（68.2%）
ZK‑2199	Jl T24（9B），二里冈	木炭	3030±90	1416～1137	1410～1120（68.2%）

从以上两个数据表看，共同的一点就是^{14}C测年误差较之夏商周断代工程之后的年代数据的误差明显大一些。校正后误差范围均在200年以上。在这样大的误差条件下，再加之木炭的可能偏老，不仅两个商城相对具体的年代难以确定，而且两城的早晚关系也不容易分清。所以上面的数据只能反映一个大概的情况，没法将其作为准确的年代依据。

二　系列样品方法的运用

如果想获得真正有助于解决历史时期年代问题的年代结果，从^{14}C测年角度来看，首先要求减小测年误差，提高年代测定的精度，这是减小年代误差的前提。但是，如果只是减小¹⁴C 测年误差的话，校正后的日历年误差仍然不一定会相应有较大程度的减小。这一点可以先从上面数据表看出一个大概的情况，如表 2 中 ZK－1319 和 ZK－1320 两个数据。前者¹⁴C 误差为 85 年，校正后的日历年代误差范围为 190 年；后者¹⁴C 误差为 75 年，校正后日历年代的误差范围为 220 年。之所以如此，这是由于¹⁴C—树轮年代校正曲线的缘故。不同时段的校正曲线的形状不同，则校正后日历年的误差大小也不同。所以，假如使¹⁴C 误差缩小的话，会对缩小校正后的日历年误差有作用，但校正后的日历年误差的大小更多地取决于¹⁴C—树轮年代曲线上的位置。这样，¹⁴C 年代误差并不一定与日历年误差具有一对应关系。由此可知，得到两座商城相对具体的年代，不仅要减小¹⁴C 测年误差，而且要想办法减小由于校正曲线的位置因素所造成的日历年误差。下面可以通过校正曲线图，使这一问题有一个更为清楚的表述（图 1）。

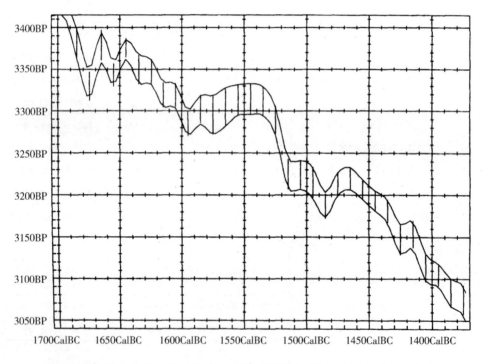

图 1　公元前 1600 年～公元前 1400 年前后的高精度¹⁴C—树轮年代校正曲线

这是¹⁴C—树轮年代校正曲线上处于公元前 1500 年左右到公元前 1600 多年这一时段的情况。

由图 1 可以看出，该曲线只是在非常短的一段区间中比较陡直，而总体来说坡度还是比较缓，而且不是很直。在这样的状况下，即使¹⁴C 测年误差不太大，用单个样品测年所得到的日历年代的误差也不会太小。下面可以就几个具体的年代值看一下大致的日历年误差情况。

假如¹⁴C 年代为距今 3320 年前后，如果测年误差为 30 年的话，单一样品的日历年校正范围约为公元前 1680 多年～公元前 1520 多年，误差约为 160 年。相同的误差情况下，假如^{14}C 年代为距今 3200 年前后，则日历年校正范围约在公元前 1520 年～公元前 1420 年左右，误差范围约为 100 年。所以处于这个区域中，应用单一样品测年，日历年校正误差一般都比较大。这样大的年代误差，无助于历史时期的年代讨论。怎样解决这一问题，实际上这也就是夏商周断代工程中面对的问题。通过夏商周断代工程中的研究与论证，工程采用了国际^{14}C 领域在 20 世纪 90 年代提出的系列样品方法，使得日历年校正误差明显减小[3]。所以，两个商城年代真正系统的测定研究是在夏商周断代工程中应用系列样品方法进行的测定工作。

系列样品方法是取前后有序，互有间隔，在时间上连续的含碳样品，通过高精度年代测定，将测得的数据在高精度^{14}C—树轮年代校正曲线上进行数据拟合，由此获得日历年代。而系列样品之间的相互关联性，可以使日历年误差明显减小。

为了实施系列样品方法，工程围绕测年精度进行了测年设备、制样方法等方面的研究与改造课题。通过这些课题研究，最终使常规方法精度达到 3‰，加速器方法精度达到 5‰。这为缩小^{14}C 测年误差提供了保证[4]。同时，由于数据拟合是通过拟合的统计程序来进行的，为了保证数据拟合的科学性，又对数据拟合程序进行了评估[5]，在此基础上，再对采集到的考古发掘中的系列样品进行年代研究。

系列样品根据其形成条件，可分为三种类型：树轮系列，地层系列和以考古学文化分期为形成条件的系列。其中树轮系列由于其年轮清晰可数，年代顺序、间隔都很清楚，得到的结果最可靠，其日历年误差也相对最小。地层系列，为由于有确凿的地层关系，使结果的可靠性得到保障，误差也会明显减小，但一般较之前者为大。成熟的考古学分期与第二种类型具有等效的作用，也会使误差减小。

在应用系列样品所进行的年代测定中，首先做了树轮系列，因为该系列可对得到的结果进行检验。之后进行了地层系列和考古学文化分期系列的测定。两个商城年代的测定，是在这样的条件下进行的。

郑州商城和偃师商城的系列样品基本是以考古学文化分期和地层关系作为形成条件。

先来看一下偃师商城的系列样品测年情况，见数据表 3[6]。由表中可以看出，偃师商城系列样品中，有 7 个单位是木炭，9 个单位为骨头。通常，木炭测年有偏老的可能，因为有树心树边的问题，还有树木的死亡年代与文化层形成年代是否一致等问题。而骨头样品相对来说会好得多。但骨头样品要看其保存状况，必须挑选状况好的样品。夏商周断代工程中通过对骨头制样问题的研究，改进了制样方法，保证了骨头测年的可靠性[4]。偃师商城系列样品中有 9 个样品是骨样品，这会对木炭有可能的偏老起到限制作用。偃师商城考古学文化分期为三期七段。通过原始数据加考古学文化分期进行数据拟合，偃师商城得到的一期一段的年代为公元前 1600 年～公元前 1506 年。见数据表 3 及拟合图（图 2）。

表 3   偃师商城分期及常规 14C 测年数据

分期		单位	样品	实验室编号	14C 年代（BP）	拟合后日历年代（BC）
第一期	一段	VIIT28⑩	兽骨	ZK－5417	3220±36	1600～1565（45.7%） 1525～1506（22.5%）
		VIIT28⑨	兽骨	ZK－5416	3219±34	1600～1560（47.1%） 1525～1505（21.1%）
	二段	VIIT28⑧	兽骨	ZK－5424	3252±34	1532～1487
		小城 T54G1	木炭	ZK－5453	3258±36	1532～1487
		VIIT0200H19	木炭	ZK－5447	3150±37	1516～1486
第二期	三段	1V32HG2	木炭	ZK－5402	3237±37	1500～1461
		T0301H94	木炭	ZK－5442	3158±48	1496～1464
	四段	ⅡTllM27	人骨	ZK－5412	3207±31	1467～1429
		ⅡT11M3l③	人骨	ZK－5421	3206±36	1466～1427
		IVT03H179	兽骨	ZK－5403	3201±31	1464～1428
		1VT3l H120	木炭	ZK－5400	3191±48	1459～1412
		ⅡTllM27⑦a	兽骨	ZK－5413	3183±40	1456～1412
		VllT28⑥	兽骨	ZK－5415	3130±35	1434～1388
		ⅡT11M25	人骨	ZK－5411	3120±32	1429～1387
第三期	五段	偃师商城路土①	木炭	ZK－5452	3126±37	1405～1370（25.2%） 1355～1350（2.73%） 1340～1315（40.23%）
		偃师商城 G1	木炭	ZK－5451	3053±34	1380～1260

再来看一下郑州商城的测年情况。

郑州商城的系列样品中，有 14 个单位是骨头，1 个单位是木炭。通过数据拟合，得到的二里冈下层一期的年代为公元前 1580 年～公元前 1490 年。见数据表 4[8] 及拟合图（图 3）。

这些结果已写入夏商周断代工程阶段性成果简本中。2000 年，在夏商周断代工程阶段性成果简本基本完成的时候，在河南郑州又采集到了由考古学家提供的具有直接地层叠压关系的洛达庙中晚期二里冈期系列样品。样品均为骨头。这次采集的样品与前一次相比，二里冈下层一期前面增加了洛达庙中晚期的 7 个单位的样品，使得形成的系列加长，因而拟合结果更加明确、具体，误差范

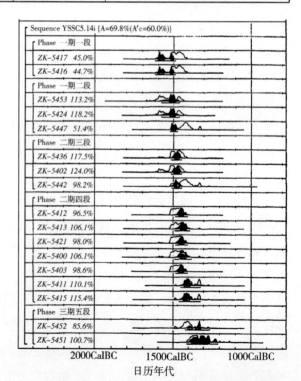

图 2   偃师商城遗址系列样品数据拟合图

围相对更小。其结果比之简本中的年代上限下移 71 年，为公元前 1509 年～公元前 1465 年[9]。见数据表 5 及拟合图（图 4）。

表 4　　　　洛达庙类型晚期遗存和郑州商城分期及常规[14]C测年数据

分期		单位	样品	实验室编号	[14]C 年代（BP）	拟合后日历年代（BC）
洛达庙类型晚期遗存		VTl55G3	兽骨	XSZl42	3286±36	1680～1670（4.8%） 1630～1540（63.4%）
第一期	二里冈下层一期早	ⅡT166G2	兽骨	ZK5371	3261±35	1580～1490
	二里冈下层一期晚	ⅡT203H56	兽骨	ZK－5373	3202±37	1518～1478
		ⅡT159	兽骨	ZK－5370	3174±41	1515～1480
第二期	二里冈下层二期	ⅡT202H150	兽骨	ZK5369	3221±36	1474～1436
		ⅡT202H60	兽骨	XSZl44	3184±35	1485～1425
		ⅡT236H156	兽骨	XSZl47	3148±40	1485～1480（6.14%） 1455～1415（62.1%）
第三期	二里冈上层一期	ⅡT201H69	兽骨	ZK5368	3130±34	1427～1392
		ⅡT234H28	兽骨	XSZl45	3140±35	1429～1395
		ⅡT234G2	兽骨	XSZl46	3138±37	1429～1393
		ⅡT201G1	兽骨	XSZl41	3125±48	1429～1393
第四期	二里冈上层二期	98ZS②H12	木炭	Z16353	3094±34	1390～1300（64.8%） 1280～1260（3.4%）
		98ZS②H12	兽骨	XSZ081	3061±37	1380～1260
		ⅡT157H17	兽骨	ZK5372	3030±38	1370～1210
		ⅡT201H2	兽骨	ZK5366	3136±34	1400～1370（22.5%） 1340～1315（45.7%）

表 5　　　　洛达庙—二里冈遗存与郑州商城数据拟合结果

实验室编号	单位	分期	样品	[14]C 年代	拟合后日历年 BC
ZK－5381	99ZSC8ⅡT265H58	洛达庙中期	骨头	3270±37	1680～1670（8.7%） 1630～1570（59.5%）
ZK－5383	99ZSC8ⅡT264H80	洛达庙中期	骨头	3275±37	1680～1660（9.6%） 1630～1570（58.6%）
ZK－5378	99ZSC8ⅡT261H28	洛达庙晚期	骨头	3164±38	1520～1494（68.2%）
ZK－5375	99ZSC8ⅡT268H68	洛达庙晚期	骨头	3232±32	1580～1570（3.1%） 1530～1485（65.1%）
ZK－5380	99ZSC8ⅡT265H56	洛达庙晚期	骨头	3298±34	1580～1520（68.2%）
XSZ142	ⅡT155G3	洛达庙晚期	骨头	3286±36	1580～1515（68.2%）
ZK－5379	99ZSC8ⅡT261⑥	洛达庙晚期	骨头	3333±36	1573～1524（68.2%）
ZK－5371	ⅡT166G2	二下一早	兽骨	3261±35	1509～1488（43.1%） 1480～1465（25.1%）
ZK－5377	99ZSC8ⅡT261H21	二下一早	骨头	3111±55	1504～1474（68.2%）
ZK－5373	ⅡT203H56	二下一晚	兽骨	3202±37	1481～1448（68.2%）
ZK－5370	ⅡT159	二下一晚	兽骨	3174±41	1485～1448（68.2%）

实验室编号	单位	分期	样品	¹⁴C 年代	拟合后日历年 BC
ZK－5369	irr202H150	二下二	兽骨	3221±36	1460～1429（68.2%）
XSZ144	IIT202H60	二下二	兽骨	3184±35	1456～1424（68.2%）
XSZ147	IIT236H156	二下二	兽骨	3148±40	1450～1419（68.2%）
ZK－5368	irr201H69	二上一	兽骨	3130±34	1427～1388（68.2%）
XSZ145	IIT234H28	二上一	兽骨	3140±35	1426～1391（68.2%）
XSZ146	IIT234G2	二上一	兽骨	3138±37	1428～1390（68.2%）
XSZ141	IIT201G1	二上一	兽骨	3125±48	1428～1380（68.2%）
ZK－5353	97ZZH12	二上二	木炭	3094±34	1390～1370（7.8%） 1360～1290（54.7%） 1280～1260（5.7%）
ZK－5372	IIT57H17	二上二	兽骨	3030±38	1380～1330（12.9%） 1320～1250（41.9%） 1240～1210（13.4%）
ZK－5366	IIT201H2	二上二	兽骨	3136±34	1400～1370（17.1%） 1340～1315（51.1%）

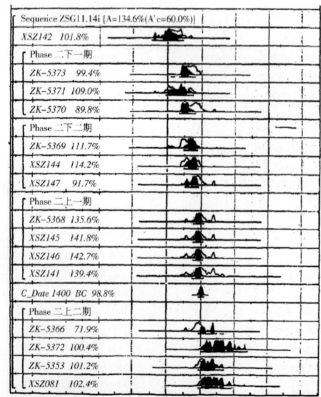

图 3　河南郑州商城遗址系列样品数据第一次拟合图

两个商城年代的具体拟合情况通过拟合图可能会看得更加清楚。由拟合图 2 可以看出，偃师商城一期一段的数据由于其前没有能与之相衔接的数据，所以它的误差范围仅是在其后受到限制，而在前面没有得到控制。这样得到的结果是公元前 1600 年～公元前 1506 年。这种情况与郑州商城第一次拟合情况有些类似，见拟合图 3。但郑州商城的第一次拟合中，二下一的前面还有一个洛达庙晚期的数据相衔接，其误差范围的向前延伸还是稍微受到了一点限制。而偃师商城的一段前面一个数据也没有，这样它的年代上限只能卡定在公元前 1600 年以下。另外，虽然偃师商城的一期一段之前没有被压住，误差由于可能向前延伸而有可能没有缩小到理想的程度，但由于一期二段的年代已超过公元前 1500 年，所以一段的年代应在公元前 1550 年之前。拟合图 3 和拟合图 4 的区别是后者在二里冈下层一期的样品前面增加了洛达庙中晚期的样品数目，因而使得拟合图 4 中的二里冈下层一期的年代比之拟合图 3 中的年代明显向后挤压，这样二里冈下层一期的年代就由图 3 中的公元前 1580 年～公元前 1490 年，误差为 90 年，改变为图 4 中的公元前 1509 年～公元前 1465 年，误差范围缩小到 40 多年。很明显，二里冈文化的年代上限进一步受到了约束。

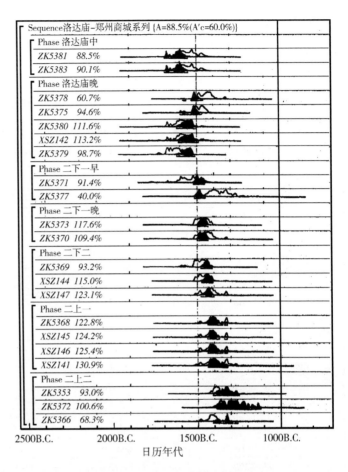

图 4 河南郑州商城遗址系列样品数据第二次拟合图

将两个商城的年代相比较可以看出，虽然偃师商城一期一段的前面由于没有能起限制作用的样品，其年代上限还难定死。但能代表郑州商城建城年代的二里冈下层一期的年代与偃师商城一期二段晚或三段早相当，所以两城的早晚关系已比较清楚。

当然，郑州商城还没有发现小城或宫城，这仅仅是就现已发现的大城的年代所作的测定。

另外，郑州电力学校水井中采集的木头样品，由于是按树轮取样测年，是系列样品中最理想的系列标本，得到的年代最为可靠，误差范围也最小。该样品经考古学家据水井中出土的陶片界定为二里冈上层一期，经系列样品测定为公元前 1400 年。将由洛达庙中晚期与二里冈期系列得到的二里冈下层一期的年代公元前 1509 年～公元前 1465 年与之比较，可以看出，也是顺应的。

三 两个商城与二里头文化的关系

关于二里头文化，考古界有几种说法。认为二里头一到四期都是夏；一期是夏，二、

三、四期是商；一、二期是夏，二、三期是商；一、二、三期是夏，四期是商。夏商周断代工程中应用系列样品方法对该遗址一到四期考古学文化遗存进行了¹⁴C 年代测定，其结果见数据表 6[10]。

表 6 二里头遗址分期与常规¹⁴C 测年数据

分期	单位	样品	实验室编号	¹⁴C 年代	拟合后日历年代（BC）
一期	97VT3H58	兽骨	XSZ104	3445±37	1880～1840（28%） 1810～1800（6.14%） 1780～1730（33.4%）
	97VT2（11）	木炭	ZK5206	3406±33	1740～1460
二期	97VT4H54	木炭	ZK5227	3327±34	1680～1600
	97VT4⑦b	兽骨	XSZ098	3327±32	1685～1650（29.3%） 1640～1600（38.9%）
	97VT4H46	木炭	ZK5226	3407±36	1740～1640
	97VT1H48	兽骨	ZK5244	3348±36	1685～1615
	97VT6H53	木炭	ZK5236	3294±35	1680～1670（12.3%） 1660～1650（4.1%） 1635～1590（51.2%）
	97VT4G6	兽骨	ZK5253	3341±39	1685～1610
	97VT3⑦	兽骨	ZK5257	3313±37	1685～1650（25.2%） 1640～1600（43%）
	97VT4⑥a	木炭	ZK5228	3318±34	1685～1600
	97VT2⑨a	木炭	ZK5209	3374±34	1740～1710（10.9%） 1690～1620（57.3%）
三期	97VT6（17）a	兽骨	ZK5249	3347±36	1610～1555
	97VT1⑨	木炭	ZK5200	3343±35	1610～1555
	97VT6（12）b	兽骨	ZK5247	3272±39	1598～1564
四期	97VT3G4	兽骨	ZK5255	3355±40	1560～1529
	97VT4⑤a	木炭	ZK5229	3304±36	1561～1525
	97VT6	木炭	ZK5242a	3270±32	1564～1521
	97VT6	木炭	ZK5242b	3350±33	1560～1529

现结合系列样品¹⁴C 测年结果做一分析。

1. 郑州商城是在二里冈文化早期建造的。二里冈下层文化下面叠压有洛达庙文化层。而偃师商城的早期出现有二里头四期的东西。

2. 郑州商城二里冈文化的年代上限和建城的年代在公元前 1500 年前后。而偃师商城小城和宫城的年代相当于偃师商城一期，要早于郑州商城。但偃师商城早期仍未到公元前 1600 年。

3. 洛达庙中期和二里头三期的年代均在公元前 1600 年左右。

由上述情况看，考古学界不得不面对这样一些问题，即假如历史上夏商年代的分界大约在公元前 1600 年，那么二里头文化三、四期，洛达庙文化中、晚期还能都是夏代文化吗？郑州商城还能是汤亳吗？如果商朝是从二里冈文化开始的，那么目前测出的年代只能到公元前 1500 多年。因为商后期有八代十二王，商前期是十代十九王。现盘庚以前的商朝只有 200 年，比商后期的年代还短，这与历史文献不合。加之目前由夏商周断代工程研究得到的武王克商年而建立的年代学体系，相对来说年代较晚，盘庚迁殷的年代已不大可能晚于公元前 1300 年，所以将商的开始推定于公元前 1600 年再不可能有大的出人。

另外，从新砦遗址的年代测定来看，二里头文化一期的年代仅处于公元前 1700 多年，这同二里头文化四期末的年代在公元前 1500 多年是相顺应的。虽然这样的年代框架不是没有误差，但足可以向考古学界提出，当您把考古学文化同历史挂钩的时候，既不能没有充分的证据，也不能不考虑现在的年代测定。

（原载《中原文物》2005 年第 1 期。本文是经再次测定和研究，综合分析了两个商城的年代问题得出的结论，由张雪莲撰写成文）

[1]　中国社会科学院考古研究所《中国考古学中碳十四年代数据集（1965—1991）》，文物出版社，1991 年。

[2]　同 [1]。

[3]　刘若新、仇士华、蔡莲珍等《长白山天池火山最后一次大喷发年代的研究及其意义》，《中国科学》1997 年 D 辑 27 卷第 5 期；仇士华、蔡莲珍《碳十四断代技术的新进展与夏商周断代工程》，《考古》1997 年第 7 期；仇士华、蔡莲珍《解决商周纪年问题的一线希望》，《1995 年中国商文化国际学术讨论会论文集》，1998 年；蔡莲珍、仇士华《贝叶斯统计应用于碳十四系列样品年代的树轮校正》，《考古》1999 年第 3 期。

[4]　张雪莲、仇士华《关于夏商周碳十四年代框架》，《华夏考古》2001 年第 3 期。

[5]　马宏骥、郭之虞《夏商周断代工程中碳十四系列样品的树轮校正》，《核技术》2000 年第 3 期。

[6]　夏商周断代工程专家组《夏商周断代工程 1996—2000 年阶段成果报告（简本）》，世界图书出版公司，2000 年。

[7]　张雪莲、仇士华、蔡莲珍《琉璃河西周墓葬的高精度年代测定》，《考古学报》2003 年第 1 期。

[8]　同 [6]。

[9]　同 [4]。

[10]　同 [6]。

关于二里头文化的年代问题

仇士华　蔡莲珍　张雪莲

一

1983 年我们写了《有关所谓"夏文化"的^{14}C 年代测定的初步报告》[1]。在那篇文章中，我们对^{14}C 年代测定中误差情况的复杂性作了详细说明。例如说，单个^{14}C 年代数据一般是不可轻信的。即使经过准确测定，数据可信，也可以把不是夏代的标本误认为是夏代的，根本无法分辨。要解决这个问题，只好以数量求质量，测出大量的数据，缩小统计误差，尽量排除偶然性。在这样的背景里，我们分析了二里头遗址一至四期的 32 个样品的^{14}C年代数据，认为二里头文化的绝对年代被限制在公元前 1900－1500 年的范围内。同时还声明，哪一种文化可以明确称之为"夏文化"，这是考古学家研究讨论的专题，有些问题恐怕还有待于考古工作和测定工作的进一步开展和研究。尽管如此，根据文献的各种纪年系统，这个结果可以表明，二里头一期不是夏代的开始，二里头四期有可能已经进入商代。当然，这个结果很粗糙，但可供考古学家研究做参考。

二

随着时间的推移，各方面都在发展进步。^{14}C 测定的精度在提高，树轮校正曲线也有若干修正和改进，特别是使用系列样品方法测定，可以使测定考古事件的日历年代误差大为缩小[2]。

所谓系列样品方法，就是按田野考古层位或文化分期收集的系列样品，测出一系列^{14}C年代，同时做树轮年代校正。因为这些样品在考古上有相对的时序，同时做树轮年代校正时能相互制约，因而使校正后的样品日历年代误差大为缩小。最好的系列样品是木头样品。对于保存完好的古代木头样品，如有 50 个以上的年轮，则可同建立树轮校正曲线一样，每隔 10 轮取一个样，连续取 5 个以上的样品，测出其^{14}C 年代数据，经过与树轮校正曲线匹配拟合，就可以把木头的砍伐年代定准到误差不超过 10 年。对于按文化分期或地层连续的系列样品，在相邻时间间隔方面虽不如树轮系列那样规整，但在时代上的早晚次序是明确的，也同样可以利用同树轮校正曲线相匹配拟合的方法，获得较好的效果。

278

三

在夏商周断代工程之前，1995 年偃师国际商文化学术讨论会上，我们作了"系列样品方法作为解决商周纪年问题的一线希望"报告。作为对树轮系列样品方法的一次试测实验，我们采集了长白山天池火山最近一次大喷发被埋在浮岩空降堆积物中的一大块炭化木，数出树轮，做了系列样品测定[3]。获得最近一次大喷发的年代为公元 1215 ± 15 年。它可以同格陵兰 GISP2 冰芯中公元 1229 ± 2 年的 SO_4^- 峰相对应。这个 SO_4^- 峰在我们测出天池火山大喷发的年代以前，世界上还没有找到相对应的火山大喷发。这个冰芯的其他许多 SO_4^- 峰都可以同世界上著名的火山大喷发相对应。另外，中国气候史指出，公元 1230 年～1260 年间气温下降，气候突变，具有全球性反映，很可能是这次天池火山大喷发造成的。

夏商周断代工程使系列样品方法的效能得到了充分发挥，实施的具体程序是：

1. 采集与考古层位和文化分期在年代上高度相关的含碳样品。

2. 测出精确可靠，误差符合实际的 ^{14}C 年代数据。

3. 充分应用考古信息，将系列样品的 ^{14}C 年代数据同高精度树轮校正曲线进行匹配拟合，定出与考古年代内涵相符的日历年代。

4. 由 ^{14}C 测定工作者同考古专家共同研究建立夏商周的考古年代框架[4][6]。

四

二里头遗址的系列样品是重新采集的。主要是骨质样品，经过仔细测定，其结果在夏商周断代工程阶段性成果报告中已经公布[5]。现在我们对二里头文化的年代问题，提出自己的看法，供大家讨论参考和批评。

1983 年我们阐述的二里头测定报告，并没有错误。但是，标本大多是木炭，测定误差也比较大，而且年代数据都是采用单个样品的树轮校正结果，所以是很粗糙的。原报告中已有相应说明。

夏商周断代工程中公布的系列样品测定拟合结果，没有加以说明和充分研究讨论。

从实际情况看，我们认为二里头采集的系列样品在分期上是有根据的。二里头文化分为一、二、三、四期，有地层叠压关系为依据，经历过长期研究，多数学者对分期有共识。当然，尚不能说每个样品间，都有绝对的先后次序。

二里头系列样品中还有被称为五期的二里岗文化的样品。因此可以把一至五期作为一个系列来拟合，以便于估计四期年代的下限。但一期的年代上限还难以估定，需要使用程序设置的边界条件命令来估计。如果有与一期连续、但更早期的 ^{14}C 年代数据参与拟合，应当更好。

密县新砦遗址，经过发掘发现有早于二里头一期，或与二里头一期相当的新砦一期和新砦二期文化。新砦一期前面还有龙山晚期的遗存，考古学界正在研究。这三期的¹⁴C样品年代应当可以作为一个系列进行拟合。北大加速器质谱测定已有结果，常规方法也测定了十多个数据。这样，可以同二里头的系列样品拟合作比较。

五

新砦文化在时间上填补了二里头文化同河南龙山文化之间的空当。现试将新砦遗址的龙山文化、新砦文化和二里头遗址的二里头文化及二里头五期（二里岗期）共 60 多个 ¹⁴C 年代数据，应用 OxCal 程序做一个长系列的拟合。龙山和新砦期、新砦期与二里头期以及二里头期与二里岗期各界限的年代显示见数据拟合图（图 1A，1B，1C）和拟合前后的数据对照表（表 1A，1B）。应该说，根据考古发掘和研究的情况，这四种文化，河南龙山晚期→新砦期→二里头期→二里岗期，地层关系清楚，先后顺序密集，系列长并有大量相关的 ¹⁴C 年代数据，最适合于做系列样品拟合、研究分析。

由拟合图和数据表可见新砦期的上限不早于公元前 1850 年，二里头一期的上限不早于公元前 1750 年，二里岗期上限不早于公元前 1540 年。

六

根据拟合结果。我们从年代测定的角度，做一些说明和粗略分析。

1. 1983 年我们在《有关所谓"夏文化"的 ¹⁴C 年代测定的初步报告》中把二里头文化的年代限制在公元前 1900－1500 年的范围内。那是按单个样品作了树轮年代校正，曾被广泛引用。由于样品大都是用木炭作的一般测定，误差相应比较大。夏商周断代工程中，二里头文化的系列样品是重新采集的，主要是骨质样品，所得 ¹⁴C 数据同以前的数据并不矛盾，只是精度更高一些。经过拟合（见《夏商周断代工程 1996－2000 年阶段成果报告》简本，76 页，表二〇）可以看出，由于相应段树轮年代校正曲线的关系，二里头文化一期的年代上限在公元前 1730 年~1880 年之间，范围很大，这同 1983 年的报告是一致的。但若在拟合时使用边界条件来限定，就可以把上限缩小，向公元前 1730 年靠拢。现在采用新砦文化的系列样品同二里头文化的系列样品一起拟合，可以更客观地把二里头文化一期的年代上限定在不早于公元前 1750 年。

2. 在郑州商城遗址，洛达庙（即二里头类型）文化层被二里岗文化下层所叠压。在二里头遗址，二里头四期则被第五期（即二里岗文化）叠压。郑州商城遗址和二里头遗址两组系列样品的拟合，都表明二里岗文化的年代上限都在公元前 1500 多年[7]。

3. 郑州商城的城墙中发现有二里岗下层文化的陶片，故而郑州商城的年代不可能早于二里岗文化一期。偃师商城的发掘者把偃师商城文化分为三期。偃师商城的小城建于偃师商城文化一期。一期的文化分析和 ^{14}C 年代测定都表明在时间上已进入二里头文化期。因此，可以肯定偃师商城的小城比郑州商城要早[8]。

4. 根据现有的考古资料和年代测定，二里岗文化不可能是最早期的商代文化。二里头文化在时间上跨越了夏代晚期和商代早期。

（原载《二里头遗址与二里头文化研究》，321－332 页，科学出版社，2006 年）

[1]　仇士华、蔡莲珍、冼自强、薄官成《有关所谓"夏文化"的碳十四年代测定的初步报告》，《考古》1983 年第 10 期。

[2]　仇士华、蔡莲珍《碳十四断代技术的新进展与"夏商周断代工程"》《考古》1997 年第 7 期。

[3]　刘若新、仇士华、蔡莲珍、魏海泉、冼自强、薄官成、钟建《长白山天池火山最近一次大喷发年代研究及其意义》，《中国科学》D 辑，1997 年第 5 期。

[4]　仇士华、蔡莲珍《夏商周断代工程中的碳十四年代框架》，《考古》2001 年第 1 期。

[5]　夏商周断代工程专家组《夏商周断代工程 1996—2000 年阶段成果报告（简本）》，世界图书出版公司，2000 年。

[6]　仇士华、蔡莲珍《夏商周断代工程中的多学科合作》，《文物保护与考古科学》2002 年第 2 期。

[7]　张雪莲、仇士华《关于碳十四年代框架》，《华夏考古》2001 年第 3 期。

[8]　张雪莲、仇士华、蔡莲珍《郑州商城和偃师商城的 ^{14}C 年代分析》，《中原文物》2005 年第 1 期。

表1A   **长系列拟合之新砦遗址部分**

实验室编号	样品来源（原编号）	考古分期	测定物质	^{14}C年代数据	平均值	单个数据校正	系列数据校正
上边界 Boundry I							2180~2050
SA00002	T1H123	龙山虎	骨头	3700±65		2200~2160(10.3) / 2150~2010(51.9) / 2000~1970(6.0)	2110~1950
SA00014	T1H126		骨头	3675±35	3716±38	2140~2120(14.2) / 2100~2030(54.0)	2085~2036
SA00014-1			骨头	3740±30			
VERA-1430			骨头	3760±45			
VERA-1429a			骨头	3695±35			
SA00008	T1H122		骨头	3570±35		2010~2000(2.0) / 1960~1870(60.4) / 1840~1820(5.8)	1960~1870(64.3) / 1840~1830(3.9)
SA00007	T1H120		骨头	3590±30		2010~2004(4.3) / 1980~1880(63.9)	2010~2000(3.1) / 1980~1880(65.1)
SA00001	T1H119		骨头	3485±30	3487±33	1880~1840(28.5) / 1830~1790(19.1) / 1780~1740(20.6)	1880~1835(59.3) / 1830~1810(8.9)
SA00001-1				3490±35			
边界 BoundryL-X1,龙山晚期-新砦一期间							1830~1770
SA00006	T1(6)C	新砦一期	骨头	3535±35	3505±35	1880~1770	1798~1764(57.2)
SA00006-1			骨头	3470±35			1760~1752(11.0)
SA00012	T1H116		骨头	3480±35	3490±42	1880~1840(27.2) / 1830~1790(22.0) / 1780~1740(19.0)	1805~1795(8.1) / 1790~1750(60.1)
VERA-1432			骨头	3500±45			
VERA-1431			骨头	3490±35			
SA00005	T1H112		骨头	3465±35		1880~1840(23.6) / 1820~1790(9.1) / 1780~1730(29.0) / 1710~1690(6.6)	1810~1795(9.1) / 1785~1750(59.1)
SA00019	T1H115		骨头	3530±35	3515±35	1890~1860(14.9) / 1850~1770(53.3)	1799~1767(58.8)
SA00019-1			骨头	3500±35			1759~1751(9.4)
SA00028	T4H61(6)		骨头	3500±35		1880~1750	1796~1752
边界 BoundryX1-X2,新砦一期-新砦二期间							1830~1770
SA00018	T1H40	新砦二期	骨头	3500±30	3434±33	1880~1840(28.2) / 1830~1790(19.6) / 1780~1740(20.4)	1764~1740
SA00018-1			骨头	3470±35			
SA00017	T1H26		骨头	3395±40	3434±34	1770~1755(4.9) / 1750~1685(63.3)	1752~1720
SA00017-1			骨头	3455±30			
SA00009	T1H76		骨头	3415±35		1770~1760(1.2) / 1750~1680(57.5) / 1670~1630(9.5)	1748~1718
VERA-1435	T1H48		骨头	3460±50	3437±49	1860~1840(5.9) / 1770~1680(62.3)	1760~1724
VERA-1434			骨头	3425±35			
SA00013	T1H45		骨头	3430±55	3402±41	1740~1705(48.3) / 1700~1680(15.7) / 1670~1660(3.2) / 1645~1640(1.1)	1740~1722
SA00013-1			骨头	3390±35			
VERA-1437			骨头	3450±50			
VERA-1436			骨头	3380±35			
SA00016	T1H29(1)		骨头	3410±35	3405±45	1740~1680(66.0) / 1670~1660(2.2)	1742~1721
VERA-1439			骨头	3430±35			
VERA-1438			骨头	3390±35			
SA00021	T1H66		骨头	3425±30		1860~1840(1.5) / 1770~1680(66.7)	1750~1719
SA00020	T1H30		骨头	3490±30		1830~1840(26.2) / 1830~1740(42.0)	1763~1739
边界 BoundryX2-X2,新砦一期-二里头一期间							1728~1706

表 1B 　　　　　　　　　　　　　　长系列拟合之二里头遗址部分

实验室编号	样品来源（原编号）	考古分期	物质	¹⁴C 年代数据（5568,1950）	单个数据校正	系列数据校正
边界 BoundryX2－E1，新砦二期－二里头一期间（同上）						1728～1706
XSZ104	97YLVT3H58	一期	兽骨	3445±37	1870～1840(12.3) 1810～1800(3.8) 1780～1680(52.2)	1711～1690
ZK－5206	97YLVT2(11)		木炭	3406±37	1870～1840(12.3) 1810～1800(3.8) 1780～1680(52.2)	1711～1690
ZK－5260	YNM3	一期	人骨	3454±34	1880～1840(19.2) 1810～1800(5.4) 1780～1730(28.9) 1720～1690(14.7)	1710～1691
ZK－5261	YNM9		人骨	3457±34	1880～1840(20.4) 1820～1790(6.5) 1780～1730(29.0) 1720～1690(12.3)	1710～1691
ZK－5262	YNM19		人骨	3391±33	1740～1620	1714～1686
边界 BoundE1－E2，二里头一期－二里头二期间						
ZK－5227	97YLVT4H54		木炭	3327±34	1690～1650(12.0) 1640～1590(29.5) 1570～1520(26.6)	1685～1615
XSZ098	97YLVT4⑦B		兽骨	3327±32	1690～1650(12.4) 1640～1580(29.0) 1570～1520(26.7)	1685～1645(37.6) 1640～1615(30.6)
ZK－5226	97YLVT4H46		木炭	3407±36	1750～1680(53.1) 1670～1630(15.1)	1695～1630
ZK－5244	97YLVT1H48		兽骨	3348±36	1880～1840(15.5) 1810～1800(4.4) 1780～1730(28.6) 1720～1680(19.7)	1700～1680(38.4) 1670～1655(16.1) 1650～1635(13.7)
ZK－5253	97YLVT4G6	二期	兽骨	3341±39	1690～1600(50.7) 1570～1530(17.5)	1685～1620
ZK－5257	97YLVT7⑦		兽骨	3313±37	1680～167(3.4) 1630～1520(64.8)	1685～1645(35.8) 1640～1610(32.4)
ZK－5228	97YLVT4⑥A		木炭	3318±34	1680～1670(4.8) 1630～1520(63.4)	1685～1645(35.8) 1640～1610(32.4)
ZK－5209	97YLVT2⑨A		木炭	3374±34	1740～1710(14.8) 1700～1610(53.4)	1690～1630
ZK－5263	YN M18		人骨	3343±34	1690～1600(53.8) 1560～1530(14.4)	1685～1620
ZK－5265	YN M26		人骨	3380±34	1740～1710(18.6) 1700～1620(49.6)	1690～1630
ZK－5267	YN M33		人骨	3347±35	1690～1600(57.4) 1560～1530(10.8)	1685～1620

续表 1B

实验室编号	样品来源 (原编号)	考古分期	物 质	^{14}C 年代数据 (5568,1950)	单个数据校正	系列数据校正
边界 BoundE2－E3,二里头二期—二里头三期间						
XSZ160	VT5H39	三期	骨头	3296±35	1620~1520	1612~1573
XSZ167	VT6H34		骨头	3311±35	1680~1670(1.3) 1530~1520(66.9)	1616~1573
ZK－5249	97YLVT6(17)A		兽骨	3347±36	1690~1600(56.5) 1560~1530(11.7)	1625~1570
ZK－5200	97YLVT1⑨		木炭	3343±35	1690~1600(53.3) 1560~1530(14.9)	1621~1574
ZK－5247	97YLVT6(12)B		兽骨	3272±39	1620~1500	1608~1571
ZK－5270	YNM34		人骨	3301±33	1615~1520	1614~1574
边界 Bound3－4 二里头三期－四期						
XSZ169	VT1G5	四期	骨头	3331±	1690~1580(43.9) 1570~1520(24.3)	1565~1530
ZK－5255	97YLVT3G4	四期	兽骨	3355±40	1690~1600(56.6) 1560~1530(11.6)	1564~1531
ZK－5229	97YLVT4⑤A	四期	木炭	3304±36	1620~1520	1566~1528
ZK－5242a	97YLVT6	四期	木炭	3270±32	1610~1500	1569~1526
ZK－5242b	97YLVT6	四期	木炭	3350±33	1690~1600(59.2) 1560~1530(9.0)	1563~1531
边界 BoundE4－E5,二里头四期—二里头五期间						
XSZ101	97YLVT4H28	五期	兽骨	3241±30	1525~1445	1525~1485(59.6) 1480~1465(8.6)
XSZ103	97YLVT4④A	五期	兽骨	3222±35	1520~1440	1520~1485(59.0) 1480~1471(9.2)
XSZ114	97YLVT1②B	五期	兽骨	3148±48	1500~1470(10.8) 1460~1380(50.5) 1340~1320(6.9)	1518~1473
XSZ115	97YLVT1②C	五期	骨	3270±29	1605~1510	1529~1493
XSZ165	97YLVH2	五期	骨	3227±35	1525~1440	1525~1485(59.3) 1480~1465(8.9)
XSZ166	97YLVT3H5	五期	兽骨	3281±35	1615~1515	1532~1492
ZK－5215	97YLVT1⑤	五期	木炭	3197±34	1515~1510(1.7) 1500~1430(66.5)	1518~1474)
ZK－5202	97YLVT1H2	五期	木炭	3160±34	1495~1475(14.0) 1460~1400(54.2)	1517~1474
ZK－5224	97YLVT3②	五期	木炭	3141±33	1490~1480(3.5) 1450~1380(57.4) 1340~1320(7.3)	1517~1474
ZK－5243	97YLVT4④	五期	兽骨	3273±35	1620~1510	1530~1492
ZK－5245	97YLVT2③B	五期	兽骨	3245±36	1600~1560(11.3) 1530~1440(56.9)	1525~1485(59.1) 1480~1465(9.1)
ZK－5254	97YLVT1H1	五期	兽骨	3187±34	1500~1425	1518~1474
ZK－5252	97YLVT1H49	五期	兽骨	3245±35	1600~1560(10.8) 1530~1440(57.4)	1525~1485(59.4) 1480~1465(8.8)
下边界 Boundry II						1495~1420

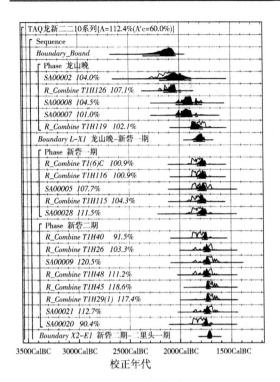

图 1A 长系列拟合图

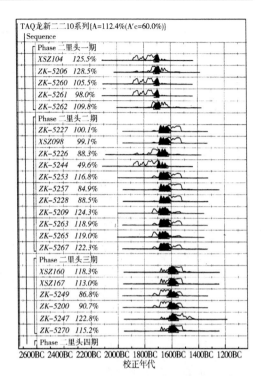

图 1B 长系列拟合图

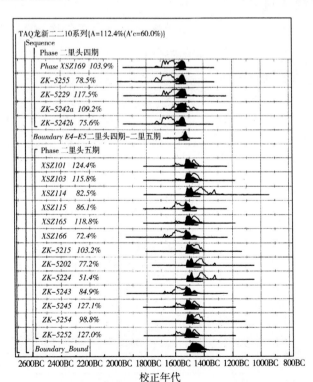

图 1C 长系列拟合图

考古断代方法述评

仇士华　蔡莲珍

考古学是"时间"的科学。在整理考古资料、研究考古问题时判断遗迹遗物的年代是最基本的一环，对于史前考古尤其如此。这就是考古学中的"年代学"。通常考古学家依靠地层学和类型学断定相对年代，这种断代方法曾对考古学作出过重要贡献，至今仍然是很有用的。但它的局限性和不完善性是显而易见的，它无法判断绝对年代。自从自然科学的断代方法引进考古学或与考古学相结合以后，考古年代学才真正建立在可靠的基础之上，取得了重大的成果，甚至在某些方面或在一定意义上可以说引起了考古学的革命性进展。已故的夏鼐先生一贯极力主张把自然科学方法引进到考古学领域中去，不仅是在考古学上要利用自然科学方法，而且还要采用"多学科学的研究工作"的组织方法进行多学科的研究。因此他曾亲自领导筹建考古所的自然科学实验室，并建成了我国第一个 ^{14}C 断代实验室。我们现在召开现代科技考古的学术交流会议，如果夏先生健在，一定会非常高兴的。今天我们仅就考古学中使用的自然科学断代方法及其断代成果谈谈粗浅的看法，以求教于大家。

表1为各种考古断代方法简表。

表1　　　　　　　　　　　　　考古断代方法

技术类型		新代方法	可测样品	测定年代范围	误差范围	适用课题	备注
放射性同位素	本身衰变规律	^{14}C 测定年代	含碳物质（动、植物遗颏等）	5×10^4 年以内	放射性测量误差 0.5%～1%（相当年代 40 年～80 年）	旧石器晚、新石器、殷周—汉唐、边、远地区、古代技术、古器物等的年代问题	
	本身及其子系衰变规律	钾－氩（K-Ar）	火成岩	1×10^4 年以上		古人类起源、旧石器时代等年代问题	
		铀子系（U 系）	碳酸盐、骨、牙、贝壳	$1\times10^4 - 4.5\times10^5$ 年	测量误差几%，主要决定于样品封闭程度	旧石器时代、新石器早期的文化年代	
	放射性后果种种	热释光（TL）	陶器、火烧土、沉积、细沙	几×10^6 年以内	测定误差 3%～5%多数在 10%以上	陶器制作、考古遗址、火烧遗迹、黄土沉积等年代问题	
		电子自旋共振（ESR）	陶器、火烧土、骨、石灰华	几×10^6 年以内	测定误差 3%～5%多数在 10%以上	陶器制作、考古遗址、火烧遗迹、黄土沉积等年代问题	
		裂变径迹（Ft）	火山灰、玻璃、石礁、陶器	几×10^2 - 几×10^6 年		古人类遗迹、遗物的年代问题	

技术类型	新代方法	可测样品	测定年代范围	误差范围	适用课题	备注
磁性规律	考古地磁 （热剩磁性）	火烧黏土、陶器、砖等	1×10^4 年以内	以较测年方法	陶、砖制品、火烧遗亦等年代	
	沉积地磁 （极性倒转）	黏土	3×10^4 年以上	比较测年方法	火烧遗迹、旧石器时代遗址等年代	
生物规律	树木年轮	木质样品	1×10^4 年以内	逐年读数 $1 \sim 10$ 年	^{14}C 年代校正、古建筑、木制器具等精确年零工测定	
物理、化学及其他方法	黑曜岩水合	黑曜岩制品	几 $\times 10^5$ 年以内	测量精度—$\pm 0.1 \mu m$ 年代误差几 $\times 10$—10^2 年	黑曜石制品、出土遗址的年代问题	
	氨基酸 外消旋	骨	几 $\times 10^2$— 几 $\times 10^6$ 年		古人类起源等年代问题	
	含氟量	骨、牙	几 $\times 10^5$ 年以内		古人类起源等年代问题	

一 断代方法

1. 古地磁法（PM）

有两种方法：一种是利用某些古物的热剩磁性进行断代的技术，用于新石器时代以来的窑、炉、灶、砖、瓦、陶瓷的断代。另一种是利用地层沉积磁性随地磁极性倒转而倒转的现象进行地层断代，用于旧石器时代古人类地层的断代。两者都不是独立的绝对年代测定方法。前者要靠已知年代样品预先建立古地磁随年代变化的实验曲线作为参考标准。后者要靠钾氩法预先建立连续地层的地磁极性倒转年代序列表作为参考标准。

古物的热剩磁性断代，由于 ^{14}C 断代的广泛应用，实际上很少使用。沉积磁性断代在铀系方法最大可测年限以前（35 万年前）是目前测定古人类地层年代的主要手段之一。我国云南元谋、陕西蓝田、北京周口店等古人类地层都曾用过此法。但必须指出由于沉积地层的原始剩余磁性很弱，标准极性年表中某些事件的存在及年代尚有争论，因此实测的地层磁性和标准地层磁性对比常常发生困难，定出的年代也就容易引起争论，所以工作过程中要特别仔细，或者方法本身还需要进一步完善。

2. 钾氩法（K－Ar）

主要应用于地质学方面测定火成岩的年代。在考古学中应用成功，主要是测定了东非人化石的年代。因为在那里的沉积地层中夹有多层火山灰层可以取样测定。通过对肯尼亚鲁道夫湖区、坦桑尼亚奥杜威峡谷和埃塞俄比亚奥莫盆地人类化石层中火山灰的测定得出结论，认为人类的起源至少在 250 万年～300 万年以前，比原来估计的 100 万年大大提前了。

钾氩法适于测定早期旧石器时代的年代。我国早期旧石器时代人类化石地层中尚未发现适合于钾氩法测年的标本。

3. 裂变径迹法（FT）

地质上常用于黑曜岩、凝灰岩等火山物质及玻璃陨石的测定。受岩浆烘烤过的围岩中的含铀矿物也是测定的对象。它测定年代的范围可以数千年至数百万年，考古上亦可应用。埋有古人类化石的火山岩层，古人类用火堆旁被高温烘烤过的矿物晶粒、陶器中的锆石晶粒、人工玻璃等都可以取样测定。对于较年轻的考古样品则要求含铀量较高，否则会因自发裂变径迹数目太少，统计误差会随之增大。曾用裂变径迹法测定坦桑尼亚奥尔杜威峡谷古人类遗址第一层中的火山浮石得出的年代是 2.03±0.28 百万年，同用钾氩法测得的 1.75±0.15 百万年一致，因此表明东非人的年代是可信的。

我国科学工作者曾用此法对北京人用火遗迹的灰烬层（周口店第一地点第 10 层）中的屑石测定得出 46.2±4.5 万年的年龄值。

4. 铀系法

利用铀的诸同位素和它们的子体之间放射性平衡的破坏和重建的过程进行测年，其测年范围为 0~100 万年。考古学上用于测定的对象主要是人类及哺乳动物的牙齿和骨骼，以及石灰岩洞穴中的石灰华、石笋、石钟乳等碳酸盐沉积物。埋在地下的牙齿和骨骼从周围地下水中交换吸附得到铀，洞穴中的自生碳酸盐沉积时水中溶解的铀跟着一起沉积出来。根据子体钍－230 和镤－231 的重新积累的程度可计算出年代。由此断代的有效范围在 35 万年以内。经过不断的研究和发展近年来铀系法测定的年代可靠性不断提高，我国工作者已做出不少年代数据，它已经成为旧石器时代中、晚期的主要断代手段。

5. 热释光及电子自旋共振法（TL，FSR）

这两种方法的共同处是两者都通过测量样品中积累的辐射剂量效应来确定最近一次受热后的年代或样品形成的年代。作为第四纪有效的测年方法两者都在不断的研究改进和发展。热释光断代应用于考古是从 60 年代测定陶器的烧制年代开始。我国在 70 年代建立实验室已公布过多批年代数据。一般情况下所测定的年代还算可靠，误差为 10% 左右，可测年代范围的上限可达百万年。应用前剂量方法可测准数百年内烧制的陶器。可测的样品还有古人类遗址的火烧土或火山灰烬层、岩浆烘烤层，因此在考古方面的应用颇为广泛，相应的也应用在地质方面。近十多年来应用阳光晒退的理论又推广应用到沉积物的测定，例如用于测定黄土、海底岩芯、河湖相沉积等。

ESR 断代方法是最近十多年迅速发展起来的，几乎同 TL 方法一样都要用样品所接受的自然辐照总剂量和年剂量来计算年代。但由于 ESR 方法的灵敏度较差，一般难以测定太年轻的样品。它的优点是样品测量时不加热，因此可以重复使用，而且完全可以用于测定骨骼、牙齿、珊瑚、贝壳之类的样品。而 TL 法由于要加热引起化学发光因而难以测定这类样品。ESR 方法还可以象利用氨基酸外消旋反应测年一样，利用有机物的化学变化测定。例如在洞穴中死亡的动物，由于温度不变，用 ESR 方法测其有机体的化学变化可获得理想的测定效果。这对考古学或法医学研究显然都有用。

6. 氨基酸外消旋法（R）

动物死亡后体内原生的 L 型蛋白质氨基酸逐渐向其 D 型镜象对映体转化最后达到平衡，以致旋光作用消失，这种现象称为外消旋反应。外消旋反应的速度以指数函数关系严重依赖于环境温度。根据骨化石中 L 型和 D 型蛋白氨基酸的比例及骨化石所处的环境温度历史可能有其复杂性，难以估定，所以用此法测定年代往往误差较大，可靠性较差。事实上曾经出现误差极大的事例。

1975 年美国氨基酸测定方法的权威——加州大学巴达教授曾测得一个北美人骨化石的年代距今 7 万年引起了轰动。因为一般认为美洲的人类是末次冰期时期亚洲人通过白令海峡过去的。1983 年用 AMS 方法测得该人骨化石的可靠年代是距今 4390 年，这才纠正了上述的错误。

由于氨基酸测年所需样品量极少，容易采集，方法简单易行，所以虽然测年准确度和可靠性较差，需要进一步研究使其完善，但对于建立第四纪年代学仍有希望发挥作用。

7. 黑曜岩水合法

黑曜岩是一种火山玻璃，石器时代人类常用它作为制作各种工具的材料。黑曜岩对水有很强的亲和力，表面经常吸附一薄层水，水逐渐向内部扩散形成水合层。水在水合层中的重量大约占 3%，是新鲜黑曜岩中水含量的 10 倍，在光学显微镜下水合层的边沿可以清楚地显示出来。黑曜石工具在制作时其表面是新刨面，水合层厚度为零，由此开始水合作用，按 $D^2 = kt$ 的规律发展，D 为水合厚度，k 为扩散系数。k 与埋藏温度和黑曜石本身的化学成分有关，而与湿度无关。同一时代相同成分的黑曜石，赤道地区的水合层厚度比北极地区的大 8 倍，而且因为埋藏环境的温度并非完全不变，往往难以确定，因此这种方法起初常限于局部地区作相对断代，或与 ^{14}C 年代比较定出标准后再用内插法或外推法定出绝对年代。后来通过高温诱发水合试验和确定出有效水合温度的经验公式，可以不依靠其他断代方法定出黑曜石工具的制作年代。1983 年密歇尔（J. W. Michels）等用肯尼亚普罗斯佩克特农场（Prospect Farm）考古遗址的一系列层位中出土的黑曜石制品测出了从 2500 年～120000 年的各层绝对年代。3 万年以内的年代数据基本上与 ^{14}C 测定结果相一致。

我国黑曜石制作的工具极少，目前尚未见开展此项工作。

8. 树木年轮法

树木有年轮人们很早就知道，但作为科学的树轮年代学则是本世纪初由道格拉斯（A. E. Douglass）开始研究建立起来的。他及其后继人在美国西南部成百个考古遗址中收集了成千件木结构样品，互相衔接可上溯到二千多年以前。一个最有趣的例子是它在一个古遗址中发现了一个木梯，砍木材用的工具是石斧，梯子两条腿的树轮年代不一样。一条腿用的是公元 1570 年砍的树，另一条则是公元 1720 年的。因此，他认为这个木梯是公元 1570 年建造的，公元 1720 年断了一长腿，换上了新的。

这个方法原则上比较简单，只要建立起本地区的主年轮序列，考古木头样品的年轮谱与主年轮序列对照就可以定出非常准确的年代。实际上由于各种原因很不容易做到。首先不是各地所有的树都能很好反映出气候的变化，形成理想的特征年轮谱。第二，不易找全各个时期的树木将年轮序列衔接起来。只能在气候季节变化比较明显的地区选择适当的长寿命树种，才能建立起年代连续比较长的主年轮序列。目前在美、欧均已建立了近万年的主年轮序列。

欧洲中世纪的考古遗址和古建筑利用树木年轮断代取得了不少成果。树轮年代学对考古最重要的贡献还在于它对¹⁴C 年代的校正。因为树轮的年代相应于日历年代，同树轮木片的¹⁴C 年代比较发现两者有明显差别。3 千年前的标本，年代愈老¹⁴C 年代愈偏年轻，6 千年前的样品相差可达 800 年。¹⁴C 年代经过树轮年代校正才能获得接近实际的考古年代。

目前已有了高精度的树轮年代校正曲线，有可能使¹⁴C 年代转换到比较精确的历史纪年。我国可靠的历史纪年是从西周共和元年即公元前 841 年开始的，在此之前的年代都是根据古籍中记载的帝王世系片段推算出来的，武王伐纣的年代说法，上下最多可差 100 多年，因此利用高精度的¹⁴C 测定及树轮校正曲线的最新进展，有可能对商周历史纪年之分歧作出有益的判断，这在我国商、周考古研究中是个重要的课题。

9. 骨化石含氟量分析法

由于地下水中的氟进入埋在地下的骨骼中，使骨骼中的无机磷化合物——羟基磷灰石变为氟磷灰石：

$$Ca_{10}(PO_4)_6(OH)_2 + 2F^- \longrightarrow Ca_{10}(PO_4)F_2 + 2OH^-$$

这一过程是不可逆的，因此骨化石中的氟含量愈高，表示埋在地下时间愈长。实际上地下环境条件各地是不一样的，这种变化的速度不能保持不变，所以不能用作绝对断代。曾用此法鉴定过一度被认为是早期原始人类的英国辟尔唐人（piltdown man）化石，结果证明这一化石原来是伪造的。

由于铀系法和 ESR 法都可以对骨化石进行断代，并且方法已相当完善，所以实际上氟含量分析法在现代断代工作中很少使用。

10. ¹⁴C 测年及新发展的 AMS 法

自 1949 年发表第一批¹⁴C 测年数据至今已历时 40 年，从此¹⁴C 年代数据量逐年递增。它是考古、地质、海洋等众多学科研究中最有成效的测年手段，它不但对史前考古年代学作出了重大贡献，使之发生了革命性变化，它的发展和进步同时还直接影响着许多学科的研究和进展。

常规的¹⁴C 测年技术是靠记录样品碳中¹⁴C 原子衰变率，称为衰变计数法，目前这种方法在技术上已发展到非常完善的地步。一般用 1 克～10 克的样品碳测量精度可达 0.2％～0.5％，可测的最高年限为 4 万～5 万年。如果样品量不受限制，使用同位素浓缩技术将样品中^{14}C 加以浓缩，则可测的最高年限达 7 万年。但是衰变计数法对于样品量受限制的情况有难以克服的困难，在许多情况下，由于样品量太少，根本无法测定。

近年来发展了以直接计数样品中^{14}C 原子数目的加速器质谱技术计数方法，原则上还可将可测年限再提高，它突出优点是所需样品量极少，只需毫克纯碳即可，这意味着^{14}C 测年样品的范围大为扩展，为许多学科的应用展现出新的图景。

这一新方法已经获得成功，自 1983 年以来，已提供了数以千计的^{14}C 年代数据，我国已列入了重大基金课题项目。AMS 法的测量精度已可同一般常规方法相比较，而且还在不断改进。曾用 AMS 法测定了埃及的一处晚更新世地层中出现的几颗大麦粒，结果表明它们是近代的，结束了一场关于农业起源于晚更新世的争论；AMS 法纠正了原来利用氨基酸法测定美国加州森尼维尔人骨的错误年代数据，前面已谈过；最近还测了耶稣的裹尸布。这些课题以前用常规^{14}C 方法是无能为力的。地学中 AMS 法的应用尤为广阔。例如极地冰样、深海钻孔样、微体有孔虫的测定对研究末次冰期以来的沉积速率、海面升降、气候变化等都极为重要。

二 断代成果

我国使用的考古断代方法在旧石器时代早期元谋人、蓝田人等主要靠古地磁断代。北京周口店地点使用了古地磁、热释光、裂变径迹、氨基酸外消旋、铀系等断代方法。在 35 万年以内则主要靠铀系断代方法，其次是热释光断代方法；在旧石器时代晚期 4 万年以内主要靠^{14}C 断代方法，其次是铀系方法和热释光方法。到了新石器时代 1 万年以内则更是以^{14}C 方法为主，其次是热释光方法，就全部测定的数据量而言，^{14}C 数据已有两千多个。占了绝大部分，其次是有数以百计的铀系数据和热释光数据。由于各种断代方法的应用，我国旧石器时代和新石器时代都已建立起年代序列表。

旧石器时代的年代序列表请参见"陈铁梅《我国旧石器考古年代学的进展与评述》，《考古学报》1988 年第 3 期"。但相对来说，以^{14}C 方法建立的史前新石器时代考古年代学最为可靠。已故的夏鼐先生曾写道："由于^{14}C 测定年代方法的采用，使不同地区的各种新石器有了时间关系的框架，使新中国的新石器考古学因为有了确切的年代序列而进天一个新时期。"现将各地区新石器时代文化^{14}C 年代序列简表列于表 2。这张简表是用 1 千多个^{14}C 数据同考古文化地层相对照建立起来的。以中原地区河南、陕西部分数据所作出的^{14}C 数据与文化序列图表[1]，表明这些年代数据与文化层位的序列基本是一致的，由此可见用这么多^{14}C 年代数据建立起来的考古文化年代序列是牢靠的。

表 2　　　　　　　　　　各地区史前新石器时代文化¹⁴C 年代简表

距今(年)	中原地区	黄河下游	黄河上游	长江下游	长江中游	内蒙古东北地区	华南地区	距今(年)
3000	商代 二里头文化	商代 岳石文化	齐家文化	商代 马桥	商代	夏家店文化		3000
4000	客省庄二期文化 中原龙山文化 庙底沟二期文化	山东龙山文化 三里河 东海峪 大 黑山岛 汶 白石村北庄 口 王因 福山 文 大汶口野店 化	马厂文化 半山文化 马家窑文化	良渚文化	青龙泉三期文化 屈家岭文化	富河文化	石峡文化 山背文化	4000
5000	仰韶文化 大河村 庙底沟 半坡 双庙 北首岭		石岭下文化 仰韶文化	崧泽文化 马家浜文化 河姆渡文化 罗家角	大溪文化	红山文化 小珠山（下层）新乐文化	隆安大龙潭 扶绥贝丘	5000
6000		北辛文化					豹子头 甑皮岩(上层)	6000
7000	白庙 老官台 磁山 裴李岗文化		大地湾文化		石门皂市遗址 第五层	兴隆洼文化		7000
8000							仙人洞 甑皮岩(下层) 鬐岩螺 黄岩洞	8000
9000								9000
10000								10000
11000							独石仔洞穴	11000
12000								12000

　　¹⁴C 方法配合考古工作所做的年代测定推动了学科深入发展，有些甚至改变了旧有的观点。下面举几个实际的例子：

　　1. 旧石器晚期文化变化和进展的速度比原先想象的远为快速。例如河套人、峙峪人、资阳人和山顶洞人等，它们的年代原先估计可早到 5 万年或以上，但¹⁴C 年代测定证明均在 4 万年以内。山顶洞人甚至可晚到只有 1 万多年。

　　2. 安阳小南海人遗址各层位的年代数据有 3 个：距今 11000±500 年（ZK－655）；距今 13075±220 年（ZK－170）；距今 24100±500 年（ZK－654）。据发掘者推断各层石器都具有同样的特征，动物化石也没有种的区别，它应该属于同一阶段的连续堆积。从动物的化石性质上分析，可以确定这个洞穴堆积的地质时代属于更新世晚期，¹⁴C 年代也与此大体吻合。由此可以得到启示，一个洞穴遗址可能有不同层位，可以分期，不能笼统地作为一个短暂的时期来处理。山顶洞遗址堆积也有类似的情况，上下层的年代相差了将近 1 万年。因此注意¹⁴C 测定年代的配合，对旧石器晚期文化遗存的研究可以更加深入细致。

　　3. 许多旧石器晚期文化如山西朔县峙峪、河南安阳小南海、山西沁水下川、蒲县薛关和河北阳原虎头梁等遗址中发现打制石器的技术相当进步，已有细石器或类似细石器的石器，将这些遗址的年代测定对照新石器时代遗址中的细石器进行研究，有助于弄清细石器发展的来龙去脉。

4. 南方洞穴遗址和贝丘遗址往往有旧石器晚期和新石器早期的连续堆积。例如广东阳春独石仔洞穴遗址、广东封开黄岩洞遗址、江西万年仙人洞遗址、广西柳州白莲洞洞穴遗址，还有属于新石器早期的广西桂林甑皮岩遗址和广西南宁豹子头贝丘遗址等。这些遗址的时代处于旧石器晚期或新石器时代早期的阶段，是史前考古学中研究由旧石器向新石器过渡的重要环节。但是由于地处石灰岩地区，有些^{14}C 样品的年代偏老，误差较大。虽然^{14}C 年代工作者对石灰岩地区的各类样品年代数据的可靠性做了认真的研究，但有些考古学家对这些遗址的年代仍有怀疑和争议。另一方面由于华南考古工作开展较晚或不够充分，不如黄河流域考古工作集中而发现丰富，许多文化的内涵需要进一步澄清和研究，或者有待新的发掘和发现，对年代测定也还需要做进一步的工作。但无论如何，^{14}C 年代测定对这一过渡时期的研究还是起到了提供线索和促进的作用。

5. 将新石器时代考古迅速向早期推进，早期文化一经发现，通过^{14}C 测定马上可以肯定。例如：山东滕县北辛遗址下层文化、辽宁沈阳新乐遗址下层文化、浙江余姚河姆渡下层文化、甘肃秦安大地湾一期文化、河南新郑裴李岗文化、河北武安磁山文化、内蒙古敖汉旗兴隆洼文化等早期新石器文化都由于^{14}C 测定的配合而得以迅速肯定。

6. 龙山文化时期各遗址中普遍发现有用于铺地和粉刷墙壁的白灰面，它是否是用人工烧制的石灰问题，不能用分析成分的方法解决。但用白灰面测出它确从当时空气中吸收了CO_2，就可以肯定是经过人工烧制的。现已肯定人们在四五千年前已普遍烧制和使用石灰，这是建筑史上的一件大事。

7. 配合夏文化探索测定了河南偃师二里头遗址各层位 30 多个年代数据，将该遗址一至四期文化大致框定在距今 3850 年～3450 年；测定了山西襄汾陶寺遗址 20 多个年代数据，将遗址的早、中、晚各期的年代大致框定在距今 4350 年～3750 年前。发掘者根据对发掘资料的研究，认为二里头文化早期可能属于夏代，中、晚期则在商代。陶寺类型文化可能就是夏族文化，在中、晚期建立了夏王朝。目前探索还在进行中，下结论尚为时过早，但无疑这两种文化的年代测定，对研究夏文化颇为重要。

8. 我国古代冶铁最晚起始于春秋时期，煤炭的发现和使用也很早，在汉代冶铁遗址中发现有煤的使用。因此有些学者认为早在汉代就把煤用于冶铁。但根据目前铁器中^{14}C 鉴定结果，我国在宋代才开始把煤炭用于冶铁，汉代冶铁遗址中虽发现有煤，但未用与炼铁。

三 几点看法

综上所述，我国考古学和古人类学中应用自然科学断代方法都取得了可喜的成果。不论是旧石器时代还是新石器时代都已建立了初步的各类文化的绝对年代框架。但我们应当清醒地看到，还存在许多很不完善的地方，必须共同作出努力，求得进步。

首先测年方法本身和实验技术需要不断改进，要提高可靠性和精度。不同的方法存在不同的情况，有些测年方法的理论或实验技术需要进一步深入研究加以验证方法是否完善，是否可靠？要注意的问题是什么？例如古地磁法本来就是比较测年方法，由于标准的古地磁极性年表本身还需要不断完善，以及其他各种困难。测出的年代数据发生争论是难免的，如果用几种方法对照验证，则情况会使人更满意。钾氩法和裂变径迹法则首先需要注意找到能代表文化层位年代、符合方法要求的样品。氨基酸外消旋法单独断代时则更需要慎重。铀系法测年对样品是否封闭要有可信的证据。电子自旋共振方法（ESR）还需要积累经验。即使方法比较完善的¹⁴C方法，也因为含碳样品常常不是考古对象本身，而注意样品与考古对象的关系。如何去除污染、取何种含碳物合适等问题，减少采样量、扩大采样范围、提高精度等更是迫切的要求。总之，测年工作要全神贯注，是一项研究工作，也必须以研究工作来对待。

其次，测年工作者和考古学家都必须高度重视提供断代的样品的采集工作，要亲自采样或亲自过问。野外采样是否科学合理对于测出的年代数据的意义和可靠性估价极为重要。样品所在的文化层位必须明确无误。要注意地层堆积的年代与样品形成的年代是否一致，只有那些代表意义明确、能满足方法本身假设前提的样品测出的年龄数据才有价值。

第三，考古年代学的建立是测年工作者和考古学家的共同研究成果，或者说是自然科学断代方法与考古学互相渗透互相结合的成果。因此我们强调：测年工作者要了解考古学，了解测年工作在考古学中所处的地位及其意义，这样才能测出符合考古要求的年代数据。而考古学家也应了解测年方法的原理、方法及存在的问题，以便于正确使用年代数据。如果两者分家，建立起来的考古年代学是不完整的，不能令人信服的。只要我们继续共同努力，建立我国更加完善的考古年代学是很有希望的。

（原载《科技考古论丛》，1—9页，中国科学技术大学出版社，1991年）

---

[1]　仇士华等《中国第四纪研究》，1989年第1期。

现代自然科学技术与考古学

仇士华　　蔡莲珍

考古学是根据古代人类通过各种活动遗留下来的实物，包括遗迹和遗物，来研究人类古代社会历史的一门科学。它属于人文科学的领域，是历史科学的重要组成部分[1]。它研究的对象是实物，其含义同时包括了获得这种知识的考古方法和技术，因此考古学的发展同自然科学技术有不可分割的联系。考古学发展史表明，自然科学技术应用于考古，极大地促进和推动了近代科学考古学的产生和发展[1~4]。中国考古学的发展同样也离不开应用自然科学技术。下面我们将从几个不同的方面对自然科学技术与考古学的关系加以观察，提出粗浅的看法作为引玉之砖。

一　从考古学史看自然科学技术与考古学的关系

19世纪中叶，随着地质学和生物学的发展，推翻了圣经中上帝造人的神话。近代的史前考古学是以进化论的思想为理论指导，严格按照近代自然科学的传统和方法从事研究而建立起来的。

19世纪末至20世纪初，根据第四纪地质学关于冰期、间冰期的学说，考古学家把旧石器时代文化与冰期、间冰期的划分联系起来，并试图根据季候纹泥层的地质年代方法进行断代。同时，田野发掘也采用了严密的地层学方法，使近代科学考古学渐趋成熟。

第一次世界大战以后，各种自然科学和技术科学都有快速的发展，它们在考古学中的应用也更为广泛。在勘测遗址方面使用了地阻率测试仪和战争中用于侦察的空中摄影技术，后者进而发展为空中考古学。在分析鉴定方面则应用地质学、物理和化学的方法判别岩石、矿物和金属制品的质地和成分；应用动物学和植物学方法鉴定兽骨的种类和农作物的品种；应用孢粉分析了解古代的植被面貌；应用地理学方法考察古代人类社会与自然环境的关系；研究人骨的体质人类学也随之建立起来。

第二次世界大战以后，自然科学和技术的发展更为迅速，在考古学中的应用也更为普遍和更为重要，被称为考古学上的技术革新时期。在勘测方面，使用磁性勘测仪、地下雷达、声纳仪、空中多频谱遥感等探寻地面和水下的各种遗迹遗物。在断代方面，年代学方法不断产生和完善，尤其是^{14}C断代方法的普遍应用，及不同地区的各种新石器文化研究，明确了年代序列，使考古学进入一个新时期，被誉为考古学上的放射性碳素革命[2]。这一进展使欧洲对史前史的某些研究,在观点上发生了根本性的改变,致使考古学权威如 V. G. 柴尔德(childe)也不得不改变看法。利用钾—氩法和裂变径迹法测定了奥杜韦(01duvoai)能人化石地层的绝对年代,结果可以早到 250 万年以上,大大地推进了史前考古年代学的上限。各种先进的物理和化学分析鉴定技术,已经可以做到对文物取样极少或无损分析,用来确切地区分文物、检验真伪、研究古物的制造工艺、探究物质的来源和产地等。在文物的保护和修复方面也使用了不少先进的自然科学技术方法。许多国家都设有专门的文物保护技术研究机构,出版有关技术研究的书籍和期刊。计算机应用于考古,可以贮存、分析和综合研究各种考古资料,更有利于大大加速考古研究的进程。

二 从学科内容看自然科学技术与考古学的关系

自然科学技术应用于考古的工作,主要在于考古的方法和技术方面,它贯穿于考古调查、考古发掘、考古断代、古物修复和保护、古器物的制造和用途的分析以及考古资料的整理和研究等整个过程。无疑,这些工作都属于考古工作,而且是考古工作的重要组成部分。因此,科学技术越发展,应用越广泛,考古学的内容越充实,它越能使考古学不断发展、不断完善。有时甚至会使已有的某些考古学结论或观点发生革命性改变。但是,这并不意味着自然科学技术应用于考古就可以代替考古学,或者不再存在独立的考古学了。更何况自然科学的规律不能混同于社会科学的规律。比如 60 年代美国新考古学派提出"考古学只是一门研究文化过程的科学,研究的目标在于探求文化动力学的规律",是很片面的。虽然他们所述的模式和规律在一定程度上可能促使对流于繁琐的传统考古学进行反思,然而,考古学是一门涉及面极广的科学,它不仅与自然科学技术关系密切,而且与人文科学、社会科学方面的关系更为密切,如民族学、民俗学、语言学、人文地理、社会学、宗教学、美学、经济学、政治学和法学等,考古学都需要就遗迹和遗物提供的有关各学科的资料进行研究和解释。考古学的主体和灵魂应属于人文科学的领域,是历史科学的重要组成部分。它的任务是要尽量全面地复原古代人类社会物质的和精神的面貌,它的最终目标在于阐明存在于人类历史发展过程中的规律。

因为考古学与自然科学、技术科学及社会科学中的众多学科都有密切的关系,必须得到这些学科的支持和协助才能完成各项任务。所以考古学必须同有关的许多学科在理论上和方法上互相渗透,将其他有关学科的成果应用到考古学中来。换句话说,就是要普遍使用现代自然科技手段,尽量扩展获得考古资料和古代社会信息的渠道,并且运用各种先进的科技方法对大量考古资料和古代信息进行综合研究处理,又要以马克思列宁主义的理论为指导思想,以历史唯物主义的观点方法,对考古资料和古代社会信息作人文科学和社会科学方面的全面研究,实事求是深入地探索世界各个地区古代文化、古代文明的具体发展道路,从而揭示出人类历史发展过程中的客观规律。

诚然，学科的结构关系并不排斥任何有志的研究者超越学科的界限，发挥其卓越才能，对各学科作出自己的贡献。

三 中国考古学中自然科学技术所起的作用

我国考古学界对自然科学技术应用于考古研究极为重视，近几十年来这方面的工作取得了丰硕成果，同样极大地促进了中国考古学的发展进程。由于应用科学技术种类繁多，涉及面广，本文主要就中国考古学中应用的勘测技术、分析技术、断代技术、数学与计算机方法及生态环境的部分应用情况略微述及。

1. 勘测技术　解放初期我国仪器工业相当落后，难以提供所需的勘测仪器，而我国古代遗址分布密集，考古工作者使用洛阳铲就足以应付了，况且基本建设破土动工发现的遗迹遗物甚多。随着国家工业技术的进步，科技力量的加强，尤其是在70年代以后勘测技术有了迅速的发展，考古方面应用的勘测技术也越来越多了。例如，在地面勘测方面，利用电阻率仪勘探了开封西郊宋代城墙，亳县南部汉魏古墓，凤阳县老人桥村明代城门基址和凤阳府城古河道等数十处遗址；利用地质雷达扫描技术对泉州清净寺东西塔基进行勘查；利用土中汞分布异常和脉冲瞬变电磁法异常勘测秦始皇陵区和殷墟王陵区和宫殿区等都取得了成功[5]。在空中勘测方面，例如，1984年～1985年地质矿产部、北京市文物队等单位利用航空遥感、图像目视解译及地学相关分析技术，结合地面验证对北京地区长城的分布现状作了仔细调查，并进行长度测量和综合分析，再现了北京地区长城分布全貌，准确测出了北京地区长城全长为629公里，全线城台共827座，其中圆形城台，坡形屋顶城台等都属首次发现，对长城的建筑年代、保存和损坏程度都有了了解[6]。1987年以来镇江博物馆同上海华东师范大学地理系合作收集了1964年冬拍摄的镇江地区黑白立体照片，利用遥感技术中的计算机图像处理方法，并根据以往掌握的台形遗址和土墩墓资料建立解释标志，配合地面查对，判别有效的达90％以上，新发现遗址100余处。1987年安徽省文物考古所与省地质遥感站合作，利用美国陆地卫星资料和红外航空照相，结合野外调查，勘查了寿春古城遗址，经发掘验证都准确无误。另外，陕西周原的勘查工作也正在进行。我国水下考古考察沉船的工作也开始起步。

上述情况表明，我国田野考古利用这些勘测技术虽然起步较晚，但最近有了迅速发展并取得了许多成果。目前野外勘测仪器已很轻便，探测效率大为提高，尤其地下雷达扫描技术的发展在考古中的应用将会越来越普遍。随着空中遥感技术的普及，充分利用卫片、航片及图像处理技术进行考古勘查将越来越重要。

2. 分析技术　对古物进行分析鉴定是研究和复原古代人类生产与生活面貌不可缺少的手段。它可以确切地区分古物，检验其真伪，研究古物的制造工艺、探明物质的来源，可以说明古代交通运输、贸易往来、生产水平等许多问题。几乎所有的分析方法都可以用来为考古研究服务。下面从几个方面来看我国考古学中使用分析技术取得的部分成果。

(1) 冶金史研究[7,8]　传统的方法是整理文献。我国有丰富的文献记载了历史上科学技术包括冶金技术的重大发明和创造。然而利用现代科技手段分析鉴定和考察古代金属物遗存和冶铸遗址遗物，是冶金史研究的最重要方法。古代金属器物是当时冶金的直接产品，它的成分、组织、性能与加工之间的关系是有规律的。我国冶金史研究者和考古学家合作使用宏观分析、化学分析、X 光探伤、金相显微镜和电子显微镜、X 光结构分析、X 光光谱、同位素源 X 光荧光、质子 X 光荧光、电子探针、中子活化等各种分析方法，对田野发掘出土的大量古代铜器进行了科学检测。其中包括最早的青铜器，例如甘肃东乡马家窑文化的青铜刀、青海尕马台出土的齐家文化铜镜等大批商代以前至距今近 5000 年间的古铜器。商周是中国青铜器鼎盛时期，出土有大批生产工具、礼器、生活用器和兵器，对其分析更为系统和深入细致，取得了大量科学数据。同时还对古矿冶遗址和作坊，其中包括规模最大、从西周延续至汉代以后的湖北大冶铜绿山古矿冶遗址作了系统的考察，获得了大量极其重要的资料；对我国铜器时代的冶铜方法、冶炼设备、铸造技术、合金工艺等有了较全面的了解。春秋时期以后，铁器在中国得到日益广泛的应用。利用金相分析方法对不同时期的铁器作了分析研究及对古冶铁遗址的考察、研究结果，表明在中国古代钢铁业方面，铸铁和用生铁制钢一直是主要的方法。铸铁脱碳钢、炒钢、灌钢工艺是中国古代炼钢技术的重大成就。中国的冶金技术在明代中叶以前一直居于世界领先水平。这就为我国的冶金史提供了过去用文献方法不能得到的、极为丰富而又宝贵的资料。

(2) 陶瓷研究[9-14]　中国古代陶瓷的生产和发展历史悠久，工艺精美，是全世界共享的灿烂辉煌的文化遗产。在陶瓷研究的广泛课题中化学全分析是主要的研究手段之一，同时也使用现代仪器设备不断揭示其科学技术奥秘。例如使用热分析、显微分析、X 射线荧光分析、电子自旋共振分析、穆斯鲍尔谱分析、中子活化分析、电子探针扫描等。本世纪 20 年代末起，周仁首先在国内开创了中国古陶瓷科学技术研究的先河。新中国成立以后中国古陶瓷的研究蓬勃发展。在周仁的带领下，李家治、张福康、郭演仪等广大陶瓷研究者同考古界合作取得了许多重要的科学成果。体现科研成果的学术活动随之活跃起来，例如，1977 年中国硅酸盐学会在上海召开了"全国古陶瓷测试会议"；1978 年在浙江双龙洞召开了"全国古陶瓷学术会议"；1982 年在上海主办了"中国古代陶瓷科学技术国际讨论会"；出版了许多论文集，编写了《中国陶瓷史》等重要论著。尤其是《中国古代陶瓷科学技术》一书，作者根据大量的实验数据和资料，综合国内外有关的科技研究成果，从陶瓷物理化学研究基础出发，结合工艺技术、显微结构和制品性能，论述了由陶到瓷发展的三个重大突破。即原料的选择和精制、窑炉的改进和烧成温度的提高以及釉的出现和发展。论述了各个历史时期制陶术的主要成就和陶与瓷的渊源关系，从而揭示了我国东汉时期瓷器发明的背景，并从东汉开始中国陶瓷的发展进入了一个新纪元。该书作者还根据各个时期各种类型的瓷器胎、釉化学组成的大量数据，绘出一系列釉式和胎式图。总结了我国古代瓷器的胎和釉的化学组成规律。系统地概括了各个地方瓷的特点和工艺技术上的成就。阐明了各种瓷胎、釉的发展规律和所用的色料特征。较为全面地反映了中国古陶瓷科学技术分析研究的主要成就。

(3) 断代技术[15-20]考古学是时间的科学。在整理考古资料、研究考古问题时判断遗迹遗物的年代是最基本的一环。对于史前考古尤其如此。自从自然科学的断代方法被引进考古学或与考古学相结合以后，史前考古年代学才真正建立在可靠的基础之上。甚至，在某些方面或在一定意义上可以说引起了革命性进展。不论是旧石器时代还是新石器时代，中国考古年代学都取得了丰硕的成果。尤其是新石器时代各类文化的年代序列显得更为细致。

我国古人类学和考古学中已经使用的自然科学断代方法有：古地磁法、裂变径迹法、热释光法、电子自旋共振法、铀系法、氨基酸外消旋法、^{14}C 法和加速器质谱法。对于旧石器时代早期的山西芮城西侯度文化层、云南元谋猿人、陕西蓝田猿人和北京周口店猿人文化层的年代主要靠古地磁方法测定。北京周口店地点则使用了古地磁、裂变径迹、热释光、氨基酸外消旋、铀系等断代方法做了综合研究。对于 35 万年以内的旧石器时代文化层，例如辽宁本溪庙后山、辽宁营口金牛山、陕西大荔、山西丁村、安徽巢县、安徽和县、湖北大冶章山石龙头、湖北长阳龙洞、贵州桐梓岩灰洞、贵州黔西观音洞、贵州水城硝灰洞、广东马坝狮子山、浙江建德乌龟洞、山西许家窑等遗址则主要靠铀系法测定其年代，其次是用热释光方法。在旧石器时代晚期 4 万年以内的文化层年代则主要靠 ^{14}C 方法测定，其次是使用铀系方法和热释光方法。到了新石器时代则更是由 ^{14}C 方法发挥主要作用，其次是热释光方法。就全部数据量而言，^{14}C 数据已有 2000 多个，占了绝大部分，其次是有数以百计的铀系方法和热释光方法数据。由于各种测年方法的应用，我国旧石器和新石器时代都已建立起各类文化的年代序列表。相对而言，以 ^{14}C 方法建立起来的史前新石器时代考古年代学比较完整细致。例如，在中原地区历来考古工作开展最多，发现丰富，研究工作比较深入，所测的 ^{14}C 年代数据也最多。根据数以百计的年代数据经过分析研究，可以得出该地区新石器时代诸文化比较确切的年代序列。据考古的发现和研究，磁山—裴李岗文化属早期的新石器文化，^{14}C 年代在距今 6900 年以前，文化期大约延续了 1000 年以上；仰韶文化在磁山—裴李岗文化之后，^{14}C 年代范围在距今 4900 年～6900 年，大约经历了 2000 年之久；继仰韶文化之后是龙山文化，^{14}C 年代约为距今 4000 年～4900年，延续了近 1000 年。各类文化还可以分为若干期，配以较为细致的年代序列表。其他如山东地区根据 ^{14}C 年代测定：北辛文化的年代范围在距今 6400 年～7300 年间；大汶口文化的年代范围大约在距今 4400 年～6400 年间；山东龙山文化年代范围大约在距今 4000年～4400 年间；岳石类型文化的年代范围在龙山文化与商文化之间。黄河上游甘青地区的大地湾一期，文化年代在距今 7000 年以前；半坡—庙底沟类型的年代范围在距今 5800年～7000 年间；石岭下类型文化的年代大约在距今 5100 年～5800 年间；马家窑文化的年代范围大约在距今 4600 年～5100 年间；半山—马厂类型文化的年代范围大约在距今 4000 年～4600 年间。长江中游汉水流域根据考古工作已经揭露出来的情况：大溪文化的年代范围大约在距今 5200 年～6000 年间；屈家岭文化的年代范围大约在距今 4400 年～5200 年间；青龙泉三期文化的年代大约在距今 4200 前后。太湖平原和杭州湾地区的河姆渡下层文化和早期马家浜类型文化的年代范围大约在距今 6200 年～7000 年间；中期是马家浜文化—崧泽文化，年代范围约在距今 5100 年～6200 年间；晚期是良渚文化，年代范围大约在距今 4000 年～5100 年间。此外，内蒙古东部及东北地区，华南地区也正在研究建立各类文化的年代序列表。随着今后各地区考古工作的深入开展，考古文化的年代序列定将更加精确细致。正如夏鼐所述："由于 ¹⁴C 测定年代方法的采用，使不同地区各种新石器文化有了时间关系的框架，使中国的新石器考古学因为有了确切的年代序列而进入一个新时期[3]。"

（4）数学与计算机技术[21-23]　　将数学与计算机技术引进考古学是使考古学现代化的另一个重要方面。利用考古学中内在的数学规律，将研究课题作数学化处理，借助计算机运算快速、高效可靠的特点，迅速求出考古学家期望得到的结论，这将是考古学家研究工作中的强有力的工具和手段。它使考古学家面对大量的考古资料可以利用各种理论、经验、假设，得出相应的结论，并可以使问题的定性转为定量，以便对问题全面地加以研究比较，大大加速了去伪存真、去粗取精的过程。因而数学、统计学和计算机科学必然要在考古学中占一席之地。有人把计算机用于解决考古类型学问题比喻为使用"类型学机器"，也不无道理。但还必须强调只有使用者对数学、统计学、考古学和计算机科学都有一定的理解，才能运用自如。至于应用计算机建立数据库，图书资料存档，文献资料检索等，其功效是显而易见的。

我国考古工作中运用数学与计算机方法也在逐步开展，例如，陈铁梅用 Brainerd-Robinson 方法研究了华北地区旧石器时代遗址几个主要晚更新世动物群的年代顺序，其结果与 ¹⁴C 年代、铀系年代的时序相同；朱乃诚运用概率分析方法研究了陕西渭南史家墓地墓葬的分期；陈铁梅运用多元分析中的聚类方法也研究了渭南史家墓地墓葬间的相对年代关系。然而他们所得结果不尽相同，而与张忠培的直观分析结果相差较大，这就提出了进一步分析研究的必要性。另外，湖南文物考古研究所研制的《考古专业计算机情报检索系统》、上海博物馆研制的《藏品编目图像管理系统》、中国历史博物馆黄其煦研制的《计算机考古序列分析系统》均已通过技术鉴定，表明已可以推广应用。

但目前的情况是我国大多数考古学家还不能直接操作和使用计算机，而数学与计算机工作者通晓考古学的也很少，对于把考古学研究课题转向数学化处理中也有是否恰如其分的问题。因此，除了建议考古专业增加有关数学与计算机的课程外，目前这方面工作的开展还有赖于考古学家与计算机专家间的合作。计算机在考古学中的运用、开发工作，不论是存贮信息，还是综合处理信息方面都是大有可为的。其结果必然会大大促进考古学的发展。

（5）生态环境的研究[24-27]　第四纪地质学是旧石器时代考古研究中必不可少的一项重要内容。因为早期人类的遗迹通常作为地质现象被埋藏在地层之中。由于动物是不断进化的，其中脊椎动物，尤其是陆生哺乳动物进化速度较快。而动物要随气候的变化而迁移到不同的地区，因而在不同时期、不同地区有不同的动物群体。人类文化层中同出的动物群不但对地层的划分和对比有重要意义，而且对恢复当时的古气候、古地理环境，对探讨古人类的生存条件和生活条件都起着特别重要的作用。此外，第四纪的软体动物和微体动物分布广泛，类型复杂，多种多样的植物遍及各地，随着气候和地理环境的变迁，它们不断发生变化，通过多种资料的分析鉴定和研究，可以恢复古人类生存时代的生态环境。

中国第四纪地质学的研究在本世纪初期就有相当基础，新中国成立以后有很大发展，建立了庞大的专业队伍。近几十年来对全新世的研究更加深入细致。由于有了[14]C 年代学的配合和孢粉分析、软体动物、微体动物等各种分析鉴定手段的完善，全新世的冰川、冰缘现象、植被演变、河湖演变、泥炭沼泽的发育与演替、河口三角洲的演化、海陆变迁与海面变化和各种动物的分布与变迁等各方面的研究都取得了很好的成果。全新世以来以气候为主导的生态环境变化正不断地被揭露出来。全新世相当于考古上的中石器时代、新石器时代以及历史时期的各个阶段。这一时期人口增加，人类活动对自然界的影响日益增强。全新世生物界的演化非常迅速，除了它自身的和自然的因素外，主要是受到人类活动的影响。例如，人工放牧、采伐树木、捕鱼、狩猎改变了植被和促使一些生物种属绝灭，而人工栽培作物和驯化野生动物又会增加新的物种。人类经济活动的发展越进步，改造自然面貌的能力越强。因此全新世的生态环境变化是自然界和人类活动相结合共同作用的结果。全新世的考古研究必然要与地学研究相结合。有了生态环境研究的配合，将能更好地复原古代人类社会的生产、生活面貌及其发展变化。

四　中国考古学现代化的必由之路

自然科学技术的发展日新月异。考古学需要利用一切可能的先进自然科学技术手段。当前我国从事自然科技研究的人员队伍有相当大的规模，有志于从事科技考古事业的人员愈来愈多。事实上，在各大学和许多自然科技研究单位已有不少人员在从事科技考古的活动，国家自然科学基金也给予了一定的支持。因此，除了应在考古专业加强自然科技的教学，在考古研究单位加强自然科技力量之外，还应当有组织、有领导地开展这方面的学术活动，以鼓励和引导更多的自然科技人员从事科技考古研究工作，使自然科学与考古学的结合得以持续不断的发展。这必将会加速中国考古学的现代化进程。

（原载《中国考古学论丛》，495－501 页，科学出版社，1992 年）

1) 夏鼐、王仲殊《考古学》,《中国大百科全书·考古学》,中国大百科全书出版社,1986 年。

2) 夏鼐《碳－14 测定年代和中国史前考古学》,《考古》1977 年第 4 期。

3) 夏鼐《中国文明的起源》,文物出版社,1985 年。

[1] 夏鼐《什么是考古学》,《考古》1984 年第 10 期。

[2] 夏鼐《五四运动和中国近代考古学的兴起》,《考古》1979 年第 3 期。

[3] 夏鼐《三十年来的中国考古学》,《考古》1979 年第 5 期。

[4] 格林·丹尼尔《考古学一百五十年》,文物出版社,1987 年。

[5] 仇士华、蔡莲珍《自然科学技术在考古学中的应用》,《中国考古学年鉴 (1990)》,文物出版社,1991 年。

[6] 曾朝铭、顾巍《北京地区长城航空遥感调查》,《文物》1987 年第 7 期。

[7] 柯俊《冶金史》,《中国冶金史论文集》,北京钢铁学院编辑出版,1986 年。

[8] 丘亮辉《谈冶金史的研究方法》,《中国冶金史论文集》,北京钢铁学院编辑出版,1986 年。

[9] 中国硅酸盐学会编《中国古陶瓷论文集》,文物出版社,1982 年。

[10] 《中国陶瓷》1982 年 7 期增刊《古陶瓷研究专辑》。

[11] 周仁等著《中国古陶瓷研究论文集》,轻工业出版社,1982 年。

[12] 李家治、陈显求、张福康、郭演仪、陈士萍等著《中国古代陶瓷科学技术成就》,上海科学技术出版社,1985 年。

[13] 中国科学院上海硅酸盐研究所编《中国古陶瓷研究》,科学出版社,1987 年。

[14] 中国硅酸盐学会编《中国陶瓷史》,文物出版社,1982 年。

[15] 仇士华、蔡莲珍《考古断代方法述评》,《科技考古论丛》,中国科技大学出版社,1991 年。

[16] 陈铁梅《我国旧石器考古年代学的进展与评述》,《考古学报》1988 年第 3 期。

[17] 赵树森等《北京猿人遗址年代学的研究》,《北京猿人遗址综合研究》,239－240 页,科学出版社,1985 年。

[18] 仇士华、蔡莲珍《¹⁴C 年代学与中国考古学》,《中国¹⁴C 年代学研究》,科学出版社,1990 年。

[19] 中国社会科学院考古研究所编《中国考古学中碳十四年代数据集》,文物出版社,1983 年。

[20] 仇士华、蔡莲珍、黎兴国《中国史前考古中¹⁴C 年代测定及其意义》,《中国第四纪研究》1989 年 8 卷第 1 期。

[21] 陈铁梅《多元分析方法应用于考古学中相对年代研究——兼论渭南史家墓地三种相对年代分期方案的比较》,《史前研究》1983 年第 3 期。

[22] 陈铁梅《用 Brainerd-Robinson 方法比较华北地区几个主要晚更新世动物群的年代顺序》,《人类学学报》1983 年第 2 期。

[23] 朱乃诚《概率分析方法在考古学中的初步运用—以陕西渭南史家墓地为分析对象》,《史前研究》1984 年第 1 期。

[24] 中国科学院地质研究所孢粉分析室等著《第四纪孢粉分析与古环境》,科学出版社,1984 年。

[25] 黄其煦《农业起源的研究与环境考古学》,《中国原始文化论集》,文物出版社,1989 年。

[26] 赵希涛《中国海岸演变研究》,福建科学技术出版,1984 年。

[27] 安芷生等《最近 2 万年中国古环境变迁的初步研究》,《黄土·第四纪地质·全球变化》,1－23 页,科学出版社,1990 年。

陶器的热释光测定年代介绍

仇士华　蔡莲珍

在考古工作中，陶器的研究，是一种重要的断代手段，对于石器时代更是如此。考古工作者经常根据陶器的形制和出土地层来判断陶器所属的文化类型并作出相对的断代。如果能用一种科学方法直接定出陶器的绝对年代，不用说这是考古工作者极感兴趣的。热释光测定年代正是这样一种方法。本文拟对热释光测定古陶器年代的原理和方法以及目前的应用情况作一概略的介绍。

一　热释光测定年代的原理

热释光的一般概念[5,3,15]

任何物质在加热至足够高的温度时，都会变得红热甚至白炽而发出可见光，但这不是我们所指的热释光。只有当某些物体在一定的情况下加热时，尤其在红热前能发出附加的微弱可见光，可以用高灵敏度的测光量仪器测量出来；冷却后再加热时却不会重现，这种发光现象才称为热释光（Thermolummescence），简称 TL。具有极明显 TL 现象的物质称为发光体或磷光体。

热释光一般发生在不导电的固体物质中。这种物质因受到核辐射将一部分核子辐射能贮存起来，只是在加热时才又以可见光的形式将贮存的能量释放出来。一般陶片内都含有迹量的长寿命放射性元素，如铀、钍、钾，放射出 α、β、γ 射线在陶片内产生电离，或者使电子由基态激发至高能态。许多电子很快返回原态，少量电子通过晶格位移被陷入较高能态的原有的晶格缺陷（陷阱）中，并留下了正电荷空穴。这些被陷入的电子称为介稳态电子，必须提供足够的动能才能使这种介稳态电子从陷阱中射出，与正电荷空穴结合回到原态。不同的阱需要不同的动能，阱越深需要的动能越大。一般认为阱与晶体的缺陷有关，阱的浓度与物质的化学性质、不纯度以及标本的加热和辐照历史有关。加热可以使陷阱中的电子增加动能而射出，在返回原态时以光量子形式放出能量，光量子总数组成热释光量。

热释光是固体物理研究的对象，上述只是热释光的一般理论解释，事实上还相当复杂，有些问题目前还不完全了解；但是磷光体受到放射性辐照产生热释光，辐照剂量越大，热释光量越大，这些都是实验上已经确定的事实。热释光所占能量的比例随物质而

303

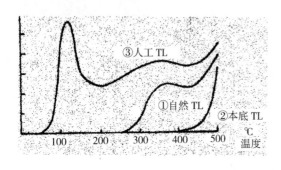

图 1

异，即使化学成分相近的物质也可能有很大不同。通常以发光强度作纵坐标加热温度作横坐标，可得出发光曲线。如图 1 所示[13]为古陶片的热释光曲线，曲线的峰值所对应的温度与阱深有关。②为热释光放完以后再加热时的情况。曲线①②之间的面积即表示总的热释光量。曲线③所示是人工照射后的发光曲线，它与古陶片的热释光曲线不同之处是在较低温度上有一发光峰。这一发光峰容易衰退。低温峰表示浅阱电子的贡献，浅阱电子容易射出，寿命不长，所以古陶片中是不存在的。

古陶器年代的度量[13-15]

黏土中原来贮存的能量，在烧制陶器时，由于高温已经放完。烧成以后陶器中的放射性以及外来的放射性仍然产生电离，又开始积累介稳态电子贮存能量。年代越久、放射性越强、贮存的能量也就越多，因而热释光量也越多，即热释光量与所受的放射性总剂量成正比。铀、钍、钾的寿命很长，陶器中的放射性强度实际上是几乎不变的，因此热释光量与陶器烧制以后的年代成正比。

各个陶器即使所受放射性剂量相同，所产生的热释光量也不一定相同，因此不能简单地根据放射性强度和热释光量来计算陶器的年代。但对某同一陶器而言，热释光量与所受剂量一般是成正比的，因此用人工辐照后再测出热释光量就可推知该陶片对放射性辐照的灵敏度，应当有下列关系式：

人工剂量/人工热释光量 ＝自然剂量/自然热释光量

由于：自然剂量＝自然年剂量×年代，

热释光灵敏度＝人工热释光量/人工剂量

因此：陶器烧制的年代＝自然热释光量/自然年剂量×人工剂量/人工热释光量

＝自然热释光量/（自然年剂量×热释光灵敏度）

自然的和人工的热释光量都可以测定，人工剂量是已知的，如果能定出自然年剂量，陶器烧制的年代也就可以算出来了。

二　测量热释光的仪器装置[1,13]

热释光现象早在 17 世纪就被发现了。最初使用来研究矿物寻找矿源，只是在光电倍增管出现以后，才使热释光精确测定成为可能。¹⁴C 测定年代获得成功以后，引起人们探索应用新技术于考古方面的广泛兴趣，对利用热释光现象测定陶器的年代做了不少研究和探索，克服了种种困难，目前已经能用于测定年代。

测量热释光的仪器装置如图 2 所示[13]，把经过制备的陶器标本（片状[27]或粉末状）均匀散布在炉片上，加热控制器供给炉片电流，使炉片以 20℃/秒左右的速度升温。标本受热发出的光量由光电倍增管检测，其讯号经

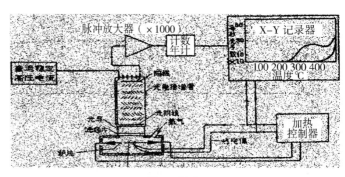

图 2　标本

放大后推动 X－Y 记录器的 Y 轴。炉片的温度用热电偶测量，热电偶推动 X－Y 记录器的 X 轴，同时控制加热温度，大约到 500℃时切断加热电源。测量时标本箱中需要通入氮气，目的是防止化学发光如残余碳粒燃烧发光，否则会干扰所测的热释光。

X－Y 记录器上绘出的曲线是热释光量对温度的曲线，称为"发光曲线"。发光曲线与 X 轴间所包含的面积即代表热释光量，也可以用积分电路记录下来。

上述装置的关键设备是一只低噪音高灵敏度的光电倍增管和一个快速加热电炉，保证了准确可靠地测出微弱的热释光。通氮气流则是消除干扰发光的一大改进，在早先的测量中，由于伪发光的干扰使断代准确度受到很大影响[2-31]。

三　测定年代的实验方法

由上述测定陶器年代原理可知，确定陶片的烧制年代，必须准确测定三个基本量。1. 陶片每年所受放射性辐照剂量（自然年剂量）。2. 陶片对辐照剂量的 TL 灵敏度即单位辐照剂量的 TL 值。3. 陶片中累积的自然热释光量。

测定这三个基本量，首先需根据陶片组成分析其放射性元素的分布和受辐照情况。陶片是黏土烧成的，其中含有颗粒大小不同的夹杂物如石英晶体等。迹量放射性元素铀、钍、钾主要存在于黏土基质中，但黏土基质是热释光不灵敏物质。其夹杂物石英晶体本身一般不含放射性元素，但其热释光灵敏度较大，会受放射性辐照而逐渐累积热释光能量。陶片除接受本身的放射性辐照外，还会接受其所埋地点周围的土壤放射性以及宇宙射线的辐照。迹量元素放射的射线中 α 粒子的电离能力最强，在陶片中大约只能穿透 20 微米。β 粒子则穿透能力比 α 粒子强几十倍，大约有 1 毫米～2 毫米。而 γ 射线在土壤中的射程一般可达几十厘米。这样各种射线对夹杂物的作用是不同的，直径约 100 微米的石英晶粒，因为只有与黏土交界处的 α 粒子能穿透表层，因此其辐照剂量主要由陶片本身及环境的 β、γ 射线产生，α 粒子的辐照剂量可以忽略。直径几微米的石英晶粒则不然，其辐照剂量主要由陶片本身 α 粒子产生，其次是其 β、γ 射线和环境放射性。可见选择颗粒大小不同的石英晶粒，其放射性辐射年剂量的测定和计算是不同的。

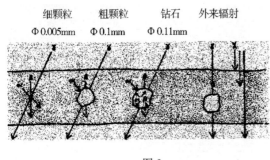

细颗粒   粗颗粒   钻石   外来辐射
Φ0.005mm   Φ0.1mm   Φ0.11mm

图 3

图 3[31]是各种不同大小颗粒受各种射线辐照情况的示意图。

陶片中还会有某种特殊的夹杂物如锆石，本身含很强的 α 放射性；又如长石，本身含较强的 β 放射性，因此，它们的辐照剂量主要来自本身放射性，至于陶片其他部分及环境的放射性影响则为量甚小[24]。

对于一千年以内的陶片标本，由于累积的自然热释光量太小，不易测准确，则可根据陶片灵敏度变化规律采用前剂量方法精确测定累积的自然剂量而计算年代[27,28]。

根据上述分析，目前已发展了好几种热释光测定年代的实验方法；（1）相对断代方法[4,5]，（2）粗颗粒夹杂物法[11]，（3）细颗粒法[16]，（4）相减技术[23]，（5）锆石或长石技术[24,19]（6）前剂量技术[27]。

下面简单介绍它们的实验过程

1. 相对断代[4,16]　早期研究中，曾采用相对断代方法。这种方法需用已知年代陶片作根据。实验过程是将陶片粉碎取全部粉末或用磁性分离器分出较透明部分测其热释光，再用人工放射源辐照一定剂量，测其人工热释光量同时测定标本的 α 计数率 R（α）。因为标本所受剂量主要与本身 α 射线有关，年剂量用 CR（α）表示。

陶片烧制年代按下列公式算出：

陶片烧制年代 =［自然热释光量/CR（α）］×（人工剂量/人工热释光量）

每次测量都保持条件严格一致，由测定一系列已知年代的陶片确定系数 C 值。未知年代标本只需测其 α 计数率即可算出年代。

2. 粗颗粒夹杂物法[15]　选取陶片中直径 100 微米左右的石英晶粒测其自然累积剂量，其辐照剂量主要考虑 β、γ 射线的作用。制备标本应避免在强光下操作，因陶片剥去表层碎成粉末后强光可能引起热释光衰退。粉碎陶片应轻压轻磨以防止产生摩擦热释光。筛选出 90 微米～100 微米左右颗粒经磁选分出石英晶粒。可用氢氟酸浸泡，去除晶粒表层约 4 微米～5 微米以增加透光度并减少 α 剂量影响。最后将标本送进仪器在纯氮流中测量其累积的自然热释光量。

把退过火的标本用人工放射源辐照一定剂量，并放置若干天使低温发光衰退后在同样条件下测人工热释光量，即得出陶片对辐照剂量的热释光灵敏度。由灵敏度算出累积的自然剂量除以测定的放射性年剂量计算出陶器烧制年代。

来自陶片和土壤（环境）的放射性年剂量可根据各实验室条件采用下列不同方法测得：（I）由化学微量分析铀、钍含量换算成年剂量。（II）由裂变径迹法测铀含量换算[16]。

（III）低本底 α 仪测定 α 值推算出年剂量[1]。（IV）用热释光灵敏度高，衰退少的磷光体如 CaF$_2$，CaSO$_4$：Mn，CaSO$_4$，Dy 等直接测陶片和土壤的年剂量[19,9,12]。环境放射性还可用 γ 闪烁谱仪测量[3]。（V）钾 - 40 含量则用火焰光度计分析；然后换算成年剂量[1]。

由于迹量元素含量甚微，精确测定往往需要几天甚至几周，几月的时间。

3. 细颗粒法[33,16] 是选取陶片中 1 - 8 微米大小的石英晶粒，其辐照年剂量主要考虑来自本身的 α 射线，至于 β、γ 剂量尤其环境影响都较小，这种方法对年剂量测定较为方便。颗粒小需用标本量少，又不需经磁选颗粒，用悬浮法选取过程迅速。这对古物真伪的快速鉴定颇为适用。在取样和粉碎过程中主要防止产生摩擦热释光（尤其在钻孔取样时）[17]和改变陶片中原有的颗粒分布，如防止夹碎大颗粒石英（其 TL 值小于细颗粒的）。选取 1 微米～8 微米颗粒都需在悬浮液状态进行，根据沉淀时间同颗粒大小的关系选出所需大小的颗粒。一般采用丙酮液悬浮标本。细颗粒标本沉积在金属薄片上送进仪器测其自然累积剂量。同样标本用 α 或 β 源辐照一定已知剂量，测出 TL 灵敏度。剂量测定同上节，主要测 α 剂量。

4. 相减技术[23,13] 陶片接受的环境剂量很难精确测定，而它对陶片年代的影响又各不相同，并且有些标本早已从土中取出，无法测定其环境剂量。相减技术是同时采用粗、细两种石英晶粒测自然热释光量以消除环境剂量的影响。

可计算如下；

以 A、B、G 分别表示 α、β、环境的自然累积剂量（以拉德表示）；I，F 表示粗细颗粒的总累积剂量；α、β 表示 α、β 射线的年剂量。则：

细颗粒法：A + B + G = F　　　A∶B = α∶β

粗颗粒法：fB + G = I,　　　f 值在 0.90 - 0.95 间

两式相减得：

A［1 - （1 - f）β/α］= F - 1

而 T = TL 年代 = A/α

即消除了环境年剂量 G 的影响。

5. 锆石或长石技术[24,9] 锆石即天然硅酸锆（ZrSiO$_4$），透明黄色晶体。含铀量比黏土基质可高达十倍。二千年的标本，每颗锆石可累积几千拉德以上的辐照剂量，而几毫克石英颗粒则不超过 1 千拉德。其内部 α 剂量成为主要来源，完全可以忽略 α、β、环境剂量。因此其累积剂量和年代关系比较明确，精确度较高。但选取标本十分困难，技术要求较高。同时，有些锆石内部放射性分布很不均匀，会造成较大误差。

含钾量较多的长石（0.3 毫米～0.5 毫米大小）其 β 内部剂量成为主要来源时，亦同样可以作较为精确的测定。

6. 前剂量技术[21] 常用作热释光剂量计的氟化锂，经过大剂量辐照后，加热退火会

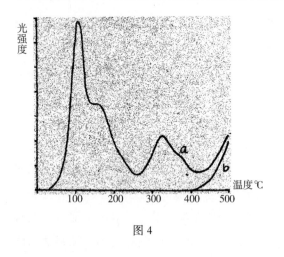

图 4

大大增加灵敏度。同样道理，石英晶粒经过放射性辐照后再经 500℃ 热则可以引起石英晶粒 110℃ 峰的热释光灵敏度增长，其增高量在一定范围内与辐照剂量成比例。但单给予辐照不加热或不给予辐照单加热都不引起灵敏度变化。通常石英晶体这一发光峰的灵敏度较大，热释光量较大，但容易衰退，测古代标本时测不出这个低温峰，只有高温峰。而高温峰的灵敏度低，年代较近的标本自然累积剂量少，不易准确测定（图 4）。

根据上述前剂量理论，陶片未经 500℃ 加热前给一试验剂量（如 1 拉德），测其 110℃ 峰的灵敏度应是陶器烧成时的灵敏度 S$_{自然}$。经过 500℃ 加热后给一试验剂量测出 110℃ 峰的灵敏度应是自然剂量辐照后的灵敏度 S$_{自然}$。又给一定人工剂量辐照后再加热到 500℃，冷却后给一试验剂量测出的灵敏度应为自然累积剂量加人工辐照剂量辐照后的灵敏度 S$_{自然 + 人工}$，因此：

$$（S_{自然 + 人工} - S_{自然}）/（S_{自然} - So）= 人工剂量/自然累积剂量$$

只要灵敏度的增加量与剂量保持线性关系，就可以准确计算出自然累积剂量，代入年代公式计算得 TL 年代。

根据标本情况和精度要求任选上述一种测定方法（除相对断代外）都可获得所需的 TL 绝对年代，还可以同时采用两种或两种以上的方法互相验证。从近十年来几千次实践证明，方法是有效的，精确度可达 10％～20％。作为古物的验证、分辨真伪是可用的。由于 TL 测年方法依据的是放射性在物质中产生的后果而不是放射性元素本身，测定结果受周围环境的影响较大，因此必须考虑各种对上述三个基本量产生影响的因素，并加以校正，使测定量接近于实际情况才能使年代的精确度有所提高（目前可达 5％～10％）。对于确定考古遗址年代，尤其是已经 ¹⁴C 法测定，年代在树轮校正范围以内的，为了求得可靠的结果，仔细校正各种因素的干扰就十分必要。

现将实验过程中应该注意的事项和各种需要校正的因素简述如下：

1. 制备标本和自然 TL 量的测定。如上所述，标本制备时要求防止产生摩擦 TL，防止改变颗粒大小的分布。防止因光和热产生 TL 衰退（损失原有介稳电子），还要鉴定有无从深阱逃逸的现象（隧道效应）等。测量 TL 时，应在高纯氮流中进以防止产生氧化伪发光，标本退火后要检查有无再生 TL 发生[8]，以及 TL 仪器保持精确可靠等。只有这样才能获得可靠的结果。

2. TL 灵敏度测定是用一人工 α、β 或 γ 源辐照一定剂量（估计与自然累积量相当），然后测其 TL 值而得出。实际上与陶片接受真实剂量的情况是有区别的。陶片的累积剂量是小剂量，几千年内累积的；而人工源辐照剂量是大剂量，短时期内累积的。不同能量的各种射线所产生的 TL 值亦有不同。自然辐照的射线和能量是综合的而人工辐照往往是一定射线的一定能量，因此严格讲是近似的。同时还简单地认为自然 TL 是按均匀速率累积的，即按线性增长的，事实上大多数夹杂物在小剂量时灵敏度较低（即超线性现象），然后才达到线性增长区，最后所有的阱都填满而出现饱和，TL 不再随剂量增加而增长。因此测 TL 灵敏度需检验有无超线性和饱和现象，如有的话则应进行校正。

3. 放射性年剂量[25,29,32,34]

无论用那种测定技术都必须确定各标本实际所受的放射性年剂量。除了用 TL 剂量计直接测定外都是测定放射性元素（钍、铀、钾）含量或 α、β、γ 放射性，然后根据铀，钍含量比例或放射性强度换算成每年接受的剂量。由于含量甚微，实际测定是非常困难的。一般换算则是假定铀、钍系列都处于平衡状态，考虑到能量和射线的不同效应计算得出所受剂量。但还应考虑陶片接受剂量的实际情况。例如：由于水比气体更能吸收射线的能量，因此含水量多的标本实际接受剂量比干的标本少。又如铀、钍的衰变链中途都有一种气体—氡同位素，它会从陶片和土壤中逃逸（氡逸失）[25]，实际接受的剂量就因氡和氡以后的放射性元素消失而减少了。为此都应有所校正。

可见精确测定陶片 TL 年代需考虑校正的因素是很多的，过程相当复杂。有人认为所付的劳动和时间可与[14]C 方法相当，而且不可避免地仍有一些陶片不能测出年代。因此采用 TL 年代须慎重，一般都要求集中课题研究，并发表测定过程的细节以供各方面人员讨论研究。

四　应用实例和采集标本的要求

热释光方法测定年代的适用范围几乎可从旧石器时代的火烧土、最原始的陶器直到近百年的瓷器。其最高年限由标本所受剂量和储存能量的能力决定，可从 5000 年到年 50000 甚至 50 万年不等。考古方面最需要的还是确定原始文化的年代，尤其是没有[14]C 标本或[14]C标本来源可疑的遗址。

在古文物收藏品中常因混入一些伪造的艺术品而引起很多争论。近年来多用热释光方法区分真伪。由于年代准确性要求不同，测定过程可以简短，有些甚至几小时内即可完成。现略举一些实例说明。

1970 年 F1eming 等对我国六朝时九件陶俑用钻孔或碎片取样制备成细颗粒标本作证实试验。开始采用平均年剂量 0.48 拉德/年粗略估算出陶俑年代，有三件可属于古代制品，六件是三百年内制品。以后又仔细测定了实际接受的年剂量，包括铀、钍的有效 α、β

剂量，钾的 β 剂量和环境剂量，得各件陶俑年剂量值从 0.386 拉德～0.775 拉德，为平均年剂量的 0.8 倍～1.6 倍。该三件制品的年代在 1280 年～4050 年前，其余制品则在 320 年～40 年前[10]。说明采用平均年剂量仍可达到分辨真伪的目的，这对简化实验过程十分有用。但要精确测定，逐个测定年剂量是必需的。

1972 年 Fleming 等还对河南辉县的一批器物作了证实试验。这批器物在 1940 年～1950 年在欧洲原认为是我国战国时期辉县出土的典型器物，也有人认为是伪造的。经 TL 测定证实包括来自英国的 15 件，美国 5 件，北京 2 件全部是伪造的。

又如美国纽约艺术博物馆保存一匹青铜马，相传是古希腊铸造的。1967 年有人提出怀疑。1972 年从其实心（陶范）中选出几颗几十微米大小的锆石作 TL 测定，定该马是 2000 年～3500 年前制造的[24]。同时又用细颗粒法验证，年代亦在 300 年～2950 年间[16]。

又如用前剂量技术测试了 37 件唐代三彩釉陶制品，确定其中 8 件是近代作品，其余都是唐代的[21,22]。

确定遗址年代则多采用几种测定方法并作各种干扰因素的校正以减少 TL 年代误差范围。如 1975 年 Whittle 测定埃及前王朝时期两个遗址所出的陶片，标本直接从遗址中取来，都带有泥土。用粗颗粒石英测自然剂量，作了超线性校正及灵敏度改变、含水量、氡逸失等各项校正。所得年代误差可小于 10%[28]。

又如 Whittle 等 1975 年测定葡萄牙中部地区 9 个遗址 55 块陶片，其中 11 块不能测，其余都测了自然剂量，作了超线性、灵敏度改变、含水量、氡逸失以及环境放射性等各项校正，所得年代误差小于 10%[28]。

可见 TL 法应用于验证陶器真伪与确定文化年代，在精度上要求不同，测定要求也就不同。一般来说凡属过去加过热的，如陶器、火烧土之类的物质都可用来测 TL 年代，但要精确测定遗址的年代则须在发掘时采集标本。这类 TL 标本的采集应事先同有关实验室取得联系或在 TL 实验室人员配合下工作。至少应做到下列几点[35]。

1. 陶片：每一层位取一组六至十二块至少 5 毫米厚，25 毫米宽的陶片。

2. 采集时选择适当位置，陶片应远离大石头，并离坑道沟边至少 30 厘米。陶片同泥土一起装入双层塑料袋以保持原有水分。标明出土地点、坑位、深度，立即寄送 TL 实验室。（应事先征得 TL 实验室同意，以便做到及时处理）。

3. 应注意必须清洗的陶片，不能曝晒，不能加热。不带泥土的陶片应在出土地附近收集一些土壤标本

热释光方法测定对象是陶片本身，不会因发掘时打破层位或乱层现象发生麻烦，陶片本身可以作为考古断代根据，来源又极其丰富，这两个优点是目前精度较高、应用较广的 ¹⁴C 方法所不及的。尤其在 ¹⁴C 年代出现异常，如标本来源或地区有问题，含碳标本奇缺或年代过远等情况，热释光方法更能发挥其特殊作用。因此，应用热释光方法可以与 ¹⁴C

方法或其他科学断代方法互相比较互相补充。

（原载《考古》1978 年第 5 期）

---

[1] M. S. Tim and J. Waine, 1962, Thermolumineseent dating, A reappraisal, *Arehaeometry*, Vol. 5, 53 – 79.

[2] M. J. Aitken, M. S. Tire and J. Reid, 1963. Thermoluminescent dating, Progress report, *Archaeometry*, vol. 6, 65 – 75。

[3] Y Ichikawa, 1965, Dating of ancient ceramics by thermoluminescence. *Bulletin of the Institute for Chemical Research*, vol. 43, no. 1, 1 – 6.

[4] E. K. Ralph and M. C. Han, 1966, Dating of pottery by thermoluminescenee, *Nature*, vol。210, 245 – 247.

[5] D. J. McDaugall, 1968, Thermoluminescence of Geological Materials.

[6] M. J. Aitken, D. w. Zimmerman and S. J. Fleming 1968, Thermolummeseent dating of ancient pottery, *Nature*, vol. 219, 442 – 445.

[7] V. Mejdahl, 1969, Thermoluminescene dating of ancient Danish ceramics, *Archaeometry*, vol. 11, 99 – 104.

[8] D. W. Zimmerman and J. Huxtable, 1969, Recent applications and developments in thermoluminescent dating, *Archaeometry*, vol, 11, 105 – 108.

[9] M. J. Aitken, 1969, Thermolumlnescent dosimetry of environmental radiation of archaeological sites, *Archaeometry*, vol. 11, 109 – 114.

[10] S. J. Fleming, H. M. Moss and A. Joseph, 1970, Thermoluminescent authenticity testing of some "Six Dynasties" figures, *Archaeometry*, vol. 12, part1, 57 – 66.

[11] S. J. Fleming, 1970, Thermolnmmescent dating, refmement of the quartz inclusion method, *Arohaeometry*, vol. 12, part 2, 133 – 146.

[t2] V. Mejdahl, 1970, Measurement of environmental radiation at archaeological excavation sites. *Archaeometry*, vol. 12, part 2, 147 – 160.

[13] M. J. Aitken, 1974, Thermolummescent dating, *Physics and Archaeology*, 85 – 134.

[14] M. C. Han and E. K. Ralph, 1970, Potential: of thermolumineseence in supplementing radiocarbon for dating in the middle ages, *Scientific Methods in Medieval Archaeology*, 281 – 294.

[15] J. Winter, 1971, Thermoluminescent dating of pottery, Dating *Techniques for the Archaeologist*, 118 – 151.

[16] D. W. Zimmerman, 1971, Thormoluminescent dating using fine grains from pottery, *Archaeometry*, vol. 13, part 1, 29 – 52.

[17] S. J. Fleming, 1971, Thermoluminescent authenticity testing of ancient ceramics, the effects of sampling by drilling, *Archaeomatry*, vol. 13, part 1, 59 – 69.

[18] H. Y. G ksu and J. H. Fremlin, 1972, Thermoluminescence from unirradiated flints, regeneration ther-

molumineseence, *Archaeometry*, vol. 14, part 1, 127 - 132.

[19] V. Mejdahl, 1972, Progress m TL dating at Ris, *Archaeometry*, vol. 14, part. 2, 245 - 256.

[20] M. J. Aitken and J. C. Aldred, 1972, The assessment of error limits in thermolunminescent dating, *Archaeometry*, vol. 14, part 2, 257 - 268.

[21] S. J. Fleming, 1973, The pre - dose technique: A new thermoluminescent dating method, *Arehaeometry*, vol. 15, part 1, pp. 13 - 30.

[22] S. J. Fleming, 1973 Thermoluminescence and glaze studies of a group of Tang Dynasty ceramics, *Archaeometry*, vol. 15, part 1, 31 - 52.

[23] S. J. Fleming and D. Stoneham, 1973, The subtraction technique of thermoluminescent dating, *Arehaeometry*, vol. 15, part 2, 229 - 238.

[24] D. W. Zimmerman, M. P. Yuhas and P. Meyers, 1974, Thermoluminescence authenticity measurement on core material from the bronze horse of the New York Metropolitan Museum of Art, *Archaeometry*, vol. 16, part 1, 19 - 31.

[25] V. S. Desai and M. J. Aitken, 1974, Radon escape from pottery, effect of wetness, *Archaeometry*, vol. 16, part 1, 95 - 97.

[26] E. H. Whittle and J. M. Amaud, 1975, Thermolummescent dating of Neolithic and Chalcolithie pottery from sites in central Portugal, *Archaeometry*, vol. 17, part 1, 5 - 24.

[27] R. Burleigh and M. A. Seeley, 1975, Use of a wire saw for slicing certain sample materials for thermolummescent dating, *Archaeometry*, vol. 17, part 1, 116 - 118.

[28] E. H. Whittle, 1975, Thermoluminescent dating of Egyptian Predynastic pottery from Hemamieh and Quma-Tarif, *Archaeametry*, vol. 17, part 1, 119 - 122.

[29] M. J. Aitken and S. G. E. Bowman, 1975, Thermoluminescent dating: assessment of alpha particle contribution. *Archaeormetry*, vol. 17, part 1, 132 - 138.

[30] H. Mekerrell, V Mejdaht, H. Franqois and G. Portal, 1974, Thermoluminescence and Glozel. *Antiquity* XLVIII, 265 - 272.

[31] H. V. MeKerrell, V. Mejdalal, H. Franqois and G. Portal, 1975 Thermoluminescene and Glozel: a plea for patience. *Antiquity* XLIX, 267 - 272.

[32] W. T. Bell, 1976, The assessment of. the radiation dose - rate for thermolmnmescenee dating, *Arehaeometry*, vol. 18, part 1, 107 - 110.

[33] A. G. Winfle and A. S. Murray, 1977, Thermoluminescence dating: reassessment of the fine grain dose - rate, *Archaeomatry*, vol. 19, part 1, 95 - 98.

[34] W. T. Bell, 1977, Thermolmninescence dating: revised dose - rate data, *Archaeometry*, vol. 19, part 1, 99 - 100.

[35] M. Aitken, 1977, Thermoluminescence and the archaeologist, *Antiquity*, LI, 11 - 19.

^{13}C 测定和古代食谱研究

蔡莲珍　仇士华

^{13}C（碳十三）测定可以提供古代人类的食谱和动物摄食习性的信息，从而探讨古代农作物的种类及农业的起源等，这对考古研究是很有用处的。近年来我们收集了一些有关标本进行了^{13}C测定，取得了初步的成果。本文首先对这一应用的根据和可靠程度，以及它可能的应用范围做一些探讨。然后再结合我国古代的实际情况，对已测定的^{13}C数据进行分析、验证和推断。

众所周知，自然界存在着同位素分馏效应的客观现象，即同一元素的轻重同位素在物理、化学变化过程中由于它们的原子重量不同而活泼程度不同，会导致同位素组成发生变化。组成生命的基本元素之一碳，主要来源于大气，它有三种重量不同的同位素，^{12}C，^{13}C，^{14}C。^{12}C较轻而活泼，容易渗入有机物中，在无机物中^{13}C和^{14}C的相对含量则较多些。

各类物质中碳同位素组成的差别，是同标准物质的同位素组成定量比较而得出的[1]。国际上比较通用的^{13}C标准为PDB标准（Peedee Belemnite Chicago Limestone Standard）。它以采自美国卡罗来（Caroline）南部白垩纪庇弟层中的箭石（Cretaceous Belemnite, Belemnitella Amercana），亦称美国芝加哥石灰石，为标准物质，用$100\%H^3PO_4$在25.2℃时酸化反应生成的CO_2，其$^{13}C/^{12}C$比值为标准值。以各物质测得的$^{13}C/^{12}C$比值与PDB标准的$^{13}C/^{12}C$比值的千分差值表示该物质的^{13}C同位素丰度与标准物质的差值，命为$\delta^{13}C$值。以数学式表示如下：

$$\delta^{13}C_{标本}\% = \{[(^{13}C/^{12}C)_{标本}/(^{13}C/^{12}C)_{标准}]-1\}\times1000\%o。$$

$$而\ \delta^{13}C_{标准}=0$$

一　植物的光合作用及固碳途径

植物在日光作用下吸收大气CO_2，与水结合转化为有机养料和植物器官，可简单表示如下：

$$吸收日光能\quad CO_2 + H_2O \underset{放能}{\overset{吸收日光能}{\longleftrightarrow}} O_2 + (CH_2O)x$$

最早研究这种转化过程的是1962年诺贝尔奖金获得者卡尔文（Melvin Calvin）博士。他利用放射性示踪原子^{14}C研究了光合作用固定碳经历的各个步骤和各种中间产物。这种固定碳和转化的途径或过程是很确定的，大多数植物遵循这种过程，称卡尔文途径（Calvin Pathway）或卡尔文循环[2,4]。但在 1966 年～1967 年哈奇（Hatch，M. D.）和斯莱克（Slack，C. R.）发现有一些植物却是遵循另一种过程，称哈—斯途径，并发现以上两类植物的 $\delta^{13}C$ 值有显著不同[4,5,6]。以后又发现有少数多汁植物遵循 CAM（Crassalaeean Acid Metabolism）途径的，其 $\delta^{13}C$ 值也有不同范围[7]。这些差别的形成主要是由于光合作用在固定和转换碳过程中的分馏效应造成的。同时由于卡尔文循环中首先形成的产物是磷酰甘油酸（Phosphoglyceric Acid，PGA），通过 RUDP（ribudose-1，5-diphosphatc），PE-PA（Phosphoenlpyruvie acid）形成天冬氨酸（Aspartic Acid），和苹果酸（Malie acid）。最后形成葡萄糖和果糖。PGA 含三个碳原子，因此，这类植物亦称 C_3 植物。遵循哈—斯循环的植物首先形成的产物是苹果酸、天冬氨酸和草酰乙酸（Oxalo-acetic acid），然后转成 PGA，单磷酸己糖（hexosemonophosphate）和蔗糖。苹果酸和天冬氨酸等含四个碳原子，因此称 C_4 植物。三类植物的 $\delta^{13}C$ 范围分别为：$-23‰～-30,‰$，$-8‰～-14‰$，$-12‰～-23‰$。

C_3 和 C_4 植物在光合作用固定碳和转换过程中各阶段的分馏值列于下表：

表 1

过程	C_3植物（$\delta^{13}C‰$）	C_4植物（$\delta^{13}C‰$）
空气 CO_2	-6.3	-6.3
扩散入体内	-11	-2
成液体	-0.5	-0.5
25℃时光呼吸效应	-5.25	
羧基化	-4（-8）	-4（-8）
总效应	$-27～-31$	$-12.8～-16.8$

植物的 $\delta^{13}C$ 值并不按它的科、属、种而分，需实际测定得出：

1971 年本德（Bender，M. M.）[9]测定了 98 种各科、属植物，$\delta^{13}C$ 值分成两组：C_4 植物的范围是 $-10‰～-20‰$，平均 $-13.5‰$，C_3 植物的范围是 $-22‰～-33‰$，平均 $-27.7‰$，有少数植物是 CAM 类。

1971 年史密斯等（Smith，B. N. etc.）[10]测定了 104 种，代表 60 族植物的 $\delta^{13}C$ 值，结果分成三组：C_3 植物的范围是 $-24‰～34‰$，C_4 植物的范围是 $-6‰～-19‰$。CAM 植物的范围是 $-12‰～-23‰$。

1972 年特劳顿等（Troughton，J. H-）[8]测定了 250 种不同的单子叶和双子叶植物的 $\delta^{13}C$ 值。结果也明显分成两组：C_4 植物是 $-10‰～-19‰$；C_3 植物是 $-21‰～-35‰$。同种植物的 $\delta^{13}C$ 值也有一定范围，一般在 $1‰～3‰$ 以内[8]。原因是同株植物的各种器官，同一器官的老幼阶段，其 $\delta^{13}C$ 值都有不同；植物生长的环境因素如光照量，大气 CO_2 含量等都会对 $\delta^{13}C$ 值有影响。下面罗列几种与人类生活关系比较密切的植物的 $\delta^{13}C$ 值。

二 人类和动物的机体的 $\delta^{13}C$ 值

人类和动物直接或间接地摄食各种植物形成各自机体，其 $\delta^{13}C$ 值必然依赖于食谱的 $\delta^{13}C$ 值相对于摄入食谱的 $\delta^{13}C$ 值，就全部输入、输出（包括呼吸、排泄作用）而言应平衡一致。其中有机物、肉质部分的 $\delta^{13}C$ 值约富集 1‰，可以认为与食谱的 $\delta^{13}C$ 值相同[11]。而骨胶原和骨磷灰石往往是古代动物遗骸中唯一可供测定的物质，它们相对于食谱的分馏谱的 $\delta^{13}C$ 值，同时在吸收过程中又有一定的同位素分馏效应。要从人类和动物机体的 $\delta^{13}C$ 值分析出他（它）们摄食的植物种类，首先要确定摄食过程的分馏效应。这也是主要由实验确定，即用 $\delta^{13}C$ 值已知的食谱喂养动物，然后分析各组织的 $\delta^{13}C$ 值。结果指出，动物组效应相当确定。

表2

作物	$\delta^{13}C$（‰）	植物属类
高粱	－12.1～－12.6	C_4
小米	－13.3～－14.8	C_4
玉米	－11.1～－13.2	C_4
大豆	－25.4～－27.2	C_3
小麦	－27～－30	C_3
稻米	－27	C_3
土豆	－25.4～－27.9	C_3
树木（乔木）	－25～－27	C_3
甘蔗	－13.7	C_3
甜菜	－18～－19	CAM

骨胶原的 $\delta^{13}C$ 值富集 5‰～6‰。即对应于 C_3 植物的为 ≈ -21‰；对应于 C_4 植物的 ≈ -8‰。骨磷灰石的 $\delta^{13}C$ 值富集 12‰～13‰，即对应于 C_3 植物的为 ≈ -14‰，C_4 植物的 -0‰。

另外，1959 年～1983 年的 20 多年来在《放射性碳》（Radiocarbon）杂志上发表了大量的骨胶原的 $\delta^{13}C$ 值，比 C_3 或 C_4 植物都富集 ≈ 5‰～6‰。这是又一个有力的旁证。说明测骨胶原（或骨磷灰石）的 $\delta^{13}C$ 值是可以直接反映摄入食物的 $\delta^{13}C$ 值的[12]。

三 $\delta^{13}C$ 测定研究的应用概况

上述研究表明，植物可以按它们的 $\delta^{13}C$ 值分成三类，而自然界以 C_3 植物占大多数，

C_3 和 C_4 植物的 $\delta^{13}C$ 值区别较大（$\approx 12\permil$），远远超过某个植物本身 $\delta^{13}C$ 值可能分布的范围（$\approx 3\permil$）。同时人类和动物在摄食这些植物时在机体中有固定的反应，摄食动物主要是肉质部分，分馏效应可以忽略，基本上反映了植物的 $\delta^{13}C$ 值。因此可以从古代人类和动物的残骸，主要是骨骼残骸的 $\delta^{13}C$ 测定来推算生前的食谱，而反映出当时的经济生活和植被面貌。例如：采集果实为生的，一般采集的食物都来自 C_3 植物；渔猎经济中依水产品为生的，$\delta^{13}C$ 值较似于 C_3 植物；而农业经济开始以后，往往单一作物占上风，如欧洲盛产小麦（C_3 植物）；南美早产玉米（C_4 植物）；我国南方以稻米为主（C_3），北方多产小米（C_4）；以后又会逐渐交流，改变食谱内容。因此利用测定 $\delta^{13}C$ 值就可以有助于研究古代农业经济的发展区域和历史，甚至动物的驯养，高低阶层人骨的区分等等。下面以列表方式简要举几个实际应用的例子。其他应用不再赘述[19]。

表 3

课题	作者	研究内容	所得结果（$\delta^{13}C$ $\permil$）
农作物变更的时代	沃格尔[13]（1977 年）	美国纽约州玉米输入前 250（1—1000BC）和玉米输入后（1000—1450AD）的食物变化	无玉米时 $\delta^{13}C = -19\permil \sim -21\permil$ 有玉米时 $\delta^{13}C = 16.6\permil \sim -13.5\permil$ 相当于有 24%～47%玉米成分
	本德[14]（1978 年）	美国威斯康星州玉米输入前（2600B. p.）和有玉米期的变化，并分析同时出土的各种食物的 $\delta^{13}C$ 值	无玉米时 $\delta^{13}C = -21.1\permil \sim -23.6\permil$ 有玉米对 $\delta^{13}C = -17.0\permil \sim -19.0\permil$ 玉米的 $\delta^{13}C$ -11.3‰ 其余都是：植物 $\delta^{13}C = -25\permil$ 动物 $\delta^{13}C = 21\permil \sim -24\permil$
T 高、低阶层	同上[14]	美国威斯康星州中部遗址单独墓葬中人骨（高阶层）和灰坑中弃骨（低阶层）测定比较	高阶层 $\delta^{13}C = -17.0\permil \sim -19.2\permil$ 低阶层 $\delta^{13}C = -14.4\permil \sim -18.5\permil$
男、女、小孩差别	同[14]	北美伍德兰有陶器时期的晚期遗址中人骨	男性 $\delta^{13}C$ -14.7‰～-16.5‰， 女性、小孩 $\delta^{13}C$ -17.0‰～-19.8‰
动物驯养	伯格[15]（1978）	美洲厄瓜多尔地区在 3000BC 前就栽培玉米，1800BC 在秘鲁发现玉米，1200BC 时普及种植，当时遗址中狗骨测定	秘鲁地区（1200Be）的狗骨 $\delta^{13}C$ - l2.11‰～-17.29‰ 玉米占 60%～21%
动物摄食习性	德尼罗[16]1978	两种生活习性不同的蹄兔（坦桑尼亚）	一种喜食牧草 一种喜食嫩叶
	埃里克森 1981	非洲埃塞俄比亚二百万年前的长颈鹿和三趾马的骨磷灰石测定	长颈鹿喜食树叶 三趾马喜食牧草
古代植被	希恩[18]1982	非洲鸵鸟蛋壳	繁殖季节，干燥月份，灌木多，无 C4 草。干旱季节，灌木少，C4 草多（占 45%）

从我国考古发掘资料已有多处证明早在七八千年前我国北方就种植了小米，南方有了稻米。而且以后的一段很长时期黄河流域也多以小米为主，直到小麦、水稻种植推广以后，粮食品种才有了变化刚。小米、高粱为 C_4 植物，稻、麦等则是 C_3 植物，上述情况估计在古代人类和动物的遗骨的 δ^{13}C 值上会有反映。

1. 标本收集

这次测定是探索性的，除了专门收集的我国新石器时代典型的文化遗址——陕西西安半坡遗址和宝鸡北首岭遗址——出土的人骨标本外，其他都是 ^{14}C 年代测定中留取的标本。一共有十个地点出土的二十个标本，包括仰韶文化时期约七千年前的人骨架，龙山文化时期约四千多年前的浒西庄和陶寺遗址出土的人骨、猪骨和小米标本，山东大汶口晚期约三千六百年前陵阳河出土的标本，烟台白石村约五、六千年前出土的人骨，以及东北地区较晚时期的人骨标本等。为了比较稻米产地的反映还收集了四川地区战国—汉时期的人骨标本。

2. δ^{13}C 测定结果及其分析讨论

人骨标本均取其骨胶原部分测定，制备方法同 ^{14}C 测定中相同，完全清除了无机盐部分的碳。燃烧得 CO_2 后转化成 $SrCO_3$，纯化的 $SrCO_3$ 用 H_3PO_4 酸化得 CO_2 由质谱（MM602D）测出 δ^{13}C 值[21,22]。

为了更直接地分析食谱成分，将所得 δ^{13}C 值作以下近似的分析

假定食谱中 C_4 植物（包括小米、玉米、高粱）占 x%，

    C_3 植物的 δ^{13}C 植按平均值 -26‰计，

    C_4 植物的 δ^{13}C 值按平均值 -13‰计，

    大气 CO_2，的 δ^{13}C 值为 -7‰，

    骨胶原富集 $+6$‰，

标本实测 δ^{13}C 值为 B‰。近似图解如下：

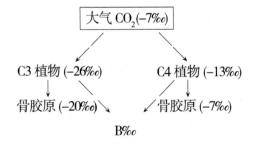

$B = 6 - [26 (1 - x) + 13x]$

$x = [(20 + B) / 13]$

δ^{13}C 测定结果以及换算成食谱中含 C_4 植物的百分比列于表 4，

表 4

遗址		编号 (ZK-)	层位	时代（考古估 计或^{14}C年）	δ^{13}C（‰）	δ^{13}C平均 值（‰）	含C$_4$植 物（%）
陕西	西安 半坡	13. 西安1	M1	仰韶	−18. 1		≈14. 6
		13. 西安2	M8	仰韶	−13. 6	−13. 7	≈48. 5
		13. 西安3	M132	仰韶	−13. 3		
		13. 西安4	M212	仰韶	−14. 2		
	宝鸡北 首岭	13. 北1	M8	仰韶	−14. 6	−13，8	≈47. 7
		13. 北2	M12	仰韶	−12，9		
		1186	M10甲	仰韶	−14. 0		
	武功浒西庄	859	T3H3	龙山	−13. 7		≈48. 5
山西	襄汾 陶寺	1051	M7001	龙山	−13. 1	−11. 3	≈66. 9
		1088	M3141	龙山	−10. 8		
		1236	M2092	龙山	−10. 0		
		1089	M3141	龙山	−10. 7	−71. 5	
			（猪骨）	3620±160			
		1085	T423	龙山	−11. 8		
			（炭谷）	4245±130			
山东	莒县陵 阳河	947	M12	大汶口晚	−16. 8		≈24. 6
				3630±145			
	烟台 白石村	952	M	5840±110	−20. 3	−19. 9	≈0
		953	G12（3）	5155±125	−19. 4		
甘肃	庄浪徐家碾	902	M 81	2745±130	−11. 1		≈68. 5
吉林	永吉杨屯	807	M 5	唐．渤海国	−8. 5		≈88. 5
四川	普格县	1029	M 2	战国—汉	−20. 4		≈0
河北	临西吕寨	974 地下 3.5米	近代		−16. 8		≈24. 6

上述结果讨论如下：

1. 仰韶文化时期半坡人食谱有近一半的 C$_4$ 植物成分，这如何解释呢？考古发掘研究的结果说明到仰韶文化时期农业已经相当发展，粟（小米）是主要农作物之一。小米是 C$_4$ 植物，因此这正好说明小米在半坡人的食谱中已占有相当重要地位，两者是互相印证的。但 M1 出土人骨的 δ^{13}C 较低，相应的 C$_4$ 植物摄入量较少，这也许可能是少数狩猎者偏于肉食，或者以采集为生的缘故。

2. 宝鸡北首岭出土人骨的 δ^{13}C 值反映出 C$_4$ 作物摄入量与半坡相近，也是合乎情理的。因为它们在时代、文化性质和地理环境等各方面都相同或都很接近。

3. 龙山文化时期的武功浒西庄人摄入 C$_4$ 植物量与半坡、北首岭人相近。这说明在陕西地区从仰韶到龙山文化时期，粟一直是主要农作物之一。

4. 山西襄汾陶寺遗址出土的炭化谷子标本，其 δ^{13}C 值与小米的 δ^{13}C 平均值相近。陶

寺人食谱中 C_4 植物占百分之七十，说明食用小米成分比陕西地区仰韶、龙山文化时期显著增多。山西在历史上一直是我国著名的小米产地，现在应该可以说早在四千多年前就是著名的小米产地了。

5. 陶寺出土的猪骨的 $\delta^{13}C$ 值反映出食谱中 C_4 植物量较多，这可能有一部分喂猪的草类也属于 C_4 植物，但更应该说，这是明显的人工饲养、喂食了小米或谷糠的缘故。

6. 山东莒县陵阳河遗址的标本同样反映有相当量的 C_4 植物，而五千年前烟台白石村遗址的标本却毫无反映。这是否由于当地农业发展较晚，尚处在采集渔猎时期？还是发展了其他农作物如水稻之故。据说烟台附近龙山文化时期曾发现过稻谷遗迹，这值得注意[20]。

7. 甘肃庄浪徐家碾遗址人骨反映出相当多 C_4 植物成分，吉林杨屯遗址人骨反映出当时食谱中 C_4 植物占了近 90%，这同当地许多遗址中都曾发现过大量小米是一致的。

8. 四川普格县战国时期人骨标本的 $\delta^{13}C$ 值没有反映出 C_4 植物的成分；正好说明这个地区的农作物中没有粟而主要种植水稻。

9. 河北出土的近代人骨反映出约有四分之一的 C_4 植物，这同河北省出产小麦、小米、玉米，以及河北人以这些粮食为主食混合食谱相一致的。

综上所述，这次测定的初步结果基本上与考古发现是相符的，$\delta^{13}C$ 测定方法的应用对我国古代农业的起源、畜类的驯养以及农业史研究无疑是有帮助的。当然，这种方法显然存在着不可避免的局限性，如 C_3 和 C_4 植物的品种和比例，并不能确切知道，测定结果有一定误差范围等。另外，这次测定数据尚不够多，尤其标本个体数目太少，今后还需要继续积累数据开展研究。

3. $\delta^{13}C$ 测定在我国考古学中应用的前景

我国黄河流域是粟的世界原产地之一；南方是稻的世界原产地之一；小麦高粱的种植较晚，玉米是后来才传人的，因此 $\delta^{13}C$ 测定配合考古研究应用的前景至少可以有下列几方面：

（1）我国生产和食用粟黍的时代和地区分布

我国新石器时代考古遗址中发现种植粟黍痕迹的已遍及黄河流域中上游各省（陕西、河南、河北、山西、甘肃、青海、内蒙古）、东北地区，甚至台湾省早期遗址中也有发现。同时还有相应的农具出土。我国早期种植农作物的区域和时代已有一大致的轮廓。但是这些发现中往往只留下粮食颗粒的痕迹，很难作科学鉴定，更不易判断它发展到了什么阶段。如果用 $\delta^{13}C$ 测定配合，无疑是一个有力的旁证。

（2）摄食习惯改变的时代

小米产量低，目前食谱中都不占重要地位了。史书记载早在战国时代就有了变化，稻、麦栽培在北方的推广和南粮北运，使食谱中 C_3 和 C_4 成分与古代大不相同[20]。元代以后又传人了高产作物玉米，它的推广使许多地区原来以 C_3 植物为主的食谱中掺入了 C_4 成分。这种种变化也会从 $\delta^{13}C$ 值上反映出来，因此。可以对我国农作物变更的时代了解得更清楚。

（3）农业发展伴生着动物的驯养，往往以农作物的副产品为主，因此动物从骨骼的 δ^{13}C 值可以判断出是野生的还是家养的。若是家养的，还会反映出农业发展水平。

（4）不同阶层的人有不同食谱，贵族荤食，平民素食，从骨骼中 δ^{13}C 值就能反映出前者 C_3 成分会多于后者。另外，男、女、老、幼的食谱也会有差别。这对于有些墓葬由于随葬品缺乏或骨骼缺失不全而难以分辨贵贱，或男女老幼时，δ^{13}C 值测定也可作为旁证。

（5）我国古代遗址遍布各地，广泛利用 ^{14}C 断代法确定各地区各时期的遗址年代，同位素分馏效应测定对于骨骼标本的年代校正和小米等标本的年代校正都是必要的[23,24,25]。而 δ^{13}C 测定需用的标本量很少（几克或几十克骨头），因此测 ^{14}C 年代时同时作 δ^{13}C 测定十分有利。当然 δ^{13}C 测定需要个体数目多一些。δ^{13}C 值的测定，可以为考古研究工作积累资料、提供证据。这项工作还是应该引起重视的。

（原载《考古》1984 年第 10 期）

[1]　Craig. H. , 1957, Isotopic standard for carbon and oxygen and correction factors for mass-spectrometric analysis of carbon dioxide, *Geochimica et Cosmochimica cta*, 12：133 - 140.

[2]　Calvin, M. and Benson, A. A. , 1962, The path of carbon in photosynthesis, *Science*, 107：476 - 480.

[3]　Calvin, M. and Basshan, J. A. , 1962, 《*The photosynthesis of carbon compounds*》, New York, Benjamm.

[4]　Kortsehack, H. P. , Hart, C. E. and Burr, C. O. , 1965, Carbon dioxide fixation in sugarcane leaves, *Plant Physiology*, 40, 209 - 213.

[5]　Hatch, M. D. and Slack, C. R. , 1966, Photosynthesis by sugarcane leaves, *Biochimical Journal*, 101, 103 - 111.

　　Hatch, M. D. Slack, C. R. and Johnson, H S. , 1967, Further studies on a new pathway of photosynthetic carbon dioxide fixation in sugarcane, and its occurrence in other species, Biochimical Journal, 102, 417 - 422.

[6]　Hatch, M. D. and Slack, C. R. , 1970, Photosynthetic carbon dioxide fixation pathways, *Annual Review of Plant Physiology*, 21, 141 - 142.

[7]　Osmond, C. B, 1978, Crassulacean acid metabolism：a curiosity in context, *Annual Review of Plant Physiology*, 29, 379 - 414.

[8]　Troughton, J. H. , 1972, Carbon isotope fraetionation by plant, 《 8th Intcrn, ^{14}C Conf. Proc. 》, E39 - E57. , Wellington, New Zealand.

[9]　Bender, M. M, 1971, Variations in the ^{13}C / ^{12}C ratios of plants in relation to the pathway of photosynflaetie carbon dioxide fixation, *Phytochemistry*, 10, 1239 - 1244.

[10]　Smith, B. N. and Epstein, S. , 1971, Two categories of ^{13}C / ^{12}C ratios for higher plants, *Plant Physiology*, 47, 380 - 384.

[11]　DeNiro, M. J. and Epstein, S. , 1978, Influenc of diet on the distribution of carbon isotopes in animals, *Gcoechimica et Cosmochimica Acta*, 42, 495 - 506.

[12]　*Radiocarbon*，1959－1983，vol. 1－25.

[13]　Vogel, J. C. , van der Merwe N. J. , 1977, Isotope Evidence for early maize cultivation in New York State, *American Antiquity*，42，238－242.

[14]　Bender, M. M. , Barreis, D. A. and Steventon, R. L. , 1981, Futher light in carbon Isotopes and Hopewell agriculture, *American Antiquity*，46，346－353.

[15]　Burleigh, R. and Brothwell, D. , 1978, Studies on Amerindian dogs, I：Carbon isotopes in relation to maize in the diet of domestic dogs from early Peru and Ecuador, *J. , Arch. Sci.* , 355－362.

[16]　DeNiro, M. J. and Epstein. S. , 1978, Carbon isotopic evidence for different feeding patterns in two Hyrax species occupying the same habitant, *Science*，201，906－908.

[17]　Ericson, J. E. , Sullivan, C. 14 and Boaz, N. T. , 1981, Diets of Pliocene Mammal from Omo, Ethiopia, deduced from carbon isotopic ratios in tooth apatite, *Paleaogeography, Paleaoclimatology, Palaeoecology*，36，69－73.

[18]　van Schimding, Y. , van der Merwe, N. J. And Vogel, J. C. , 1982, Influence of diet and age on carbon isotope ratios in ostrish eggshell, *Archeaometry*，24，3－20.

[19]　Minson, D. J. , Ludlow, M. M. And Troughton, J. H. , 1975, Differences in natural carbon isotope ratios of milk and hair from cattle grazing tropical and temperate pastures, *Nature*，256，602.

　　Lerman, J. C, and Trougthton, H. I－I. , 1975, Carbon isotope discrimination by photosynthesis：Implications for the bio-and geoseiences, 《Earliest Man and Enviroment in the Lake Rudolf Bas》, Coppens, Y, et al editors, *Uni. Chicago Press*，402－420.

　　Fry, B. , et al. , 1978a, Delta C－13 food web analysis of a Texas sand dune Community, *Geochim. Cosmochim. Acta*，42，1299－1302.

　　Fry, B. , et al. , 1978b, Grasshopper food web analysis of：Use of carbon isotope ratios toexamine feeding relationships among terrestrial herbivores, Ecology, 59，498－506.

　　Teeri, J. A. and Schoeller, D. A. , 1979, Delta C－13 values organ herbivore and the ratio of C－13 and C－14 plants carbon in its diet, *Occologia*，39，197－200.

　　van der Merwe, N. J. and Vogel, J. C. , 1978, Carbon－13 content of human Collagen as a mensure of prehistoric diet in Woodland North America, *Nature*，276：815－816.

[20]　王毓瑚《我国自古以来的重要农作物》，《农业考古》1981 年第 1 期；1981 年第 2 期；1982 年第 1 期；黄其煦《黄河流域新石器时代农耕文化中的作物》，《农业考古》1982 年第 2 期、1983 年第 1 期；吴梓林《古粟考》，《史前研究》1983 年创刊号；严文明《中国稻作农业的起源》，《农业考古》1982 年第 1 期。

[21]　中国社会科学院考古研究所实验室《放射性碳素测定年代报告（七）》，《考古》1980 年第 4 期。

[22]　张仲禄、蔡莲珍《δ¹³C 测定和¹⁴C 测定中的δ¹³C 校正》，《第一次全国¹⁴C 学术会议文集》，11－15 页，科学出版社，1984 年。

[23]　Hall, R. L. , 1967, Those late corn dates：isotopic fractionation as source of error in carbon－14 dates, *The Michigan Archaeologist*，13，171－177.

[24]　Bender, M. M. , 1968, Mass spectrometrie studies of carbon－13 variations in corn and other grasses, *Radiocarbon*，10，468－472.

[25]　仇士华《碳十四数据报告中需要注意的问题》，《第一次全国¹⁴C 会议文集》，54－58 页，科学出版社，1984 年。

科技方法在考古学上的应用

仇士华　蔡莲珍

　　现代科学技术方法在考古学中广泛地应用，已经成为考古研究工作中不可缺少的组成部分。由于技术学科种类繁多，涉及面广，这里仅就断代技术、分析技术、数学与计算机方法及勘测技术等方面，在我国考古学中的应用作一概略介绍。

一　断代技术

　　利用自然科学方法测定年代技术，初步建立起史前时期诸文化的绝对年代序列，是现代科技在中国考古学中应用的最大贡献之一。

　　旧石器时代遗迹、遗址的年代跨度较大，从距今几百万年到几万年间都有发现，各种测定年代方法适用时段多不相同。三五十万年以前的早期遗址发现极少，但对人类早期活动的研究极为重要。北京周口店猿人遗址采用各种测年手段配合地层分析综合研究的方法。使用的方法和测试的样品有：裂变径迹法测灰烬中榍石；热释光（TL）法测灰烬中石英；地层沉积磁性方法测洞穴堆积物；铀系法和氨基酸外消旋法测骨化石等（见《北京猿人遗址综合研究》一书中赵树森等、刘顺生等、钱方等、裴静娴等所著文，1985 年）。测定年代的结果 1 层～3 层约 20 万年，13 层约 70 万年，北京猿人最低所处层位在 10 层，约 50 万年。云南元谋人、陕西公王岭蓝田猿人都采用磁性地层法，测定年代分别为 170万年和 110 万年左右。辽宁本溪庙后山遗址也采用此法（钱方，《庙后山》，1986 年）。遗址由下至上分为 8 层，顺次采集土样，标明磁北方位。经交变磁场退磁、清除干扰，用磁力仪测剩磁强度和磁化方向。然后将各层样品测定结果归纳入正向和反向磁化带，对照标准地磁极性反性年表和地层中化石年代等，确定第 1 层～3 层大于 73 万年，第 4 层为 40万年，第 5 层～8 层小于 40 万年。

　　几万年至 30 多万年间，是铀系法测定年代的最佳时段，热释光法也可适用此范围。这一时段的旧石器时代遗址我国已发现多处，基本上已可以从铀系法测定结果排列出时代序列（陈铁梅，《人类学学报》1984 年 3 期表 4，《中国第四纪研究》1989 年 8 卷第 1 期，表 3）。铀系法测试样品多为骨化石、牙和碳酸盐等，它们在石化和沉积过程中吸收地下水中的铀，以后在封闭系统中达到与其放射性子体平衡，测定其中含量即可确定沉积年代。常用子体有钍－230 和镤－231，根据其半衰期值推算，最大可测年代分别为 30 万年和 12

万年。铀系法年代误差主要来源于样品原处环境的不封闭性，同时测定样品的钍－230 法和镤－231 法年龄，可以对测定结果的可靠程度进行检验和判断。已经铀系法测定的旧石器时代遗址、地点有：许家窑（陈铁梅等，《人类学学报》1982 年第 1 期）；萨拉乌苏（原思训等，《人类学学报》1983 年第 1 期）；华南地区柳·州、白莲洞等 10 多处（原思训等，《人类学学报》1986 年第 2 期）；安徽和县、巢县等（陈铁梅等，《人类学学报》1987 年第 3 期）；庙后山（原思训等，《庙后山》1986 年）以及呈贡、金牛山、大荔、丁村、小南海等。热释光测定年代可以采用不同的技术测定范围，从几百年到几十万年，曾测定和县人的上限年龄小于 20 万年（李虎侯等，《科学通报》1983 年第 11 期）。陈铁梅、还对旧石器考古年代测试中的一些问题进行了探讨（《中国第四纪研究》8 卷第 1 期），为提高测试年代的可靠性和精确性，强调分层仔细采样和考古工作者测年工作者互相配合、协作的重要性。

几万年以内旧石器时代晚期遗址，根据[14]C 法、TL 法、铀系法等测定结果，年代序列也已初步建立起来（陈铁梅，《考古学报》1988 年第 3 期，表 2；仇士华等，《中国第四纪研究》1989 年 8 卷第 1 期，表 1）。陈文列出了依各种测年方法测定结果排列的、180 万年到 1 万年时间跨度的旧石器时代各地点的绝对年代序列，讨论了各种测定方法的特点和问题，强调氨基酸外消旋法中古环境温度对年龄值的影响等。表中还列入了他首先在英国牛津大学应用加速器质谱（AMS)[14]C 法测定的我国考古年代数据。应用[14]C 法对数十个旧石器时代地点测定年代已累计有近百个年代数据，仇文列出了相应的年代数据表，并对这些测定在旧石器时代考古研究中的意义进行了分析，对[14]C 测年工作要求提出了意见。黎兴国等（《第一次全国[14]C 学术会议文集》，1984 年）结合地层、动物化石、人类文化遗物等对旧石器时代扎赉诺尔、萨拉乌苏等化石产地的[14]C 年代测定，对配合古脊椎动物和古人类研究都极有意义。

新石器时代文化系列绝对年代的测定，历来依靠[14]C 法和 TL 法。[14]C 法发展最早，测年原理清晰，技术发展成熟，长久以来一直是精度高、应用广、年代数据最多的测年方法之一。我国 1965 年建立此项方法（《考古》1972 年第 1 期），1975 年液闪法成功（《文物》1976 年第 12 期），考古所、北大、古脊椎动物与古人类所及文物保护所的[14]C 实验室先后做了大量测定工作，目前经[14]C 法测定的地点、遗址已有 500 余处，累积年代数据 2000 有余，为确立我国各地区新石器时代各文化类型的绝对年代序列及其他文化年代提供了科学依据（《中国考古学中碳十四年代数据集》，1983 年）。仇士华等（《考古》1982 年第 3 期，《第一次全国[14]C 学术会议文集》，1984 年；《中国第四纪研究》1989 年第 1 期）列出的各文化[14]C 年代数据序列表有：中原地区仰韶时期和龙山时期各文化年表，黄河上游甘青地区各文化年表，黄河下游山东地区各文化年表，辽宁地区各文化年表，长江下游江浙地区早期和晚期各文化年表，长江中游湖北地区各文化年表，内蒙古、东北地区各文化年表等。仇士华等还陈述了¹⁴C 测定在配合夏文化探索、配合寻找中石器时代文化工作中的作用，以及在华南地区¹⁴C 测定中的一些问题和边远地区的文化年代测定等。利用¹⁴C 测年方法还确定了早在龙山时期铺地和粉刷墙壁的材料是人工烧制的石灰（仇士华，《考古与文物》1980 年第 3 期）。测定古代铁器中碳的¹⁴C 年代，鉴定了古代冶铁用燃料何时使用煤炭的问题（仇士华等，《中国考古学研究》，1986 年），指出战国、汉、南北朝时期使用木炭，宋代肯定已使用了煤炭。国际上¹⁴C 测定技术最新进展主要是 AMS¹⁴C 法的成功（蔡莲珍，《第一次全国¹⁴C 学会议文集》，1984 年；仇士华，《考古》1987 年第 6 期）和高精度树轮校正年代曲线的建立（蔡莲珍，《考古》1985 年第 3 期；仇士华等，《文物保护与考古科学》1989 年第 1 期）。¹⁴C 衰变计数测年方法是利用探测¹⁴C 衰变时放出的粒子数目，技术已十分完善。AMS¹⁴C 法则利用探测高速离子化的¹⁴C 粒子来实现的。国外，70 年代末技术条件才成熟，80 年代中期成功地进行¹⁴C 测年。样品需要量减小 1000 倍，测量时间半小时，年代精度可以达到衰变法一般水平。仇文对 AMS¹⁴C 法在我国考古学中的应用展示了可喜的前景。从 1988 年第四次全国¹⁴C 学术会议上获悉，我国目前 AMS¹⁴C 法的研究已经起步，北京大学和上海原子核研究所正在筹建加速器质谱仪。陈铁梅综述了 AMS¹⁴C 法在史前考古学应用中取得的重要成果（《考古与文物》1990 年第 2 期），说明 AMS¹⁴C 法由于取样可靠性方面的优势，可测定稀少样品、珍贵文物等，将对考古学研究作出新的贡献。

树轮木质中¹⁴C 水平正好反映了当年大气¹⁴C 的浓度，将¹⁴C 测定年代与树轮生长年代对照绘成曲线，可将样品¹⁴C 年代可靠地校正到样品的真实年代，年代误差接近测量水平。目前可对 8000 年内¹⁴C 年代数据进行校正。在 80 年代中期发展的高精度校正曲线，可以使 5000 年以来的¹⁴C 测年精度（在理想的情况下）达到 20 年。

关于热释光测定年代，1973 年仇士华等介绍其原理、技术和应用范围（《考古》1978 年第 5 期），1979 年王维达发表了上海博物馆建成 TL 实验室的报告（《考古》1979 年第 1 期），开始公布 TL 测定的考古年代数据。经测定的古代遗址有：湖北大冶铜绿山；湖北枝江关庙山（李虎侯，《考古》1981 年第 6 期；1982 年第 4 期）；浙江余姚河姆渡、广西桂林甑皮岩（王维达，《考古学集刊》第 4 集，1984 年）；上海青浦福泉山、金山亭林、马桥（王维达等，《考古》1990 年第 3 期）；河南密县峨沟北岗、登封王城岗、浙江桐乡罗家角等 10 多处（《上海博物馆集刊》第 2 期，1982 年）。

TL 测年方法是根据古代火烧土或陶器在烧制时原先储存能量全部释出，后又因放射性物质作用累积了能量，通过 TL 方法测定累积能量，并与每年累积能量比较，即可推测其烧制年代。这种能量一般保存在结晶矿物中，不同矿物及其不同大小颗粒对放射性反应不同，可以有各种不同的测试技术。细粒法是采用样品中直径约几微米的粒子，粗粒法选用直径 100 微米左右石英颗粒，都是比较常用的技术。选用细粒石英对 TL 测量精度将有所提高（李虎侯，《科学通报》1983 年第 6 期）。测量每年积累能量大小可以通过化学分析放射性元素或放射性测量等方法。对于放射性能量积累方式和样品环境等对 TL 测量的影响都应加以考虑并校正，各种校正因子多达 10 多种，误差分析也较复杂。王维达对 TL 测量中误差来源和计算方法作了详细阐述（《考古》1986 年第 11 期），文中所列 31 个 TL 年代，误差范围在 3.6%～13% 之间。

利用 TL 灵敏元件测每年积累能量的技术替代通常使用的测量方法，是近年来我国发展的 TL 测年新技术。王维达等自制了灵敏度甚高于陶片的超薄型 TL 灵敏元件，嵌入陶片粉末共存一个月后测其 TL 值，再换算成陶片的年 TL 值（《考古》1983 年第 7 期；《科学通报》1983 年第 13 期）。此法测量值和校正因子较少，使 TL 测年方法简化，所得年代与其他方法一致。由于唐代以来的陶瓷样品 TL 讯号太弱，李虎侯利用石英 110℃ TL 峰灵敏度随剂量线性增加的特点，即前剂量方法，测定了唐代以来古陶瓷制品的年代（《科学通报》1983 年第 19 期）。

电子自旋共振（ESR）测定年代方法是近年来迅速发展的测年新技术。黄培华等介绍了它的原理和应用概况（《文物保护与考古科学》1989 年第 2 期）。电子自旋共振又称电子顺磁共振（EPR）。原子核中电子除绕核旋转外还有自旋运动，并产生磁性。轨道上成对电子磁性互相抵消，而单个电子时就会表现出来。但其能量极小，若外加一相同能量会发生共振，可以用仪器记录下来。与 TL 测年原理相似，累积能量表现为存在这种单个电子，随日递增，测出总的 ESR 讯号与每年的比较，即可计算古物的 ESR 年龄。这种讯号不会因测试而消失，样品可以反复使用，可测物质有骨、牙化石、碳酸盐类、石英、长石等，测年范围从几千年到几百万年，取样 100 毫克左右。黄培华文中还提到他们最近测得北京猿人等一个头盖骨埋葬层的 ESR 年代为距今 57.81 万年。

二　分析技术

科学地分析古物成分和结构，是进行古物鉴别，了解其原料成分与来源、制造工艺和用途的客观依据，从而对考察古代生产和技术发展水平、商品交换与流通情况，以及社会发展历史等方面的研究，都有十分重要的意义，因而受到普遍重视。近年来，无论采用的分析手段，还是获得的研究成果，都颇有收益。分析手段从湿化学方法、发射光谱、原子吸收光谱、X 射线荧光、中子活化、莫斯鲍尔谱、电子探针、质子探针，以至金相显微、X - 射线衍射、扫描及透射电镜等，多不胜数。一般说来，湿化学方法精度最高，常作为仪器分析方法精度的校准，但所需样品量较多，工作流程较长。湿化学方法配合半定量发射光谱微量元素分析对大量成批出土的金属和陶瓷的分析报告已有多篇。殷代为我国青铜时代的鼎盛时期，安阳殷墟出土的大量铜器国内外屡有分析。李敏生等对妇好墓和殷墟西区出土铜器和铅器进行了批量测定（《考古学集刊》第 2 期，1982 年；第 4 期，1984 年）。

妇好墓铜器有铜锡型和铜锡铅型两类，二元合金中又分高铜—低锡和低铜—高锡，金属硬度随锡量增加而增大。三元合金中铅的加入节省了锡料，且使铸液易于流动，但合金硬度降低。殷墟西区出土的有纯铜、铜锡、铜锡铅和铜铅四类，表现了当时已有较高的冶炼水平。随葬品中武器、工具、礼器的数量和它们的成分配比对研究墓主的社会地位、当时的生产水平和社会发展都有启示。

峨眉地区文物管理所和自然科学史研究所组织了对四川峨眉出土战国晚期青铜器的分析，采用了原子吸收光谱、扫描电镜、金相显微镜和 X-射线衍射技术。铜器基本上可分为铜锡型和铜锡铅型，锡和铅都是有意配制的。说明当时对冶炼技术、锡青铜淬火技术等都有相当了解和掌握。从镀有铅、锡试样的表层分析研究了古代巴蜀的外镀工艺，可能系采用了鎏锡法（《考古》1986 年第 11 期）。

利用科学分析对出土物质进行鉴定的有：秦俑坑出土彩俑颜料，采用了化学定性、红外光谱、X-射线衍射、发射光谱等方法，结果指出多为天然矿物及其简单制品，以不同比例调制成各种色彩（《考古学集刊》第 4 期，1984 年）。山东巨野西汉墓出土丸状物，为代赭石、赤石脂或禹余粮等多种矿物混合的一般治病强身药（《考古》1983 年第 12 期）。而安徽寿县东汉墓出土白粉（《考古》1983 年第 12 期），可能是用于绘画或化妆的精制方铅矿物质等。湖北汉陵凤凰山西汉墓中发现鸟粪石（磷酸镁铵）大单晶（《考古》，1984 年第 10 期），经王守道应用 X-射线衍射仪多晶物相分析确证并推断成因后，认为是棺内有机化合物分解后形成，并非古代遗物，同样说明了科学分析对考古鉴定的重要作用。

玉石的科学鉴定，近年来也做了不少工作。闻广概述了古代玉器鉴定的原则和方法（《文物》1986 年第 10 期）。中国古代真玉主要指透闪石和阳起石类的软玉，与软玉共生矿物可用室温红外吸收谱及 X 光粉晶照相等方法分辨，利用扫描电镜显示其纤维结构则更为清晰。文中列出了软玉的质量和颜色的科学鉴定标准，并对产玉的地质条件进行了分析。在对苏南几处遗址出土的 14 件玉石作了真、假玉鉴定后，讨论了我国玉石文化的发展趋向等。郑建鉴定了吴县张陵山遗址出土的 9 件良渚文化玉器（《文物》1986 年第 10 期），采用钻取微量粉末和切片方法用显微镜观察，证明全部是软玉。

古陶瓷成分和结构的分析研究，是探讨其生产工艺的重要手段。过去，周仁、李家治等曾对古陶瓷成分及烧成温度作过系统的分析，并对陶与瓷的区别及陶瓷工艺等问题多有研究。近年来，利用科技方法更多。例如，叶宏明对南宋时期龙泉哥窑、弟窑青瓷产品作了详细的分析，并与南宋官窑产品作了比较研究（《考古学集刊》第 4 期，1984 年）。采用瓷胎、瓷釉的主化学成分测定，发射光谱微量元素分析，X-射线衍射、偏光显微镜、扫描电镜等岩相、显微结构分析以及色度、反射率测定，釉层厚度测定，烧成温度及气氛测定等，讨论了所获结果对青瓷外观、呈色、"开片"等方面的影响及其原料来源判断等，说明当时瓷胎、瓷釉的配制技术已达相当高的水平，且各窑都有特色。李敏生等通过对湖北枝江关庙山遗址出土大溪、屈家岭、青龙泉三种文化遗存的陶片进行化学组成、吸水率、烧失量和土样的 PH 测定，讨论了三类陶片成分差别和可能采用的原料（《中国原始文化论文集》，1989 年）。陶片烧失量测定则可以了解其化学组成中化合水量，所有的霾和料，烧成温度，致密度等。该文对夹蚌陶、夹炭陶的性能也作了分析，并指出陶衣和彩色成分同色彩有关，而陶质、陶色的变化同霾和料、烧成气氛关系密切。

将古瓷置中子射线辐照下（反应堆中或其他中子源），其中元素被激活具有放射性，测出放射性种类和强度可确定该古瓷所含的微量元素。可以同时辐照许多块古瓷片，激活其中几十种元素，灵敏度极高而不损坏样品。近年来，采取中子活化分析方法研究古瓷中微量元素已取得不少成果，获得了一些著名古窑瓷的微量元素特征谱。李虎侯介绍了这一工作的概况（《中国考古学研究（2）》，1986 年）。古代瓷器原料都取自邻近地区的瓷土，其微量元素含量在百万分之几（ppm）量级。这些元素种类不多，往往因地而异，因含量甚微，一般不影响瓷器质量，但可在瓷器中长期保存，而成为各类瓷器的分辨特征。经中子活化分析已确定古瓷中微量元素的古瓷窑有磁州窑遗址的观台、东艾口、冶子村、彭城镇等多处，并从中可见四处古窑采用了同一瓷土来源，瓷釉中元素含量的分布说明了原料配方上的差别，瓷胎和瓷釉中个别元素含量的差异则可能与时代、批号和显色有关。其他分析过的瓷窑有耀州窑、岳州窑、吉州窑、宁夏灵武磁窑堡瓷窑（《考古》1987 年第 8 期）、郊坛下官窑（《考古》1988 年第 11 期）、景德镇古瓷、定窑古瓷（《中国陶瓷》1986 年；1987 年）等。但作为判断古窑瓷的产地、生产年代和类属，还需根据大量测定数据建立起确定的各窑系、各瓷类的微量元素特征谱系。应用计算机将所得瓷胎或瓷釉微量元素测定结果综合成特征谱的尝试已有报道（金国樵，《考古》1989 年第 8 期）。反映古窑瓷产地的特征谱是从各窑瓷微量元素中选出具有地区特色的少数几个微量元素经过聚类统计方法分析形成。金文并以河南禹县神垕镇钧瓷胎/釉为例，分别绘制了特征谱。古瓷时代特征谱是将同一窑址、同一时代古瓷的特征谱加以处理归纳成少数几个元素的特征谱。浙江龙泉窑青瓷釉的宋代和明代特征谱有明显区别。瓷类特征谱是因配料不同形成的，元素和含量都可能有较明显差别，可作为古瓷鉴定的依据。

我国从青铜时代初期出现铜镜，历经商周、秦汉，以至明清，流行时间长达近 4000 年，并广为流传至许多邻近地区，且各个时代的铜镜都有明显的形制、花纹甚至铭文等外部特征，因此铜镜研究一向为考古界所重视。现代分析技术的发展进而可从其成分、结构和表面状况剖析等方面了解铜镜的质地性能、制作工艺、产地来源和演变过程等。近年来这方面做了不少工作。最早的二枚出土铜镜之一——青海贵南尕马台遗址古镜，锈蚀严重又丝毫不能损坏。采用不破坏快中子活化分析方法，将该镜整体受中子辐照，然后分析其激活的放射性元素，得出其主要成分铜和锡的半定量含量（李虎侯，《考古》1980 年第 4 期）。宁城南山根西周晚期到春秋早期墓葬出土的铜镜经扫描电镜、金相显微镜分析（《考古》1985 年第 7 期），其主要成分为铜和锡，含锡量平均约 15％，铸造形成后经打磨、抛光而成。成分选择和表面含锡量明显低于尕马台，逊于汉唐时期。王昌燧等应用上述同样方式研究汉、唐古镜的残体及表面的成分和结构（《考古》1988 年第 4 期；1989 年第 5 期），得出汉代铜镜表面确有一层考古学家称之为"黑漆古"的物质，厚度在 10 微米左右，其成分和结构大不同于镜体，锡含量明显较高，而两者相图的差异更说明表面曾有特殊加工。汉、唐镜体的成分和结构差别不大，但它们表面层的处理却有明显差别。李虎侯等利用 X 射线荧光分析法研究铜镜表面（《考古学集刊》第 5集，1987 年），先将铜镜固定后用测厚仪测出镜的厚度，然后磨去镜面表层，每磨一次，测一次厚度，并立即进行 X 射线荧光分析铜、锡、铅含量。如此类推得出各距镜面深处的成分。结果指出锡/铜比随深度而变小，直到稳定。铅/铜比则由小到大，有的没有变化。深层成分稳定，而锈层对成分变化规律无大影响，表面也没有发现有铅富集现象。对"黑漆古"铜镜模拟制造的研究（《考古》1987 年第 2 期），证实了铜镜表面含锡量明显较高、反射率、耐腐蚀性能极好的"黑漆古"，应是由锡汞齐法在表面形成，而非偏析造成。其他还有一些有关"黑漆古"的专门研究（《考古学报》1978 年第 1 期等），采用方法和主要结论大致相同。

对于古代稀珍文物的不破坏分析方法研究也有多种尝试。张日清等采用放射性同位素 X 射线或低能子射线激发 X 射线荧光分析法对一批青铜制品作了主要成分的定性和定量测量（《考古学集刊》第 2 集，1982 年）。这类分析仪体积小、重量轻、价格低、便于携带，样品直接受照射，无需取样，器物大小也不受限制。张文还对其中几件制品用湿化学法分析进行了对比。李虎侯等对古代银器也进行类似的分析（《考古》1988 年第 1 期），结果得出 4 件银器。都是银—铜合金，鎏金银器可能采取金汞齐粘接方法，而各测量点的成分差异可以为制造工艺研究提供参考。毛振伟等介绍了波长色散型 X 射线荧光光谱方法（《考古与文物》1989 年第 2 期）。它只需溶取极少量（毫克级）青铜样品，被滤纸吸收后送入谱仪测定，根据特征 X 射线的波长和强度，定量确定其铜、锡、铅含量。方法简便，效果良好。著名的越王勾践宝剑，采用加速器高能粒子激发 X 射线荧光方法（PIXE）分析其饰物琉璃质地系钾钙玻璃（《复旦大学学报·自然科学版》，1979 年第 1 期）。此类方法因其灵敏度高、快速、取样量极少，在古物测定中经常应用。

穆斯堡尔谱分析亦是一种常用于古物研究的不破坏或很少破坏的分析方法。孙仲田等研究二里头文化和龙山文化陶片的穆斯堡尔谱（《中原文物》1986 年第 1 期），指出河南二里头早、晚五期文化的陶片采用原料中没有赤铁矿成分，系在缺氧、高温条件下烧制而成，最高烧结温度在 800～900℃左右。与河南禹县瓦店龙山灰陶谱相比，两者采用原料、烧制温度都相类似。章佩群等用穆斯堡尔谱法研究了汉、唐两块古铜镜残片（《核技术》1986 年第 2 期）。汉镜表面有"黑漆古"，X 射线荧光分析出的主要成分为铜、锡、铅。从表面层和内层各取适当重量样品，磨细、压成薄片，分别测穆斯堡尔谱。结果表明，两铜镜表面的锡都以 Sn^{4+} 氧化物状态存在，似与有无"黑漆古"无关，并以不同速度逐渐过渡到铜镜内层的 Cu—Sn—Pb 合金状态。这对研究古镜制作工艺有参考价值。

铅同位素比值法对古代器物（如青铜器、玻璃、颜料等）原料产地的研究有相当成效，国外学者用此法大量研究了我国古代制品。近年来，我国也有尝试。彭子成等作了此法原理、技术和应用实例介绍（《考古》1985 年第 11 期）。铅有 4 种稳定同位素，除 ^{204}Pb 是非放射性成因外，其余 ^{206}Pb、^{207}Pb 和 ^{208}Pb 分别为铀、钍放射性衰变产物。矿石铅同位素组成反映了不同矿区的特征值。含少量铅的古物中测其铅同位素比就可以推测原料来源。这种方法取样量极少（1～10 毫克），将试料中铅提取、分离后，质谱仪测出其同位素比，参照各矿区的铅同位素比值分布，古物的原料产地即可确定。该文还介绍日本马渊久夫通过对日本出土、中国形制的三角缘神兽铜镜中铅同位素比值测定，肯定了使用的是北方魏国的铅料。

^{13}C 测定对我国古代食谱的研究也有起步（蔡莲珍等，《考古》1984 年第 10 期）。各种植物由于光合作用产物演化方式不同，质谱测定其 ^{13}C 丰度略有差异，可分为三种类型，分别称 C_3，C_4 和 CAM 植物。人类主食中稻米为 C_3 植物，玉米、小米、高粱为 C_4 植物，骨骼中的 ^{13}C 测定会反映出来。我国中原地区古代以种植粟稷为主，南方以稻米为主，以后又引种了小麦、高粱、玉米等，利用 ^{13}C 测定研究古代食谱变化将有良好前景。文中列出了新石器时代一些重要遗址出土人骨测定的结果，估计了当时农作物成分。

三　数学与计算机方法

计算机技术，尤其微机问世以来，已推广使用到各行业，考古界也不例外。计算机具备的特殊高效的书写、储存、运算能力，在仪器自动化、图书资料存档和检索等方面的应用已经起步，许多正在摸索之中，此处不再赘述。以微机为辅助手段，遵照一定数学方法对考古研究对象进行仔细的分类、分期的探索也已收到一定成效。

王迅介绍了模糊数学的意义和简单应用举例（《考古与文物》1989 年第 1 期）。"模糊"这一数学专门词汇是指一件事物在量变过程中无法确定划分的现象，模糊数学是用来协助划分这些事物的数学方法。在考古上则可以从出土器物形制相似程度或遗址内涵相似程度等应用它来分析它们是否属于同一属类。文中列举从兖州、烟台、潍坊、苏北、菏泽、六安等 6 处遗址内涵得出除六安外均属岳石文化的结论。采用步骤是由考古学家评定或统计方法判断两两相关遗址内涵的相似程度，列出相似矩阵，加以乘方运算，求出属类关系。

朱乃诚对史家仰韶文化墓葬资料进行概率分析，也是应用模糊数学的一个例子（《史前研究》1954 年第 1 期）。墓葬（或遗址）中出土器物代表了一定的时代特征，早期存在的器物常和稍后时期的器物共存，并逐渐演变到一种（或一些）器物消失而另一种（或一些）器物产生。用数学方式来描述就可以表示为某一种（或某一些）器物与明显早期的器物共存的机会大，而与明显晚期的器物共存的机会少，那就表明这一种（或一些）器物出现较早，反之则较晚。而共存机会的大小，可从统计共存的次数得出。由此排定器物组合的早晚时序，墓葬的早晚时序就可以根据它出土器物来判定了。文中以渭南史家墓地中 37 座墓葬出土器物的分类为例得出了墓葬的分期方案。步骤是首先选出其中最早和最晚典型墓葬中两组具有代表性的器物，而该典型器物出现的次数同某一器物与之组合的次数之比为某一器物的组合概率，这种概率表示了早晚的可能性，比较概率大小可得各种器物的相对早晚分组，然后按各墓葬出土器物的相对早晚时序判断墓葬早晚时序。经过地层检验、器物检验进行了调整，形成六期序列。

同样以渭南史家墓地为分析对象，陈铁梅采用了多元分析聚类的方法（《史前研究》1985 年第 3 期）。将一件事或物分析成许多量加以描述或特征化，两者比较，可以多维空间的最短距离来计算其相似程度，然后加以聚合类属。原则上这种多元分析聚类方法可以协助解决考古上许多问题。文中以渭南史家墓地中 32 座墓葬、13 件有代表性的典型器物为分析对象，依次编号，约定某一器物在某一墓葬中出现或不出现的指标变量为 1 和 0。但是，某器物不同时出现在两座墓葬中不能成为两墓相似的特点。因此改用以同时在两座墓中出现和仅在一座墓中出现为特征的 Jaccard 系数，列出矩阵，计算两墓相似程度，并以均值法将墓葬聚类，得出聚类枝状图。最后依此将墓葬分成四期，并进行了地层和器物检验。文中还对三种分期方案作了比较，认为朱文对典型器物的选择、有的墓葬出土器物太少和按逻辑分为六期等处理不妥，但基本上与陈文所得相似，而与张忠培对史家墓地的分期结论（《考古学报》1981 年第 2 期）差别较大，为此讨论了可能原因。

黄其煦详细阐述了计算机考古年代序列分析系统（CASA）依据的布林纳德—逻宾逊原理、方法和系统设计方案（《文物保护与考古科学》1989 年第 1 期）。陈铁梅曾用相同的方法比较了旧石器时代遗址出土的六组动物群，得出遗址早晚时序为：（古老）—丁村—许家窑—萨拉乌苏—峙峪—小南海—山顶洞—（现生）（《人类学学报》1983 年第 2 期）。这一顺序与 ¹⁴C 年代、铀系年代结果相符。而 CASA 系统则是我国首次建立的完整的计算机辅助系统。

布林纳德—逻宾逊方法直观的考古意义是：假定墓葬（或遗址）及其出土的有关器物均按早晚顺序排列成相关矩阵，则器物应集中在对角线附近。若利用数学方法将原先杂乱无章的发掘登记表加以调整，排列成上述矩阵，即可推断出器物的早晚时序，可采取步骤将器物排列成行，墓葬排列成列，顺次编号，墓葬中出现器物无论多少均以一个（＊）表示。各行将各器物所处列位置号相加，除以器物数为该行行值（ai）。同样各列以各器物所处行位置号相加，除以器物数为该列列值（ak）。每行（或列）中器物位置最大号与最小号数之差为该行（或列）的跨度差（S），以所有行与所有列的跨度差之和为判别值（G）。

然后按行值大小重新排列，再按列值大小排列一次，再次计算上述各值。如此类推，直到判别值（G）最小为止。这时器物数目就大致集中在矩阵的对角线附近，而这样排列的器物顺序就代表了它们早晚时序，依此可以为墓葬进行早晚分期。CASA 系统采取了汉字表述和人机对话，以及附加子程序等措施，以便考古学家直接运用或中途检验，或随时对数据调整等。

裴安平等利用 CASA 系统分析了江陵雨台山楚墓陶器（楚文化研讨会论文，1988 年 5 月）。雨台山楚墓可参与比较的墓葬和器物分别有 416 座和 109 种；进行了 8 次分析。有选用全部墓葬和器物种类的；有选用组合齐全的墓葬和时代代表性强的器物的，或选用日用器组合或陶礼器组合齐全的墓葬等，指出这些选择对分析结果是至关重要的。其中选用日用器组合齐全墓的第六次分析和选用陶礼器组合齐全墓的第 8 次分析，两次都选用了与原报告相同的器物种类，得出结果与原报告的吻合率分别高达 94.2％和 99.2％。

四 勘测技术

现代勘测技术在考古调查、发掘中的应用近年来也很受重视。空中、地面和水下勘测都开始试用各种新技术。

空中考古一般使用的遥感技术包括空中平台、遥感器和各种传送、处理信息设备等。适用于考古的空中平台可以从 20 米至几千米以上的高梯、气球、直升机、各型飞机以至人造卫星等。遥感器则指普通照相机、红外、紫外、多谱段、微波等摄影、接收信息的仪器。利用地面特征和考古调查相结合，不但可以扩大视野，而且可以从获得的大量信息中探求地面、地下、水下遗迹，以及周围环境变迁等种种迹象。近年来我国采用飞机、气球等鸟瞰考古遗址全貌已比较常见。1985 年以来煤炭部遥感地质中心利用航空遥感技术中彩红外摄影和热红扫描方法，由传统考古调查配合，考察了陕西临潼秦始皇陵保护区。验证了 33 处已知的文化古迹，发现了 1000 年前骊山山麓唐代华清宫的南界等（《文博》1987 年第 5 期）。目前国内已有条件利用卫片和航片进行处理、解释，并同考古遗迹标志互相验证，进而查找未发现的古代遗迹。1984 年 4 月至 1985 年 5 月地质矿产部、北京市文物队等单位利用航空遥感图像目视解释及地面相关分析技术，结合地面验证，对北京地区长城的分布现状进行了仔细调查（曾朝铭等，《文物》1987 年第 7 期），并作了长度测量和综合分析，绘出北京长城分布图、北京长城现状图和北京长城剖面图。再现了北京地区长城分布全貌，准确测出了长城全长为 629 公里，全线城台共 827 座，并对长城的建筑年代、保存和损坏程度以及毁坏因素等都有了了解，其中圆形城台、坡形屋顶城台等都属首次发现。1987 年以来，镇江博物馆与华东师范大学地理系合作，收集了 1964 年冬拍摄的镇江地区黑白立体影相，利用遥感技术中计算机图像处理等方法，并根据以往掌握的镇江地区台形遗址和土墩墓资料建立解释标志，绘制成图。然后配合地面勘查核对，判别有效的达 90％以上，发现新址 100 余处，依此绘制了正规的分布图和分布影相图（《文物天地》1989 年第 3 期）。1987 年安徽省文物考古研究所与省地质遥感站合作，同样利用计算机图相处理了美国陆地卫星资料和红外航空照相，并结合野外调查，为安徽省寿春古城遗址绘制了解释图，后经发掘验证，准确无误。

地面勘测经常使用仪器测量磁性变异、地电阻率变化、发射电磁波等方法，可以勘查地下沟、坑、夯土、墓穴、窑址、城基等古迹，既快速而且省力，近年来也多有尝试。张寅生介绍了电阻率法勘探古迹的原理和应用（《文物》1987 年第 4 期）。由于不同物质和不同土层的导电性能存在差异，在地表测取各点电阻率，可反映一地下土质概况。方法是将四根电极并排插入地表，二极接通电源，二极与仪器相连，电流通过地下。即可从仪器探出中心电阻率值。勘探深度一般为电源电极间距的 0.4 倍，移动电极位置可以勘测地下文物或遗址的确切位置和深度。文中举出四处勘探实例，有开封西郊宋代城墙、亳县南郊汉魏古墓、凤阳县老人桥村明代城门基址和凤阳府城古河道等，实地勘查验证，都比较相符。还报道有应用地质雷达扫描对泉州清净寺东、西塔塔基的勘查（《中国文物报》，1985 年 2 月）和利用电阻率法勘查河南、安徽、四川等省 20 多处遗址的效果等（《中国文物报》1985 年 11 月）。

常勇等利用热释汞异常现象勘测了秦皇陵墓葬区（《考古》1983 年第 7 期）。我国古墓和古遗址中常有大量使用朱砂和自然汞的习俗，汞是挥发性很强的金属，且垂直扩散较多，因此古迹上层土壤会呈现汞异常。在划定区域内取样，测定土壤样品或间隙空气样品中热释汞含量，从汞异常范围可探得古墓和古遗址位置所在。秦皇陵曾有存在汞的记载，实测发现封土层中确有很强的汞异常。脉冲瞬变电磁法用于探测地下青、铜器也有一定效果。申斌等采用这种方法勘测殷墟王陵区和宫殿区，所获与地下情况基本相符（《华夏考古》1988 年第 2 期）。

（原载《考古学年鉴·1990》，124－139 页，文物出版社，1991 年）